DuMont Dokumente:

Eine Sammlung von Originaltexten
Dokumenten und grundsätzlichen Arbeiten
zur Kunstgeschichte, Archäologie,
Musikgeschichte und Geisteswissenschaft

In der vorderen Umschlagklappe: Übersichtskarte zur Barockarchitektur in Österreich

JOHANN BERNHARD FISCHER VON ERLACH: *Prospekt des ersten Entwurfes für die Karlskirche in Wien (Stich aus der ›Historischen Architektur‹)*

Günter Brucher

Barockarchitektur in Österreich

DuMont Buchverlag Köln

Für Monika

Auf der Umschlagvorderseite: JAKOB PRANDTAUER: Stift St. Florian, Marmorsaaltrakt, 1718/1724

Auf der vorderen Umschlagklappe: JOHANN LUCAS VON HILDEBRANDT: Schloß Mirabell in Salzburg, Treppenhaus mit Skulpturen von Georg Raphael Donner, 1721–1727

Auf der Umschlagrückseite: JAKOB PRANDTAUER: Stift Melk

CIP-Kurztitelaufahme der Deutschen Bibliothek

Brucher, Günter:
Barockarchitektur in Österreich / Günter Brucher.
– Köln : DuMont, 1983.
(DuMont-Dokumente)
ISBN 3-7701-1411-6

Satz und Druck: Rasch, Bramsche
Buchbinderische Verarbeitung: Boss-Druck, Kleve

Printed in Germany ISBN 3-7701-1411-6

Inhalt

Einführung

»In Österreich liegen die künstlerischen, soziologischen und geistesgeschichtlichen Wurzeln des deutschen Barock … das in Österreich durch Fischer von Erlach und Lucas von Hildebrandt Grundgelegte verbreitet sich im ganzen Reich …«

(Heinrich Lützeler)

Während die Baukunst des Mittelalters und der Renaissance im allgemeinen hohe Wertschätzung genießt, nimmt die Architektur des Barock im kritischen Bewußtsein der an Kunst interessierten Öffentlichkeit eine durchaus zwiespältige Stellung ein. Die Skala der wertenden Beurteilung reicht von begeisterter Zustimmung bis zu völliger Ablehnung des Barockstils, der sich mit seinem Trend zu einer dynamischen und oftmals übertrieben illusionistischen Formensprache als langlebige Reaktion auf die dem Maßvollen und Berechenbaren zugewandte Kunst der Renaissance charakterisieren läßt. Es hat den Anschein, daß die den Barock ablehnende Haltung vor allem aus dem oftmals überbordenden Dekorationsreichtum mancher Kirchengebäude resultiert. Dabei dominiert eine überwiegend subjektive Einstellung, der oft die eher kühl kalkulierende Renaissanceepoche als wertender Maßstab zugrunde liegt. Auch ist zu bedenken, daß sich eine negative Beurteilung des Barock häufig nur auf mangelnde Informationen stützt und an der Tatsache seines vielschichtigen Erscheinungsbildes achtlos vorübergeht. In diesem Zusammenhang ist einem voreiligen Pauschalurteil entgegenzuhalten, daß das dekorativ überladene Ambiente barocker Räume keinesfalls für den gesamten europäischen Bereich charakteristisch ist, vielmehr nur in bestimmten Regionen, und dann nur in verhältnismäßig kurzen Phasen einer fast zweihundertjährigen Entwicklung in Erscheinung tritt. Überblickt man die europäische Barockarchitektur in ihrer Gesamtheit, so wird evident, daß neben diesen dithyrambischen, nur scheinbar unkontrollierten Bauintentionen – vielleicht sogar in der Mehrzahl – noch andere barocke Architekturformen existieren, die sich im Sinne einer künstlerischen Endphase zum Teil als Weiterentwicklungen der Renaissancearchitektur erklären lassen. So gesehen, umfaßt eine rein etymologische Definition des Barock-Begriffs gewiß nicht das gesamte Erscheinungsbild der Baukunst des 17. und 18. Jahrhunderts. Denn sieht man seine Bedeutung ausschließlich in der sprachlichen Wurzel des portugiesischen Wortes 'barucca' (Juwelierbezeichnung für eine unregelmäßige, gebuckelte Perle) begründet, so lassen sich unter diesem Begriff lediglich die aus geschwungenen Wandpartien zusammengesetzten Bauten Borrominis und seiner Nachfolger subsumieren. Noch weniger Aufschluß über das Wesen des Barock bringt der Versuch mit sich, die Stilbezeichnung aus dem italienischen 'parucca' (Perücke) abzuleiten.

Nur wenige Dezennien sollte sich der um 1570 geprägte Begriff 'Barock' eines wertfreien Gebrauchs erfreuen. Schon im ersten Viertel des 17. Jahrhunderts verwendete die französische Architekturtheorie (DE BROSSE) ihn abwertend als Bezeichnung für das Regelwidrige und Sonderbare. Diese negative Einstufung des Begriffs vollzog sich vor allem in Frankreich, wo man auch in der Kunstforschung stets die klassizistische, akademische Richtung in dieser Stilepoche betonte und mit Vorliebe anstelle des Barock vom 'style classique' sprach. Schon diese unterschiedliche Terminologie mag verdeutlichen, welche differenzierenden Vorsichtsmaßregeln zu beachten sein werden, wenn die Stilbezeichnung 'Barock' im ursprünglichen Sinn des Wortes für den gesamteuropäischen Bereich Verwendung finden soll. Erst wesentlich später, in der zweiten Hälfte des 18. Jahrhunderts, kam es auch in Deutschland zu einer disqualifizierenden Bewertung des Stils. Für dieses Land ist charakteristisch, daß es die Epoche erst zu einem Zeitpunkt ablehnte, als der sich ankündigende Klassizismus erneut, wie die Renaissance zuvor, eine Rückkehr zu den 'regelbewußteren' Vorbildern der römisch-griechischen Antike forderte. Die negative Einstufung des Barock dauerte bis weit in das 19. Jahrhundert an. So vertrat etwa JACOB BURCKHARDT 1855 im ›Cicerone‹[1] den Standpunkt, der Barock sei nichts anderes als ein »verwilderter Dialekt« der Renaissance. Erst in der zweiten Hälfte des 19. Jahrhunderts lernte man im Historismus, der jeder Epoche etwas abgewinnen konnte, die Bedeutung der barocken Architektur wieder schätzen. Der Barock, der länger als hundertfünfzig Jahre das architektonische Bild weiter Bereiche Europas geformt hatte, wurde nun im Rahmen des museal und kunstgeschichtlich gesinnten Historismus endgültig als Stilbegriff eingeführt: er umfaßt die Zeit von 1580/1600–1750/80.

Die neue Wertschätzung, die der Barock nun genoß, gab auch der Kunstforschung Anlaß, sich mit ihm auseinanderzusetzen. CORNELIUS GURLITT[2] stellte sich die Aufgabe, eine möglichst große Anzahl barocker Kunstdenkmäler nach topographischen Gesichtspunkten zu erfassen, während HEINRICH WÖLFFLIN in den ›Kunstgeschichtlichen Grundbegriffen‹ und seinem Buch ›Renaissance und Barock‹[3] formale Symptome zur stilistischen Trennung von Renaissance und Barock erschloß. Nach 1900 bereicherten AUGUST SCHMARSOW und ALOIS RIEGL[4] die kunstgeschichtliche Szenerie des Barock um wichtige geisteswissenschaftliche und formkritische Akzente. Ab 1920 befreite sich dann die Barockforschung von der drohenden Verengung des Formalismus und begann Fragen nach den historischen, sozialen und geistigen Voraussetzungen dieser Epoche zu stellen, wobei sich Absolutismus und Gegenreformation[5] als Hauptkomponenten herauskristallisierten. Ebenso wurde die zeitliche Abgrenzung der Epoche kritisch untersucht. Dabei zeigte sich immer deutlicher, daß keineswegs ein bruchloser Übergang von der Stilstufe der Renaissance zum Barock besteht. Nach eingehenden Forschungen stellte man zwischen der klassischen Renaissance und dem Barock einen eigenartigen, zum Artifiziellen und Esoterischen tendierenden Übergangsstil, den Manierismus, fest. Die zeitliche Trennung von manieristischer und frühbarocker Architektur stellt selbst noch die gegenwärtige Kunstforschung vor manchmal unlösbare Probleme.[6] Jedenfalls mußten, im Gegensatz zur Auffassung Wölfflins und anderer Forscher, für die Frühphase des Barock gewaltige zeitliche Abstriche vorgenommen werden; der Beginn dieser Stilstufe wird, auf den italienischen Raum bezogen, heute allgemein in die Zeit um 1580/1600 datiert. Neues Material brachte schließlich KARL MARIA SWOBODA in die Diskussion, indem er auf die ungleichmäßige Entwicklung der barocken Stilphasen in den europäischen Ländern verwies.[7]

Etwa gleichzeitig mit der erstmaligen Nennung des Barock-Begriffs vollzog sich in der Baukunst Italiens ein bedeutender Wandel: GIACOMO DELLA PORTA errichtete die Kuppel von St. Peter in Rom (1588/90), nicht unerheblich vom Holzmodell MICHELANGELOS (1558/61) abweichend, in konisch verlaufender Form. Michelangelo war noch, ganz im Sinne der Renaissance, weitgehend von der einfachen geometrischen Form der Halbkugel ausgegangen. In G. della Portas Konzept hingegen, das für die Kuppellösungen der folgenden hundertfünfzig Jahre wegweisend blieb, kündigten sich bereits deutlich die künstlerischen Absichten der Barockepoche an, ohne daß jenes Prinzip der aufstrebenden, in Bewegung geratenen Baumassen unmittelbar Nachfolge gefunden hätte. Zunächst huldigte man noch manieristischen Zielvorstellungen, indem man die klassischen Proportionsgesetze in Frage stellte. Ein Blick auf G. della Portas Fassade von Il Gesù (1573/84) in Rom beweist dies deutlich. Die Raumstruktur der Kirche (von VIGNOLA 1568 begonnen) erwies sich für die Entwicklung der barocken Langhauskirchen, weit über Italien hinaus, als bestimmender Faktor.

CARLO MADERNA war wohl der erste Architekt, der in ausschließlich barocken Formen baute und die Baukunst von ihren manieristischen Zielsetzungen loslöste. Dieser Prozeß läßt sich am leichtesten verfolgen, wenn man die Fassade von Il Gesù mit Madernas Fassade von S. Susanna in Rom (1603 vollendet) vergleicht, in der sich eine neuartige dramatische Steigerung der Bauelemente hin zum Fassadenzentrum manifestierte. Der Fassadentypus von S. Susanna wurde dann im 17. Jahrhundert für zahlreiche Architekten, auch außerhalb Italiens, von wegweisender Bedeutung.

Einen geradezu unvorstellbaren Wandel erlebte die römische Baukunst in der nachfolgenden Architektengeneration, als die Baukünstler GIANLORENZO BERNINI, FRANCESCO BORROMINI und PIETRO DA CORTONA darangingen, die Baumassen in bewegt-fließende und kurvilineare Formen aufzulösen. Am konsequentesten scheint Borromini diese Intentionen verfolgt zu haben. Es gibt wohl kaum einen Bau in der Zeit von 1630–1670, jener ersten Blüte des römischen Hochbarock, der so sehr wie die Kirche S. Carlo alle quattro Fontane (1638/67) an die sprachlichen Wurzeln der Epochenbezeichnung (barucca) erinnert. Ein elastisches Schwingen ist für den Bau charakteristisch, der sowohl in der Fassaden- als auch in der Grundrißkonzeption die alten Prinzipien planer Mauergestaltung weit hinter sich läßt. Diese Baugedanken Borrominis führte GUARINO GUARINI in Oberitalien weiter und vertiefte die bereits an S. Carlo anklingende Tendenz der gegenseitigen Durchdringung von Bau- und Raumeinheiten in der Turiner Kirche S. Lorenzo (1668/87).

Kardinäle und Päpste waren begeisterte Förderer der Baukunst und ließen nichts unversucht, mittels hervorstechender Baudenkmäler ihren Namen der Nachwelt einzuprägen.

Diese Selbstverherrlichung fand ihren Ausdruck vor allem auf dem Sektor der Profanarchitektur. So ließen sich die Nepoten des Barberini-Papstes Urban VIII. einen Familienpalast in Rom (1628 begonnen) bauen, an dessen Errichtung alle erwähnten Baukünstler Roms beteiligt waren und der für das bauliche Schaffen der Folgezeit neue Maßstäbe setzte. Mit der Realisierung dieses Projektes, das nebenbei einen ungeheuren Propagandaeffekt auslöste, wurde auch ein wichtiges Kapitel Baugeschichte geschrieben, bedenkt man, daß hier die geschlossene Blockhaftigkeit früherer Paläste aufgegeben wurde und statt dessen zwei kurze, seitlich angebrachte Flügel raumgreifend nach vorne dringen.

Der Wille zur Repräsentation sollte sich nun keinesfalls auf das einzelne kirchliche oder profane Bauwerk beschränken. Vielmehr war man bestrebt, auch der räumlichen Umgebung eine entsprechend repräsentative Note zu verleihen, was in einer oft übersteigert monumentalen Platzanlage seinen Ausdruck finden konnte. Erinnert sei nur etwa an BERNINIS Kolonnadenanlage vor St. Peter in Rom (1656 begonnen), eine der bedeutendsten Leistungen barocker Urbanistik.

Gegen Ende des 17. Jahrhunderts verloren Rom und das übrige Italien für die Entwicklung der barocken Architektur ihre wegweisende Bedeutung. Erneut und dann vor allem im 18. Jahrhundert (PHILIPPO JUVARA) griff man, offenbar unter dem Eindruck der Baukunst Frankreichs, auf klassische Traditionen zurück. Die Weiterentwicklung der barocken Architektur fand in der Folge außerhalb Italiens statt. Spätestens seit Ludwig XIV. war immer deutlicher geworden, daß nun Paris auf diesem Sektor die führende Rolle zu übernehmen begann. Nach LOUIS LE VAUS Schloßbau von Vaux-le-Vicomte (1655/61) war Versailles *die* Schloßanlage (1668 begonnen) schlechthin, der man in ganz Europa nacheiferte, ohne jemals deren monumentale Ausmaße zu erreichen. Selbst die Gartenkunst (ANDRÉ LE NÔTRE) wurde zu einer selbständigen Kunstgattung erhoben; auch sie gab Zeugnis vom Repräsentationswillen eines absolutistisch regierenden Herrschers. Der Landschaftsraum, ja die gesamte Umwelt sollte in die Architektur einbezogen werden, um der Dokumentation äußerster Machtentfaltung optisch umfassend Rechnung zu tragen – eine imponierende Demonstration für die Bevölkerung, der nun nicht mehr über den Umweg der Sakralarchitektur der nötige Respekt vor der herrschenden Klasse abgerungen wurde. Unter dem beinahe gottähnlichen Sonnenkönig hatte die kirchliche Baukunst zugunsten der profanen ihre Dominanz eingebüßt.

Wie problematisch es wäre, für alle europäischen Länder die Bezeichnung Barock in gleichem Maße anzuwenden, offenbart eine kritische Betrachtung der französischen Architektur des 17. Jahrhunderts, die ungleich stärker als die barocke Baukunst Roms sich an den Traditionen der Renaissance orientiert zeigte, weshalb die Kunstgeschichte für Frankreich mit Recht eine begrenzende Charakterisierung dieses Stils als 'barocken Klassizismus' empfahl. Ein bezeichnendes Licht auf diesen Stilkontrast wirft der Wettbewerb für die Errichtung der Ostfassade des Louvre (1667 begonnen) in Paris. 1665 berief Ludwig XIV. BERNINI, der mehrere Entwürfe für dieses Projekt lieferte, ohne für seine typisch italienische Bauauffassung die entsprechende Anerkennung zu finden. Vielmehr wurde Claude Perraults Entwurf bevorzugt, der im Gegensatz zu Berninis geschwungener Fassadengestaltung dem französisch-klassizistischen Fassadentypus huldigte; bewegt gekurvte Mauermassen italienischer Provenienz wurden als fremdartig empfunden und zugunsten einer in den geraden Verlauf des Baukörpers eingefügten Kolonnadenstellung abgewiesen.

Ist der Barock-Begriff für die französische Architektur noch einigermaßen vertretbar, so muß für die niederländische und vor allem englische Baukunst von seiner Verwendung geradezu abgeraten werden. Denn deren Wurzeln (z. B.: Inigo Jones und Christopher Wren) liegen eindeutig im Schaffen Palladios, des Hauptvertreters der Spätrenaissancearchitektur in Italien, begründet.

Zusammenhänge mit der römischen Barockarchitektur lassen sich in Spanien feststellen, ohne daß die spanischen Baukünstler auf eine eigene nationale Note verzichtet hätten; sie äußert sich in einem übersteigerten Willen zur Dekoration.

Die unmittelbarste Nachfolge fand die italienische Barockbaukunst im Bereich nördlich der Alpen, wo im 17. Jahrhundert überwiegend italienische Baumeister tätig waren und man sich fast während des gesamten Jahrhunderts hauptsächlich italienischer Vorbilder bediente. Vor allem in Süddeutschland, Österreich und Böhmen wurden zahlreiche Elemente der italienischen Barockarchitektur aufgenommen und in der Folge eigenständig weiterentwikkelt. Neben dem italienischen Einfluß ist in der Profanarchitektur dieser Kunstlandschaften auch eine französische Komponente, zum Beispiel im Schaffen Johann Bernhard Fischers von Erlach, zu bemerken. Dominierte jedoch in Frankreich die Palastarchitektur, so trat ihr in Mitteleuropa der Kirchenbau ebenbürtig zur Seite. Den Katastrophen des Dreißigjährigen Krieges, der daraus resultierenden Entvölkerung ganzer Landstriche und der völligen Verarmung des Volkes ist es zuzuschreiben, daß sich im deutschen Raum – im Gegensatz zu Österreich und Böhmen – die Baukunst erst seit der zweiten Hälfte des 17. Jahrhunderts in größerem Umfang entfalten konnte. Nach 1700 schließlich trat sie in einer Dichte und mit einem Reichtum künstlerischer Ideen in Erscheinung, denen das übrige Europa wenig Ebenbürtiges zur Seite stellen konnte. Österreich hat dabei mit seinen Baukünstlern Fischer von Erlach, Hildebrandt und Prandtauer, um nur die drei bekanntesten zu nennen, eine führende Stellung eingenommen.[8]

Die Baukunst des 17. Jahrhunderts in Österreich

Historische und kulturelle Voraussetzungen[9]

Schon während der Regierungszeit Kaiser FERDINANDS I. (1521/64) erstellte man am Konzil zu Trient (1545/63) die dogmatischen Grundlagen für die innere Erneuerung des Katholizismus. Als Nahziel betrachteten die Konzilsväter die Beseitigung des Protestantismus nach den Regeln des Augsburger Religionsfriedens (»cuius regio, eius religio«). Daß dabei auch der Bildenden Kunst und der Architektur eine wichtige Rolle zugedacht werden sollte, stand von vornherein fest. Vor allem im Kirchenbau wollte man in Zukunft der Schaulust der Bevölkerung Rechnung tragen, bestanden doch über die propagandistische Wirkung aufwendiger Kirchenbauten gegenüber den größtenteils anspruchslos gestalteten Sakralbauten des Protestantismus keinerlei Zweifel. Allerdings konnte unter Ferdinand I. die katholische Restauration, die vor allem von den seit 1551 in Wien wirkenden Jesuiten geistig vorangetrieben wurde, zunächst kaum Erfolge erzielen, denn die Lehre MARTIN LUTHERS breitete sich immer weiter aus. Erschwerend kam hinzu, daß sich der Habsburger Herrscher in permanentem Abwehrkampf mit den Türken befand, die 1529 erstmalig Wien belagert und 1541 Ofen erobert hatten. Um die überwiegend protestantisch gesinnte ständische Macht zu schwächen, beschloß Ferdinand I., 1554 eine Teilung seiner Erbländer vorzunehmen, in der Hoffnung, den Lutheranern in kleineren Herrschaftsbereichen wirksamer begegnen zu können. Dem 1562 zum römischen König gewählten MAXIMILIAN II. (1564/76) wurden die Donauländer sowie die Kronen von Böhmen und Ungarn zugesprochen. Steiermark, Kärnten, Krain und die Besitzungen an der Adria wurden als »Innerösterreich« KARL II. (1564/90) zugeteilt, während der Kaiser Tirol und die Vorlande als »Vorderösterreich« unter die Herrschaft Ferdinands stellte. Der Gegenreformation den Weg zu ebnen, war das Hauptziel aller drei Regenten, nur gelang dies mit höchst unterschiedlichem Erfolg. Mit den geringsten Schwierigkeiten sah sich Ferdinand konfrontiert, da sich der Protestantismus in Tirol kaum entfalten konnte. Sehr rasch gelang es hier dem Herrscher die katholische Einheit wiederherzustellen.

Vor allem aus Gründen der Staatsräson setzte sich auch Maximilian II. für die Förderung katholischer Interessen ein. In Anbetracht der ständigen Auseinandersetzungen mit der Hohen Pforte (Eroberung der Festung Sziget durch die Türken; Frieden von Adrianopel 1568) waren ihm vorerst einmal die Hände gebunden, sah er sich zunächst sogar genötigt, in einer »Assekuration« die Rechte der Protestanten zu bestätigen, was ihm in gewissen Kreisen den Ruf eines »geheimen Protestanten« eintrug. Um sich ein Bild von der Struktur der damaligen Machtverhältnisse zu verschaffen, genügt ein Blick auf die im Renaissancestil gebauten Landhäuser von Graz, Linz und Klagenfurt, in denen sich die protestantisch dominierte ständische Macht eindrucksvoll manifestierte. Kaiser Ferdinands Arkadenhof der Stallburg (ein Teil der Wiener Hofburg) mutet dagegen fast bescheiden an.

Der Nachfolger Maximilians II., Kaiser RUDOLF II. (1576/1612), verlegte seine Residenz von Wien nach Prag und begann nach 1580 in Wien und Niederösterreich, unterstützt von Melchior Klesl, dem tatkräftigen Propst von St. Stephan in Wien, mit der katholischen Offensive, die in Anbetracht der Uneinigkeit lutheranischer Prädikanten wenigstens

Teilerfolge einbrachte. In Oberösterreich waren die Widerstände noch schwerer zu bekämpfen, zumal das Land in den Jahren 1594–97 von einem blutigen Bauernaufstand erschüttert wurde. Völlig erfolglos blieb Rudolf in Ungarn, wo die Magnaten die türkische Bedrohung ausnutzten und sich im Frieden von Wien (1606) Religionsfreiheit sichern konnten. Weitgehend freie Religionsausübung mußte der Regent auch den utraquistischen und protestantischen Ständen in Böhmen im »Majestätsbrief« von 1609 zugestehen. Der damals schon keimende »Bruderzwist in Habsburg« verhinderte überhaupt ein einheitliches Vorgehen gegen die Protestanten. Rudolf II. hatte seinem Bruder, Erzherzog Matthias, die Vollmacht erteilt, mit den Türken über Friedensbedingungen zu verhandeln. Dabei verfolgte Matthias eigenständige, von der Auffassung Rudolfs abweichende Ziele und verstand es auch, seine beiden Brüder gegen den Kaiser aufzuwiegeln. Dieser geriet in immer größere Isolation und mußte schließlich im Vertrag von Lieben (1608) auf die Regierungsgewalt in Ungarn, Österreich (Ober- und Niederösterreich) und Mähren verzichten. – Rudolf verfügte über bedeutende geistige Anlagen und war mit seinem dem Realen abgewandten Wesen an Naturwissenschaften und Bildender Kunst mehr interessiert als an der Bewältigung politischer Aufgaben. Um seiner Passion auch auf dem Gebiet der Baukunst zu frönen, fehlte es ihm offensichtlich nur an den finanziellen Möglichkeiten. Nach seinem Tod wurde MATTHIAS, sein erfolgreicher Kontrahent, zum Kaiser gewählt.

Erzherzog Karl II. bekam anläßlich der Dreiteilung der habsburgischen Erbländer die Herrschaft über Innerösterreich zugesprochen. Er war aus tiefster Überzeugung Katholik und mit glühendem Eifer bestrebt, von seiner Residenz in Graz aus der Gegenreformation zum Erfolg zu verhelfen. Karl hatte auf Wunsch des Kaisers die militärische Sicherung der sogenannten Windischen und Kroatischen Grenze übernommen, wobei der Steiermark der slawonische Festungsgürtel zugedacht war. Für die Erhaltung dieses »Hofzaunes«, wie diese südöstliche Grenzlinie des Reiches oft genannt wurde, waren jährlich 100 000 Gulden aufzubringen. Die dazu erforderlichen Steuern mußten von den überwiegend protestantischen Ständen bewilligt werden, die dafür ein entsprechendes Entgegenkommen in Glaubensangelegenheiten erwarteten. Unter diesem Druck ließ sich Karl 1572 die »Religionspazifikation« abringen. Gleichzeitig aber schien sich mit der Berufung des Jesuitenordens der katholische Angriff auf die Bastionen der Lutheraner anzubahnen. Bereits 1580 wurden landesfürstliche Religionskommissionen damit beauftragt, das Verbot des Protestantismus in Städten und Märkten zu überwachen und notfalls zu exekutieren, wobei Martin Brenner, Bischof von Seckau, als »Ketzerhammer« in die Annalen der Landesgeschichte einging. FERDINAND III. setzte die Reformationsbestrebungen Karls mit allem Nachdruck fort. Unter dem Einfluß seiner katholischen Mutter, Maria Anna von Bayern, und unter dem Eindruck seiner Erziehung durch die Jesuiten in Ingolstadt sorgte er in äußerst radikaler Form für die Beseitigung des Protestantismus. Mehr als seine Verwandten in den beiden übrigen Reichsdritteln wußte er die Baukunst in den Dienst politisch bedingter Repräsentation zu stellen. Zu diesem Zweck berief er den Italiener PIETRO DE POMIS nach Graz, der neben seiner Funktion als Architekt auch als Maler über die entsprechende Reputation verfügte und der einmal recht zutreffend als »Propagandist des katholischen Glaubens«

bezeichnet wurde. Erstmals gelangten mit seinem Wirken frühbarocke Elemente in die Baukunst der habsburgischen Erbländer.

Währenddessen mehrten sich die Schwierigkeiten, denen der Kaiser in allen Bereichen seines Landes zu begegnen hatte. So mußte er die Vorherrschaft des von den Türken unterstützten Gabriel Bethlen in Siebenbürgen anerkennen, und trotz seiner duldsamen Haltung gegenüber den Protestanten in Böhmen, denen er das Recht auf Kirchenbauten im Bereich königlicher Güter zugestanden hatte, konnte er der drohenden Katastrophe nicht mehr Einhalt gebieten. Die kaiserliche Vergünstigung wurde von den Protestanten in einer eigenwilligen Weise insofern interpretiert, als sie auch die kirchlichen Besitztümer zum königlichen Gut zählten. Als sie dann auf kirchlichem Boden in Braunau und Klostergrab Gotteshäuser errichteten, wollte Matthias diese eigenmächtige Vorgangsweise nicht mehr tolerieren. Da Beschwerden der Protestanten gegen die Einstellung dieser Kirchenbauten zurückgewiesen wurden, kam es 1618 zum »Prager Fenstersturz«, der den Dreißigjährigen Krieg auslöste.

Als Matthias 1619 starb, schien der »Gegenreformator« Ferdinand von Innerösterreich der berufenste, die Geschicke des Reiches zu lenken. Im gleichen Jahr wurde er als Ferdinand II. (1619/37), trotz Bedenken der Protestanten, in Frankfurt zum Kaiser gewählt. Der böhmische Landtag versuchte dieser Entwicklung entgegenzutreten und wählte den kalvinistischen Kurfürsten Friedrich von der Pfalz zum König von Böhmen. Bereits 1620 beendete er, als »Winterkönig« verspottet, nach der verlorenen Schlacht am Weißen Berg bei Prag seine Regierungszeit. Die totale Vernichtung des Protestantismus in Böhmen war die beinahe natürliche Reaktion. Ein neuer, katholischer Adel (romanische und deutsche Familien) trat an die Stelle der vertriebenen protestantischen Stände. Als Folge dieser »Umschichtung«, die auch von kulturellen Veränderungen begleitet war, machten sich in der Baukunst Böhmens bald frühbarocke Elemente italienischer Provenienz bemerkbar; verwiesen sei nur auf das Palais Waldstein in Prag, das sich der bedeutendste und erfolgreichste kaiserliche Heerführer, Wallenstein, ab 1623 von einem italienischen Architekten errichten ließ.

Auch Oberösterreich hatte sich dem protestantischen Böhmen angeschlossen, und erst nach Überwindung von Bauernaufständen kam es hier 1628 wieder zur Konsolidierung der habsburgischen Macht. Ferdinand II., unter dessen Herrschaft absolutistische Regierungsformen immer deutlicher zutage traten, blieb auch in den Wirren des Dreißigjährigen Krieges mit Hilfe seines genialen Feldherrn Wallenstein erfolgreich. Weniger glücklich war sein Nachfolger Ferdinand III., der sich dem wachsenden Druck von Franzosen und Schweden ausgesetzt sah. Die vielen Schlachten in der Endphase dieses Krieges, mit wechselndem Glück geführt, verwüsteten das Land und hatten eine allgemeine Erschöpfung zur Folge. Katastrophaler als in Österreich waren die Zerstörungen im deutschen Bereich, wo das wirtschaftliche und kulturelle Leben völlig zum Erliegen kam. Die verhältnismäßig periphere Lage der österreichischen Erbländer hatte dazu beigetragen, daß trotz aller gebotenen finanziellen Einschränkungen sogar auf dem Gebiet des baulichen Schaffens ein gewisses Maß an schöpferischer Kontinuität bewahrt werden konnte. In Deutschland hingegen war man in dieser Hinsicht auf einem absoluten Nullpunkt angelangt.

Der Westfälische Friede (1648), der den Dreißigjährigen Krieg beendete, wurde auch für die Geschichte Österreichs zu einem bedeutsamen Wendepunkt. War der Einfluß des Kaisers im zersplitterten Reichsverband zwar auf ein Minimum reduziert, so konnte der Herrscher seine Stellung in den Erbländern doch entscheidend festigen. Der Friedensschluß hatte hier den Sieg von Absolutismus und Katholizismus ohne Einschränkung bestätigt. Es ist verständlich, daß man fortan den österreichischen Staatsgedanken höher als die Reichsidee bewertete.

Daß Österreich den Dreißigjährigen Krieg verhältnismäßig glimpflich überstanden hatte, war gewiß nicht zuletzt dem Umstand zu verdanken, daß seit dem Frieden von Zsitva Torok (1606), in dem die Hohe Pforte das Habsburgerreich als gleichberechtigt anerkannte, an der Ostgrenze, von kleineren Auseinandersetzungen abgesehen, Ruhe herrschte; die für jeden Krieg so wichtige Rückenfreiheit war damit gewährleistet. Zu Hilfe kam Österreich dabei auch die Tatsache, daß Mohammed IV. (1648/91) erst am Ende der Friedensverhandlungen von Münster und Osnabrück an die Macht gelangte. Er war von großem Expansionsdrang erfüllt und von imperialen Ideen geradezu besessen. Unstimmigkeiten im neuralgischen Gebiet von Siebenbürgen führten schließlich zu einem neuen türkischen Angriffskrieg, der vom kaiserlichen Feldherrn Montecuccoli in der Schlacht bei Mogersdorf (1664) in der Nähe der steirischen Grenze siegreich abgewehrt werden konnte. Den Erfolg vermochte man allerdings nicht auszubauen, da Ludwig XIV. mittlerweile die Vormachtstellung in Europa anstrebte; ein beträchtlicher Teil habsburgischer Streitkräfte mußte daraufhin für den Westen bereitgestellt werden. Ein Konflikt mit Frankreich schien auch insofern unvermeidbar, als beide Herrscher, Ludwig XIV. und Leopold I. (1658/1705), mit spanischen Prinzessinnen verheiratet waren und sich eine Vakanz des spanischen Throns abzuzeichnen begann. Was Österreich bisher zu verhindern verstanden hatte, wurde nun existenzbedrohende Realität: der Zweifrontenkrieg. Sultan Mohammed IV. erkannte den günstigen Zeitpunkt und rüstete erneut gegen das Habsburgerreich. Zu Hilfe kam ihm eine Magnatenverschwörung in Ungarn, deren Aufdeckung einen verheerenden Aufstand der »Kuruzzen« in Oberungarn auslöste. Die türkische Gefahr wurde damals von den meisten Ungarn offenbar geringer eingeschätzt als kaiserlicher Absolutismus und katholische Restauration. 1683 schließlich trat die Türkei mit einem riesigen Heer zum Angriff auf Wien an. Leopold I. gelang es, mit bedeutender Unterstützung durch Papst Innozenz XI., die abendländischen Kräfte zu mobilisieren, wobei Polen unter König Johann III. Sobieski das militärische Hauptkontingent stellte. Die Türken, die Wien zwei Monate lang vergeblich belagert hatten, wurden vernichtend geschlagen. Nicht alle europäischen Staaten hatten das Gebot der Stunde erkannt, das Abendland vom drohenden Joch des Islam zu befreien. Selbstverständlich stand Ludwig XIV. außerhalb der christlichen Allianz, ja er förderte sogar tatkräftig die türkischen Eroberungspläne. Bezeichnendes Licht auf diese Situation wirft beispielsweise ein kaiserlicher Gesandtschaftsbericht aus dem Jahre 1683: »Der

Türkenkrieg ist das Generalfundament, auf welches der König von Frankreich den glücklichen Ausgang aller seiner Projekte baut.« Mit der erfolgreichen Entsatzschlacht um Wien, in der sich vor allem Herzog KARL VON LOTHRINGEN als Feldherr auszeichnete, war die Übermacht des türkischen Heeres endgültig gebrochen. Österreich trat zur Gegenoffensive an und eroberte 1686 Ofen zurück. Im folgenden Jahr anerkannten die ungarischen Stände auf dem Preßburger Reichstag den habsburgischen Anspruch auf die Stephanskrone; aus Ungarn war ein Erbreich geworden.

Österreich war einer tödlichen Gefahr entronnen. Man sprach mit Recht vom »Mirakel des Hauses Österreich«, dem eine Kette von Siegen über die Türken folgte. Die Türkengefahr war gebannt und die Vorherrschaft Frankreichs in Europa gebrochen. Der Aufstieg des Habsburgerreiches zur europäischen Großmacht nahm seinen unaufhaltsamen Verlauf.

Bald nach dem Westfälischen Frieden, durch den der Kaiser seine Stellung in den Erbländern sichern konnte, entfaltete sich ein neues Selbstbewußtsein von Kirche und katholischem Adel. Die Architektur war das künstlerische Medium, mit dem sich der neuerwachte Wille zur Repräsentation nach außen am besten verwirklichen ließ. Jedoch nur zögernd vermochten sich dabei eigenständige künstlerische Tendenzen zu entfalten; noch immer dominierten die ausländischen, vor allem die italienischen Baukünstler. Ungeahnte Ausmaße erreichte die Bautätigkeit dann nach dem grandiosen militärischen Erfolg von 1683. Kaiser, Kirche und Adel wetteiferten miteinander, um ihrer Bedeutung auch auf dem Gebiet der Bildenden Kunst, und hier vor allem im Bereich der Architektur, Ausdruck zu verschaffen. Bezeichnend dabei ist, daß im Zusammenhang mit dem sich immer deutlicher artikulierenden Nationalbewußtsein die Vormachtstellung der italienischen Baumeister ins Wanken geriet. Einheimische Architekten, wie etwa FISCHER VON ERLACH, HILDEBRANDT und PRANDTAUER sicherten der barocken Baukunst in Österreich ein Niveau, das internationale Vergleiche nicht zu scheuen brauchte. Für Österreich sollte es die künstlerisch fruchtbarste und glänzendste Epoche in seiner Geschichte werden. »Wenn in der romanischen Zeit künstlerische Werke höchsten Ranges, wie die Schöpfungen der Salzburger Miniaturmalerei des 12. Jahrhunderts oder die Fresken der Westempore des Gurker Domes vom Anfang des 13. Jahrhunderts, entstanden, wenn in den gotischen Jahrhunderten Individualitäten wie MICHAEL CHNAB, der Meister des einzigartigen Südturmes von St. Stephan in Wien, MICHAEL PACHER oder der unbekannte Meister des Altares von Kefermarkt Bereicherungen der gesamtdeutschen Kunst darstellen, die schöpferischen Leistungen dieser Stilphasen bleiben in ihrer künstlerischen Erscheinung und Auswirkung regional begrenzt. Ein qualitativer Querschnitt durch diese Epochen bleibt hinter den jeweils fruchtbarsten deutschen Provinzen zurück. Erst am Ende des 17. Jahrhunderts schlägt die entscheidende Stunde für den Aufbruch der schöpferischen Kräfte, in einer Breite der Front, wie sie nicht einmal das alle Länder Österreichs dicht durchsetzende Zeitalter der Gotik hervorbrachte, in einer Höhe der Leistung, wie sie die Kunst der deutschen Stämme nie vorher bereichert und befruchtet hatte.«[10]

Salzburg

Im Erzbistum Salzburg sind die Anfänge des Frühbarock auf das engste mit der Persönlichkeit des Erzbischofs WOLF DIETRICH VON RAITENAU (1587–1612) verknüpft.[10a] Wie einem Bericht aus dem Jahre 1611 zu entnehmen ist, hatte die Reformation selbst vor dem Hochstift Salzburg nicht haltgemacht: »Die Ketzerei ist so weit eingerissen, daß in vielen Pfarren und Gerichten gar wenig katholisch, sondern die meisten fast sektisch und in die Ketzerei bis zur Aufwiegelung verstockt sind...«[11] Wolf Dietrich sorgte zunächst gleich nach seinem Amtsantritt für die Rekatholisierung (1588) seiner Hauptstadt, befleißigte sich später allerdings einer toleranteren Haltung, die er insbesondere für sich selbst – angesichts seiner wenig geistlichen Lebensführung – voll beanspruchte. Dabei schätzte er nicht allein die weltlichen Genüsse, sondern zeichnete sich auch als energischer Förderer der Baukunst aus. Dem sinnenfreudigen Kirchenfürsten – einem Großneffen des Papstes Pius IV. aus der mailändischen Familie der Medici – war die mittelalterliche Stadt Salzburg zu eng geworden. Nachdem der romanische Dom 1598 von einer Brandkatastrophe heimgesucht worden war, schien ihm die Gelegenheit günstig, dem Domviertel und damit dem überwiegenden Teil der Stadt ein neues bauliches Antlitz aufzuprägen. Nach vergeblichen, offensichtlich nur mit halbem Herzen vorangetriebenen Restaurationsversuchen ließ er die Reste des mittelalterlichen Domes abbrechen. Es ist nicht auszuschließen, daß er solche Absichten bereits im Jahre 1588, anläßlich einer Reise nach Rom, hegte. Stand ihm doch dort der – allerdings längerfristige – Abbruchsvorgang der frühchristlichen Basilika von St. Peter vor Augen, an deren Langhausende sich der neue, kuppelbekrönte Zentralbau MICHELANGELOS erhob. Wie verlockend mag da die Überlegung gewesen sein, auch in Salzburg den mittelalterlichen Dom durch einen Neubau zu ersetzen! – Gleichzeitig mit der Demolierung des Domes ließ der Kirchenfürst 55 Bürgerhäuser niederreißen, um das nötige Areal für die Errichtung einer neuen »geistlichen Stadt« zu schaffen. Der Dom ist gewissermaßen nur Teil eines urbanistischen Gesamtkonzepts, in dem der Neubau der Residenz, das Kapitelhaus und das Hofstallgebäude (der heutige Festspielhausbereich) die wichtigsten baulichen Akzente darstellen. Mit großzügig angelegten Plätzen beabsichtigte man das ganz auf Repräsentation ausgerichtete Stadtbild eindrucksvoll zu bereichern. VINCENZO SCAMOZZI (1552–1619) schien der geeignete Architekt, den Plan für den Dombau zu entwerfen und die Gestaltung der Platzanlagen zu übernehmen. Dieser berühmte Schüler Palladios hatte schon einmal als »Platzgestalter« weltweiten Ruhm erworben, nachdem er 1584 an der Südseite der Piazza di San Marco in Venedig mit der Errichtung der sogenannten Prokuratorien beauftragt worden war.

Das Leben Wolf Dietrichs verlief äußerst tragisch: Wegen strittiger Salinenrechte kam es mit dem Bayernherzog Maximilian zu Auseinandersetzungen, die mit einer Niederlage des Erzbischofs endeten. Unter Wolf Dietrich, der mit dem Mausoleum (nach Plänen ELIA CASTELLOS zwischen 1597 und 1603 errichtet) im Sebastiansfriedhof zu Salzburg schon für seinen Nachruhm Vorsorge getroffen hatte, gelangte der Domneubau kaum über das Planungsstadium hinaus: auch die projektierten Straßenzüge und Plätze blieben zunächst unausgeführt. Nach Wolf Dietrichs Abdankung (1612) wurde der Vorarlberger MARCUS SITTICUS GRAF VON HOHENEMS (1612–1619) zum Nachfolger ernannt. Er übernahm die baulichen Zielsetzungen seines Vorgängers, nur empfand er das Domprojekt Scamozzis als zu aufwendig, weshalb er SANTINO SOLARI (1576–1646) den Auftrag erteilte, für den Kirchenbau einen im Umfang reduzierten Lösungsvorschlag zu unterbreiten. Auf diesen aus der Gegend von Lugano stammenden Architekten ist auch das erzbischöfliche Lustschloß Hellbrunn (1613/15) zurückzuführen. Das Gebäude erinnert mit seinem Garten, den Grotten, den Wasserspielen und Eremitagen an die italienische »villa suburbana« und steht stilistisch an der Wende vom Manierismus zum Barock. Die Villen von Frascati und Tivoli, aber auch Elemente der venezianischen Villenarchitektur (terra ferma) bildeten das architektonische Vorbild für Hellbrunn.[12]

Erst unter Erzbischof PARIS GRAF VON LODRON (1619/53) kam es 1628 zur Weihe des neuen Domes. Paris Lodron, ebenso wie seine beiden Vorgänger ein typischer Barockfürst, baute die Befestigungsanlagen der Stadt aus und vermochte durch eine kluge Neutralitätspolitik das Fürstentum von den Wirren des Dreißigjährigen Krieges fernzuhalten. In den Bastionengürtel wurde damals auch das später völlig umgebaute Schloß Mirabell einbezogen, das noch Wolf Dietrich unter dem Namen »Altenau« seiner fürstlich verwöhnten Mätresse Salome Alt errichtet hatte.

Das baukünstlerische Schaffen erreichte schließlich im letzten Viertel des Jahrhunderts, in die Stilphase des Hochbarock mündend, einen neuen Höhepunkt. Erzbischof MAX GANDOLF GRAF VON KUENBURG (1668/87) gelang es 1685, GIOVANNI GASPARE ZUCCALLI aus München zur Errichtung der Erhardkirche in Nonntal und der Kajetanerkirche zu berufen. Mit diesen Kirchenbauten leistete der Italiener einen wesentlichen Beitrag zur Entwicklung des Zentralbaus in Salzburg, der seinen Eindruck auch auf JOHANN BERNHARD FISCHER VON ERLACH nicht verfehlt haben dürfte. Fischer war von Erzbischof JOHANN ERNST GRAF THUN (1687–1709) nach Salzburg berufen worden. Mit seinem Engagement wird evident, daß man zu diesem Zeitpunkt in der Förderung einheimischer Baukünstler bereits ein besonderes Anliegen sah; die »welschen« Architekten verloren in der Folge fühlbar an Bedeutung.

Der Dom zu Salzburg

Im Jahre 1614 legte Erzbischof MARCUS SITTICUS den Grundstein zum Neubau des Salzburger Domes, den man als den bedeutendsten und frühesten Sakralbau der frühbarokken Epoche nördlich der Alpen bezeichnen darf. Die Weihe des Gotteshauses (1628) war ein Ereignis, das mit unerhörtem Prunk gefeiert wurde und vergessen ließ, daß zum gleichen Zeitpunkt halb Europa unter den Katastrophen des Dreißigjährigen Krieges zu leiden hatte. Diese Festlichkeiten dürften die Zeitgenossen auch überregional als Triumph der Gegenreformation empfunden haben. Dabei muß nochmals betont werden, daß die Salzburger Erzbischöfe damals die katholische Restauration mehr durch geistliche Unterweisung als

1 Santino Solari: *Dom in Salzburg, Fassade*

durch gewaltsame Methoden zum Erfolg zu führen trachteten. Diesen Intentionen entsprach auch die baukünstlerische Repräsentation, die den Gedanken der triumphierenden Kirche am augenfälligsten verkörperte.

Gemeinsam mit der Festung Hohensalzburg beherrscht der Dom mit seinen beiden Türmen und der Kuppel die Silhouette der Stadt (Farbt. 1). Umgeben von weiträumigen Plätzen beeindruckt das Bauwerk den Besucher schon allein durch seine beachtlichen Ausmaße (Länge 99 m, Querschiff 68 m). Für die aus dunkelgrauem Nagelfluh bestehenden Wände der Längsseiten ist der Verzicht auf beinahe jede architektonische Detailgliederung kennzeichnend. Das Hauptaugenmerk richtete SANTINO SOLARI auf die Gruppierung und den kontrastreichen Zusammenschluß der kubisch bestimmten Baukörper. An den Quader des Langhauses schließen die drei Konchen von Chor und Querhaus; über der Vierung erhebt sich der achteckige Kuppeltambour. Dieser strengen architektonischen Grundhaltung antworten die beiden mit hellem Untersberger Marmor verkleideten viergeschossigen Fassadentürme (1652/55 vollendet), die den Domplatz beherrschen (Abb. 1). Hier wurde der Prototypus der österreichischen Doppelturmfassaden des 17. Jahrhunderts – in Italien undenkbar und im Norden auf eine lange Tradition zurückblickend – geschaffen. In den stark verkröpften Gebälkslagen der Türme sowie in den unterschiedlichen Verdachungsformen der Fenster wird der Reichtum frühbarocker Gestaltungsformen offenbar. In traditioneller Ordnung sind die Pilaster der risalitartig vortretenden Türme mit toskanischen, ionischen und korinthischen Kapitellen ausgestattet. Fragt man nach dem stilistischen Ursprung dieser Fassade, so wird man indirekt doch wieder auf ein italienisches Vorbild zurückgeführt: Auf verblüffende Weise scheint die dreibogige Portalöffnung der Fassadenmittelachse an der Doppelturmfassade von São Vicente (1582–1605) in Lissabon vorweggenommen. Ein aus Bologna stammender Architekt, FILIPPO TERZI, hatte diese Fassade, die auch in anderen Belangen Parallelen zum Salzburger Dom aufzuweisen hat, in Anpassung an portugiesische Erfordernisse geschaffen.[13]

Das Innere des Domes (Abb. 2) ist durch eine kontrastreiche Lichtführung gekennzeichnet. Während im Langhaus das Licht nur indirekt durch die Fenster der Kapellen und Emporen in den tonnengewölbten, saalähnlichen Raum dringt, fluten Lichtmassen durch die Fenster der Chor- und Querhauskonchen in den Vierungsbereich, auf den noch zusätzlich der helle Lichtkegel aus dem Kuppeltambour fällt. Gedämpftes Licht im Langhaus und eine dramatisch gesteigerte Lichtfülle im Kuppelbereich begegnen einander. In dieser antithetischen Lichtsituation offenbart sich das für den Dombau vielleicht wichtigste Kriterium barocken Gestaltungswillens.

Die Hypothese, der Raum Solaris sei überwiegend von der römischen Jesuitenkirche abzuleiten, wurde von der neueren Forschung weitgehend zurückgewiesen. An *Il Gesù* orientierte sich der Baumeister lediglich in der Wahl des Langhauses, das dem Typus des von Kapellen und Emporen begleiteten Saalbaus entspricht. Hinzu tritt das an beiden Langhäusern auftretende Motiv der jochtrennenden Doppelpilaster, womit die Aufzählung der Analogien bereits erschöpft ist. Dennoch bringt ein Stilvergleich interessante Ergebnisse: An den Bauten, die mehr als vier Jahrzehnte voneinander trennen, ist geradezu beispielhaft

2 Santino Solari: *Dom in Salzburg, Blick ins Innere, 1614–1628*

der Wandel vom Manierismus zum Barock abzulesen. Erscheinen in Il Gesù die Emporen unansehnlich unter das Gebälk gepreßt, so öffnen sie sich in Salzburg in einem harmonischen Proportionsverhältnis zu den Kapellenarkaden frei in ausladende Balkone. Ebenso wie die Balkone verraten auch die über den Doppelpilastern befindlichen Gebälksverkröpfungen (einschließlich der reichen Stuckdekoration) sowohl ein gesteigertes plastisches Empfinden als auch einen unübersehbaren Höhendrang, Merkmale, die in der manieristischen Jesuitenkirche fehlen.

Lange vertrat man in der Forschung die Auffassung, SOLARI hätte sich nicht wesentlich von den Vorstellungen SCAMOZZIS, des ersten Planverfassers für den Domneubau, entfernt. Das eigenschöpferische Talent Solaris wurde so weitgehend in Zweifel gestellt, daß man in ihm sogar einen Schüler Scamozzis vermutete.[14] Diese Behauptung stützt sich jedoch, wie noch nachzuweisen sein wird, auf nur wenig überzeugende Argumente. In Scamozzis Grundrißentwurf (1606 datiert; Abb. 3 links) sind lediglich die drei Konchenabschlüsse vorgebildet. Dabei ist bemerkenswert, daß diese weitausgedehnte Anlage in der Folge von Solari (Abb. 3 rechts) in einen »echten«, kleeblattförmigen Trikonchos zusammengefaßt und umgewandelt worden ist. Unter dem Eindruck des Repräsentationswillens Wolf Dietrichs hatte Scamozzi in seinem Entwurf für den neuen Dom geradezu riesige Dimensionen vorgesehen. Mit einer Länge von 139 m sollte sogar die römische Peterskirche in ihrem damaligen Umfang übertroffen werden. Der Plan zeigt eine Vorhalle mit fünf quergestellten Jochen und Westtürme, die noch keine Risalitposition aufweisen. Ein dreischiffiges Langhaus führt bis zu einem ebenfalls dreischiffigen Querhaus. Alle Seitenschiffsjoche sind mit Kuppeln überwölbt, und zwei gleich hohe Pendentifkuppeln erheben sich über Vierung und Chorquadrat.[15] Solari hingegen begnügte sich mit e i n e r Kuppel und ersetzte deren von Scamozzi vorgeschlagene Pendentifform durch eine Tambourkuppel, die als Dominante im Osten dem mächtigen Turmpaar im Westen gegenübersteht und im Inneren als beherrschender Akzent dem dramatischen Anspruch des Barock Rechnung trägt. Die kuppelgewölbten Seitenschiffsjoche Scamozzis verwandelte er in Seitenkapellen, die durch Portale verbunden

3 *Links:* SCAMOZZIS *Grundriß des Salzburger Doms; rechts:* SOLARIS *Grundriß (dieser in vergrößertem Maßstab)*

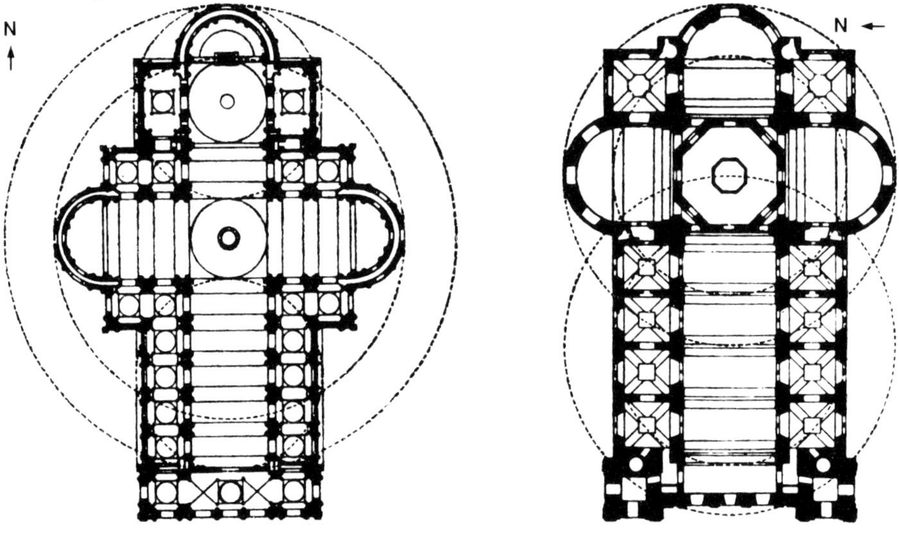

sind. Chor und Langhaus zeigen im Entwurf Scamozzis dieselbe Längenerstreckung. Die Tatsache schließlich, daß ein Querhausarm der Länge des Chors (abzüglich der Apsis) entspricht und Freitreppen sowohl vor der Hauptfassade als auch neben den Querhauskonchen geplant waren, bezeugt deutlich die Absicht des Baumeisters zur Errichtung eines Zentralbaugefüges.[16] Solari distanzierte sich von dieser Zentralbautendenz, spannte Chor und Querhausarme zu einem weitgehend einheitlichen Trikonchos zusammen und verselbständigte die Position des Langhauses durch ein im Rahmen des Gesamtbaus dominierendes Längenausmaß. Ähnlich wie an St. Peter in Rom, wo Maderna dem Zentralbau Michelangelos ein Langhaus vorgelagert hatte, wurde somit auch in Salzburg dem Prinzip des Longitudinalbaus letztlich doch Rechnung getragen.

Hatte Scamozzis überdimensionales Erstprojekt zunächst gewiß die Zustimmung Wolf Dietrichs gefunden, so schien dem Erzbischof die ursprüngliche Planung später doch zu aufwendig; er forderte einen neuen Entwurf, in dem die Länge des Dombaus schließlich auf 101 m eingeschränkt wurde. Die Grundsteinlegung dieses reduzierten Projekts erfolgte im Jahre 1610. Die Achse wurde nun gegenüber dem mittelalterlichen Vorgängerbau um 90 Grad auf die Richtung Nord-Süd geändert, ein Traditionsbruch, den Marcus Sitticus bei der neuerlichen Grundsteinlegung des »Solari-Baus« nicht mehr duldete. Nach Schleifung der Fundamente des reduzierten Scamozzi-Projekts wurde wieder der herkömmlichen West-Ost-Richtung der Vorzug gegeben.

Der knapp gefaßte Vergleich der Bauideen Scamozzis und Solaris mag erwiesen haben, wie eigenständig Solari seiner Aufgabe gerecht wurde. »Der Bau hat den in sich ruhenden Beziehungsreichtum (des Scamozzi-Entwurfs) aufgegeben und ist dafür in seiner Wirkung dynamisiert: er ist nicht nur auf das Zentrum ausgerichtet, sondern zu diesem Zentrum unterwegs.«[17] Mit dieser dramatischen Steigerung vom Langhaus zur dominierenden Vierungskuppel hat Solari einen Schritt vollzogen, der ihn schon deutlich als Baumeister des Barock ausweist. Im Vergleich dazu herrscht in Scamozzis Entwurf immer noch die auf das Additive ausgerichtete Grundeinstellung der letzten Manieristengeneration, die sich oft in akademischer Rückwendung auf Formen der Renaissance zu artikulieren trachtete.[18]

Der Neubau des Salzburger Domes muß weit über die Grenzen Österreichs hinaus als baukünstlerisches Ereignis von epochaler Bedeutung betrachtet worden sein. Daß man selbst noch zu Beginn des 18. Jahrhunderts unter dem Eindruck des Salzburger Vorbildes stand, beweist etwa der Dreikonchen-Chor der *ehemaligen Stiftskirche in Pöllau* (Steiermark).[19]

Die Anfänge der Barockarchitektur in der Steiermark

Heftiger als in anderen österreichischen Ländern verlief der religiöse Konflikt in Innerösterreich. Angesichts ständig drohender Türkeneinfälle ließ sich der aus tiefster Überzeugung katholische Erzherzog Karl II. in der »Religionspazifikation« im Jahre 1572 von den protestantischen Ständen eine Reihe tiefgreifender Zugeständnisse abringen. Allerdings vergaß er nie darauf hinzuweisen, daß die daraus resultierenden Vertragsverpflichtungen lediglich für seine Regierungszeit Geltung hätten, seine Nachfolger jedoch keinesfalls an jene Regelungen gebunden seien. Dieses Verhalten war ein Beweis dafür, daß er der aufsteigenden Macht des Protestantismus nur ephemere Bedeutung beimaß. Gleichzeitig mit dem Erlaß der »Pazifikation« berief er die Jesuiten nach Graz, ein Ereignis, das von seinem gegenreformatorischen Weitblick Zeugnis gibt. Als er in Graz im Jahre 1586 eine Universität gründete und den Orden mit deren Leitung betraute, waren die geistigen und organisatorischen Grundlagen für die katholische Restauration mit der nun bestehenden Möglichkeit der Heranbildung eines bodenständigen katholischen Klerus sichergestellt. Darüber hinaus sollten mit dieser Maßnahme die Söhne des Adels und des vermögenden Bürgertums vom Besuch der protestantischen Hochschulen in Deutschland abgehalten werden.

Trotz, oder vielleicht sogar wegen seiner ständigen Auseinandersetzungen mit den protestantischen Ständen nahm Karl II. darauf Bedacht, seine erzherzogliche Würde auf dem Bausektor zu dokumentieren. Er verstärkte die Befestigungsanlagen seiner Residenzstadt Graz und erweiterte die *Burg*, wobei, vor allem mit dem noch heute vorhandenen Osttrakt, ein bedeutender baulicher Akzent gesetzt wurde. Die Pläne für diesen Spätrenaissancebau (1570/71) schuf der kaiserliche Hofbaumeister PIETRO FERABOSCO. 1572 begann man unter der Leitung von VINZENZ DE VERDA mit dem Bau des *Jesuitenkollegs*, das erst unter den Nachfolgern des Regenten 1591/97 fertiggestellt werden konnte. Dieses in gewaltigen Ausmaßen errichtete Bauwerk gibt Zeugnis von der Bedeutung eines Ordens, dessen Angehörige als Vertreter der »ecclesia militans« die gegenreformatorischen Absichten der herrschenden Dynastie maßgeblich förderten. Es überrascht nicht, daß die Architekturgeschichte diese Jesuitenbauten, die in ihrer gleichförmigen Ausprägung – auch überregional gesehen – einander entsprechen, als die »ersten Kasernen der Welt« bezeichnet hat. Die Tatsache, daß Karl II. das Jesuitenkolleg in unmittelbarer Nähe seiner Hofkirche (des heutigen Doms) erbauen ließ und diese 1577 dem Orden zur Verfügung stellte, ermöglicht auch eine bauikonologische Deutung: Mit jener Maßnahme wurde der geistlichen »Kerntruppe« des regierenden Hauses auch nach außen hin, gewissermaßen vor den Augen des Volkes, eine repräsentative Position zugewiesen. Betrachtet man das festungsähnliche und kasernenartige Erscheinungsbild dieser Bauten, so ist doch überraschend, wie prunkvoll gebaut wurde, wenn man der Verherrlichung der Herrscherfamilie Rechnung tragen mußte.

1587 begann ALEXANDER DE VERDA in der romanischen Basilika von Seckau, dem Sitz des Diözesanbischofs, mit dem Bau des *Mausoleums Karls II.* Nach dem Gesichtspunkt der Einheit von Architektur, Malerei und Plastik wurde von italienischen Künstlern ein »Gesamtkunstwerk« geschaffen, das als bedeutendste Leistung des Manierismus in Österreich bezeichnet werden darf.

Als Karl II. im Jahre 1590 starb und sein ältester Sohn Ferdinand III. als Zwölfjähriger für die Übernahme der Herrschaft noch nicht in Betracht kam, setzte der Kaiser bis 1595 als interimistische Lösung zwei Regenten ein, die angesichts ihres provisorischen Wirkens keinen Anlaß sahen, die noch ungebrochene Macht der Protestanten zu schmälern. Das sollte sich sofort ändern, als FERDINAND III. (II.) von Ingolstadt, wo er bei den Jesuiten eine erzkatholische Erziehung genossen hatte, nach Graz berufen wurde. Über seine Gesinnung konnte kein Zweifel bestehen, hatte er sich dazu doch schon in Ingolstadt deutlich genug geäußert: »Lieber würde ich Land und Leute fahren lassen und im bloßen Hemd davonziehen, als zu Bewilligungen mich verstehen, die der Religion nachteilig werden könnten.« Er war sich darüber im klaren, daß für die Auslöschung der geistigen Wurzeln der Lehre Luthers vordringlich Sorge zu tragen wäre. So kam es bereits 1598 zur Ausweisung des protestantischen »Kirchen- und Schulexercitiums«, dem auch der berühmte Mathematiker und Astronom JOHANNES KEPLER angehörte. Reformationskommissionen zogen durch das Land, verbrannten Bücher, zerstörten protestantische Kirchen und zwangen die Bevölkerung zum katholischen Glauben überzutreten oder auszuwandern. Im Jahre 1600 traf die protestantische Bevölkerung der Residenz das gleiche Schicksal; lediglich der Adel blieb bis 1628 im Besitz seiner religiösen Freiheiten. In noch größerem Maße als sein Vorgänger verstand es Ferdinand, die Architektur und Bildende Kunst in den Dienst der katholischen Restauration zu stellen und darüber hinaus seinem persönlichen Machtanspruch Geltung zu verleihen, mußte doch der Machtverlust der Stände automatisch zu einer Festigung der landesfürstlichen Gewalt führen. Den Ruhm des Erzherzogs und den Sieg der katholischen Erneuerung auf vielfältigste Weise zu verkünden, schien der bis um 1597 bei Erzherzog FERDINAND VON TIROL tätige Hofkünstler PIETRO DE POMIS, der 1569 in Lodi (Lombardei) geboren und in der Werkstatt JACOPO TINTORETTOS in Venedig zum Maler ausgebildet wurde, besonders geeignet. Die Lagunenstadt hat ihm auch die ersten bleibenden Eindrücke auf dem Gebiet der Architektur vermittelt, wobei ihn offenbar die Kirchenbauten PALLADIOS besonders beeindruckten. Seine Wertschätzung für Palladio ging so weit, daß er die *Mariahilfkirche* (1607/11), sein erstes großes Bauwerk in Graz, mit einer Fassade ausstattete, die weitgehend dem Vorbild der Fassade von S. Giorgio Maggiore in Venedig entsprach.[20]

HANS ULRICH VON EGGENBERG, der bereits den Bau der Mariahilfkirche nachhaltig finanziert hatte, mobilisierte seine finanziellen Reserven 1614 noch ein weiteres Mal, als Ferdinand ihn ersuchte, einen Beitrag zum Bau der *Katharinenkirche* zu leisten. Selbstverständlich betraute man auch diesmal den vielseitigen Hofmaler DE POMIS mit der Bauleitung; er wurde beauftragt, anstelle der alten romanischen Katharinenkirche, an der Südseite der heutigen Domkirche, einen Neubau mit einem unmittelbar anschließenden *Mausoleum* zu errichten. Mit dieser Konzeption sollten kirchliche und dynastische Repräsentationsabsichten auf engstem Raum in Übereinstimmung gebracht werden. Abgesehen von der optischen Einheit ist es auch vom geistigen Gesichtspunkt aus gesehen korrekt, beide Bauten, die den Triumph der Gegenreformation verkörpern, als zusammengehörig zu betrachten und insgesamt als Mausoleum zu bezeichnen. Mit dem der Hl. Katharina von Alexandrien geweihten Kirchenbau erfolgte auch ein deutlicher Hinweis auf den Jesuitenorden, dessen Universität unter dem Patronat der Märtyrerin stand. Und dieser geistigen Macht sollte das den weltlichen Arm der Gegenreformation versinnbildlichende Mausoleum zur Seite gestellt werden.

Anläßlich der Grundsteinlegung schuf de Pomis eine Medaille, die auf der Vorderseite ein Brustbild des Regentenpaares und auf der Rückseite die Mausoleumsfassade zeigt. Sie erlaubt interessante Rückschlüsse auf die ursprünglichen Planungsabsichten de Pomis' im Bereich der Kirchenfassade, die sich nicht unbeträchtlich vom ausgeführten Bau unterscheidet. Geplant war vorerst eine einfache Dreieckgiebelkrönung auf vier monumentalen Halbsäulen. Diese Konzeption veränderte der Künstler nach einer Reise (1619/20), die ihn unter anderem in seine Heimatstadt Lodi geführt hatte, in auffallender Form (Farbt. 2). Den Segmentbogen der Portalverdachung verwandelte er in einen Dreieckgiebel und setzte in den Bereich des kleinen Attikageschosses einen Segmentgiebel in unmittelbarem Anschluß auf die beiden die Mittelachse flankierenden Halbsäulen. Den die gesamte Fassade umfassenden Dreieckgiebel rahmte er schließlich noch mit einem weiteren Segmentbogen. Dieses Motiv des in einen Segmentbogen eingeschriebenen Dreieckgiebels stammt offensichtlich von der Fassade der römischen Jesuitenkirche. Allerdings wurde es am Grazer Mausoleum in eine weit beherrschendere Position gebracht. Zusammen mit dem knapp darunter ansetzenden kleineren Segmentbogen befindet es sich im oberen Drittel der Fassade und scheint auf deren unteren Bereich über Gebühr schwer zu lasten. Eine künstlerische Absicht tritt hier zutage, die sich allen nach harmonischem Ausgleich strebenden Proportionsgesetzen der Renaissance widersetzt. Der Unterbau der Fassade erscheint in seiner Belastbarkeit nahezu überfordert; es zeichnet sich eine dynamische Spannung ab, die sich mit dem Stilbegriff des Manierismus umreißen läßt. Die Erstfassung der Fassade mit lediglich einem Giebel zeigte demgegenüber noch ein ausgeglichenes Verhältnis von Stütze und Last und entsprach, wie der Gesamtbau, durchaus den Prinzipien der frühbarocken Stilstufe. Ein weiteres manieristisches Kennzeichen zeigt sich in dem die Fassade beherrschenden Prinzip des »horror vacui«, mit anderen Worten: um die Grundstruktur der Wand zu verschleiern, wurde die Fassade mit einer beinahe unüberschaubaren Fülle ornamentaler, plastischer und architektonischer Elemente ausgestattet; eine künstlerische Zielsetzung, die an lombardische Quellen denken läßt. Neben dieser stilistischen Einstufung der Fassade ist auch auf deren ikonologische Komponenten hinzuweisen: Bei allem Reichtum architektonischer Einzelformen ist nicht zu übersehen, daß der Charakter der Fassade hauptsächlich vom – freilich eigenständig gehandhabten – Motiv des Triumphbogens bestimmt wird, eine hochaktuelle Aussage zum Zeitgeschehen, sieht man darin den erfolgreichen Verlauf der katholischen Restauration versinnbildlicht. Hinzu tritt als Krönung der Fassade die mächtige, von Engeln flankierte Statue der Hl. Katharina, die als Patronin der Jesuitenuniversität weitere Assoziationen zum Wirkungsbereich der Gegenreformation eröffnet.

Der Grundriß der Kirche (Abb. 4) hat die Form eines lateinischen Kreuzes mit einem einschiffigen, tonnengewölbten Langhaus und einem ebenfalls tonnengewölbten Querhaus. An die von einer Tambourkuppel gekrönte Vierung schließt unmittelbar die Apsis an, die von einer halbkreisförmigen Sakristei ummantelt ist. Der zweigeschossige Sakristeibau ist zusätzlich mit einem Attikageschoß ausgestattet, das erst im Verlauf der Planveränderung

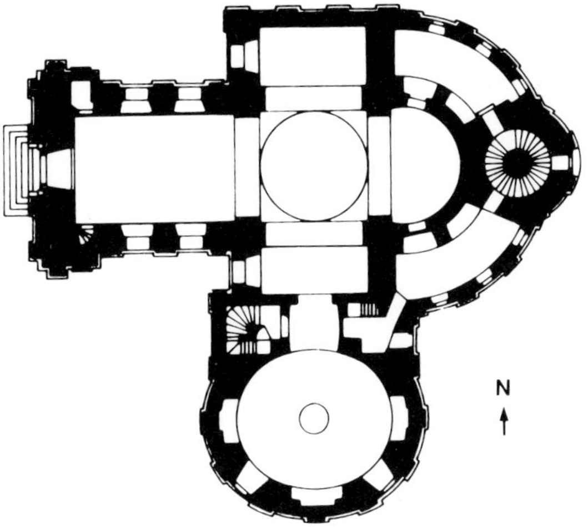

4 *Mausoleum in Graz, Grundriß*

nach 1620 hinzugefügt wurde und in Übereinstimmung mit dem Gebälksverlauf an Kirche und Mausoleum einheitlich in den Gesamtbau integriert ist. Die Kontinuität des »Sakristeimantels« wird von einem runden, am Scheitelpunkt der Apsis anschließenden sechsgeschossigen Chorturm unterbrochen.[21]

Während der nördliche Querhausarm der Kirche mit einem halbkreisförmigen Giebel venezianischer Provenienz fast unmittelbar an den Dom drängt, öffnet sich das etwas verkürzte südliche Querhaus in den über ovalem Grundriß parallel zur Kirchenlängsachse sich erhebenden Kuppelbau des *Mausoleums,* dessen Äußeres eine der Kirche analoge Gliederung aufweist und dadurch in die Gesamtkonzeption eingebunden ist. Unter der Grabkapelle befindet sich ein ebenfalls gewölbter Gruftraum, in dem die Gemahlin Ferdinands, Maria Anna von Bayern, im Jahre 1616 – also bereits ein Jahr nach Baubeginn – beigesetzt wurde. Die elliptische Grundrißform des Mausoleums ist für die Entwicklung der europäischen Architektur von entscheidender Bedeutung. Mit dem Problem des ovalen Grundrisses hatte sich bereits Sebastiano Serlio im 5. Buch (1547 erschienen) seines architekturtheoretischen Werks ›Tutte le opere d'Architettura‹ beschäftigt, und gegen Ende des 16. Jahrhunderts setzte Vignola diese theoretischen Erkenntnisse am Bau von S. Anna dei Palafrenieri in Rom (1582/1616) in die Praxis um. Während Vignola jedoch mit der Form des gestreckten Ovals operierte, liegt dem Konzept de Pomis' das Konstruktionsprinzip einer Ellipse zugrunde. Wie die Forschung berichtet, kann sich der Baumeister dabei auf kein architektonisches Vorbild bezogen haben, vielmehr ist zu vermuten, daß Johannes Kepler, der 1600 aus Graz ausgewiesene protestantische Stiftsmathematiker, zu dieser Grundrißform die entscheidende Anregung gegeben hat; bekanntlich war es ihm erstmalig gelungen, eine Ellipse exakt zu konstruieren.

Bis 1619 konnten die Bauarbeiten recht zügig vorangetrieben werden. Im gleichen Jahr wurde der Regent in Frankfurt zum Kaiser (FERDINAND II.) gewählt und sah sich veranlaßt, seinen Hofstaat nach Wien zu verlegen. Mit diesem Ereignis verlor die Stadt Graz ihren Rang als Residenz. Die fast ein halbes Jahrhundert florierende Bautätigkeit trat nun angesichts dieser politischen und regionalen Umschichtungen in eine regressive Phase; erst während des letzten Drittels des Jahrhunderts zeichnete sich erneut eine allmähliche Belebung des Bauschaffens ab. Als Kaiser mit neuen Aufgaben konfrontiert, war es Ferdinand nicht mehr im gleichen Ausmaß wie bisher möglich, den Bau seines Mausoleums zu fördern. Es wurde immer schwieriger, in der Hofkammer die entsprechenden Mittel für die weiteren Bauvorhaben freizusetzen.

Als DE POMIS 1633 verstarb, befand sich der Bau in sehr schlechtem Zustand. So fehlten Teile des Daches und der Chorturm war erst zu zwei Drittel fertiggestellt. PIETRO VALNEGRO, der Grazer Hofbaupolier, trat die Nachfolge de Pomis' an und vollendete den Turm, dessen barocke Laterne auf seinen eigenen Entwurf zurückzuführen ist. Im übrigen verblieb der Innenbau bis 1686 im Rohzustand. Der junge JOHANN BERNHARD FISCHER VON ERLACH leistete damals den Hauptbeitrag zur abschließenden Ausgestaltung des Habsburgischen Familienheiligtums. Lediglich die Stuckausstattung des Gruftraumes, in dem Ferdinand 1637 beigesetzt wurde, war noch vor der Jahrhundertmitte fertiggestellt worden.

Wie erwähnt, war de Pomis in der Werkstatt Tintorettos in Venedig zum Maler herangebildet worden. Die Lagunenstadt muß ihn aber auch mit ihrem architektonischen Reichtum gefesselt haben. Diese Vermutung findet sich bestätigt, wenn der Betrachter vom Grazer Schloßberg (der damaligen Festung) auf die großartige »Kuppellandschaft« des Mausoleums blickt (Abb. 5). Angesichts dieser »Stadtkrone«, wie das Mausoleum zu Recht oft bezeichnet wird, fühlt man sich tatsächlich an die großen Leistungen venezianischer Baumeister auf dem Gebiet des Kuppelbaus erinnert.[22] Die Kuppelfolge verlieh der Residenz den überragenden städtebaulichen Akzent. Bei genauerer Betrachtung ist zu bemerken, daß dieser Baubereich auch in ikonologischer Hinsicht bemerkenswerte Eigenschaften besitzt: Während die Vierungskuppel der Katharinenkirche das Zeichen des Kreuzes trägt, wird die bis in gleiche Höhe aufragende Kuppellaterne der Grabkapelle mit den Reichsinsignien bekrönt. Der Reichsadler thront hier auf dem Reichsapfel und präsentiert Zepter und Reichsschwert. Daß die weltliche Gewalt an diesem Bauwerk der geistlichen Macht symbolisch mehr als ebenbürtig gegenübertritt, beweist der alles überragende Chorturm, auf dessen Laternenabschluß nochmals das kaiserliche Zepter in den Himmel ragt. Mit Ausnahme der Wiener Karlskirche gibt es u. E. kein zweites sakrales Bauwerk in Österreich, an dem der Machtanspruch eines Herrschers so dominant in Erscheinung tritt. Auch darüber hinaus stehen wir vor einem Bau der Superlative: Weder vor noch nach Ferdinand hatte sich jemals ein Habsburger ein Mausoleum dieser Größenordnung errichten lassen; beinah gleichzeitig mit dem Dombau von Salzburg schuf de Pomis mit

◁ 5 PIETRO DE POMIS: *Mausoleum in Graz, Blick von oben*

6 Pietro de Pomis: *Mausoleum in Ehrenhausen, Außenansicht, 1609 begonnen*

ihm den ersten namhaften frühbarocken Bau Österreichs. Wie erläutert, läßt sich diese Stilbezeichnung jedoch nicht einheitlich auf das gesamte Bauensemble in Anwendung bringen. Während die Grundrißstruktur und die dramatisch gesteigerte »Kuppellandschaft« gewiß mit dem Epochenbegriff »Barock« zu umreißen sind, ist die Fassade als *die* manieristische Kirchenfassade Österreichs schlechthin zu bezeichnen. Wenn man schließlich noch an die exakt ellipsoid konzipierte Grabkapellenkuppel erinnert, wird evident, daß man vor einem Bauwerk europäischen Ranges steht, das in Österreich keine unmittelbare Nachfolge gefunden hat.

Man hat auf stilkritischer Basis nachgewiesen, daß sich DE POMIS bereits vor dem Grazer Mausoleum mit dem Projekt eines Grabbaus auseinandergesetzt hat. Südlich des Marktplatzes von Ehrenhausen erhebt sich ein Hügel, auf dessen Terrasse – weithin sichtbar – das *Mausoleum Ruprechts von Eggenberg* steht. Tatsächlich ist der Gedanke naheliegend, daß Hans Ulrich von Eggenberg den seit 1607 mit der Errichtung der Mariahilfkirche in Graz beauftragten de Pomis seinem Vetter Ruprecht als Architekten weiterempfohlen hat.[23] Als Generalfeldzeugmeister im Dienste der Habsburger hatte RUPRECHT VON EGGENBERG 1593 die Türken bei Sissek vernichtend geschlagen. Daher ist verständlich, daß der Feldherr seine kriegerischen Taten an seinem Mausoleum in einem spezifischen ikonologischen Programm verankert sehen wollte. So flankieren auf hohen Sockeln zwei monumentale, antikisierend wiedergegebene Krieger als Grabwächter die Westfassade des Bauwerks, auf dessen Portal eine von plastischem Dekor reich gerahmte Tafel die devisenhafte und gleichzeitig moralisierende Inschrift »post onus honos« (nach der Last die Ehre) präsentiert. Dieser reiche bauplastische Schmuck entspricht, wie auch die beiden Krieger, der Stilstufe der ersten Hälfte des 17. Jahrhunderts. Nach archivalischen Funden zu schließen, kann die Ausgestaltung der Fassade und des Innenbaus jedoch erst nach 1680 erfolgt sein.[24] Die hier vorherrschende retardierende künstlerische Haltung ist für das letzte Viertel des Jahrhunderts überraschend und kann nur so begründet werden, daß der Feldherr in seinem Testament aus dem Jahre 1609 – und zu diesem Zeitpunkt muß auch mit dem Baubeginn gerechnet werden – auf die Fertigstellung des Baus nach dem »formirten Modell« ausdrücklich bestand. Nachdem man die Arbeiten am Gebäude bis zum Todesjahr Ruprechts, 1611, zügig vorangetrieben hatte, wurde die Bautätigkeit um 1615 zunächst eingestellt. Ob damals bereits der gesamte Rohbau vollendet war, ist fraglich. Festzustehen scheint jedoch, daß man auch in der Endphase des Bauvorganges das von de Pomis erstellte Konzept beibehielt.

Das Mausoleum (Abb. 6) erhebt sich auf rechteckigem Grundriß, hat auf allen vier Seiten dem Halbkreis angenäherte Giebelabschlüsse und wird von einer oktogonalen Tambourkuppel mit glockenförmigem Dach bekrönt. Auch im Inneren wurde dem Oktogon der Kuppel insofern Rechnung getragen, als in etwa halber Höhe des Wandaufrisses über vier weinlaubumkränzten Säulen der Gebälksverlauf diese geometrische Form präludiert. So hat es den Anschein, daß dem Grundrißrechteck ein Achteck eingeschrieben ist. Zusätzlich erwecken die an den Längsseiten auf rustizierten Strebepfeilern ruhenden, jedoch kaum aus der Baulinie vorkragenden Halbkreisgiebel den Eindruck von Querhausarmen. Diese

Tendenz zu verschlüsselter Aussage ist sowohl für das Äußere als auch für das Innere des Bauwerks bezeichnend, ein manieristisches Kennzeichen, das auch im spannungsvollen Kontrast zwischen der überreich dekorierten Westfassade und den nahezu schmucklos in Erscheinung tretenden übrigen Ansichten des Mausoleums zutage tritt. Auch das völlig unproportioniert gestaltete Größenverhältnis der Grabwächter zum vergleichsweise kleinen Bau gehört in den Katalog manieristischer Ausdrucksformen. R. WAGNER-RIEGER hat das Bauwerk als »interessanten Vorläufer des Grazer Mausoleums« bezeichnet. Tatsächlich scheint das Motiv des halbkreisförmigen, venezianisch anmutenden Giebels, wie es am nördlichen Querhausarm des Grazer Mausoleums auftritt, in Ehrenhausen vorweggenommen. Darüber hinaus stellt der am Grazer Mausoleum (Fassade der Katharinenkirche) einem Segmentbogen eingeschriebene Dreiecksgiebel als rein geometrisch faßbares Motiv eine Weiterentwicklung des die Ehrenhausener Frontfassade beherrschenden Giebelbereichs dar, wo in winkelförmigem Verlauf zwei Gebälksstücke in einen Halbkreisbogen dringen; eine gleichsam spielerisch-dekorationsfreudige Absicht ist dabei unverkennbar.

Auch für die Weiterentwicklung des österreichischen Schloßbaus hat DE POMIS einen wichtigen Beitrag geleistet. Von HANS ULRICH VON EGGENBERG wurde er beauftragt, die verhältnismäßig bescheidene mittelalterliche *Schloßanlage der Eggenberger* in Graz in einen repräsentativen Bau umzuwandeln.[25] Hans Ulrich hatte bereits während der innerösterreichischen Regentschaft Ferdinands als Obersthofmeister und Hofkammerpräsident im Verwaltungswesen des Landes einen Spitzenrang eingenommen. Als Ferdinand 1619 in Frankfurt zum Kaiser gewählt wurde, da stand ihm der Eggenberger als engster Vertrauter zur Seite. In der Folge wurde er zum Direktor des Geheimen Rates gewählt, 1621 zum steirischen Landeshauptmann ernannt und 1623 in den Reichsfürstenstand erhoben. Als Kenner der spanischen Szenerie war er zwischen den Habsburgerhöfen von Madrid und Wien der bevorzugte Verbindungsmann; in der Rangliste des österreichischen Adels stand er damals – 1628 zum Herzog von Krumau erhoben – gewiß an oberster Stelle. Als kaiserlich bevollmächtigter Gubernator Innerösterreichs (1625) fühlte er sich veranlaßt, dem bedeutendsten Architekten des Landes den Auftrag zur Errichtung eines in »modernsten« Formen konzipierten Repräsentationsschlosses zu erteilen. Der Fürst muß auch über enorme materielle Reserven verfügt haben, wenn man bedenkt, daß Schloß Eggenberg in einer Zeit ärgster finanzieller Rezession (Dreißigjähriger Krieg) in den Jahren von ca. 1623–1655 erbaut wurde; die Innenausstattung erfolgte allerdings erst im Verlauf des dritten Jahrhundertviertels. Der dreigeschossige, annähernd quadratisch zusammengeschlossene Baublock (80 × 65 m) wird von vier mit Zeltdächern und Laternen bekrönten Ecktürmen eingefaßt (Abb. 7; Farbt. 3). Das von einem tiefen Graben umzogene Geviert wird durch einen parallel zur Hauptfront verlaufenden Querflügel und einen darauf axial ausgerichteten kurzen Verbindungstrakt in einen rechteckigen großen Hof und zwei kleinere Nebenhöfe unterteilt. Abgesehen vom dreiachsigen Mittelabschnitt der östlichen Fassade, ist für den überwiegenden Teil des Außenbaus eine sehr schlichte Gestaltung charakteristisch. Pilaster an den Kanten der Ecktürme und Kordongesimse sind die einzigen Gestaltungselemente an

7 Pietro de Pomis: *Schloß Eggenberg in Graz*

der Fassade, deren Fensteröffnungen, lediglich mit einem einfachen Verdachungsgesims ausgestattet, wie aus einem geschlossenen Mauerverband herausgeschnitten wirken. Diesen strengen Charakter der Fassade scheint die dreiteilige Portalanlage, die an die Form eines Triumphbogens erinnert, mit ihrer toskanischen Säulenordnung nur noch zu unterstreichen.

Es ist auffallend, wie sehr Schloß Eggenberg, sowohl in der Grundrißkonzeption als auch in der Fassadengestaltung, an spanische Vorbilder, wie zum Beispiel den Escorial zu Madrid (Juan Bautista de Toledo und Juan de Herrera, 1563/86), erinnert. Deutliche Parallelen lassen sich im Bereich der pilasterbegrenzten Ecktürme feststellen, die als vertikale Akzente die betont horizontal gegliederten Fassaden umschließen. Im strengen spanischen Stil (Estilo desornamentado) errichtet, erscheint das Äußere von Schloß Eggenberg als späte Abbreviatur der weltberühmten Klosterresidenz. Dabei sichert die bekannte Vorliebe Hans Ulrichs von Eggenberg für spanische Kunst und Lebensform dem Escorial-Vergleich zusätzliche Aktualität. Auch de Pomis muß diesen Bau bewundert haben, als er sich gemeinsam mit dem Eggenberger 1598 im Gefolge der Erzherzogin Maria Margaretha, der Schwester Ferdinands, an den spanischen Hof begab, um den Zeremonien beizuwohnen, die anläßlich der Eheschließung Margarethas mit Philipp III. stattfanden.

Es darf angenommen werden, daß Architekt und Bauherr gleichermaßen am formalen und gedanklichen Konzept für Schloß Eggenberg beteiligt waren. Die praktischen Bauarbeiten hingegen lagen in Händen anderer, vor allem italienischer und niederländischer Baumeister.

Die Bedeutung der Anlage manifestiert sich nicht allein in der Einführung neuer Stilelemente in die österreichische Profanarchitektur, sondern auch in der mikrokosmischen Intention, die als ikonologisches Programm dem an Architektursymbolik reichen Bau zugrundegelegt wurde. Das Schloß verkörpert in seiner konsequenten Verarbeitung der überlieferten Zahlensymbolik und in der Aufnahme sämtlicher Werte der Zeitrechnung die allegorische Schöpfung eines eigenen, neuen Mikrokosmos. Im Zeichen der angedeuteten Verbindung von Himmel und Erde – mit dem Glauben (Schloßkapelle) als Zentrum der Anlage – wird dieses, die konstituierenden Elemente der Welt darstellende Gedankengut durch das polare Prinzip »männlich-weiblich«, in seiner symbolischen Verschmelzung als Ausgangspunkt des Lebens, in unerhört straffer und durchdachter Weise vertieft. Von kosmischem Anspruch erfüllt, kulminiert das Ideengut in der Ausgestaltung des Prunkgeschosses, das in seinen Deckenbildern symbolisch Geschichte und Erscheinungsbild der Welt umfaßt. Im Festsaal vollzieht sich schließlich die Beschwörung der Schicksalsregenten, Planeten und Tierkreiszeichen als Identifikation mit der fürstlichen Familie. Alles fügt sich in einzigartiger Weise in einer gewaltigen Apotheose des Hauses Eggenberg zusammen, das damit die Welt nach eigenen Wünschen und Vorstellungen, neu geschaffen, vor sich sehen wollte.

Zusammenfassend sei hervorgehoben, daß Pietro de Pomis, der sich zum Teil immer noch den Stilprinzipien des Manierismus verpflichtet sah, auf der geistigen Grundlage der von Ferdinand vorangetriebenen Gegenreformation in Graz als einer der bedeutendsten Wegbereiter der Barockarchitektur in Österreich zu bezeichnen ist.

Jesuitenkirchen

Wie in anderen Ländern waren auch in Österreich die Jesuitenkirchen für den Entwicklungsprozeß der barocken Langhauskirchen von entscheidender Bedeutung. Es ist offensichtlich, daß von diesen Bauten, neben dem Salzburger Dom, für die weitere Herausbildung unterschiedlichster Langhaustypen und Fassaden die wichtigsten Impulse ausgegangen sind. Die Neuerrichtung von Jesuitenkirchen ging Hand in Hand mit der erfolgreich abgeschlossenen Konsolidierung katholischer Machtverhältnisse. Es wurde schon darauf hingewiesen, daß in Tirol die Gegenreformation auf den geringsten Widerstand stieß, während sich die Macht der protestantischen Stände beispielsweise in Oberösterreich ungleich länger behaupten konnte. Daher ist es nicht überraschend, daß in Innsbruck schon ab 1619 der Neubau einer Jesuitenkirche veranlaßt wurde, während der Orden in Linz erst beträchtlich später über ein repräsentatives Gotteshaus (ab 1669 errichtet) verfügen konnte.

Auf Betreiben Erzherzog Leopolds V. entstand mit der *Jesuitenkirche* der erste monumentale barocke Kirchenbau *Innsbrucks*. Leopold war anfänglich Bischof von Passau und legte nach seiner Erhebung zum Landesfürsten sein geistliches Amt nieder. Er vermählte sich mit Herzogin Claudia von Medici, eine Verbindung, die den italienischen Einschlag des Innsbrucker Hofes und die engen Beziehungen zur italienischen Kunst neuerlich bestärkte.[26] – 1619 wurde Matthias Kager aus Augsburg mit dem Bau der Kirche beauftragt. Der Baumeister entschied sich, nach dem Vorbild der Michaelskirche in München (1582/97), für den Typus der Wandpfeilerkirche. Bei der Wahl Kagers scheint man allerdings von einem technischen Befähigungsnachweis Abstand genommen zu haben, denn 1626 kam es zum Einsturz des Gebäudes. Erst diese Katastrophe regte zu größerer Vorsicht an, denn nun hielt man es für geboten, zwei bedeutende Architekten, Elias Holl aus Augsburg und Santino Solari aus Salzburg, als Baugutachter zu konsultieren. – Den Auftrag zum völligen Neubau der Kirche erhielt schließlich der schon 1621 als »praefectus fabricae« genannte Jesuitenpater Karl Fontaner, der 1627 nach Salzburg reiste, um sich von Solari beraten zu lassen. Mit diesem Besuch waren in Innsbruck offenbar die Weichen für eine Barockarchitektur von zum Teil italienischer Prägung gestellt. Dem süddeutschen Typus der Wandpfeilerkirche wurde anscheinend nur noch eine untergeordnete Rolle beigemessen. Der Jesuitenpater entwarf in reduzierter Form einen Grundriß nach dem Muster der römischen Mutterkirche *Il Gesù*: Das dreijochige, von einer Stichkappentonne gewölbte Langhaus wird von Seitenkapellen begleitet, die – durch keine Portale miteinander verbunden – augenfälliger als der Salzburger Dom, an das römische Vorbild erinnern (Abb. 9). Die Vierung ist von einer an Salzburg erinnernden Tambourkuppel bekrönt und weist, Il Gesù wieder vergleichbar, kurze Querhausarme auf (Abb. 8). Daran schließt ein Chorjoch mit einer dem Halbkreis angenäherten Apsis. Im Gegensatz zum deutlich an Il Gesù orientierten Grundrißkonzept fand Fontaner zu einem durchaus eigenständigen Wandaufrißsystem: gekuppelte Pilaster aus rötlichgrauem Marmor trennen die Arkadenöffnungen der Seitenkapellen. Mit ihren Kapitellen durchbrechen sie das Sohlbankniveau der Emporenzone, die so weit hinaufreicht, daß sie einen geschlossenen Verlauf der Gebälksformation

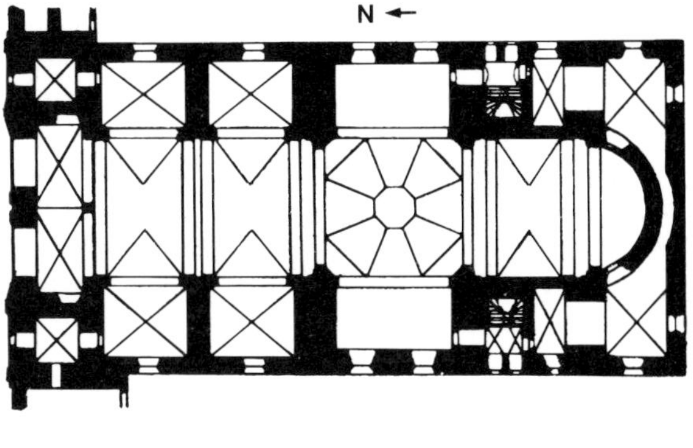

8 *Jesuitenkirche in Innsbruck, Grundriß*

9 Karl Fontaner: *Jesuitenkirche in Innsbruck, Blick ins Innere, 1627–1640*

verhindert. Es handelt sich lediglich um Gebälksfragmente, die von den rundbogigen Emporenöffnungen flankiert werden und als Fortsetzung der Pilasterpaare eine stark ausgeprägte Vertikaltendenz in die Wandstruktur einbringen. In der römischen Mutterkirche hingegen hatte VIGNOLA streng darauf Bedacht genommen, mit einer einheitlich durchlaufenden Gebälkszone die horizontale Komponente des unverhältnismäßig breiten Langhauses dominieren zu lassen. Die spitzbogigen Fenster im Obergaden der Innsbrucker Kirche scheinen neben der vertikal bestimmten Raumform ein weiteres Indiz für die nordische Variante der einheimischen Jesuitenarchitektur darzustellen; darüber hinaus geben sie Zeugnis vom basilikalen Querschnitt des Gebäudes. Ein weiterer Unterschied zur römischen Kirche tritt deutlich zutage, wenn man deren stark reduzierte Emporen mit den höheren und weiträumigeren Emporenöffnungen der Jesuitenkirche Fontaners vergleicht, wo sich Reminiszenzen an den Typus der Wandpfeilerkirche abzuzeichnen scheinen; daraus geht hervor, daß nicht ausschließlich italienische Elemente den Charakter des Bauwerks bestimmen.

Wenn hier von »Jesuitenarchitektur« die Rede ist, so hat dies keinesfalls zu bedeuten, daß sich der Orden in Österreich einem bestimmten Raumtypus verpflichtet fühlte. Im Gegenteil, »die Bindung eines Ordens an eine bestimmte Raumform läßt sich auf Grund der österreichischen Bauten nicht erkennen, denn hier wie auch anderswo verwendeten weder die Jesuiten noch etwa die Karmeliter einen spezifischen Typus, dessen sich sonst niemand bedient hätte«.[27]

Ehe noch eine Reihe weiterer Longitudinalbauten des 17. Jahrhunderts erörtert werden soll, sei darauf hingewiesen, daß, nach R. WAGNER-RIEGER, »sich hinsichtlich der Langhausgestaltung drei Gruppen unterscheiden lassen, die – wenigstens bis zu einem gewissen Grad – durch die Kunstlandschaft, der sie angehören, bedingt erscheinen. Es sind dies:

1. der einschiffige Saalraum mit basilikalem Querschnitt und verbundenen oder unverbundenen Seitenkapellen, ohne Emporen, jedoch mit Lichtgaden,
2. der einschiffige Saalraum mit eingezogenen Wandpfeilern, zwischen denen im Erdgeschoß Kapellen und darüber Emporen eingefügt sind,
3. der einschiffige Saalraum mit basilikalem Querschnitt, bei dem zwischen den Seitenkapellen und dem Lichtgaden oratorienartige Emporen eingelassen sind«.

Nach diesem Schema, das auch für die weiteren Darstellungen Geltung haben soll, wäre die Innsbrucker Jesuitenkirche dem Typus III zuzuordnen.

Nach Fertigstellung der Kuppel (1634) wurde Fontaner im Jahre 1635 wegen »Unregelmäßigkeiten in der Amtsführung« entlassen und von CHRISTOPH GUMPP (1600/72) abgelöst. Im Jahre 1627 scheint Gumpp zusammen mit dem Maler HANS SCHOR erstmalig in den Rechnungsbüchern des Jesuitenbaus auf. Zu Beginn des Jahres 1636 ist laut Quellenhinweis »für Fassade, Türme und die übrigen noch unvollendeten Teile des Baus eine neue Zeichnung angefertigt worden, da der abgehende Bauleiter die früheren beseitigt habe«.[28] Ein mit 1635 datierter Fassadenentwurf steht damit sicherlich in Zusammenhang, und, wie M. KRAPF bemerkt, ist »die Wahrscheinlichkeit groß, daß Gumpp als neubestellter

Hofbaumeister die Fassade, nach der der Bau vollendet werden sollte, geschaffen hat«.[29] Der Entwurf zeigt im Mittelabschnitt der Doppelturmanlage zwei rundbogige von einem Pilasterpaar getrennte Portalöffnungen, die in dieser raumgreifenden Form eine gewisse Affinität zum Salzburger Dom erkennen lassen. Die Türme, deren Obergeschosse in Abkehr vom Entwurf Gumpps ebenfalls dem Salzburger Muster entsprechen, wurden erst 1900/01 errichtet. M. Krapf charakterisiert die Innsbrucker Jesuitenkirche im Rahmen der Architektur in Deutschland um 1630 als einen Typus »modernster Ausprägung: Bedenkt man, daß sie – wie man der oft sehr komplexen Bauführung entnehmen kann – ein Gemeinschaftsprodukt meist deutscher oder einheimischer Bauhandwerker war, kann man nicht umhin, festzustellen, daß historisch gesehen hier erstmals in Süddeutschland ein Bau entstanden war, der italienische Erfordernisse wie Tambourkuppel und Querhaus mit einer ausgesprochen typisch süddeutschen Stuckauszierung verband. Insofern ist sie ihrem architektonischen Innovationswert nach neben Salzburg, wo das italienische Element überwiegt, der erste süddeutsche Bau in der Tradition der italienischen Kreuzkuppelkirche«.[30]

Beim Bau der Kirche, deren Fassade mit den im rechten Winkel von ihr ausgehenden Kolleg- und Bibliotheksgebäuden einen Platz begrenzt, wurden offensichtlich auch städtebauliche Überlegungen angestellt: ein erstes Beispiel planmäßiger künstlerischer Platzgestaltung in Innsbruck.

Wenn die Jesuitenkirchen in vorliegender Abhandlung in einem gesonderten Kapitel behandelt werden, bedeutet dies, wie erwähnt, keinesfalls, daß auf dem sakralen Bausektor von einer typischen Jesuitenarchitektur die Rede sein kann, wenngleich nicht zu leugnen ist, daß die römische Mutterkirche deren räumliche Organisation (siehe Innsbruck) wesentlich beeinflußt hat. Jedoch erstreckte sich dieser Einfluß zeitweilig auf den gesamten katholischen Kirchenbau. Gerade ein Vergleich zwischen den gleichzeitig errichteten Ordenskirchen von Innsbruck und Wien macht deutlich, wie unterschiedlich, ja oft äußerst konträr, die Jesuiten mit den architektonischen Ausdrucksmitteln verfuhren. Diese Beobachtung darf nun andererseits keinesfalls zum Anlaß genommen werden, die ein wenig ideologisch gefärbte, also einseitige Darstellung kritiklos zu akzeptieren, wonach »die Jesuiten es verstanden (hätten), ihre Bauten den jeweiligen zeitlichen und örtlichen Besonderheiten anzupassen, um agitatorisch wirksamer zu sein«.[31] Gewiß muß auf eine solche propagandistisch bedingte Haltung der Jesuiten hingewiesen werden, wobei jedoch festzustehen scheint, daß man dieser Anpassungspolitik in den deutschen Ländern ungleich stärker als im Habsburgerreich huldigte. Dessenungeachtet kann der Orden ohne Zweifel das Verdienst für sich in Anspruch nehmen, zur Verbreitung der Barockarchitektur wesentlich beigetragen zu haben. Wenn in diesem Zusammenhang auf das Fortwirken des »Gesù-Typus« verwiesen wird, dann ist damit sicher nur *ein* Gesichtspunkt der baukünstlerischen Vermittlertätigkeit der Sozietät angesprochen. Wichtiger ist es, daran zu erinnern, daß der Orden häufig genug – wollte er in »modernen«, also barocken Formen bauen – keine lokale, zur Anpassung anregende Kirchenbautradition vorfand, sich also geradezu genötigt sah, die regionale Bauentwicklung im Sinne des Barock eigenständig einzuleiten und voranzutreiben. Eine derartige Situation fand der Orden in *Wien* vor, wo er bereits seit 1553 über eine eigene Kirche, die Kirche am Hof (»Zu den neun Engelschören«) verfügte, die in den Jahren 1607/10 barockisiert und 1662 mit einer neuen Fassade ausgestattet wurde.

1627 ermöglichte es Kaiser FERDINAND II. dann den Jesuiten, sich einen Kirchenbau (*Universitätskirche«* 1627/31) neben der schon seit 1623 im Bau befindlichen Universität von Grund auf neu zu errichten.[32] Mit dieser Stiftung konnte der Kaiser die noch aus seiner innerösterreichischen Regentenzeit herrührende Dankesschuld dem Orden gegenüber begleichen. Welchen Entwicklungsstand der Kirchenbaukunst fand nun der mit dem Bau der Kirche beauftragte, namentlich unbekannte Architekt in Wien vor? Die Frage ist leicht zu beantworten, wenn man einen vergleichenden Blick etwa auf die zu Beginn des 17. Jahrhunderts entstandene Fassade der Franziskanerkirche wirft: Mit ihrem nordisch anmutenden Treppengiebelabschluß und ihren spitzbogigen Fenstern läßt sie nicht den geringsten Zusammenhang mit auch nur aufkeimender Barockarchitektur erkennen, vielmehr zeigt sie das Ende einer immer noch mittelalterlich anmutenden Epoche an. Im vorbestimmten Verzicht auf jeden lokalen Ansatzpunkt boten die Jesuiten somit dem Baumeister Gelegenheit, eine Kirche zu errichten, mit der man den Wienern erstmalig den neuen Baustil vor Augen führen konnte.

Um vom ursprünglichen Zustand des einschiffigen Saalraums eine authentische Vorstellung zu gewinnen, ist zunächst einmal von den späteren (1703–1707), bereits nach den Zielsetzungen des Hochbarock vorgenommenen Veränderungen (Einbau von kleinen Emporen und Freskierung der Decke) des Jesuitenpaters ANDREA DEL POZZO abzusehen. Der Innenbau entsprach dem oben aufgezeigten ersten Langhaustypus und unterscheidet sich demnach deutlich vom Wandsystem der *Innsbrucker Jesuitenkirche.* Vier Kapellenpaare, deren Arkadenbögen auf wuchtigen Pfeilern ruhen und bis zum Gebälk reichen, begleiten ein Langhaus, das mit seinem Fenstergaden einen basilikalen Querschnitt aufweist und von einem durchlaufenden Tonnengewölbe abgeschlossen wird.

Großes Interesse verdient die Doppelturmfassade der Wiener Jesuitenkirche, mit der in Österreich ein ganz neuer Typus geschaffen wurde (Abb. 10). Die Vielgeschossigkeit ist ein Hauptcharakteristikum der Schauseite, welche die frühbarocke Fassadengestaltung in Österreich eine Zeitlang merklich beeinflußt hat. Von den Gebälkslagen ausgehend zählt man drei Hauptgeschosse, rechnet man aber nach Fenster- und Ädikulenzonen und fügt noch das attikaähnliche Zwischengeschoß hinzu, so ergibt sich eine sechsgeschossige Anlage. Ursprünglich war wohl eine gedrungenere Form der Turmabschlüsse beabsichtigt, die erst zu Beginn des 18. Jahrhunderts von Pozzo ihre endgültige Ausgestaltung erhielten. Die von einem volutenbegrenzten Aufsatzgiebel gekrönte Fassade ist mit zwei mal sechs Monumentalpilastern, die je zwei Geschosse umfassen, in fünf Achsen unterteilt. Dabei ist auffallend, wie sehr man darauf Bedacht genommen hat, die waagrechten und lotrechten Komponenten ausgewogen in ein harmonisches Gleichgewicht zu bringen. – Mit einem ungleich dynamischeren Kräftespiel hatte PIETRO DE POMIS mehr als ein Jahrzehnt zuvor die Fassade des *Grazer Mausoleums* ausgestattet. Vergleicht man beide Fassaden, so wird

◁ 10 *Jesuitenkirche (Universitätskirche) in Wien, Fassade 1627 begonnen*

11 Peter Franz Carlone: *Jesuitenkirche (heute Stadtpfarrkirche) in Leoben, Fassade, 1660–1665*

schlüssig, wie merkwürdig rückständig das Fassadenkonzept der Wiener Jesuitenkirche anmutet, deren Fenster und Figurennischen Verdachungs- und Gewändeformen aufweisen, die noch stark an die Renaissanceepoche erinnern. Vor allem der untere Abschnitt der Schaufront vermittelt den Eindruck einer italienischen Renaissance-Palastfassade.

In der Absicht, eine Kirchenfassade mit Elementen der Profanarchitektur zu bereichern, ist es den Jesuiten gelungen, in die sakrale Baukunst Österreichs einen neuen, mit einer weltlichen Note ausgestatteten Fassadentypus einzuführen. Ein abschließender Vergleich mit der Salzburger Domfassade – dort treten die Türme risalitartig vor – veranschaulicht die Eigenart der Wiener Fassade, deren Architekt die flächenhafte Erscheinungsform mit dem Moment der additiven Reihung deutlich bevorzugte. Das beweist, daß er den dynamischen, nach Rhythmisierung und Verräumlichung strebenden Spannungsverhältnissen des Barock noch reserviert gegenüberstand. An dieser Fassade scheint sich die frühbarocke Epoche in Wien, blickt man beispielsweise nach Salzburg oder Graz, verspätet oder nur zögernd anzukündigen.

In der Steiermark war den Jesuiten, wie erwähnt, von KARL II. schon sehr früh die ehemalige Hofkirche in Graz als Gotteshaus zugewiesen worden. Als der Orden dann für *Leoben* den Neubau einer Kirche (1660/65) beschloß, griff man in stark vereinfachter Form auf das bewährte Muster der Wiener Doppelturmanlage zurück (Abb. 11). Die Parallelen zum Wiener Vorbild dokumentieren sich in der Vielgeschossigkeit, der additiven Gliederung in fünf Achsen, der auf zwei Geschosse verteilten Pilasterstellung und in einem Portal, dessen gesprengter Dreieckgiebel eine Figurennische birgt.

Für die Zuschreibung des Baus an P. F. CARLONE spricht die Tatsache, daß die Fassade mit ihren Ovalfenstern, den Fenstergewänden und dem Doppelfenster in der Mittelachse deutliche Parallelen zu der vom gleichen Baumeister in barocken Formen umgestalteten Doppelturmfassade (am Ende des 19. Jahrhunderts reromanisiert) der romanischen Stiftskirche von *Seckau* erkennen läßt. Wie bei seinen späteren Kirchenbauten in Oberösterreich, seinem Hauptwirkungsbereich, wählte der Künstler für die Raumgestaltung der Leobener Kirche (vierjochiges Langhaus mit Kreuzgewölben und eingezogenem, zweijochigem Chor) den Wandpfeilertypus. Mit den von Emporen überlagerten Seitenkapellen entspricht das Wandsystem dem Langhaustypus II, den Carlone auch in der *Linzer Jesuitenkirche* (1669–1678) zur Anwendung brachte.

In der oberösterreichischen Landeshauptstadt Linz kam es auf Wunsch des Papstes 1592, also erst verhältnismäßig spät, zur Gründung eines Jesuitenkollegiums. Den Bau einer der Bedeutung des Ordens angemessenen Kirche konnte man, nach schwierigen Grundstücksverhandlungen, erst im Jahre 1667 in die Wege leiten. Zwei Jahre darauf erfolgte die feierliche Grundsteinlegung, 34 Jahre später als in *Steyr* (Oberösterreich), wo die Jesuiten nach dem Vorbild der Münchener Michaelskirche mit der Errichtung eines Gotteshauses begonnen hatten. Wie erwähnt, entspricht das Grund- und Aufrißkonzept der Linzer Kirche dem Schema von Leoben, nur ließ man dem Gebäude eine reichere bauplastische Ausgestaltung angedeihen. Hatte sich P. F. CARLONE in Leoben noch mit der streng einfachen toskanischen Ordnung begnügt, so wählte er in Linz die reichornamentierte Form des Kompositkapitells. Auch der altertümliche Typus eines schmucklosen Kreuzgratgewölbes, wie es in Leoben Verwendung gefunden hatte, konnte in Linz nicht mehr befriedigen. Zeitgemäßer schien ein von Gurten unterteiltes Stichkappentonnengewölbe, das mit vielfältig variierten, stuckumrahmten Kartuschenformen dekoriert wurde (Abb. 12). Nicht eindeutig zu beantworten ist dabei die Frage, ob jene Kartuschenfelder mit Fresken gefüllt waren bzw. ob überhaupt die Absicht zu einer solchen zusätzlichen Ausschmückung

12 PETER FRANZ CARLONE: *Jesuitenkirche in Linz, Blick ins Innere, 1669–1678* ▷

bestand. Der Bau ist mit Recht Carlone zugeschrieben worden, da für die ähnlich konzipierte Stiftskirche von *Garsten* dessen Name urkundlich gesichert ist. Unabhängig von archivalischen Quellen läßt auch eine stilkritische Gegenüberstellung der Fassaden von Linz und Leoben keinen Zweifel an der künstlerischen Handschrift des Baumeisters aufkommen. Motivliche Analogien zeigen sich dabei in den querovalen Fensterformen des attikaähnlichen Zwischengeschosses und dem die Mittelachse akzentuierenden Doppelfenster. Darüber hinaus scheint man sich auch bei der Fassadenkonzeption der Linzer Kirche am beträchtlich älteren Fassadentypus der Wiener Jesuitenkirche orientiert zu haben. Verwandt erscheint die palastähnliche Fensterreihung der fünfachsigen und fünfgeschossigen Doppelturmfassade, durchaus vergleichbar ist auch die relativ flächige Erscheinungsform eines vielgeschossigen Rasters. Bei aller Affinität zu der Wiener Fassade bleibt jedoch nicht verborgen, daß das Fassadenkonzept P. F. Carlones – angesichts der großen zeitlichen

13 Jesuitenkirche in Linz, Fassade (Zeichnung)

14 Kirche am Hof (›Zu den neun Engelschören‹) in Wien, Fassade, 1662

Differenz – bereits einer reiferen Phase der frühbarocken Epoche Rechnung trägt. Das wird deutlich in der Tendenz zu rhythmisierterer Gliederung, wie sie in Linz im Wechsel der Pilasterbildung zutage tritt (Abb. 13): Sind einerseits die Turmachsen im unteren Fassadenbereich von insgesamt vier toskanischen Pilastern begrenzt, so wurden andererseits an den das Zentrum flankierenden Pilastern die Kapitelle weggelassen und als lisenenartige Gebilde bis an das Gebälk herangeführt. Im Verzicht auf Kapitelle erscheinen sie höher und verleihen der Mittelachse, zusammen mit dem schlanker als in Wien proportionierten Portal, eine fühlbare Aufwärtsbewegung. Diese Vertikaltendenz ist für den gesamten Fassadenumriß charakteristisch und macht sich auch an den kontinuierlich vom Boden weg sich erhebenden Türmen bemerkbar. Die einer früheren Stilstufe angehörende Fassade der Wiener Jesuitenkirche vermittelt einen ganz anderen Eindruck: Da hier die Verkröpfungen in den Gebälkslagen nur angedeutet sind – in Linz treten sie markant hervor – und die Pilaster der Turmachsen sich nicht von denen des Zentrums unterscheiden, erwecken die ursprünglich vermutlich gedrungener geplanten Turmabschlüsse den Anschein, als seien sie einem in sich geschlossenen Fassadenquadrat aufgesetzt. – Nach Auflösung des Ordens diente der Linzer Bau in der Zeit von 1785/1908, bis zur Fertigstellung eines neuen Doms, als Bischofskirche. Dann gelangte das Gebäude wieder in den Besitz des Ordens.

Wie erwähnt, verfügten die Jesuiten in *Wien* bereits seit 1553 über eine eigene Kirche. Die um 1400 erbaute *Karmeliterkirche (Kirche am Hof)* war ihnen damals von FERDINAND I. übergeben worden. Das Innere dieser Kirche *(»Zu den neun Engelschören«)* wurde 1607/10 nach einem Brand barockisiert und erst im Jahre 1662 mit einem Fassadenneubau ausgestattet. Diese Tatsache beweist, daß der Orden sich keinesfalls an einen bestimmten Fassadentypus, wie den der oben geschilderten Doppelturmfassade der Wiener Jesuiten-Universitätskirche, gebunden fühlte; sie unterscheidet sich geradezu diametral von diesem auch in Leoben und Linz beinahe gleichzeitig verwendeten Typus. Die Fassade erhebt sich über einer Altanterrasse und wird von viergeschossigen, bis an die Altanfront vorgreifenden Wohnflügeln flankiert (Abb. 14). Sie ist in den Gesamtbau integriert und somit Bestandteil seiner profanen und bühnenhaften Erscheinungsform. Von dreigeschossigen Seitenachsen flankiert, öffnet sich im Zentrum der Kirchenfassade ein hohes Fenster, das von Doppelpilastern eingefaßt wird. Auf diesem lagert ein gesprengter, im Grenzbereich der Mittelachse verkröpfter Segmentgiebel. Ein von Voluten begleitetes Giebelaufsatzgeschoß, in dem sich die Pilasterpaare des unteren Fassadenabschnitts fortsetzen, bildet den Abschluß der Schauwand. Zur Vereinheitlichung der in beträchtlichem räumlichen Rücksprung über dem Altan aufgerichteten Kirchenfront und der beiden angrenzenden Wohntrakte (damit ergibt sich ein lebhaft gestaffeltes Bauensemble) scheint das Motiv des Segmentgiebels den wichtigsten Beitrag zu leisten. Es wiederholt sich über dem einheitlich durchlaufenden Kranzgesims des stark verkröpften und an der Frontseite der Seitentrakte zum Teil aussetzenden Gebälks gleich viermal. Das eindrucksvollste Kennzeichen dieser Fassadengruppe ist deren extrem konzipierte Verräumlichung, die in der österreichischen Sakralbaukunst des 17. Jahrhunderts kein zweites Mal in ähnlicher Intensität aufscheint. Auch im 18. Jahrhundert ist, von diesem Blickpunkt aus gesehen, lediglich das Fassadenensemble der *Melker Stiftskirche* mit der Kirche am Hof zu vergleichen. Der Rücksprung der mittleren Zone entfaltet sich zu einer wirklichen Raumbühne. Im Sinne des Jesuitentheaters könnte man sie als Schauplatz von Darbietungen deuten, denen die auf den Giebeln und Voluten der Fassaden postierten Figuren (Repräsentanten der neun Engelschöre) einen höheren Bedeutungsgrad verleihen.[33] Tatsächlich hat dieser Altan immer wieder wichtigen Ereignissen als Schauplatz gedient. Es sei nur an das Jahr 1782 erinnert, als Papst Pius IV., anläßlich seines Wienbesuches, von hier aus seinen Segen erteilte. Und 1806 verkündeten Herolde an dieser Stelle das Ende des Heiligen Römischen Reiches.[34] Der Verräumlichungsgrad und die plastische Gliederung der dem römischen Typus entsprechenden turmlosen Fassade – um nur zwei Merkmale zu nennen – macht deutlich, daß der im Dienste der Jesuiten stehende, namentlich unbekannte Baukünstler mit diesem Bauwerk als erster von allen in Österreich tätigen Architekten die Stilstufe des Hochbarock erreicht hat. – Die Fassade, die keine unmittelbare Nachfolge gefunden hat, zeugt darüber hinaus auch vom Sinn der Jesuiten für exzeptionelle Bauformen. Daraus ist neuerlich zu schließen, wie wenig vertretbar es ist, den Orden auf architektonischem Gebiet verallgemeinernd der Anpassungspolitik zu bezichtigen.

Stiftsanlagen

Neben den frühbarocken Kirchenneubauten wurden zahlreiche mittelalterliche Kirchen, wie z. B. die Stiftskirchen von *Klosterneuburg* (seit 1618) oder *Kremsmünster* (seit 1680), unter weitgehender Wahrung ihrer alten Bausubstanz in barocken Formen umgestaltet.[35] Daneben nahm man auch an vielen alten Klosteranlagen schon seit dem endenden 16. Jahrhundert bedeutende, ja oft einschneidende bauliche Veränderungen vor. Diese Um- und Neubauten wurden mit solchem Nachdruck und so umfassend vorangetrieben, daß es schwerfällt, sich einen Eindruck vom ursprünglichen Aussehen dieser Stiftsanlagen zu verschaffen. Da bedarf es schon eines Seitenblicks auf benachbarte Regionen, wie auf das schwäbische *Zisterzienserkloster Maulbronn* (Mitte des 12. Jahrhunderts), das von baulichen Veränderungen der Neuzeit nahezu unberührt geblieben ist. Neben dem klösterlichen Zentrum von Kirche und Kreuzgang, die allein einen straffer organisierten baulichen Konnex aufweisen, lassen die anschließenden Bauteile, wie Wirtschaftseinrichtungen und andere Gebäude, einen äußerst aufgelockerten baulichen Zusammenhang – scheinbar zufällig gruppiert – erkennen. Jahrhundertelang hatte man beim Bau von Stiftsanlagen der Benediktinerregel nach dem Muster des St. Gallener Klosterplans (um 820), der um das kirchliche Zentrum einzeln angeordnete Bauelemente aufweist, gehuldigt, ehe die Cluniazenser-, Hirsauer- und Zisterzienserbauschulen den Trend zu einheitlicher Planung in die Wege leiteten. Meistens waren die Klöster des Mittelalters mit wehrhaften Mauern umgeben; der häufig verwendete Begriff »Gottesburg« trifft, über das rein Materielle hinausgehend, sehr anschaulich den Charakter dieser Anlagen. Die im Laufe des 17. Jahrhunderts fast vollständig veränderten Stiftsanlagen lassen hingegen erkennen, daß man sich zusehends an den Ideen der Schloßarchitektur orientierte und sehr bald alles auf diesem Bausektor Geschaffene in den Schatten zu stellen trachtete.[36]

Die zur Verweltlichung neigende Geisteshaltung der Renaissance hatte in Österreich gelegentlich schon im 16. Jahrhundert dazu geführt, daß aus gesteigerten Repräsentationsbedürfnissen heraus charakteristische Elemente der Profanarchitektur in Klosterbauten Eingang fanden. Das zeigt sich besonders deutlich am steirischen *Domstift Seckau*, wo BERNHARD DE SILVO 1588 den mittelalterlichen Kreuzgang durch einen zweigeschossigen Pfeilerarkadenhof in Spätrenaissanceformen ersetzt hatte. Vorstufen dazu, wie etwa der Arkadenhof des Grazer Landhauses (1557/65), existierten bereits. Das Augustiner-Chorherrenstift Seckau, seit 1218 Bistum, war Sitz von Bischof MARTIN BRENNER, dem energischen Gegenreformator, und war von KARL II. von Innerösterreich als letzte Ruhestätte ausersehen worden. Nach dem endgültigen Erfolg der katholischen Restauration ging man um 1625 daran, das Domstift in eine monumentale Klosterresidenz umzuwandeln, die einmal als »das sichtbarste Zeichen der steirischen Gegenreformation« bezeichnet wurde. Es überrascht keineswegs, daß man bei Erstellung des Gesamtkonzepts unter anderem die habsburgische Klosterresidenz des Madrider Escorial (1563/86) vor Augen hatte, denn auch die Habsburger der österreichischen Erbländer waren durch ihre Erziehung dem spanischen Gedankengut verbunden. Diesem Vorbild folgend sollte auch in

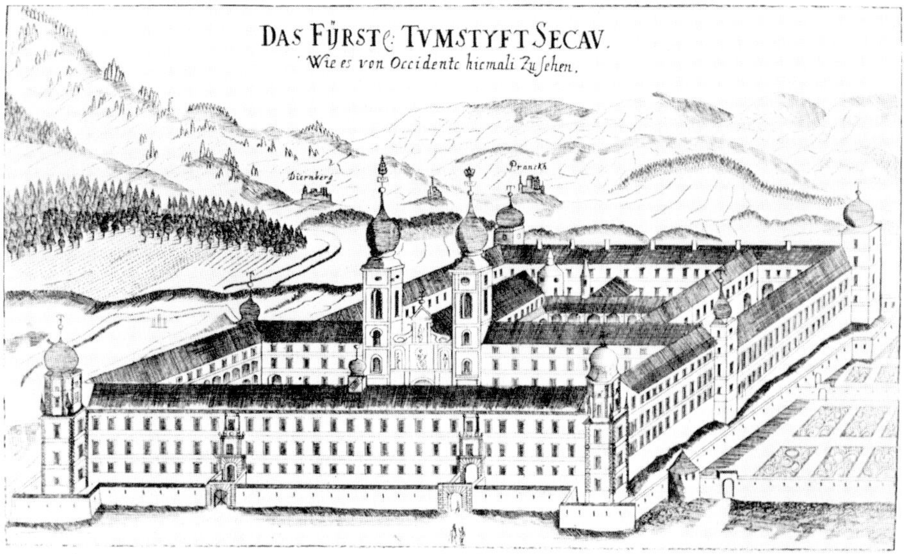

15 Stift Seckau (Stich von Matthäus Vischer, 1681)

Seckau die Basilika das Herzstück der sie allseitig umgebenden Klostertrakte und Höfe bilden. Freilich wäre es verfehlt, für diesen Klostertypus den Escorial allein als stilistische Ausgangskomponente anzunehmen. Darüber hinaus muß auch an die Tradition der italienischen Platz- und Hofanlagen in der Renaissance, etwa an FILARETES Entwurf zum Ospedale Maggiore (ab 1451) in Mailand, erinnert werden. Wegweisend dürften auch die um den Salzburger Dom gruppierten Platz-, Gebäude- und Hofanlagen gewirkt haben. Und selbst Zusammenhänge mit der unter Kurfürst Maximilian I. konzipierten, fünf Höfe umfassenden Münchner Residenz (1611–1618) sollten dabei in Erwägung gezogen werden.[37] Daß man in Seckau diese Wunschvorstellungen nicht gänzlich in die Praxis übertragen konnte, beweist ein Blick auf den Stich MATTHÄUS VISCHERS (aus der ›Topographia ducatus Stiriae‹, 1681), der den projektierten Idealplan wiedergibt (Abb. 15). Immerhin kann festgestellt werden, daß kein Kloster des 17. Jahrhunderts in Österreich so weitgehend und umfassend nach dem Leitbild des Escorial errichtet wurde. Das Schicksal des Fragmentarischen – auf topographische, finanzielle oder andere Ursachen zurückzuführen – war im 17. Jahrhundert für die wenigen, diesem Typus folgenden Klosteranlagen Österreichs in weit höherem Maße als für Seckau bestimmend, ohne daß man die Intentionen zur Regelmäßigkeit und Symmetrie als ideale Zielvorstellung aus den Augen verloren hätte.

Einen imposanten Eindruck vermittelt in Seckau die 143 Meter lange Westfront, die von zwei risalitartig vortretenden Ecktürmen flankiert wird. Mit ihren mächtigen, auf quadratischem Unterbau sich erhebenden oktogonalen Abschlüssen verstärken sie den fortifikatorischen Charakter des Bauwerks, dessen äußerst streng gestaltete und horizontal lagernde Fassaden an den spanischen »Estilo desornamentado« erinnern. Zwei mit den Jahreszahlen 1625 und 1628 bezeichnete Portale führen in den rechteckigen äußeren Stiftshof. Diese Daten scheinen den Beginn der Bauarbeiten anzuzeigen.[38] Besonders eindrucksvoll sind die sich über den gesamten Westtrakt erstreckenden und drei Geschosse umfassenden Pfeilerarkaden, die noch vor dem 1644/55 von Domenico Gianolo errichteten Arkadenhof von Schloß Eggenberg entstanden sein dürften. Schon die Tatsache, daß beide Arkadenhöfe, die ja auch stilistisch Parallelen aufzuweisen haben, in Zusammenhang zu bringen sind, gibt zur Beobachtung Anlaß, wie spürbar Elemente des Schloßbaus in einer Stiftsanlage Eingang gefunden haben. Wenn dann noch für beide Bauten der vergleichende Hinweis auf den Escorial ins Treffen geführt wird, so mag deutlich werden, wie weit Erscheinungsformen der Profanarchitektur in repräsentativer Absicht in eine Klosterresidenz integriert wurden.

Von ähnlichen Vorstellungen geleitet, begannen die Benediktiner von *St. Paul in Kärnten* um 1618 (etwa gleichzeitig mit Seckau) mit dem Umbau ihres sich auf einem Hügel erhebenden Klosters, das sich im letzten Viertel des 15. Jahrhunderts auch als Wehrbau gegen Türken und Ungarn behauptet hatte. Ein Stich von Valvasor verdeutlicht, wie der Neubau des Klosters geplant war (Abb. 16): Man beabsichtigte, die von einigen Höfen umgrenzte spätromanische Stiftskirche mit vier sich zu einem Quadrat zusammenschließen-

16 Stift St. Paul (Stich von Valvasor)

den Trakten einzufassen. Wegen des exponierten Terrains sah man sich gezwungen, von einer weitläufigen Ausdehnung, wie sie in Seckau möglich war, Abstand zu nehmen und statt dessen viergeschossige, also höhere Gebäude zu errichten. An den Ecken des Klosterquadrats sollten sich mächtige Türme erheben, die zusammen mit dem Torturm und den steilen Gebäudedimensionen den fortifikatorischen Charakter der Klosteranlage betont hätten. Es ist bezeichnend, daß dieser Idealplan nur zum Teil (Nord- und Westtrakt) zur Ausführung gelangte. Weit schwerer waren in St. Paul die nötigen Mittel aufzubringen als in Seckau, wo Kaiser und Bischof zusammen – es sei nur nochmals an das dortige Habsburger Mausoleum erinnert – an einem reibungslosen, von finanziellen Nöten befreiten Baugeschehen interessiert waren.

Es geht aus der Fachliteratur nicht immer eindeutig genug hervor, daß die Orden in der Steiermark auf dem Gebiet des Klosterbaus in der ersten Hälfte des 17. Jahrhunderts führend waren. Meistens wird Oberösterreich als die bedeutendste »Klosterlandschaft« genannt, eine Bezeichnung, die jedoch erst für die fortgeschrittene zweite Hälfte des Jahrhunderts zutreffend ist. Eine Ausnahme bildet hier das *Stift Kremsmünster*, an dem nahezu während des gesamten Jahrhunderts (seit 1601) gebaut wurde.

Obgleich die Zisterzienser in Niederösterreich mit dem langfristigen Ausbau ihrer Stiftsanlagen bereits in der ersten Hälfte des 17. Jahrhunderts begonnen hatten, erreichte dieses Land auf dem Sektor der Klosterarchitektur erst im 18. Jahrhundert seinen europäischen Spitzenrang. Die Erweiterung der niederösterreichischen Zisterzienserstifte erfolgte in *Zwettl* seit 1620, in *Heiligenkreuz* seit 1634 und in *Lilienfeld*[39] seit 1638. Es handelte sich um Bauvorhaben, die den in Seckau und St. Paul bemerkbaren Trend zur Symmetrie und Regelmäßigkeit vermissen lassen und, abgesehen von Lilienfeld, nicht die monumentale und baukünstlerisch einheitliche Erscheinungsform der steirischen Klöster von Seckau oder St. Lambrecht erreichten. Noch früher als in Niederösterreich hatten die Zisterzienser in ihrem steirischen *Kloster Rein* (seit 1589) Überlegungen zu einer »modernen« Umgestaltung angestellt. Besondere Beachtung verdient hier der vom steirischen Landschaftsarchitekten Bartolomeo di Bosio 1628–1634 errichtete Konventhof, dessen dreigeschossig ausgebildete Säulenarkaden noch an die Bauweise der Spätrenaissance erinnern und diesem Hof einen schloßähnlichen Charakter verleihen. In vereinfachter Form wurden solche Arkadenhöfe auch in den steirischen *Augustiner-Chorherrenstiften von Vorau* (1635) und *Pöllau* (heute Pfarrkirche) errichtet. Diese in Seckau noch weit spektakulärer auftretenden Elemente der Profanarchitektur sind in den niederösterreichischen Klosterbauten des 17. Jahrhunderts, von bescheidenen Ansätzen abgesehen, nicht anzutreffen.

In längerfristigen Etappen und von relativ geringem monumentalem Anspruch gekennzeichnet erfolgte die Barockisierung des *Benediktinerklosters St. Peter in Salzburg*. Aus verschiedenen alten Gebäudeteilen wurde der äußere Stiftshof – im Westen der in der Bausubstanz noch überwiegend romanischen Stiftskirche vorgelagert – 1680 zusammengefaßt und durch Giovanni Antonio Dario, deutlich auf der Bauidee des Escorial basierend, in die Palastanlage der erzbischöflichen Residenz eingebunden; im übrigen hatte G. A.

Dario bereits um 1660 die Domfassade mit der Residenz durch Arkadenstellungen verbunden.

Fast bedeutungslos ist während des 17. Jahrhunderts das Baugeschehen in den Klöstern von Tirol und Vorarlberg. In Kärnten brachte die Barockepoche auf dem gesamten Gebiet der Baukunst, auch über das 17. Jahrhundert hinaus, keine Leistungen überregionaler Bedeutung hervor. Selbst der so namhafte Orden der Benediktiner konnte in St. Paul, wie erwähnt, seine baulichen Idealvorstellungen einer Stiftsanlage nur in äußerst reduziertem Umfang verwirklichen.

Weit ergiebigere Einnahmequellen als in St. Paul müssen den Benediktinern im steirischen *St. Lambrecht* zur Verfügung gestanden haben. Mit Ausnahme der gotischen Hallenkirche beseitigte man die mittelalterlichen Gebäude des Stifts und beauftragte 1639 den aus

17 Domenico Sciassia: *Stift St. Lambrecht, Westfassade*

18 Domenico Sciassia: *Stift St. Lambrecht, Kirchenportal, 1641–1645*

Roveredo (Graubünden) stammenden DOMENICO SCIASSIA (1679 gestorben) mit dem Neubau des Stifts. Die Lage der am Fuße eines Hügels sich erhebenden Stiftskirche gestattete schon a priori kein dem Domstift Seckau vergleichbares Baukonzept mit zentraler Position der Kirche, obgleich auch hier größtmögliche Regelmäßigkeit angestrebt wurde. Südlich der Kirche erstreckt sich die Westfassade des Stifts in einer Länge von 135 Metern (Abb. 17). Parallel dazu verläuft der von zwei turmartigen Eckbauten begrenzte Osttrakt, der von der Stiftskirche und zwei Querflügeln mit dem Westtrakt verbunden wird.

Hervorzuheben ist die gegenüber Lilienfeld – und dort war Sciassia schon seit 1632 tätig – noch aufwendigere und künstlerisch wohl auch reifere Fassadengestaltung mittels reich differenzierter Putzfeldgliederung, die in der zweiten Jahrhunderthälfte weitverbreitete Nachfolge gefunden hat. Die entscheidende künstlerische Leistung aber erbrachte Sciassia mit der Errichtung des Kirchenportals (1641/45), das im Aufbau, wie N. FRIESS nachweist[40], gewisse Affinitäten sowohl zu römischen Kirchenfassaden als auch zu Stichvorlagen (ALEXANDRE FRANCINE) verrät (Abb. 18). Mit diesem Konzept ist Sciassia im Bereich der frühbarocken Portalbaukunst in Österreich gewiß die reifste und monumentalste Lösung gelungen.

Im Gegensatz zu den mittelalterlichen Klosterbauten legten die Orden schon im 17. Jahrhundert größten Wert darauf, dem Kaiser eine Reihe von Wohn- und Repräsentationsräumen bereit zu halten, auch wenn dieser nur höchst selten und in manchen Fällen nie von einer solchen Aufenthaltsmöglichkeit Gebrauch machte. Im 18. Jahrhundert erreichte diese Intention, dem Kaiser ganze Enfiladen von Prunkräumen und einen Repräsentationssaal zur Verfügung zu stellen, einen geradezu unüberbietbaren Höhepunkt; an derartigen baulichen Maßnahmen konnte auch die Bedeutung eines Stifts eingeschätzt werden. Beinahe gleichzeitig errichtete man in *Seckau* (1640) und in *St. Lambrecht* (1643) Kaisersäle, wobei die Benediktiner von St. Lambrecht den künstlerischen Wettstreit für sich entscheiden konnten. Es handelt sich um einen Saalbau, der zwar nicht an die monumentalen Dimensionen der klösterlichen Kaisersäle des 18. Jahrhunderts heranreicht, künstlerisch jedoch hervorragend ausgestaltet ist (Abb. 19). Ein Stichkappentonnengewölbe zieren stark plastische Stuckdekorationen (TADDEO GALLI und MATTIA CAMIN), die sich rahmend um Secco-Malereien zusammenschließen. – SCIASSIA war der vielbeschäftigte Architekt des Stifts, der auch die dem Stift unterstellte weltberühmte *Wallfahrtskirche Mariazell* (1644/83) in barocken Formen durchgreifend umgestaltete. Von der Tätigkeit dieses damals wahrscheinlich meistbegehrten Klosterarchitekten wird noch in anderem Zusammenhang zu berichten sein.

Während in der Steiermark im Verlauf der ersten Hälfte des 17. Jahrhunderts die Ordenskongregationen, unter ihnen auch das *Benediktinerstift Admont* (seit ca. 1615), an ihren Klöstern innerhalb verhältnismäßig kurzer Zeit barocke Umbauten von gewaltigen Ausmaßen vornahmen oder überhaupt zum Neubau ihrer Stiftsanlagen schritten, erfolgte in Oberösterreich der Ausbau der Ordensniederlassungen in längerfristigen Etappen; auf die Benediktinerabtei von Kremsmünster wurde in diesem Zusammenhang bereits verwiesen. Auch im *Augustiner-Chorherrenstift Reichersberg* am Inn nahmen die Bauarbeiten fast das

gesamte Jahrhundert in Anspruch. Für diese, wie auch für alle anderen Stifte Oberösterreichs des 17. Jahrhunderts, ist charakteristisch, daß keine mit den Stiften der Steiermark vergleichbare einheitliche Orientierung der Gebäudetrakte und Höfe auf die Kirche als Hauptakzent erfolgte.

Es wurde schon erwähnt, daß P. F. Carlone nach seiner Tätigkeit in der Steiermark in Oberösterreich ein noch reicheres Betätigungsfeld vorfand, wobei er auf dem Sektor des Kirchenbaus gewiß seine namhaftesten künstlerischen Ergebnisse erzielen konnte. Es ist auch anzunehmen, daß er 1671 im *Zisterzienserstift Schlierbach*, ehe er die Kirche erbaute, ebenso mit der Planung der Klosteranlagen befaßt war. Auch hier bleibt es fraglich, ob die Kirche das bauliche Zentrum der Stiftsbauten darstellt. Sie ist zur Gänze in einen längsrechteckigen Stiftshof eingebaut und besitzt deshalb auch keine Westfassade. Obgleich die Ausgestaltung der Gebäudefassaden auf ein Minimum beschränkt blieb – die alten strengen Bauvorschriften der Zisterzienser schienen hier noch immer nachzuwirken –, ist bei einigen Sälen des Stifts doch der Trend zu prunkvoller Repräsentation nicht zu übersehen. Eine weltlich gestimmte Festlichkeit beeindruckt den Betrachter im Bernardisaal (Abb. 20), der mit überreichem Stuck ausgestattet ist und bereits großflächige Deckenfresken aufzuweisen hat. Erst im letzten Jahr des Jahrhunderts wurde mit dem Ausbau des Saals begonnen, der schon den künstlerischen Geist des Hochbarock erkennen läßt. Der um mehr als ein halbes

◁ *19 Stift St. Lambrecht, Kaisersaal, 1643*

20 Stift Schlierbach, Bernardisaal

Jahrhundert ältere Kaisersaal von St. Lambrecht mutet dagegen bescheiden an. Noch deutlicher ist das Ende des Jahrhunderts im Kaisersaal von *Kremsmünster* stilistisch veranschaulicht, wo der für das 17. Jahrhundert so charakteristische Stuck einem riesigen Deckenfresko Platz gemacht hat (Farbt. 4). CARLO ANTONIO CARLONE, der Sohn P. F. Carlones, war zu Beginn der neunziger Jahre mit der Planung dieses Saals beauftragt worden. An ihm allein wird schon deutlich, wie weit die Klosterarchitektur mit ihrem Repräsentationsanspruch die Bedeutung des Schloßbaus, von dem ursprünglich zu Beginn des Jahrhunderts die Anregungen zu solcher Prachtentfaltung ausgegangen waren, überflügelt hat. In diesen Jahren war nicht einmal das Kaiserhaus in der Lage, Gleichwertiges entstehen zu lassen. Seine finanzielle Situation war noch immer sehr angespannt, da man nach der erfolgreichen Wiener Abwehrschlacht von 1683 dazu übergegangen war, die Macht der Türken in einem permanenten Angriffskrieg endgültig zu zerschlagen. Hingegen ist im höchsten Maß erstaunlich, über welch beachtliche finanzielle Reserven viele Klöster, trotz Abgaben für den Dreißigjährigen Krieg und ständig drohender Türkengefahr, damals verfügen konnte.

Ordenskirchen in Wien und die Pfarrkirche von Krems in Niederösterreich

Im Gegensatz zu den im ländlichen Bereich befindlichen Stiftsanlagen haben die in städtische Gemeinwesen integrierten Klosterbauten, abgesehen von den Klöstern der Jesuiten, nie deren monumentale Ausmaße erreicht. Die der Straße zugekehrten Klostertrakte unterscheiden sich oft nur unwesentlich von den angrenzenden Bürgerhäusern oder Adelspalästen, deren Fassadengestaltung von den im Dienst der Orden stehenden Architekten häufig als nachahmenswert empfunden wurde; manchmal erfolgte auch eine wechselseitige Beeinflussung. Im Unterschied zu den Stiftsanlagen, die den Eindruck deutlich abgegrenzter »Siedlungen« vermitteln, wird die Aufmerksamkeit des Betrachters bei den im Ortsbereich stehenden Klöstern oder Pfarrhäusern unmittelbar auf die Kirchenfassade gelenkt. Bei den in freier Landschaft befindlichen Stiften muß der Besucher meistens zunächst einen Hof betreten, ehe er die Kirche in ihrem vollen Umfang erblickt. Es überrascht nicht, daß die in Städten angesiedelten Orden ein weit größeres Interesse daran hatten, der Öffentlichkeit mit den das Straßenbild prägenden Kirchenfassaden unvermittelt die künstlerisch repräsentative Visitenkarte vorzuweisen. Gewiß ist dieses extrovertierte Verhalten auch aus der pastoralen Aufgabenstellung der städtischen Ordensgemeinschaften zu erklären, die – allen voran die Jesuiten – bestrebt waren, mit ihren Kirchenfassaden urbanistische Akzente zu setzen und den gegenreformatorischen Bekehrungswillen der Bevölkerung zwingend zu vergegenwärtigen. Die propagandistische Absicht war jedenfalls sicher eine der Hauptursachen, weshalb man im 17. Jahrhundert den Kirchenfassaden in den Städten ungleich mehr Aufmerksamkeit als in den Stiften zollte. Vor allem in *Wien* und in *Salzburg* wurden die zukunftsweisenden und typenprägenden Fassadenlösungen geschaffen.

Auf die nicht hoch genug einzuschätzende Rolle der Jesuiten wurde bereits in einem vorangegangenen Kapitel verwiesen. Mit den Fassaden ihrer beiden *Wiener Kirchen*, die mehr als dreißig Jahre voneinander trennen, zeigten sie den Entwicklungsgang vom Früh- zum Hochbarock an. Auch die Bettelorden waren in Wien bestrebt, ihre alten Klosterkirchen durch Neubauten im Barockstil zu ersetzen. Wie die *Kirche der Franziskaner* (1603/11) beweist, erfolgte die Aufnahme neuer Stilformen jedoch zunächst recht zögernd. Sowohl die Fassade als auch das Gewölbe der Kirche geben Zeugnis von der gotisierenden Architekturauffassung des konservativen Ordensbaumeisters Pater BONAVENTURA DAUM.

Erst nach drei weiteren Jahrzehnten konnten sich die Dominikaner dazu entschließen, ihren Kirchenneubau ohne Einschränkung barock zu gestalten. Es ist auffallend, daß die in den Jahren 1631/34 mit der Errichtung der Kirche beauftragten Baumeister JAKOB SPATZ, CIPRIANO BIASINO und ANTONIO CANEVALE sich in keiner Weise dem Vorbild der Wiener Jesuitenkirche (Universitätskirche) verpflichtet fühlten. Sie schufen ein dreijochiges Langhaus mit begleitenden Seitenkapellen und darüberliegenden niedrigen Emporen sowie ein nicht vortretendes Querhaus und planten eine achteckige Tambourkuppel (1666/74 in reduzierter Form ohne Tambour ausgeführt), die zusammen mit dem Wandaufriß des Langhauses (beachtenswert die von Voluten gestützten Emporenbalkone) an den Salzburger Dom erinnert;[41] freilich ist ein Vergleich des kleinräumigen Langhauses der *Wiener Dominikanerkirche* mit dem monumentalen Dom nur bedingt möglich. Überraschend ist, daß die Dominikaner, entgegen der sonst üblicherweise auch in der Architektur zur Sparsamkeit neigenden Bettelorden, keine Kosten scheuten, um ihre Klosterkirche aufs prunkvollste auszustatten; besonders augenfällig sind dabei die überreichen Stuckdekorationen. Auch die nach 1666 fertiggestellte Fassade verdient höchste Beachtung (Abb. 21). Die turmlose, zweigeschossige Anlage entspricht dem frühbarocken römischen Typus, wie er erstmalig an CARLO MADERNAS Fassade von S. Susanna (1603 vollendet) in Rom Verwendung gefunden hat. Die Wiener Fassade ist dagegen etwas schlanker konzipiert, wobei jedoch analog zum römischen Vorbild die einzelnen, von Pilastern begrenzten Achsen zum Zentrum hin abgestuft, leicht risalitartig vortreten. Noch stärkere Übereinstimmung mit der Fassade Madernas herrscht im Giebelgeschoß vor, das, von Voluten flankiert, reiche plastische Gliederung im Bereich der verblüffend ähnlich gestalteten Ädikulen aufweist; das große Fenster der Mittelachse erscheint als eine Nachschöpfung des römischen Vorbildes. Vielleicht noch größere Parallelen als zu S. Susanna lassen sich zur Fassade der spanischen Mutterkirche S. Maria di Monserrato in Rom (FRANCESCO DA VOLTERRA; neunziger Jahre des 16. Jahrhunderts) feststellen. J. DERNJAČ hat auf diese Affinität aufmerksam gemacht und im übrigen wertvolle Ergebnisse zur Erforschung der Wiener Kirchenfassaden des 17. Jahrhunderts erbracht.[42]

Neben dem römisch anmutenden, zweigeschossigen Fassadentypus der Dominikanerkirche ist noch auf eine andere Fassadenvariante in *Wien* zu verweisen: Die Fassade der *Karmeliterkirche* (Abb. 22) verrät zwar im Detail eine durchaus italienische Formensprache, läßt aber in ihrem dreigeschossigen Aufbau mit merklich sich nach oben zu verjüngendem Umriß und ihrem, daraus resultierenden, steil aufgerichteten Charakter deutliche Zusam-

◁ 21 *Dominikanerkirche in Wien, Fassade, nach 1666 vollendet*

22 *Karmeliterkirche in Wien, Fassade (Stich)*

menhänge mit flämischer Architektur erkennen. Sehr instruktiv erscheint in diesem Zusammenhang ein Vergleich mit der, im Detail freilich aufwendiger konzipierten, dreigeschossigen Fassade der Jesuitenkirche in Brüssel (Jacques Francquart; 1606–1616; 1812 zerstört). Aufschlußreich sind auch die Hinweise von Dernjač auf die Profanarchitektur Flanderns, wobei u. a. etwa der dreigeschossige Giebelaufsatz des Rathauses von Antwerpen mit seinen aus der italienischen Renaissance entlehnten architektonischen Gestaltungselementen hervorzuheben wäre. Diese nordwesteuropäische Komponente an der Wiener Karmeliterkirche hat in Österreich kaum Nachfolge gefunden. Lediglich die bereits dem Hochbarock zuzurechnende Fassade der *Karmelitinnenkirche in St. Pölten* (1712 vollendet; vgl. Abb. 113) verrät eine, wenn auch entfernte Verwandtschaft mit jener desselben Ordens in Wien. Dem Hauptgiebel der im übrigen völlig konkav gestalteten St. Pöltener Fassade ist, gleichsam als drittes Geschoß, ein weiterer, allerdings stark reduzierter Giebel aufgesetzt, so daß immer noch deutlich genug dessen flämische Provenienz ablesbar

24 Carlo Carlone: *Servitenkirche in Wien, Blick ins Innere, 1651–1670*

◁ *23* Cipriano Biasino: *Pfarrkirche in Krems, Blick ins Innere, 1616–1630*

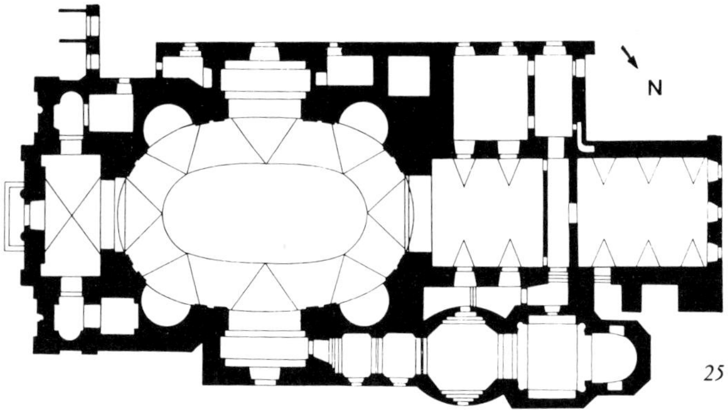

25 Servitenkirche in Wien, Grundriß

ist. Der weit entlegene Ausgangspunkt dieser Entwicklungslinie läßt sich leicht begründen, wurden doch zwischen der österreichischen und spanischen Linie Habsburgs, und damit gleichzeitig mit den spanischen Niederlanden, stets die engsten Beziehungen unterhalten.

Als die Fassade der *Wiener Dominikanerkirche* fertiggestellt wurde, war keiner der drei genannten Architekten mehr am Leben. Es kann heute nicht mehr entschieden werden, auf wen nun das Fassadenkonzept letztlich zurückzuführen ist. Fest steht, daß der, wie viele italienische Architekten in Österreich, aus dem Comaskischen stammende BIASINO (1580/1636) der bedeutendste Baumeister dieser Gruppe war; er entwarf auch andere namhafte Kirchenbauten.[43] Besonders hervorzuheben ist sein Entwurf für die *Pfarrkirche von Krems*, deren Neubau im Jahre 1616 nach einer erfolgreichen Intervention bei KAISER MATTHIAS in Angriff genommen werden konnte (Abb. 23). Zwei mal vier Seitenkapellen begleiten das weiträumige Langhaus mit basilikalem Querschnitt, an das ein langgestreckter eingezogener Chor schließt. Wie das Datum des Baubeginns schon zeigt, handelt es sich um eine der frühesten barocken Kirchen Österreichs, deren Langhaus dem Typus I (s. S. 37) zuzuordnen ist, und das somit als Vorläufer der Wiener Jesuitenkirche betrachtet werden kann. Auch andere Kirchen Wiens und Niederösterreichs (z. B. Pfarrkirche Poysdorf, 1629/35) folgten diesem Typus, den Biasino selbst ein zweites Mal über den gotischen Grundmauern der niederösterreichischen *Benediktiner-Stiftskirche von Göttweig* (seit 1634) zur Anwendung gebracht hatte. Die Bedeutung dieses für die Entwicklung der frühbarocken Sakralarchitektur so wichtigen Baumeisters soll mit größerem Nachdruck als bisher hervorgehoben werden.

Eine Verbindung von Langhaus und Zentralbau läßt das Grundrißkonzept der *Wiener Servitenkirche* (1651/70) erkennen.[44] Hinter einer Doppelturmfassade erstreckt sich ein von Kreuzarmen durchzogenes Tiefoval, in dessen Diagonalachsen sich große Rundbogennischen mit eingestellten Seitenaltären öffnen (Abb. 24). Über acht Pilastern und einem breiten Gebälksband erhebt sich eine durch Stichkappen gegliederte Flachkuppel, die reich stuckiert ist und von oval gerahmten Fresken geschmückt wird. Mit dem Thema des Tiefovals scheint hier CARLO CARLONE (aus dem Kreis der Wiener Carlone-Familie stammend) die Epoche des österreichischen Hochbarock frühzeitig anzukündigen (Abb. 25). Es kann jedenfalls kein Zweifel daran bestehen, daß die um mindestens drei Jahrzehnte später wirkenden Baukünstler JOHANN BERNHARD FISCHER VON ERLACH und JOHANN LUCAS VON HILDEBRANDT dem Bau Carlones gebührende Aufmerksamkeit gezollt haben. Bauten, wie die Peterskirche und die Karlskirche in Wien oder die Salzburger Dreifaltigkeitskirche, sind ohne die noch dem Frühbarock angehörende Servitenkirche nur unzulänglich erklärbar.

Stiftskirchen in Oberösterreich

Auf dem Gebiet der österreichischen Kirchenarchitektur der zweiten Hälfte des 17. Jahrhunderts nehmen die oberösterreichischen Stiftskirchen einen führenden Rang ein. Im Gegensatz zu ihren reichhaltigen Ausstattungen und unterschiedlich ausgeprägten Raumkonzeptionen wurde der Fassadengestaltung – bei den städtischen Ordenskirchen stets ein Hauptanliegen – ungleich geringere Aufmerksamkeit geschenkt. Bei manchen Kirchen, wie der *Benediktiner-Stiftskirche von Lambach* (1652/56), bestand zur Bewältigung dieser Aufgabenstellung gar kein Anlaß, da auch deren Westseite in den Verband der Stiftsbauten einbezogen wurde. Selbst an Kirchen, deren Frontfassade im Rahmen eines weitausgedehnten Stiftshofes einen deutlichen Akzent ermöglicht hätte, ist bei der künstlerischen Fassadengliederung oft auffallend Zurückhaltung geübt worden. Und wo es während des 17. Jahrhunderts in Ausnahmefällen zum Ausbau einer stattlichen Fassade kam, wie etwa in *Garsten,* da gelangte man äußerst selten zu einer eigenständigen Lösung. Offensichtlich erschien es den Bauherren völlig ausreichend, die Stiftskirchen mit hochaufragenden, auf Fernblick berechneten Türmen auszustatten. Die Massengliederung war dabei entscheidender als die Detailausführung, wie sie an den Kirchen der städtischen Ordensniederlassungen notwendig vorherrschte.

In Lambach blieben die romanischen Türme als Teil des ehemaligen Westwerks im Unterbau erhalten und wurden 1639 erhöht. Die Pläne für den Neubau von Langhaus und Chor dürfte der kaiserliche Architekt PHILIBERTO LUCCHESE erstellt haben. Er baute ein weites einschiffiges Langhaus (Abb. 26), das von je drei nischenartigen Seitenkapellen begleitet wird und basilikalen Querschnitt aufweist; Emporen fehlen. An das von einer stuckierten und freskierten Stichkappentonne überwölbte Langhaus ist ein eingezogener und langgestreckter Chor angefügt. Somit entspricht Lambach dem Langhaustyp I, der, von BIASINO in *Krems* vorweggenommen, hier erstmalig nach Oberösterreich übergriff.[45] Das Kremser Vorbild erfuhr in Lambach allerdings eine Steigerung ins Monumentale: Anstelle der einfachen dorisierenden Pilaster traten in Lambach zwischen die Seitenkapellen jonische Doppelpilaster, die so weit voneinandergerückt sind, daß sie noch Skulpturennischen umfassen. Daneben ist auch eine gesteigerte Dekorationsfreudigkeit zu bemerken.

Eine größere Verbreitung hat dieser Langhaustypus in Oberösterreich nicht erfahren. Eine ausgeprägtere Vorliebe scheint sich dort für die aus der gotischen Bautradition weiterentwickelte Wandpfeilerkirche entfaltet zu haben. Für diese Kirchengruppe (Langhaustypus II) ist der Verzicht auf den basilikalen Querschnitt charakteristisch, das heißt, von den raumbegrenzenden Wänden dringen Wandpfeiler in das Kirchenschiff. Pilaster treten vor diese Pfeiler, die in der Zone des Gewölbeansatzes von breiten Gebälkslagen ummantelt werden. Die Wandpfeiler begrenzen rundbogig geöffnete Seitenkapellen, auf denen bis zur Decke reichende Emporenräume lagern. Dort fluten durch große Fensteröffnungen breite Lichtbahnen ins Kircheninnere, das, im Vergleich zum Langhaustypus I, dem Betrachter einen lichterfüllteren und weiträumigeren Eindruck vermittelt. – Nach Anfängen in *Steyr* (Jesuitenkirche 1631/77 und Dominikanerkirche 1642/47) tritt dieser Typus in monumentalerer und aufwendig gestalteter Form zum ersten Mal in Oberösterreich an der ehemaligen *Augustiner-Chorherrenstiftskirche von Waldhausen* (1650/93) in Erscheinung (Farbt. 7). Das in den sechziger Jahren von den Architekten CARLO CANEVALE und CHRISTOPH COLOMBA fertiggestellte vierjochige Langhaus mit leicht eingezogenem Chor wurde mit einer Stichkappentonne eingewölbt. Bemerkenswert ist die Fülle von Stuckverzierungen, die GIOVANNI BATTISTA COLOMBO zugeschrieben werden. Die umfassende Stuckdekoration – nur von kleinformatigen Freskogemälden unterbrochen – ist auch für andere Kirchenbauten der zweiten Hälfte des 17. Jahrhunderts charakteristisch; die Epochenbezeichnung »Stuckbarock« hat sich für die Sakralarchitektur dieses Zeitraums durchgesetzt.[46]

Mit der Tätigkeit der aus Leoben gebürtigen und aus dem Comaskischen stammenden Architektenfamilie der Carlone erreichte der Stuckbarock in den Wandpfeilerkirchen von *Garsten* und *Schlierbach* seinen unüberbietbaren Höhepunkt. Schon zuvor hatte P. F. CARLONE die bereits besprochenen Wandpfeilerkirchen der Jesuiten in *Leoben* und *Linz* errichtet, ehe er mit den beiden erwähnten Stiftskirchen den Gipfel seines architektonischen Schaffens erreichte. Nach dem Muster »seiner« Jesuitenkirche in Linz konzipierte er die *Klosterkirche des ehemaligen Benediktinerstifts in Garsten,* ein vierjochiges Langhaus mit zweijochigem, leicht eingezogenem und flach abgeschlossenem Chor; nur wurde unter Mitwirkung seines Sohnes, GIOVANNI BATTISTA CARLONE, der auch in Reichersberg, Schlierbach und Passau (Dom) als begehrter Stukkateur tätig war, der Stuckausstattung ungleich mehr Aufmerksamkeit als bisher gewidmet. Im Gegensatz zu G. B. Colombo in Waldhausen, der sich noch des klassischen Repertoires der Stuckornamentik (Eierstab- und Zahnschnittfries etc.) bediente, schöpfte G. B. Carlone aus dem reichen Fundus ausschließlich vegetabil bestimmter Stuckdekorationsformen. Das Wandaufrißschema (Typus II) entspricht weitgehend der ehemaligen Stiftskirche von Waldhausen. Unterschiedlich erscheinen in Garsten lediglich der Einbau eines Orgelemporenjochs und die tiefer herabreichenden Gurtbögen des Stichkappentonnengewölbes, das in Anbetracht dieser Zäsuren nicht mehr im gleichen Maße den kontinuierlich durchlaufenden Tiefenzug des

◁ 26 PHILIBERTO LUCCHESE: *Stiftskirche in Lambach, Blick ins Innere, 1652–1656*

28 PETER FRANZ CARLONE *und* CARLO ANTONIO CARLONE: *Stiftskirche in Schlierbach, Blick ins Innere, 1680–1683* ▷

27 PETER FRANZ CARLONE *und* CARLO ANTONIO CARLONE: *Ehemalige Stiftskirche in Garsten, Fassade, 1677–1687*

Gewölbes von Waldhausen erkennen läßt. – Wie später in Schlierbach, vollendete CARLO ANTONIO CARLONE nach dem Tod seines Vaters (gestorben nach 1681) die Klosterkirche von Garsten, die eine viergeschossig doppeltürmige Fassade erhielt (Abb. 27). Obgleich erst 1687 fertiggestellt, läßt diese Fassade nach mehr als einem halben Jahrhundert immer noch deutlich den Einfluß des Fassadenkonzepts der Wiener Jesuitenkirche (Universitätskirche) erkennen. In konventioneller Form sind die beiden unteren Geschosse nach dem Wiener Vorbild von einer Kolossalpilasterordnung zusammengefaßt. Die additive Reihung der Fenster wurde in ihrer Gleichförmigkeit nur insofern gemildert, als die beiden inneren, das Fassadenzentrum flankierenden Achsen enger konzipiert sind. Die konservative Auffassung

SPES
NOSTRA SALVE
1972

dokumentiert sich noch merklicher in den äußerst zurückhaltend vorgenommenen Verkröpfungen am Hauptgebälk und an der Sockelzone, weshalb die Türme erst im Anschluß an dieses Gebälk in ihrer Selbständigkeit wahrgenommen werden können.

Der Stuckbarock erreichte in der *Stiftskirche der Zisterzienser von Schlierbach* (1680/83) seinen Höhepunkt. P. F. Carlone wiederholte hier sein Grund- und Aufrißkonzept von Garsten, während G. B. Carlone für die Stuckausstattung (1684/85) verantwortlich zeichnete (Abb. 28). Noch fühlbarer als in Garsten ist hier die Absicht evident, mit schweren Frucht- und Blumengewinden, üppigem Blattwerk sowie Engeln und Putten die gesamte Wandstruktur gleichsam zu verschleiern. Diese Intention läßt nicht einmal die Pilaster unberührt, wo hölzerne, reich dekorierte Verkleidungen angebracht sind. Dieser Trend zu totaler Auflösung der festen Wand mit unterschiedlichsten Dekorationsformen – einschließlich der prächtigen Kircheneinrichtung – kann nur mit Beispielen der spanischen Sakralarchitektur verglichen werden. Auch das Element der Farbe wurde in Schlierbach weit stärker als bisher in den Kontext des barocken »Gesamtkunstwerks« einbezogen. Dieses Phänomen macht sich nicht allein in den zahlreichen Deckenfresken bemerkbar, vielmehr scheint es sich bereits in der Wandzone mit den Farben Braun, Dunkelrot, Schwarz und Gold vorzubereiten, ein Farbenakkord, der mit dem blendenden Weiß der Stukkaturen wirksam kontrastiert. Den Fresken wurde, was deren Ausdehnung betrifft, mehr Aufmerksamkeit als in Garsten gezollt, da die neue Wölbungsform der von Gurten getrennten Flachkuppeln (in Garsten eine Stichkappentonne!) die Anordnung von weiter gedehnten Ovalrahmen ermöglichte.

Es wurde nachgewiesen, daß die Schlierbacher Deckenlösung Anklänge an den *Passauer Dom* (Carlo Lurago, ca. 1668) erkennen läßt. Dessen reiche Stuckausstattung stammt ebenfalls von G. B. Carlone (1678/86), woraus die stilistischen Auswirkungen auf Schlierbach zusätzlich erklärbar sind.[47] Dabei spielte selbstverständlich die Zugehörigkeit Oberösterreichs zur Passauer Diözese eine nicht zu unterschätzende Rolle, stellten doch die Zentren der Diözesen für die Verbreitung künstlerischen Gedankenguts häufig eine wesentliche Komponente dar, wie das Beispiel des Salzburger Doms zeigt. – Auch die sechs flachen Hängekuppeln der *Stiftskirche von St. Florian* (Augustiner-Chorherren) dürften nach dem Vorbild der Passauer Wölbungslösung entstanden sein. Den Neubau der Stiftskirche (1686/1708) erhielt C. A. Carlone zugesprochen, der, zumindest teilweise nach dem Muster von *Il Gesù,* einen Saalraum basilikalen Querschnitts mit begleitenden Kapellen und Emporen (Typus III) schuf (Farbt. 5; Abb. 29). An das fünfjochige Langhaus schließt das von einer Hängekuppel bekrönte Vierungsquadrat, dessen reduzierte Querhausarme ebenfalls an Il Gesù denken lassen.[48] Die letzte Hängekuppel erhebt sich über dem Chorjoch, das von einer halbkuppeligen Apsis abgeschlossen wird. Der Übergang vom Stuck- zum Freskobarock und damit vom Früh- zum Hochbarock kündigt sich vor allem im Bereich der Hängekuppeln an, wo auf Stuckelemente gänzlich verzichtet wurde und an deren Stelle ausschließlich Freskoschmuck (1690/95) trat. Die Münchener Hofmaler Johann Anton Gumpp und Melchior Steidl hatten darauf Bedacht genommen, mit den

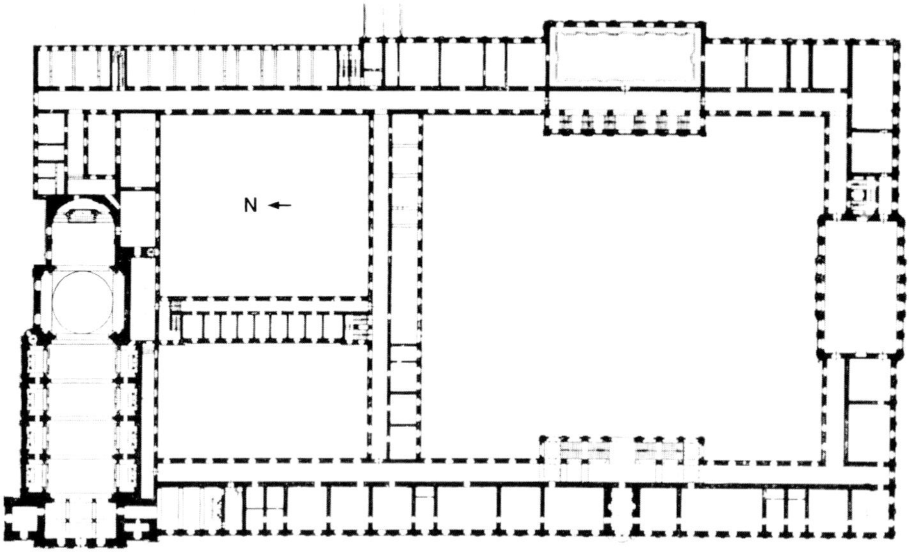

29 Stift St. Florian, Grundriß

Mitteln der Quadraturmalerei[49] die an sich flachen Kuppeln illusionistisch zu erhöhen; in Garsten und Schlierbach dagegen waren die Fresken noch in tafelbildartiger Form mit weniger wirksamem illusionistischem Effekt konzipiert worden. Die Stuckdekoration (Bartolomeo Carlone) blieb in St. Florian auf den Wandaufriß, und hier vor allem auf die Gebälkszone, beschränkt. Wuchtige Kolossalhalbsäulen rhythmisieren zusammen mit den markant hervortretenden Gebälksverkröpfungen und den in die Wölbung hochführenden Gurtbögen den Raum. Zusätzlich machen Vollsäulen unter den Arkadenbögen der Seitenkapellen und vorspringende Balkone (s. Salzburger Dom!) deutlich, daß in St. Florian der Hochbarock mit seiner Tendenz zu plastischerer Gliederung und Raumrhythmisierung bereits seinen Einzug gehalten hat. Als C. A. Carlone im Jahre 1708 starb, war die Fassade, eine viergeschossige Doppelturmanlage von künstlerisch uneinheitlicher Wirkung, noch nicht vollendet. Auch die Stiftsbauten, die südlich an die Kirche anschließen und in ihrer Gruppierung an St. Lambrecht erinnern, waren zu diesem Zeitpunkt erst bis knapp über den sogenannten Bläserturm hinaus gediehen. Wie noch auszuführen sein wird, war es dann die Aufgabe Jakob Prandtauers, dem nach Carlone die Bauleitung übertragen wurde, die Stiftsanlagen mit den großartigen architektonischen Akzenten des Marmorsaals und des Stiegenhauses weiter auszubauen.

Kirchen aus der zweiten Hälfte des 17. Jahrhunderts in der Steiermark

Domenico Sciassia, auf dessen Tätigkeit in St. Lambrecht und Lilienfeld bereits hingewiesen wurde, kann für das zweite Drittel des 17. Jahrhunderts als der bedeutendste Architekt der Steiermark bezeichnet werden. Wie erwähnt, wurde er von den Benediktinern in St. Lambrecht auch dazu berufen, die alte *Wallfahrtskirche von Mariazell* durchgreifend zu erneuern. Als Ergebnis haben wir die großartigste barocke Umgestaltung eines mittelalterlichen Kirchenbaus in Österreich vor Augen (Abb. 30). Der dreischiffigen gotischen Hallenkirche wurden Kapellen mit Emporen angefügt, so daß die Langhauswände um die

31 Domenico Sciassia: *Wallfahrtskirche in Mariazell, Blick ins Innere* ▷

30 *Wallfahrtskirche Mariazell, 1644 Beginn des barocken Umbaus*

1945
SACELLVM
LADISLAI

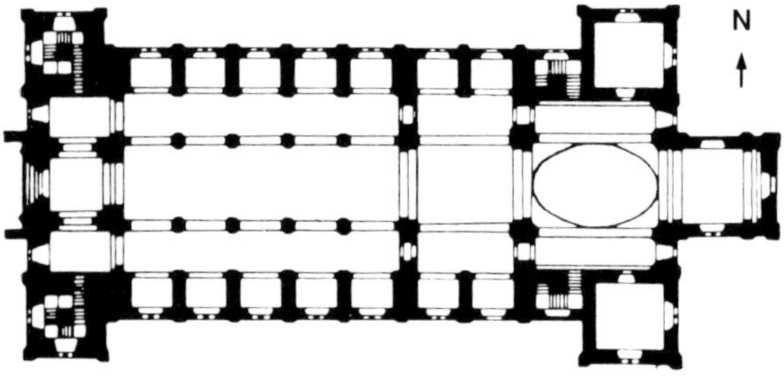

32 *Wallfahrtskirche in Mariazell, Grundriß*

Tiefe der alten Strebepfeiler nach außen versetzt erscheinen (Abb. 31). Ein dichtes Netz von Stuckkartuschen, die kleine al secco gemalte Bilder rahmen, überzieht die Gewölbejoche und verrät barockes Prachtempfinden. Auch wurde der gotische Bau nach Abbruch des Chors über den Gnadenaltar hinaus nach Osten beträchtlich erweitert. Hinter der Gnadenstätte breitet sich der Raum durch den Wegfall der Langhauspfeiler in Form eines

33 Domenico Sciassia: *Wallfahrtskirche in Mariazell, Blick in den Kuppelraum*

34 Wallfahrtskirche in Mariazell, ursprüngliches Fassadenprojekt (Stich von Sebastian Jenet, um 1648)

»Pseudoquerhauses« aus (Abb. 32), das am Außenbau nicht in Erscheinung tritt. Dann stellen sich neuerlich portaldurchbrochene Wandpfeiler in den Weg, ehe sich der Lichtschacht der elliptischen Kuppel weiträumig öffnet; ein rechteckiger Chor, der später den Hochaltar J. B. FISCHERS VON ERLACH aufnehmen sollte, bildet den östlichen Abschluß.

Im völlig neu gestalteten Ostteil der Kirche hat SCIASSIA mit dem Kuppelkonzept ohne Zweifel seine größte künstlerische Leistung erbracht (Abb. 33). Dabei hat seine Kenntnis römischer Ovalbauten gewiß keine unbedeutende Rolle gespielt. Nachhaltiger ist jedoch auf den entscheidenden Einfluß durch DE POMIS' elliptische Kuppel des Grazer Mausoleums zu verweisen. Der Idee einer »Cupola Imperiale« muß man damals große Bedeutung beigemessen haben, ist doch daran zu erinnern, daß die Mitglieder des habsburgischen Herrscherhauses die Wallfahrt nach Mariazell sowohl durch ihr persönliches Erscheinen als auch durch die Verleihung von Privilegien stets gefördert haben. Mariazell wurde der bevorzugte Wallfahrtsort der Monarchie, da sich auch die Länder der Wenzels- und der Stephanskrone zu ihm als religiöses Herzstück des Reiches bekannten. Der Gnadenmutter von Mariazell pflegte man die öffentlichen Anliegen vorzutragen.

Wie ein Kupferstich von SEBASTIAN JENET (ca. 1648) zeigt (Abb. 34), trug sich Sciassia mit dem Gedanken, die Kirchenfassade mit einer Dreiturmkonzeption in Formen des Barock völlig umzugestalten. Zur Ausführung gelangten jedoch lediglich die Seitentürme, die den gotischen Turm flankieren. Hier ist jene fruchtbare Verschmelzung von Gotik und Barock hervorzuheben, die das einzigartige Charakteristikum der Mariazeller Wallfahrtskirche ausmacht. Am Fassadenprojekt konnten im einzelnen vor allem Einflüsse des römischen und oberitalienischen Hochbarock sowie des nordischen Manierismus festgestellt werden.[50] Sciassias Idee der barocken Dreiturmanlage ist allerdings in nur äußerst eingeschränkter Weise auf bestimmte Vorbilder zurückzuführen; fest steht, daß sie keine Nachfolge gefunden hat.

Im Gegensatz zu P. F. Carlone, dessen Familie schon seit dem 16. Jahrhundert in der Steiermark ansässig war, sah sich Sciassia keiner Familientradition verpflichtet, weshalb es nicht überrascht, daß sein Œuvre einen größeren Reichtum an Raum- und Bauformen aufzuweisen hat. Demgegenüber war es für P. F. Carlone charakteristisch, wie hartnäckig gerade er am Typus der aus dem süddeutschen Raum stammenden Wandpfeilerkirche festhielt. Auch Sciassia fand an diesem Typus Interesse, den er am Umbauprojekt von Mariazell sogar erstmalig in der Steiermark zur Anwendung gebracht hatte, nur betrachtete er ihn nicht als starre Formel, sondern suchte ihn stets abzuwandeln und ihm immer wieder neue Ausdrucksformen abzugewinnen. In *Vorau* bekam er die Aufgabe zugesprochen, im

35 Domenico Sciassia: *Stiftskirche in Vorau, Blick zum Hochaltar, 1660–1662*

Anschluß an die bestehende Doppelturmfront der *Stiftskirche* ein Langhaus (1660/62) von Grund auf neu zu errichten (Abb. 35). Mit einer Stichkappentonne überwölbte er einen von je vier Seitenkapellen und Emporen begleiteten Raum, der insofern eine Variante des Typus III darstellt, als an Stelle des Lichtgadens oberhalb der Emporenzone eine geschlossene Wandpartie in Erscheinung tritt. Trotz dieses pseudobasilikalen Querschnitts ist jedoch die Bezeichnung »Wandpfeilerkirche« durchaus zulässig, wenngleich das Wandpfeilersystem in einem gestaffelten Raum auftritt, der in leicht abgewandelter Form auch mit dem Typus II in Verbindung zu bringen ist; dieser Typus wurde, wie erwähnt, beinahe gleichzeitig von P.F. Carlone in der Leobener Jesuitenkirche konzipiert. Im völligen Verzicht auf Dekorationselemente muß die Vorauer Stiftskirche damals auf den Betrachter einen äußerst strengen Eindruck gemacht haben, ehe ab 1700 aus Wien berufene Freskomaler mit der Ausschmückung des Kirchenraums begannen. Ganz im Sinne des Freskobarock verzichtete man bereits auf eine Stuckierung der Decke, die eine unübersehbare Menge einzelner, unterschiedlich gerahmter Freskofelder aufweist, wobei die gemalten Abgrenzungen illusionistisch immer noch an stuckierte Kartuschenrahmenformen erinnern.

Ein vergleichender Hinweis auf die *Judenburger Stadtpfarrkirche* (1670/73) vermag die ursprüngliche Wirkung des Vorauer Langhauses am überzeugendsten zu vergegenwärtigen, da in Judenburg auf eine farbige Gestaltung der Decke sowie der Wandstruktur verzichtet wurde und somit der schlichte Charakter des Kirchenraums erhalten blieb. Dem vom Beginn des 16. Jahrhunderts stammenden Chor wurde ab 1670 ein neues Langhaus hinzugefügt, dessen Wandaufriß dem zwischen Typus II und III vermittelnden Schema von Vorau weitgehend entspricht, weshalb schon allein vom stilkritischen Standpunkt aus eine Zuschreibung des Vorauer Neubaus an Sciassia berechtigt erscheint.[51]

Knapp vor seinem Tod (1679) dürfte sich der Baumeister auch mit Planungsarbeiten zum Umbau der *ehemaligen Augustiner-Chorherren-Kirche in Stainz* beschäftigt haben.[52] Schon um 1620 hatte man im Westen an die mittelalterliche Doppelturmfront ein Presbyterium angefügt und den Haupteingang nach Osten verlegt. Ab 1680 wurden Ruep Schrittwieser und Domenico Orsolino, Schüler Sciassias, mit der Leitung der Bauarbeiten betraut, wobei der Entwurf des Meisters maßgebend blieb. Wie zuvor in Mariazell, in Vorau und Judenburg, befaßte sich Sciassia auch in Stainz mit dem Problem der Wandpfeilerkirche, wenngleich neuerlich in einer sehr eigenwilligen Form (Abb. 36). Von Osten nach Westen führt das großräumige Langhaus zu einem extrem eingezogenen Chor, dessen Einschnürung durch die Lage der enggestellten Westtürme vorgegeben war. Das Kirchenschiff begrenzen je fünf Wandpfeiler, denen breite korinthische Pilaster vorgelagert sind. In die Intervalle der Pfeiler sind äußerst niedrige Seitenkapellen gestellt, auf denen sich ungewöhnlich hohe Emporenräume bis zum Wölbungsansatz der relativ flachen Stichkappentonne erheben. Die oberhalb der Emporenzone einen basilikalen Querschnitt andeutenden Wandpartien, wie sie in den erwähnten Kirchenbauten Sciassias aufscheinen, fehlen in Stainz, weshalb dieses Wandschema wieder eindeutig dem Typus II zuzuordnen ist. Die Tendenz, die Höhendimensionen der Emporenräume den darunter befindlichen Kapellenöffnungen anzugleichen,

37 *Wallfahrtskirche Frauenberg bei Admont, Blick ins Innere, 1683–1687*

◁ 36 DOMENICO SCIASSIA *(ausgeführt von* RUEP SCHRITTWIESER *und* DOMENICO ORSOLINO): *Ehemalige Stifskirche in Stainz, Blick ins Innere, um 1680*

hatte sich bereits in Mariazell angekündigt. In Judenburg dominieren dann die Emporen bereits deutlich über das Ausmaß der Seitenkapellen, die in Stainz schließlich zu nischenähnlichen Raumöffnungen zusammenschrumpfen. Mit der darüber sich erhebenden, riesenhaften Emporenzone scheint sich das sonst übliche und für die Carlone-Bauten typische Proportionsverhältnis, in dem stets die Kapellen über die Emporen dominieren, in einen manieristischen Umkehreffekt verwandelt zu haben: Eine obere Raumzone lastet, jedem harmonischen Maßstab widersprechend, schwer auf einem scheinbar in den Boden versinkenden Untergeschoß. Trotz dieser vom Gewohnten abweichenden Proportionierung wurde die ehemalige Stiftskirche häufig als einer der bedeutendsten Bauten des 17. Jahrhunderts in Österreich bezeichnet.[53] Dem architektonischen Bedeutungsgrad entspricht auch die reiche Stuckausstattung der Decke, die, um 1685 entstanden, auf ALEXANDER SERENI zurückzuführen sein dürfte.

Beinahe gleichzeitig muß auch die üppige Stuckierung der im Jahre 1410 von Admont aus gegründeten *Wallfahrtskirche Frauenberg* (ab 1683 nach dem Sieg über die Türken neu erbaut) erfolgt sein (Abb. 37). Analogien zu Garsten und Schlierbach geben zur Vermutung Anlaß, daß der Stukkateur G. B. CARLONE auch hier am Werk war. Auch die architektonische Konzeption läßt verwandte Zusammenhänge mit den Carlone-Bauten erkennen. Vielleicht stammt der Entwurf noch von P. F. CARLONE, dessen Sohn CARLO ANTONIO in der Folge möglicherweise mit der Fertigstellung der Wallfahrtskirche betraut wurde.[54] Während jedoch die beiden oberösterreichischen Bauten als Wandpfeilerkirchen ausgebildet sind, wurde Frauenberg als Saalraum mit Seitenkapellen in basilikalem Schema (Typus I) errichtet, womit BIASINOS Langhauskonzept von *Krems* mit einiger Verspätung auch in der Steiermark erstmalig Anwendung fand.

Kirchenbauten in Tirol

Die Kirche des Servitenklosters *St. Karl Borromäus in Volders* (1620/54) kann vielleicht als das skurrilste sakrale Bauwerk der österreichischen Architektur des 17. Jahrhunderts bezeichnet werden.[55] Der Stifter, Dr. HIPPOLYTUS GUARINONI, Arzt im Damenstift von Hall, verzichtete auf die Mitwirkung eines Bauexperten und lieferte gleich selbst die Entwürfe für diese Klosterkirche, die auch als Wallfahrtskirche dienen sollte. Dieser universell gebildete »Baudilettant« – er betätigte sich u. a. auch als Mathematiker, Theologe, Schriftsteller, Maler und Botaniker – trug der Vorliebe des Servitenordens für Zentralbauanlagen (s. die Wiener Servitenkirche und die ehemalige Servitenkirche in Stotzing im Burgenland!) Rechnung und schuf einen dreipaßförmigen Grundriß. An ein kuppelüberwölbtes Quadrat, dessen Ecken abgerundet sind, schließen drei Konchen (Abb. 38). Während sich im Westen eine von später errichteten Seitenkapellen begleitete Eingangshalle öffnet, tangiert ein im Grundriß ebenfalls dreipaßförmiger Chorturm die östliche Konche. Ikonologisch versuchte Guarinoni den Gedanken der Dreifaltigkeit zum Ausdruck zu

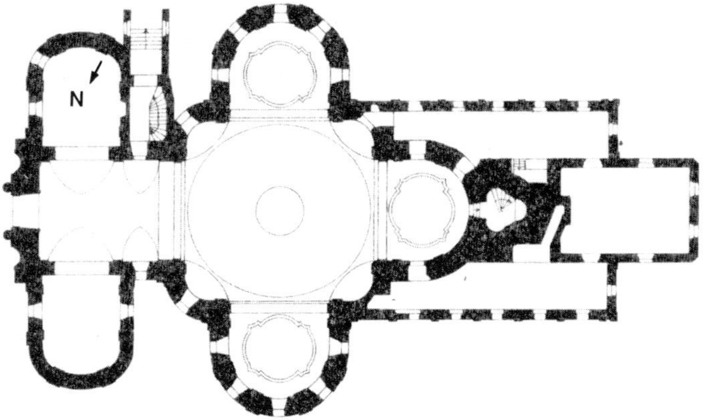

38 *Kirche zum Hl. Karl Borromäus in Volders, Grundriß*

bringen, stellte die »Dreiheit« mit den Konchen dar und brachte sie im zentralen Kuppelbau symbolisch zur Einheit. Für das Grundrißkonzept von Volders sind keine direkten Vorbilder nachzuweisen. Die Anregung Erich Eggs, die stilistischen Vorstufen in bayerischen Zentralbauten zu suchen, ist wenig sinnvoll, da dort alle vergleichbaren Bauten aus einem wesentlich späteren Zeitraum stammen.[56] Festzustehen scheint hingegen, daß Guarinoni über die Entwicklung des italienischen Zentralbaus Bescheid wußte und allenfalls von der Dreikonchenanlage des Salzburger Doms Notiz genommen hatte.

Noch eigenwilliger gestaltete dieser begabte Laie das Äußere des Bauwerks, denn da entzieht er sich jedem entwicklungsgeschichtlichen Zusammenhang europäischer Prägung. Während das Innere des Zentralbaus in den Jahren von 1765/67 fast vollständig verändert wurde, blieben die Außenwände der Kirche in ihrer ursprünglichen architektonischen Gestaltung überwiegend unverändert (Abb. 39). Pilaster gliedern die Konchenwände, in die hochovale, von Putzfeldern doppelt gerahmte Fenster eingeschnitten sind; hingegen öffnen sich vierpaßförmige Fenster an den abgerundeten Eckjochen des zentralen Kuppelraums. Auf den Pilastern des Hauptgeschosses lagern Gesimsstreifen, denen ein umlaufendes Attikageschoß aufgesetzt ist. Es zeigt vielschichtig aufgetragene Dekorationsformen und als Kranzgesimsmotiv sogar einen mittelalterlich anmutenden Zahnschnittfries. Noch phantasievoller erscheinen die Dekorationsformen am Chorturm, für den ursprünglich ein spiralförmig verlaufendes Abschlußgeschoß vorgesehen war. In der Forschung wurde lange darüber gerätselt, aus welchem Kulturkreis dieses fremdartige und dekorativ fast gänzlich aufgelöste Fassadenkonzept herrühren mag. Daß man es mitunter auch mit maurischen Bauten verglichen hat, beweist nur um so mehr, daß wir hier im wahrsten Sinne des Wortes vor einem »Exoten« der österreichischen Barockarchitektur des 17. Jahrhunderts stehen.

Neben dem so ausgefallenen Zentralbau von Volders existiert im Inntal noch eine Reihe weiterer Zentralkuppelkirchen, die im Vergleich zu Volders konventioneller gegliedert sind und eine einfachere Grundrißgestaltung erkennen lassen. – Auf den Zentralbau der

39 Hippolytus Guarinoni: *Kirche zum Hl. Karl Borromäus in Volders, Außenansicht, 1620–1654*

Innsbrucker Mariahilfkirche (1647/49) ist jedoch nachhaltiger hinzuweisen, da hier Christoph Gumpp, der schon zuvor für die Jesuitenkirche in Innsbruck einen Fassadenentwurf geliefert hatte, sein erstes selbständiges Werk schuf. Gumpp entstammt einer alteingesessenen Architektenfamilie, die sich im 17. Jahrhundert neben den auswärtigen Baumeistern stets überzeugend behaupten konnte und in der zweiten Hälfte des Jahrhunderts sogar dominierte. Im Vergleich dazu hatten in den anderen Ländern Österreichs die einheimischen Architekten in diesem Zeitraum selten Gelegenheit, sich gegenüber der Vormachtstellung italienischer Bauleute durchzusetzen. – »War die Innsbrucker Jesuitenkirche wesentlich eine Schöpfung des Hofes gewesen, so traten bei der Mariahilfkirche die tirolischen Landstände als Stifter auf den Plan. Als während des Dreißigjährigen Krieges die schwedisch-französischen Truppen bis an die Grenzen des Landes streiften, gelobten die Stände im Jahre 1647, zur Abwendung dieser Gefahr einen Kirchenbau zu Ehren Marias zu errichten.«[57] An den runden Hauptraum schließen im Norden die halbrunde Apsis, im Westen und Osten je zwei halbrunde Altarnischen und im Süden eine quadratische Vorhalle, die Guarinoni in gestreckter Form auch in Volders dem Zentralbau vorgelagert hatte. Mit bemerkenswerter Akribie hat sich Michael Krapf der künstlerischen Genese des Bauwerks gewidmet. Er hebt vor allem die Tatsache hervor, daß Gumpp nicht etwa das Schema der transversal angefügten Kapellen, wie es wenig später an der Wiener Servitenkirche zur Anwendung gelangt war, wählte, sondern einer diagonalen Anordnung den Vorzug einräumte (Abb. 40, 41). »Der kreisrunde Eindruck bleibt dadurch besser gewahrt, daß die Kapellen nicht ausdrücklich betont werden. Sie werden vielmehr als Erweiterungen des mittleren Raumes empfunden …«[58] Mit dem Hinweis auf den antiken Grabbau, etwa der römischen Minerva

40 Christoph Gumpp: *Mariahilfkirche in Innsbruck, Außenansicht, 1647–1649*

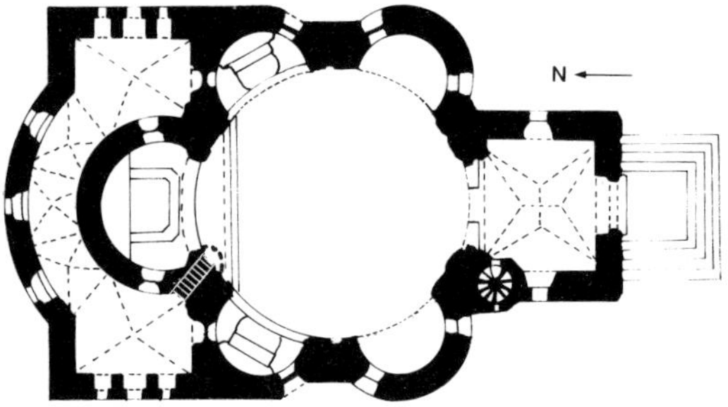

41 *Mariahilfkirche in Innsbruck, Grundriß*

Medica, umreißt er zutreffend den Prototypus des Bauwerks, das er sehr anschaulich in den Rang »eines transalpinen Pantheons regionaler Ausprägung« erhebt. EVA FRODL charakterisiert den Raum als »streng und konzentriert, und zwar in einer Kompromißlosigkeit, wie sie der Barock sonst nicht kennt«.[59] Diese stilistische Einschätzung findet sich bei Krapf bestätigt, der die Kirche »als Kuppelrotunde der Nachrenaissance« bezeichnet. Mit dem Hinweis auf antike Wurzeln allein gibt sich der Autor allerdings nicht zufrieden. Von einer Gruppe lombardischer Marienheiligtümer ausgehend, verfolgt er den entwicklungsgeschichtlichen Weg über Südtirol, wo die Baumeisterfamilie DELAI für die Verbreitung dieses Typus Sorge trug, bis nach Nordtirol. Dort zeigt die *Seekapelle in Seefeld* (Weihe 1666) mit Mariahilf eine deutliche Verwandtschaft, so daß auch für diesen Bau GUMPPS Teilnahme gesichert erscheint.[60] Italienische Anregungen müssen aber nicht direkt auf ihn eingewirkt haben. Es ist durchaus nicht auszuschließen, daß dieser klar und streng organisierte und durch »stereometrische Konfiguration«[61] ausgezeichnete Baukörper manches dem Einblick in Musterbücher aus dem oberitalienisch-lombardischen Kunstkreis zu verdanken hat. Krapf verweist hier überzeugend auf GIOVANNI BATTISTA MONTANO (1534–1621), der zum Problem der Aneinanderfügung runder Bauteile ausführlich Stellung bezogen hatte.

Bereits 1633 hatte CHRISTOPH GUMPP als erster Tiroler die Stelle des letzten italienischen Hofbaumeisters GIOVANNI SPERANDIO (Johann Hoffingott) übernommen. Nach der geglückten Zentralbaukonzeption der Pfarrkirche Mariahilf fand er anläßlich des Neubaus der *Prämonstratenser-Stiftskirche von Wilten* (Grundsteinlegung 1651) Gelegenheit, sich mit dem Problem des Longitudinalbaus auseinanderzusetzen. Dem Bau muß große Bedeutung beigemessen worden sein, da die Weihe des Gotteshauses 1665 in Anwesenheit Kaiser LEOPOLDS I. erfolgt war. Als namhaftester Longitudinalbau Tirols stand Chr. Gumpp damals die Innsbrucker Jesuitenkirche vor Augen. Der Hofbaumeister konnte jedoch dem »Gesù-Typus« (Querhaus, Vierungskuppel und Emporenbasilika) kein Interesse mehr abgewinnen, vielmehr entschied er sich für den baukünstlerischen Gegenpol, den Typus der Wandpfeilerkirche. Ganz anders hingegen, als etwa P. F. Carlone oder Sciassia, verfuhr er mit den Proportionen des Wandaufrisses. Im dreijochigen Langhaus setzte er die Emporenräume hoch hinauf in die Stichkappenzone des Tonnengewölbes, so daß die Balustrade der Emporen mit der Frieszone des Gebälks übereinstimmt (Abb. 42). Daraus

42 Christoph Gumpp: *Stiftskirche in Wilten, Blick ins Innere, 1651–1665*

ergaben sich äußerst niedrige Emporenöffnungen, die an jene der Innsbrucker Jesuitenkirche erinnern, so extrem sich die beiden Bauten im übrigen unterscheiden. Die Ausschmükkung des Raums mit Stukkaturen und Fresken erfolgte erst nach 1700, weshalb (vgl. Vorau) mit einem ursprünglich sehr strengen Raumeindruck gerechnet werden muß. Im Zusammenhang mit der Ausstattung des Inneren wurden in den Jahren von 1702–1707 verschiedene bauliche Veränderungen vorgenommen: So erhöhte man die Arkadenbögen der Langhauskapellen, den Architrav des Gebälks durchstoßend, bis zur Balustrade der Emporen und ersetzte die den Wandpfeilern vorgelagerten gekuppelten Pilaster durch plastischere Schichtpilaster. Diese Neugestaltung erfolgte unter Aufsicht des Sohns von Christoph Gumpp, JOHANN MARTIN GUMPP D. Ä.[62] Auch wurde der einfachen Fassade Chr. Gumpps ein neuer Fassadenbau von GEORG ANTON GUMPP vorgesetzt. Zusammenfassend darf festgestellt werden, daß »mit dieser Konstruktion sich die Wiltener Stiftskirche, im vollen Gegensatz zur Kreuzkuppelkirche der Jesuiten, wieder in die Reihe der süddeutschen Wandpfeilerkirchen stellt. Hierin liegt ein höchst bedeutsames Moment für die ganze kunstgeschichtliche Weiterentwicklung der Tiroler Kirchenarchitektur des Barock: Sie wendet sich vom Typus des *Gesù* wieder ab und schließt sich nach kurzem Tasten der süddeutschen Entwicklung an: der bayrisch-schwäbische Kunstkreis wird – wie einst in spätgotischer Zeit – neuerlich und endgültig für Nordtirol maßgebend.«[63]

Die Sakralarchitektur in den übrigen Ländern

Auch in Burgenland gibt es einige bemerkenswerte Kirchenbauten aus dem 17. Jahrhundert. Zu nennen sind vor allem die Wallfahrtskirchen von *Loretto* und *Frauenkirchen.* Das Land stand damals gänzlich im politischen Einflußbereich der ungarischen Magnaten, die sich nur zögernd dem gegenreformatorischen Willen des Kaiserhauses beugten. Diese verspätete Konsolidierung katholischer Machtverhältnisse erklärt auch den Umstand, daß hier in der ersten Hälfte des 17. Jahrhunderts auf dem sakralen Sektor der Architektur – von unbedeutenden Barockisierungen abgesehen – so gut wie keine Neubauten entstanden sind.

GRAF FRANZ NÁDASDY stiftete die *Wallfahrtskirche von Loretto* (1651/59), eine Wandpfeilerkirche mit seitlich je drei Seitenkapellen und darüber befindlichen kleinen Emporenöffnungen, die gänzlich in den Stichkappenbereich des Tonnengewölbes integriert sind (Abb. 43). Die Kirche dürfte ANTON RIEBLER erbaut haben, der dem Thema der Wandpfeilerkirche gegenüber den bisher kennengelernten Bauten desselben Typus insofern etwas Neues abgewinnen konnte, als er die Wandpfeiler weit in den Raum vordringen ließ, so daß verhältnismäßig tiefe Kapellen entstanden. Portale durchbrechen die Querwände der weiträumigen Kapellen, die nahezu den Eindruck von Seitenschiffen hervorrufen. Die Kommunikationsmöglichkeit zwischen den Seitenkapellen setzt, meines Erachtens, Rieblers Kenntnisnahme des Salzburger Doms voraus, sieht man von dem sonst völlig unterschiedlichen Langhaustypus einmal ab.

43 Wallfahrtskirche von Loretto, Blick ins Innere, 1651–1659

Der bedeutendste barocke Kirchenbau des Burgenlandes, die *Wallfahrtskirche Frauenkirchen*, befindet sich östlich des Neusiedlersees. Im potentiellen Einfallsgebiet der türkischen Aggressoren gelegen, hat die 1324 erstmalig genannte Kirche eine bewegte Vergangenheit. Zweimal, in den Jahren 1529 und 1683, wurde sie von den Türken völlig zerstört. Graf Paul Esterházy ließ den Bau sofort nach der zweiten Türkeninvasion neu errichten, jedoch konnte der Kirchenraum den Pilgerzustrom bei weitem nicht mehr fassen, weshalb der Palatin 1695 einen zweiten, großzügiger konzipierten Neubau der Wallfahrtskirche in die Wege leitete. Der Italiener Francesco Martinelli schuf eine vierjochige Anlage basilikalen Querschnitts mit Seitenkapellen und, wie in Loretto, auffallend niedrigen Emporen. An das Langhaus schließt ein leicht eingezogener, tief gestreckter Chor. Blieb in Loretto die reiche Stuckausstattung ausschließlich auf die Seitenkapellen und die Wandzone bis zur Emporenbrüstung beschränkt, so widmete man in Frauenkirchen der Ausschmückung des Stichkappentonnengewölbes das Hauptaugenmerk. Ganz im Sinne des endenden Frühbarock treten die Fresken Luca Antonio Columbas – noch immer in abgegrenzte Kartuschenfelder gemalt – den Stuckdekorationen Pietro Antonio Contis gleichwertig zur Seite. Auch die im Jahre 1702 fertiggestellte dreigeschossige Doppelturmfassade ist wegen ihrer fein differenzierten Proportionen zu erwähnen (Farbt. 6).

Der geistige Führungsanspruch des Erzbistums *Salzburg* ist gewiß eine unbestreitbare Tatsache und Hauptursache dafür, daß die Stadt auf die Entwicklung der österreichischen Sakralarchitektur des Barock einen so bedeutsamen Einfluß genommen hat. War die Epoche des Frühbarock mit dem monumentalen Salzburger Dom eröffnet worden, so trat auch der Hochbarock in Salzburg mit den Bauten der *Kajetanerkirche* (1685/97) und der *Nonntaler Erhardkirche* (1685/89) Giovanni Gaspare Zuccallis erstmalig in Erscheinung. Zuccalli entstammt einer Graubündener (Schweiz) Architektenfamilie und wurde gemeinsam mit den Theatinern, dem zweitgrößten Orden der Gegenreformation, von München nach Salzburg berufen. Er hatte sich durch seine Mitwirkung am Bau der Münchener Theatinerkirche das Vertrauen des vom Salzburger Erzbischof Max Gandolf von Kuenburg (1668/87) geförderten Ordens erworben. Die großzügige Stiftung eines bayerischen Regierungsbeamten und das finanzielle Wohlwollen des Erzbischofs ermöglichten dem Orden die Errichtung eines Kloster- und Kirchenbaus in Salzburg. Hinter einer langgestreckten Fassade (Abb. 44), in die auch die Klosterflügel einbezogen sind, verbirgt sich ein querovaler Kuppelraum, der mit kurzen Kreuzarmen versehen ist; eine halbkreisförmige Chorapsis verlängert den Kreuzarm der Längsachse. Die dem Hl. Kajetan geweihte Kirche läßt deutlich die künstlerische Auseinandersetzung Zuccallis mit dem römischen Hochbarock erkennen. Zeigt der Mittelrisalit der Fassade einerseits gewisse Parallelen zu Carlo Rainaldis S. Maria in Campitelli (1663/67) im Rom, so ist andererseits nicht zu übersehen, daß Zuccalli im Grundrißbereich (Abb. 45), nach dem Motiv des Querovals zu schließen, Kenntnis von Berninis S. Andrea al Quirinale (1658/70) gehabt haben muß.

Gleichzeitig mit dem Bau der Kajetanerkirche wurde Zuccalli von Max Gandolf von Kuenburg mit der Errichtung der *Nonntaler Erhardkirche* beauftragt (Abb. 46). Die Kirche

44 GIOVANNI GASPARE ZUCCALLI: *Kajetanerkirche in Salzburg, Fassade, 1685–1697*

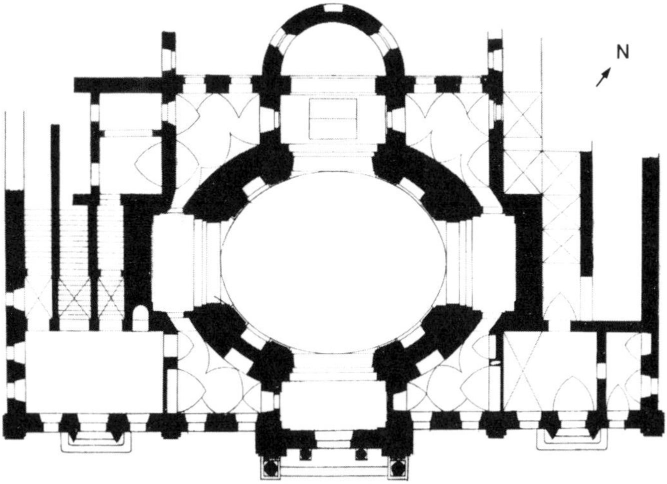

45 *Kajetanerkirche in Salzburg, Grundriß*

46 *Erhardkirche in Salzburg, Grundriß*

besitzt eine hohe Tambourkuppel, zwei seitliche Türme (1712) und einen vorgestellten Portikus. Die Tatsache, daß die Kuppel nun als dominanter Bestandteil der etwas rückständig additiv zusammengefügten Fassade hervortritt, wäre ohne den Hinweis auf römische Vorbilder, die sich im Inneren des Bauwerkes noch ausgeprägter bemerkbar machen, kaum zu erklären. Unter Vermittlung von kurzen Tonnen schließen drei mächtige Konchen an den quadratischen Kuppelraum, während dem vierten Kreuzarm der Fassadenportikus vorgelagert ist (Abb. 47). Die in der Reliefebene unterschiedliche Anordnung der Fassadenelemente bestimmt auch die Wandstruktur des Inneren: Die tragenden Pfeiler sind stark vorgezogen, so daß das Hauptgebälk über den korinthischen Pilastern mit farbigen Schäften in reicher Profilierung ständig vor- und zurückspringt. Dieser Dreikonchen-Zentralbau ist mit dem Hinweis auf den Trikonchos des Salzburger Doms in seiner stilistischen Herkunft gewiß noch nicht ausreichend erklärt.[64] Neuerlich muß die vermittelnde Rolle des römischen Hochbarock hervorgehoben werden, denn im Grunde genommen ist die Zentralbaulösung der Erhardkirche erst im Hinblick auf CARLO RAINALDIS und BORROMINIS *S. Agnese* (1652/57) in Rom in ihrer ganzen Bedeutung verständlich. Letztlich ist auch das Fassadenkonzept der Erhardkirche in bescheidenerer und im Detail rückständigerer Form als »entfernter Verwandter« des römischen Bauwerks zu betrachten. Geweiht wurde der Bau 1689 durch Erzbischof JOHANN ERNST THUN, der sich in der Folge mit dem Engagement J. B. FISCHERS VON ERLACH als überragender Förderer der Salzburger Architektur profilierte. Man wird der Bedeutung ZUCCALLIS für die österreichische Barockarchitektur gewiß erst dann voll gerecht, wenn man anerkennt, daß Fischers Sakralarchitektur, auf die noch hinzuweisen sein wird, wenigstens zum Teil aus der stilgeschichtlichen Vorbereitung durch die Kajetaner- und Erhardkirche zu erklären ist.

47 Giovanni Gaspare Zuccalli: *Erhardkirche in Salzburg, Fassade, 1685–1689*

Schon vor der Berufung Zuccallis hatte sich Erzbischof MAX GANDOLF VON KUENBURG mit der Errichtung der *Salzburger Wallfahrtskirche Maria Plain* (1671/1674) als Baumäzen ausgezeichnet. GIOVANNI ANTONIO DARIO, der sich in Salzburg als Architekt bereits mehrfach bewährt hatte, wurde die Bauleitung übertragen. Die exponierte Lage der Wallfahrtskirche veranlaßte ihn, eine auf Fernsicht konzipierte Doppelturmfassade zu errichten (Farbt. 8). An der dreigeschossigen Fassade überwiegt der Eindruck der horizontalen Schichtung, hervorgerufen durch streng linear verlaufende Gebälkslagen, die nur im mittleren Bereich der fünfachsig gegliederten Wand Verkröpfungen erkennen lassen. Neben der Dominanz der Horizontalen tragen die in gleichen Abständen angeordneten und ausschließlich von toskanischen Pilastern flankierten Achsen wesentlich dazu bei, daß die letzten Turmgeschosse nahezu selbständig auf einem in sich geschlossenen Fassadenunterbau zu lagern scheinen. Dario hat für Maria Plain, entwicklungsgeschichtlich gesehen, sehr verspätet ein Fassadenkonzept gewählt, das an der Wiener Jesuitenkirche (Universitätskirche) bereits rund vierzig Jahre zuvor zur Anwendung gelangt war; auch die um etwa ein halbes Jahrzehnt nach Maria Plain errichtete Fassade der ehemaligen Stiftskirche in Garsten entspricht noch teilweise diesem Typus. Nach dieser stilistischen Einschätzung der Wallfahrtskirche wird man sich kaum mehr der Auffassung von R. WAGNER-RIEGER anschließen können, die einen »starken Bezug« des Baus zum Salzburger Dom festgestellt hat.[65] Für die Domfassade gelten doch ganz andere Kriterien, erinnern wir uns nur etwa an die Position der viergeschossigen Türme, die risalitartig vor die dreiachsige Hauptfassade treten und, in spannungsvollem Kontrast zu ihr, sich schon von Grund auf in geschlossenen Umrissen erheben. Lediglich im Wandsystem des Kircheninneren von Maria Plain kann angesichts der Emporenbalkone über den Seitenkapellen, wenn auch mit allem gebotenen Vorbehalt, eine stilistische Parallele zum Dom abgelesen werden. – Im Gegensatz zu G. G. Zuccalli, der sich über den neuesten Entwicklungsstand barocker Architektur bestens informiert gezeigt hat, ist im baulichen Schaffen Darios eine konservative Tendenz vorherrschend, die der folgenden Architektengeneration keine wesentlichen Anregungen bieten konnte.

Bei Betrachtung der frühbarocken Sakralarchitektur in den einzelnen Bundesländern ist noch auf die Kärntner Kirche *Maria Loreto* (ab 1683) von *St. Andrä* im Lavanttal zu verweisen. Dem Vorbild des italienischen Wallfahrtsorts folgend, hatte der Fürstbischof von Lavant in St. Andrä 1647 eine Lorettokapelle erbauen lassen. Über dieser Kapelle, einer Nachbildung des Wohnhauses der Maria, errichtete Bischof FRANZ CASPAR GRAF VON STADION ab 1683 einen weiträumigen Kirchenbau, der nur ganz geringfügig raumplastische Werte erkennen läßt und zusammen mit der flachen Stichkappentonne die Gnadenkapelle mit einem monumentalen Raummantel umgibt. Diese Kapelle existiert heute nicht mehr. Ihre ursprüngliche Lage wird durch die beiden querhausähnlich angefügten Seitenkapellen, die als Andachtsräume eine seitliche Betrachtung der Gnadenstätte ermöglichten, in Erinnerung gerufen. Die Weiträumigkeit des Baues spiegelt sich auch an der breitgestreckten Fassade wider, die anläßlich einer Renovierung im 19. Jahrhundert einige Veränderungen hinnehmen mußte. Von dieser Wallfahrtskirche abgesehen, konnte das Land in diesem Zeitraum nur für äußerst bescheidene Kirchenbauten die nötigen Mittel aufbringen.

In Vorarlberg scheint es, »als ob sich die Kräfte im 17. Jahrhundert für bedeutendere Aufgaben vorbereiten würden«.[66] Und auch die berühmte »Vorarlberger Bauschule«, auf MICHAEL BEER, MICHAEL KUEN und MICHAEL THUMB basierend, sollte erst im 18. Jahrhundert, und dann größtenteils außerhalb der österreichischen Landesgrenzen, ihre Ideen verwirklichen können.[67]

Die Wiener Palastfassade

Die Entwicklung der frühbarocken Profanarchitektur in *Wien* hat von der kaiserlichen Residenz, der Hofburg, mit den Bauten der Amalienburg und des Leopoldinischen Traktes ihren Ausgang genommen. Das ältere der beiden Gebäude, die *Amalienburg*, ist noch der Epoche des Manierismus zuzurechnen, obgleich sich hier bereits Elemente des Frühbarock anzukündigen scheinen. DAGOBERT FREYS Auffassung, »das System der Frühbarockfassade erscheine hier in einfachster Form festgelegt«,[68] ist von der jüngeren Forschung deutlich widersprochen worden, die mit differenzierterer Betrachtungsweise schon in den dreißiger Jahren dem Stilphänomen des Manierismus als Übergangsepoche zwischen Renaissance und Barock gerecht zu werden begann. – Als man in den Jahren 1575/77 mit den ersten Bauarbeiten begann, da war das Gebäude – eine unregelmäßige Vierflügelanlage – noch als Residenz für RUDOLF II. geplant. Der Kaiser verlegte dann aber seinen Regierungssitz nach Prag, so daß sein nächstältester Bruder, Erzherzog ERNST, ab 1581 für den Fortgang der Bautätigkeit zu sorgen hatte, die wegen chronischen Geldmangels – immer wieder mußten Geldmittel für den Ausbau der ungarischen Grenzfestungen abgezweigt werden – einen äußerst schleppenden Verlauf nahm.[69] Erst um 1611 war die Amalienburg fertiggestellt, nachdem es Erzherzog Ernst zuvor gelungen war, für die Planung der Anlage PIETRO FERABOSCO (geboren 1512 in Laino bei Como), einen der vielseitigsten italienischen Baumeister des 16. Jahrhunderts in kaiserlichen Diensten, zu gewinnen.[70] Der ursprüngliche Zustand der den nordwestlichen Abschnitt des Burghofs begrenzenden Fassade der Amalienburg ist von S. VAN HOOGSTRAETEN (Wien, Kunsthistorisches Museum) in einem Gemälde festgehalten worden, jedoch erlaubt auch der heutige Zustand des Baus, trotz einiger Veränderungen, eine stilistische Beurteilung. Die ursprünglich dreigeschossige Fassade (ein Mezzaningeschoß wurde 1712 zusätzlich aufgesetzt) hat im Erdgeschoß eine durchlaufende Rustizierung erhalten, die sich ebenso auf die breiten, pilasterähnlichen Lisenen erstreckt (Abb. 48). Auch in den oberen Geschossen der elfachsigen Fassade dominiert die Rustika in einem Maße, daß die Fensterachsen dort wie aus einer geschlossenen »Rustikamasse« herausgeschnitten wirken. Weitere manieristische Kennzeichen äußern sich in der Form, daß das Portal aus der Symmetrieachse nach links gerückt ist und in der Wandstruktur zwischen Lisenen und Fensterachsen gewissermaßen ein Rollentausch vollzogen wurde: Die breiten Lisenen scheinen aus der Rustikamasse des Erdgeschosses emporzuwachsen und tangieren fast die Fenstergewände. Die Lisenen wirken nicht mehr, wie sonst meist üblich, als ein auf die Wand appliziertes Strukturnetz, vielmehr neigt man

48 PIETRO FERABOSCO: *Amalienburgtrakt in der Wiener Hofburg, um 1577 und 1581–1611*

49 PHILIBERT LUCCHESE *und* GIOVANNI PIETRO TENCALA: *Leopoldinischer Trakt der Wiener Hofburg, 1616–1681* ▷

dazu, in ihnen den Mauerkern zu vermuten, während die Fensterachsen, auch in der Horizontalen von Kordon- und Sohlbankgesimsen deutlich voneinander getrennt, als »offengelassene« Kompartimente dieser »Lisenenwand« aufgefaßt werden können. Trotz der geschilderten manieristischen Phänomene darf die Fassade der Amalienburg mit ihrer akzentlosen Reihung von Fensterachsen dennoch als erster Vorbote frühbarocker Wiener Fassadenkonzeption bezeichnet werden.

Für das nächste halbe Jahrhundert sind in Wien keine weiteren nennenswerten Profanbauten bekannt. Allzusehr dürfte man den vom Dreißigjährigen Krieg hervorgerufenen Steuerdruck gespürt haben. Um so erstaunlicher, daß sich damals der Fürst von Eggenberg in der Nähe der innerösterreichischen Residenzstadt Graz den bereits erwähnten Schloßbau leisten konnte. Erst in der zweiten Hälfte des 17. Jahrhunderts vermochte sich in Wien die Palastarchitektur, trotz ständig drohender Türkengefahr, in erheblichem Ausmaß zu entfalten. Erneut setzte die Entwicklung im Bereich der Hofburg mit der Errichtung des *Leopoldinischen Traktes* ein. Den Entschluß zur Errichtung des Gebäudes faßte LEOPOLD I. im Jahre 1660. Wie aus einem zeitgenössischen Diarium hervorgeht, soll sich damals »Ihre Kayserl. Majestät bei ihrer jüngsten Anwesenheit in München an dem Schloß (Residenz)

daselbst verliebet haben«. Tatsächlich kann die enorme Längenerstreckung des Leopoldinischen Traktes mit der Münchner Residenz in Zusammenhang gebracht werden. Der Flügel wurde von PHILIBERT LUCCHESE im rechten Winkel zur Amalienburg im Bereich der alten Stadtmauer errichtet, fiel aber bereits 1668 einer Brandkatastrophe zum Opfer. Den Neubau übernahm dann ab 1672 der vom Luganersee stammende kaiserliche Ingenieur GIOVANNI PIETRO TENCALA, der den Vorgängerbau noch um weitere 22 Klafter verlängerte (Abb. 49). Der Bau hat sein ursprüngliches Aussehen weitgehend beibehalten, sieht man vom Balkon ab, der während der Regierungszeit MARIA THERESIAS (Mitte 18. Jahrhundert) der Wand auf Volutenkonsolen vorgelagert wurde. Ursprünglich hatte die 25 Fensterachsen umfassende Fassade kein Spannungszentrum, das heißt: sie war durch eine fortlaufende Achsenreihung gekennzeichnet. An der Blendarkatur des Erdgeschosses wurde das Motiv der Rustika durch eine kontinuierlich verlaufende Nutung modifiziert. Auf dieser Zone lagern Kolossalpilaster, die sich über drei Geschosse erstrecken. Ihnen wurde, im Gegensatz zur Amalienburg, nun wieder die Funktion eines dem Mauerkern vorgeblendeten Strukturnetzes übertragen. Ein von geschuppten Pilastern gegliedertes Mezzaningeschoß führt schließlich bis zu den Volutenkonsolen unter der Dachtraufe. Diese Pilaster lassen eine Mitwirkung DOMENICO CARLONES vermuten, der jene Schuppendekoration auch an den Pilastern des Schlosses in *Petronell* (Niederösterreich, vor 1673) verwendet hatte.

Mit der Errichtung des Leopoldinischen Traktes schuf TENCALA den bevorzugten Typus der frühbarocken Palastfassade. Die Vorliebe der Zeitgenossen für dieses Schema hat im architekturtheoretischen Werk des Fürsten KARL EUSEBIUS LIECHTENSTEIN (1611/84) ihren literarischen Niederschlag gefunden. Die kritischen Bemerkungen des Fürsten sind um so aufschlußreicher, als sich hier weniger der Standpunkt eines ausschließlich theoretisierenden Fachmanns als vielmehr eines kunstverständigen Liebhabers äußert. Das französische Pavillonsystem mit seinem »Prinzip der Gliederung, der Kontrastierung und der Subordination« erschien ihm unbefriedigend. Seine Zustimmung fand hingegen die italienische Richtung der Palastarchitektur, für die Gesichtspunkte »der einheitlichen geschlossenen Form, der gleichmäßigen Reihung und der Koordination«[71] charakteristisch sind. Seine Aussagen zum Bauideal der langgestreckten, eurhythmischen Fassade des Wiener Frühbarock gleichen geradezu einem künstlerischen Vermächtnis: »Den was brachtig ist in einem Geben wil ein Lang haben – und jehe lenger, jehe vornehmer – dan dieses ist das greste Ansehen und Herrlichkeit, eine große Anzahl der Fenster und der Seilen zu sehen.«[72]

Beinahe gleichzeitig mit dem Leopoldinischen Trakt kam es (ab 1661) zur Errichtung des *ehemaligen Palais Starhemberg* (Abb. 50), einer freistehenden und um einen Hof gruppierten Vierflügelanlage – ursprünglich ein fast quadratischer Baublock von 9:10 Achsen. 1895 wurde die Hauptfassade um drei Achsen nach Westen erweitert, so daß sich das Portal heute in der Symmetrieachse befindet und eine zentrale Position einnimmt, wie sie der namentlich unbekannte Baumeister am frühbarocken Palast noch keineswegs als notwendig ansah. Mit den fünfgeschossigen Fassadenfronten, den lisenenartigen Kolossalpilastern und dem Mezzaningeschoß, das sich unter die schattend vorgreifende und von Voluten gestützte

50 *Palais Starhemberg in Wien, 1661 begonnen*

Dachtraufe fügt, tritt hier eine Fassadenkonzeption zutage, die mit dem Wandaufbau des Leopoldinischen Traktes zu vergleichen ist. Über diese grundsätzlichen Parallelen hinaus sind die Fassaden des Starhemberg-Palais jedoch merklich straffer und tektonischer organisiert. So wurde hier beispielsweise auf eine reliefhafte Vertiefung der Pilasterschäfte verzichtet, deren Verlauf viel deutlicher als am kaiserlichen Bau bis in die rustizierte Sockelzone zu verfolgen ist. Darüber hinaus lassen die gesprengten Segmentgiebel der Fenster, im Vergleich zum Leopoldinischen Trakt, einen deutlicheren Trend zur Horizontalstruktur erkennen. Auch zur plastischen Verlebendigung der Wand liefern sie einen wesentlichen Beitrag. »Die stärkste künstlerische Wirkung resultiert aus dem Gegensatz von einheitlich ebenenhaftem Wandrelief und verbindungslos aufgesetzten hochplastischen Formteilen.«[73] Mit der akzentlos gleichbleibenden Reihung der Achsen wurde auch hier dem Wiener frühbarocken Fassadentypus, für den eine gewisse Uniformität charakteristisch ist, entsprochen. Der ursprüngliche Zustand der Fassade – ehe es 1895 zur Erweiterung um drei Achsen kam – ist durch einen Stich aus Wolfgang Wilhelm Prämers 1678 erschienenem Architekturwerk überliefert. Da die meisten Palastfassaden des 17. Jahrhunderts im 18. umfassend verändert wurden, ist zur Erörterung der Wiener frühbarocken

51 *Palais Abensberg-Traun in Wien (Zeichnung von Wilhelm Prämer, 1678)*

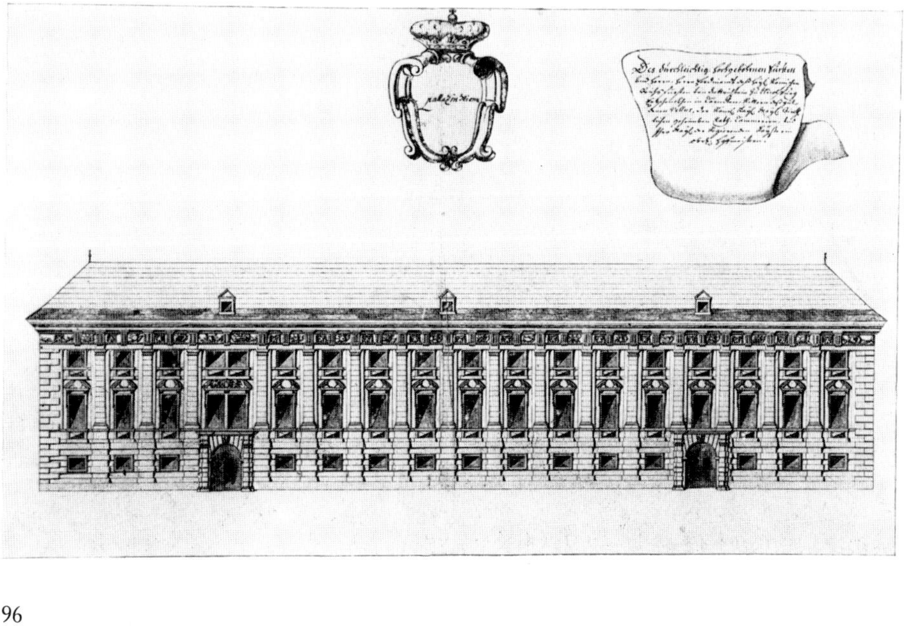

Fassaden Prämers Werk mit seinen zahlreichen Fassadenansichten von unschätzbarer Bedeutung.[74]

Wenigstens zwei Beispiele frühbarocker Fassadengestaltung sollen aus diesem Quellenwerk erwähnt werden, das mit seinem Editionsdatum von 1678 für die Datierung der Bauten einen terminus ante quem bietet. Die Paläste Abensberg-Traun und Dietrichstein – beide in der Herrengasse befindlich und später vollständig umgebaut – stellen wichtige Glieder in der Entwicklungskette der frühbarocken Profanarchitektur in Wien dar.[75] Das *Palais Abensberg-Traun* dürfte etwas älter als das zweitgenannte sein und läßt in der Geschoßanzahl, im unaxial angeordneten Portal sowie in der Kolossalordnung der Pilaster, Parallelen zum Starhemberg-Palais erkennen. Auch hier sind die Pilasterschäfte, wie am Leopoldinischen Trakt, vertieft (Abb. 51). Mit der Steigerung und Rhythmisierung der plastischen Werte ist allerdings ein weiterer Entwicklungsschritt vollzogen worden. Das zeigt sich an der plastischen Ausgestaltung des Portals und im wechselnden Rhythmus der Dreieck- und Segmentgiebelverdachungen der Fenster. Auch klingt bereits der Versuch an, die Fensterachsen neben und über dem Portal mit zusätzlichen plastischen Motiven hervorzuheben. Im Gegensatz zu den Putzfeldparapetten der übrigen Fenster scheinen hier kleine Balustraden auf, die die Absicht erkennen lassen, vom Prinzip der akzentlosen Reihung allmählich Abstand zu nehmen. – Das *Palais Dietrichstein* muß mit seiner über siebzehn Achsen verlaufenden Längenerstreckung noch durchaus den Idealvorstellungen des Karl Eusebius von Liechtenstein entsprochen haben; darüber hinaus wurden aber an diesem Palais wichtige, in die Zukunft weisende Strukturelemente verwendet (Abb. 52). Die Portalanordnung erfolgte nicht mehr beliebig, sondern entspricht bereits axial-symmetrisch orientierten Gesichtspunkten: Zwei Portale sind von links und rechts jeweils um vier Achsen zum Zentrum gerückt. Lediglich die Frage nach der Portalachsenbetonung wurde insofern unterschiedlich beantwortet, als allein über dem linken Portal eine von den anderen Achsen abweichende lichte Weite der Pilaster Platz greift; der größere Abstand der Pilaster ermöglichte den Einbau von Doppelfenstern. Während hier somit eine Betonung der Portalzone erfolgt war, blieb das rechte Portal durch die darüber lagernde Fensterachse – nach dem Grundsatz der kontinuierlichen Achsenreihung – unakzentuiert. Ein zögerndes, gleichsam im Aufbruch befindliches Gestaltungsprinzip scheint sich hier anzubahnen, das sich auch in einer Verminderung der Geschoßzahl dokumentiert. Deutlicher als zuvor kristallisierte sich dabei der hierarchische Stellenwert des Piano Nobile (Hauptgeschoß) heraus. Neu ist auch die stärkere Betonung tektonischer Beziehungen: Das Gebälk läuft ungebrochen durch und ist in seinen Abmessungen zwischen Triglyphen und Metopen zur Pilasterstellung in ein klares Verhältnis gebracht, wobei die Metopen, statt bisher allein mit Putzfeldern, in bewußt antikisierender Tendenz mit Bukranien und Trophäen gefüllt sind. Eine neue statische Auffassung gelangte zum Durchbruch: Die Schäfte der toskanischen Pilaster sind genutet und leicht verjüngt und heben sich in scharfer Individualisierung vom

◁ *52 Palais Dietrichstein in Wien (Zeichnung von Wilhelm Prämer, 1678)*

Mauergrund ab. Zusammenfassend kann man feststellen, daß am Palais Dietrichstein die Entwicklung der Wiener Frühbarockfassade in ihre letzte Phase getreten ist.

Die Dominanz des Piano Nobile ist auch am *Palais Lobkowitz* (1685/87) gewährleistet. Drei Architekten lieferten Entwürfe für dieses Bauwerk. Der erste Entwurf eines unbekannten Architekten verrät eine noch stark retardierende Auffassung, während mit der Verwirklichung des Fassadenplans von PETER STRUDEL eine stark ausgeprägte italienische Komponente in die Entwicklung der Wiener Palastarchitektur eingedrungen wäre. Von ihm war eine neunzehnachsige Fassade vorgesehen, die mit ihrer kolossalen Halbsäulenordnung vom Einfluß PALLADIOS Zeugnis gegeben und etwa an das Prager Palais Černin erinnert hätte. Zuletzt entschloß man sich doch dazu, dem Entwurf G. P. TENCALAS zuzustimmen, der sich schon am Neubau des Leopoldinischen Traktes bewährt hatte; damit wurde gleichzeitig der italienisch beeinflußten Fassadengestaltung Strudels eine Absage erteilt. Tencala reduzierte die Fassade auf siebzehn Achsen und ließ die drei mittleren – das erste Mal in Wien – risalitartig hervortreten, wobei der Portalachse mit der Verdoppelung von Fenstern ein optisches Schwergewicht eingeräumt wurde (Abb. 53); den Risalit sollte noch ein Loggienaufsatz krönen. Auch in den beiden Seitenflügeln war geplant, den Portalen eine axialsymmetrische Position zuzuweisen. Im übrigen scheint sich Tencala zur Strukturierung der

53 GIOVANNI PIETRO TENCALA: *Palais Lobkowitz (ursprünglich Dietrichstein) in Wien, Fassade, 1685–1687*

Fassade des reichen Motivrepertoires der bisher kennengelernten Bauten bedient zu haben. So erinnert das Mezzaningeschoß an den Leopoldinischen Trakt und das Starhemberg-Palais, der Wechsel der Fensterverdachungsformen an das Palais Abensberg und die Nutung der vertieften Lisenen an das Palais Dietrichstein. Insgesamt jedoch wählte Tencala eine betont malerische Formensprache, wobei er die statisch-tektonische Auffassung am Palais Dietrichstein gewiß als fremdartig empfand. Die Fassade des Palais Lobkowitz wurde später insofern nach neuen Grundsätzen verändert, als mit der Erweiterung des Risalits auf sieben Achsen eine stärkere Betonung des Zentrums wünschenswert erschien. FISCHER VON ERLACH schließlich ersetzte um 1710 das Loggiengeschoß durch einen Attikaaufsatz und gestaltete das Portal neu. Mit der Verwendung eines Mittelrisalits und der Bevorzugung straffer Symmetrieachsen hat TENCALA vom Typus des frühbarocken Wiener Palastes merklich Abstand genommen und die Richtung zum Hochbarock hin angegeben, ohne allerdings im Detail schon die zukünftige »Tonart« dieser Stilphase zu treffen. Denn neben einer deutlichen Innovationstendenz läßt dieses Fassadenkonzept immer noch das Bemühen um extreme Durchgliederung und ornamentale Gestaltung der Wandflächen erkennen; auch nicht das kleinste Stück Wand sollte unstrukturiert bleiben. Dieser »horror vacui« ist ein Stilphänomen, das noch an die manieristisch konzipierte Amalienburg erinnert.

Die neunziger Jahre stehen ganz im Zeichen der Architekten DOMENICO EGIDIO ROSSI, ENRICO ZUCCALLI, DOMENICO MARTINELLI, JOHANN BERNHARD FISCHER VON ERLACH und LUCAS VON HILDEBRANDT (den beiden zuletzt genannten sind eigene Kapitel gewidmet). Mit dem Engagement dieser Baukünstler tritt der Barock in *Wien* auf dem Sektor der Profanarchitektur in seine reife, gewissermaßen klassische Phase. Wie lange diese hochbarocke Periode gedauert hat, ist umstritten. Fest steht jedoch, daß sie – und der Vergleich mit der italienischen Hochrenaissance liegt nahe – im Gegensatz zur frühen, gleichsam vorbereitenden und zur späten, auslaufenden Phase einen verhältnismäßig kurzen Zeitraum umfaßt. Ist nun einerseits der Beginn dieses Stilabschnitts meines Erachtens zeitlich relativ leicht zu bestimmen, so ist andererseits das Ende des Wiener Hochbarock nur unter Beachtung zahlreicher Komponenten mit einem nunmehr keinesfalls präzisen Zeitrahmen abzugrenzen. Mit allen nötigen Vorbehalten (vielleicht ein diskussionswürdiger Vorschlag?) wird man den Ausklang dieser Periode, orientiert etwa am Œuvre J. B. FISCHERS VON ERLACH, mit den Jahren 1700–1710 zu umreißen haben. Nochmals (vgl. Anm. 8) sei in diesem Zusammenhang auf die allgemeine Problematik der Verwendung von Stilbezeichnungen hingewiesen, die nicht im Sinne eines starren Schemas verwendet werden dürfen. Über regional bedingte Unterschiede und daraus resultierende zeitliche Überschneidungen ist man sich meist eher bewußt als über personal bedingte. Hier tritt vehement das Generationsproblem in Erscheinung, wonach es etwa zu unterscheiden gilt, ob es sich, zum gleichen Zeitpunkt, um das Werk eines jungen, reifen oder älteren Baumeisters handelt. Hier könnten zeitlich deckungsgleich noch früh- oder schon hochbarocke Strömungen zum Tragen kommen. Und selbst in den beiden Disziplinen Profan- und Sakralarchitektur sind, wenn auch seltener, stilistische Differenzen zu bemerken. Nichts kann also eher auf Kritik stoßen, als die Verwendung von Epochenbegriffen, auch wenn sie vermeintlich noch so sachlich begründet ins Treffen geführt werden.

Bis in die jüngere Vergangenheit hat MARTINELLI für das *Gartenpalais Liechtenstein in der Roßau* und das *Stadtpalais Kaunitz-Liechtenstein* als hauptverantwortlicher Baumeister gegolten. Erst in den letzten Jahren haben Forscher, wie zunächst G. PASSAVANT und dann H. LORENZ, diese Ansicht widerlegt und an beiden Bauten für das Entwurfsstadium andere Baukünstler namhaft gemacht. Martinelli wurde offensichtlich jedesmal erst in einer fortgeschrittenen Phase der Planung bzw. der Bauarbeiten zur Mitwirkung herangezogen. So gesehen, ist der Bedeutungsgrad Martinellis für die Wiener Palastarchitektur der neunziger Jahre nicht mehr im gleichen Ausmaß wie bisher aufrechtzuerhalten.

Schon PASSAVANT konnte überzeugend nachweisen, daß das *Gartenpalais Liechtenstein* auf Plänen D. E. ROSSIS aus dem Jahre 1690 basiert.[76] Dem Forscher standen zunächst lediglich Kopien von Entwurfszeichnungen als Beweis zur Verfügung; die Originalpläne Rossis wurden dann von H. LORENZ und W. G. RIZZI erst 1980 entdeckt[77]. Mit diesem glücklichen Fund waren sie in der Lage, die Erkenntnisse Passavants, nun auf einem vollends abgesicherten Quellenfundament, zusätzlich zu stützen. Martinelli war seit 1691 in Liechtensteinischen Diensten und für den Fortgang der Arbeiten als Bauleiter verantwortlich. Ausgehend von der Tatsache, daß das Bauwerk etwa im Bereich der Fassade doch beträchtliche Abweichungen vom Originalplan erkennen läßt, wäre zu prüfen, ob Martinellis Leistung nun tatsächlich, wie die erwähnten Autoren meinen, »nur noch« im Hinblick auf bauliche Veränderungen relativ geringen Umfangs zu beurteilen ist (Abb. 54, 55). Ein fünfachsiger, kaum vortretender Mittelrisalit mit fünf Pfeilerarkadenöffnungen im Erdgeschoß wird von zwei vierachsigen Seitenflügeln flankiert, die von ROSSI ursprünglich zweigeschossig konzipiert waren. MARTINELLI hingegen erhöhte die Seitenflügel in Übereinstimmung mit dem Mittelrisalit um ein Mezzaningeschoß und reduzierte damit die von Rossi geplante, größere Spannung verursachende Kontrastwirkung zwischen Mitteltrakt und Seitenflügeln, deren Außentreppen er eliminierte. Mit diesen Maßnahmen band der Architekt die Fassade wieder ein wenig enger an die Tradition der frühbarocken Wiener Palastfassaden mit ihren gleichförmig gereihten Fensterachsen. Auch im Detail macht sich an Martinellis Fassadenkonzept mit der einförmigen Dreieckgiebelbekrönung der Seitenflügelfenster und den gleichbleibenden Segmentgiebeln am Mittelrisalit eine kühlere, gleichsam akademische Formensprache geltend. Rossi hatte demgegenüber noch einen rhythmischen, die Fensterachsen akzentuierenden Wechsel der Verdachungsformen vorgesehen. Darüber hinaus zeigt sein Entwurf oberhalb der Fenster des Piano Nobile durchwegs gesprengte Giebelformen. Überhaupt präsentiert Rossis Planzeichnung ein viel plastischeres Gepräge von Architekturelementen, ein stilistisches Verhalten, das sich im Mittelrisalit an den Blendarkaden, die Haupt- und Mezzaningeschoß umfangen, besondes nachhaltig abzeichnet; eine ebenso starke Reliefierung zeigen auch die Seitenflügel mit ihren Schichtpilastern, die im Gebälksbereich kontinuierlich verkröpft sind. Auf all diese plastisch empfundenen Gliederungsformen Rossis hat Martinelli am ausgeführten Bauwerk zugunsten einer strafferen, gleichsam reliefärmeren und gleichförmigeren Fassadengestaltung verzichtet. So

54 DOMENICO EGIDIO ROSSI *und* DOMENICO MARTINELLI: *Gartenpalais Liechtenstein in der Roßau, Wien, 1690–1711*

55 DOMENICO EGIDIO ROSSI: *Ehrenhoffassade des Gartenpalais Liechtenstein (lavierte Federzeichnung; Wien, Akademie der Bildenden Künste, Kupferstichkabinett)*

gesehen, ist der stilistische Abstand von Tencalas dekorationsfreudiger Fassadengliederung am Palais Lobkowitz zu Martinellis Fassade größer als zu Rossis Entwurf. Martinelli reduzierte die im Entwurf vorgesehene Variationsvielfalt und den Reichtum plastischer Motive auf ein Minimum, so daß die Fassade letztlich ein hohes Maß an Regularität aufweist und sich insgesamt nüchterner und geschlossener als alle bisher erwähnten Palastbauten präsentiert. Diese italienische Gravità muß damals innerhalb der Entwicklungsreihe der Wiener Palastarchitektur als umwälzende Zäsur empfunden worden sein. Die stilistische Haltung des aus Lucca (Toscana) stammenden Martinelli (1650 geboren) ist gewiß nicht zuletzt aus seiner Begegnung mit dem akademisch kühl disponierenden Baumeister CARLO FONTANA zu erklären; ihn hatte er bereits 1678 in Rom kennengelernt, wo er in der Folge von der Accademia di San Luca als Mitglied aufgenommen worden war.

56 Enrico Zuccalli: *Fassadenriß für den Palast Kaunitz-Liechtenstein in Wien (lavierte Federzeichnung; Lucca, Privatsammlung)*

Noch entscheidender für die Entwicklung des neuen Fassadentypus war der ab 1690 errichtete *Stadtpalast Kaunitz-Liechtenstein.* Erstmalig tritt hier das wohl »leistungsfähigste römische Fassadenschema« (Hubala) des Palazzo Chigi-Odescalchi Berninis auf Wiener Boden in Erscheinung. Bis in die jüngste Vergangenheit wurde Martinelli als entwerfender Architekt angenommen, obgleich schon Hubala Zweifel an dieser Hypothese angemeldet hatte. Nach stilkritischem Vergleich des Wiener Palastes mit dem Fassadenriß Enrico Zuccallis für Schloß Austerlitz in Mähren (signiert, um 1690), dem Stammsitz der Familie Kaunitz, vermutete Hubala auch für den Wiener Bau eine erste Planung Zuccallis.[78] Diese Vermutung wurde zur Gewißheit, nachdem Lorenz drei Zeichnungen in einer Privatsammlung in Lucca entdeckt hatte, die, obgleich nicht signiert, eindeutig Zuccalli zuzuschreiben sind und sich als erstes Planungsprojekt für den Wiener Palast ausweisen (Abb. 56).[79] Bei einem Vergleich dieses Projekts mit dem ausgeführten Bau ist jedoch auf einige Abweichungen aufmerksam zu machen, die, wie Lorenz nachweist, auf einen Eingriff Martinellis zurückzuführen sind. Ende 1693 scheint dessen Name erstmals in einer Baurechnung auf, und ein ebenfalls in Lucca, dem Heimatort des Baumeisters, entdeckter, von seiner Hand stammender Fassadenriß zeigt weitgehende Identität mit der Endfassung des Palastes (Abb. 57). Lorenz bespricht ausführlich die Unterschiede zwischen dem Projekt Zuccallis und den verändernden Maßnahmen Martinellis, wobei seine Ausführungen nur in einem Punkt zu ergänzen sind: Martinellis flächigere Fassadengestaltung resultiert aus der Tatsache, daß er

57 Enrico Zuccalli *und* Domenico Martinelli: *Stadtpalast Kaunitz-Liechtenstein in Wien, Hauptfassade, 1690 begonnen*

58 Palais Mollard-Clary in Wien, Fassade, um 1690

auf den gleichsam rustizierenden Quaderraster in den Seitenflügeln und auf die durchlaufende Nutung im Erdgeschoß, wie sie Zuccalli noch vorgesehen hatte, verzichtete.

»Der für die Entwicklung der Wiener Barockarchitektur so folgenreiche Bau des Stadtpalastes Kaunitz-Liechtenstein geht also gerade in seinen entwicklungsgeschichtlich bedeutsamen Charakteristika auf ein Projekt des Enrico Zuccalli zurück, das um 1689/90 anzusetzen ist. Domenico Martinelli, der den Bau im Jahre 1692 übernommen haben dürfte, war an dieses Projekt gebunden; seine Rolle beschränkt sich auf Korrekturen und eine Steigerung der architektonischen Mittel im Detail. Im Rahmen der Wiener Architekturszene des späten 17. Jahrhunderts ist dies nun ein sehr erstaunlicher Befund: Nicht J. B. Fischer von Erlach ... und auch nicht Domenico Martinelli ... vermitteln Berninis Fassadenschema nach dem Norden, sondern der im bayrischen Dienst stehende Enrico Zuccalli.«[80]

Martinelli dürfte seinen ersten Wiener Auftrag um 1690 vom Grafen Harrach erhalten haben. Sein *Stadtpalais* (später verändert) wurde mit zwei kaum vortretenden Seitenrisaliten ausgestattet, die offenbar als Alternative zum dominanter wirkenden Mittelrisalittypus, wie ihn Tencala erstmalig in Wien geschaffen hatte, aufzufassen sind. Mit diesen Seitenrisaliten wurde die Kontinuität des elfachsigen Fassadenkomplexes nur unerheblich unterbrochen, so daß das Palais Harrach, im Gegensatz zum Gartenpalais Liechtenstein und zum Stadtpalast Kaunitz-Liechtenstein, noch recht deutlich an die Wiener Tradition anschließt. Das Doppelrisalitkonzept fand insofern sofort Nachfolge, als es Fischer von Erlach – im Detail freilich völlig unterschiedlich – schon ein Jahr später am *Palais Strattmann-Windischgrätz* (1784 vollständig verändert) zur Anwendung brachte.

Auch am *Palais Mollard-Clary* (Niederösterr. Landesmuseum) wurde um 1690 dem Seitenrisalittypus entsprochen (Abb. 58). Der namentlich nicht bekannte Architekt ließ die seitlichen Abschnitte der schmalen, fünfachsigen Fassade leicht vortreten. Während die drei mittleren Achsen von zwei kolossalen Kompositpilastern gegliedert sind, tritt an den Seitenrisaliten keine Pilasterbegrenzung auf, womit sich bereits im hochbarocken Sinn eine spannungsvolle Gegenüberstellung vertikaler und horizontaler Komponenten abzeichnet. Auch wurde hier ein neues Rhythmisierungskonzept erstellt und das Prinzip flächenhafter Wandgestaltung, wie es noch für Martinelli zum Teil charakteristisch war, fast völlig überwunden.

Die Profanarchitektur außerhalb Wiens

Im letzten Viertel des 17. Jahrhunderts wurde auch in der Tiroler Landeshauptstadt *Innsbruck* eine Reihe bemerkenswerter Palais errichtet. Das geschah in einer Zeit, als die Adelsfamilien ihre Burgen verließen, um ihren gesellschaftlichen Rang mit dem Bau neuer Wohnsitze auch in der landesfürstlichen Residenz zu dokumentieren. Dort hatten die kaiserlichen Gubernatoren Karl von Lothringen und Karl Philipp von der Pfalz ihre

59 JOHANN MARTIN GUMPP D. Ä.: *Palais Fugger-Taxis in Innsbruck, 1680*

Hofhaltung, und es ist durchaus verständlich, daß man sich im engsten Wirkungsbereich der Landesherren niederlassen wollte. Neben dem alten trat auch ein neuer Adel in Erscheinung, dem als Besitzer von Handelshäusern und Bergwerken ausreichend Mittel zur Verfügung standen, um das neuerlangte Selbstbewußtsein mit prunkvollen Bauten zu manifestieren. Die Erhebung in den Adelsstand muß damals zu einem beachtlichen Wandel des Selbstverständnisses geführt haben, bedenkt man, daß einige Familien, wie z. B. die Tannauer und Wagner, sogar ihre Namen änderten, um dann als Grafen Tannenberg und Sarnthein an die Öffentlichkeit zu treten. Lediglich die Fugger sahen sich nicht veranlaßt, ihren Namen zu wechseln, da ihre wirtschaftliche Führungsposition im Land noch immer unbestritten war.

Der von allen bevorzugte Baumeister war JOHANN MARTIN GUMPP (gestorben 1729), Sohn CHRISTOPH GUMPPS D. J., der der Phalanx italienischer Architekten bereits gleichrangig begegnet war. Mit dem Auftreten J. M. Gumpps, dem die barocke Profanbaukunst in Innsbruck bahnbrechende Impulse zu verdanken hat, wurde dann die Vorherrschaft der Italiener endgültig gebrochen. Im Jahre 1680 beauftragte ihn GRAF HANS OTTO FUGGER mit dem Bau eines *Palais,* das als Musterbeispiel des Innsbrucker Adelspalastes anzusehen ist (Abb. 59). Der Grundriß ist U-förmig konzipiert und zeigt eine streng symmetrische Raumverteilung. Die dreigeschossige Fassade an der Maria-Theresien-Straße läßt, wie die Wiener Palais-Fassaden derselben Stilstufe, das Prinzip der Reihung erkennen. (Die mittleren drei Fenster wurden erst 1784/85 in zentralisierender Absicht verändert, nachdem das Palais in den Besitz der Grafen Thurn und Taxis übergegangen war). Im Gegensatz zum Wiener Fassadentypus verzichtete J. M. Gumpp jedoch auf eine Gliederung der Wand durch Pilaster und damit auf jede Vertikalisierungstendenz. Die drei Geschosse sind mit durchlaufenden Gesimsen streng voneinander getrennt, woraus sich – zusammen mit dem stark schattenden Kranzgesims – das Bemühen des Baukünstlers um schwer lastende Horizontalisierung des Fassadenblocks ablesen läßt. Auf dem rustizierten Erdgeschoß erhebt sich das Piano Nobile, das, ebenso wie das darauf ansetzende, wesentlich niedrigere Geschoß der Dienerschaft, ein Netz von Lisenenrahmungen aufweist. In dieses Rahmensystem vertieft, sind rechteckige Fenster angeordnet, auf deren Sturz reiche Stuckdekorationen lagern. Unter dem Kranzgesims erstreckt sich ein breites Friesband, das Triglyphen, hochovale Rosetten und groteske Fratzen in wechselndem Rhythmus zeigt. Diese Schmuckfreudigkeit und der Verzicht auf Pilasterstellungen sind zwei Faktoren, die beweisen, wie stark sich J. M. Gumpp der deutschen Bautradition verpflichtet fühlte. Lediglich im strengen horizontalen Abschluß der einzelnen Geschosse ist eine italienische Komponente zu bemerken. – In den achtziger Jahren schuf dann der Baumeister eine Reihe von Palästen, deren Fassaden den am Fugger-Palast erarbeiteten künstlerischen Grundsätzen weitgehend entsprechen. Zu nennen wären hier das *Palais Troyer-Spaur* (1681/83), das *Palais Sarnthein* (1681/85) und das *Palais Ferrari* (1685/90). Von den Prinzipien der Reihung und der betont waagrechten Schichtung der Geschosse hat sich J. M. Gumpp schließlich bei der barocken Umgestaltung des *Alten Regierungsgebäudes* (1690/92) zum Teil distanziert. Jeweils zwei Fensterachsen sind durch rustizierte Monumentalpilaster zusammengefaßt, womit sich zumindest ein Trend zu vertikaler Gliederung abzeichnet. In der ornamentalen Ausgestaltung der Fensterverdachungen jedoch blieb auch hier das Palais Fugger vorbildlich.

Im Vergleich zu Innsbruck setzte in der ehemaligen Residenzstadt *Graz* die Bautätigkeit auf dem Sektor des barocken Stadtpalais mit einiger Verspätung und vorerst keinesfalls auf so breiter Ebene ein. Viel unmittelbarer als im fernen Tirol empfand man die drückende Nachbarschaft zur Hohen Pforte. Erst nach der erfolgreichen Wiener Abwehrschlacht von 1683 bot sich auch dem steirischen Adel die Möglichkeit, neue Stadtpaläste zu errichten. Ganz allgemein kann festgestellt werden, daß das Baugeschehen in Graz während der zweiten Hälfte des 17. Jahrhunderts mehr als in jeder anderen österreichischen Region auf siegreich bestandene Auseinandersetzungen mit den Türken unmittelbar Reaktionen gezeigt hat. Das gilt schon für den Türkensieg von 1664 bei Mogersdorf, in dessen zeitlicher Folge eine gesteigerte Bautätigkeit zu verzeichnen ist. Der Sieg über die Türken bedeutete damals allerdings noch längst nicht die große militärische Wende von 1683. Keinesfalls war das Sicherheitsgefühl schon so ausgeprägt, daß sich Adel und Bürgerschaft zu größeren

60 *Graz, Hauptplatz mit Haus Luegg, Stuck Ende 17. Jahrhundert*

Neubauten entschließen konnten. Vielmehr beschränkte man sich auf eine neue Fassadierung bestehender Anlagen. Auch diese barocken Umgestaltungen waren erst nach dem Sieg von 1683 auf breiterer Basis durchführbar. Lediglich das Benediktinerstift von St. Lambrecht reagierte unmittelbar nach dem Sieg von Mogersdorf mit dem Bau einer städtischen Niederlassung, dem sogenannten *St. Lambrechter Stiftshof* (1665/74; heute »Joanneum«) in Graz. In seiner Funktion als Stiftsbaumeister wurde wieder DOMENICO SCIASSIA die Bauleitung übertragen, der um zwei Höfe dreigeschossige Trakte errichtete. Besondere Beachtung verdient die Fassade in der Raubergasse, die Sciassia mit einer »kleinen Pilasterordnung« ausstattete, das heißt, jedes Geschoß zeigt eine eigene Pilasterstellung. Die Kolossalpilasterordnung der Wiener Palastfassade hingegen blieb der Grazer Profanarchitektur des 17. Jahrhunderts völlig fremd. Dem Konzept der »kleinen Ordnung« begegnet man auch am *Vorauer Stiftshof in Graz* (1674/76; 1905 abgerissen), bezeichnenderweise also wieder an einer stiftischen Niederlassung und nicht an einem Bürgerhaus oder Adelspalais. Im Vergleich zum Vorauer Hof jedoch ist die Fassade des St. Lambrechter Stiftshofs durch eine Häufung von plastischen Elementen ausgezeichnet, wie die Hermenpilaster im zweiten Obergeschoß oder der Stuckzierat im Konsolkranzgesims (Maskarons und Waffentrophäen) beweisen. Dem Fassadentypus der »kleinen Pilasterordnung« wurde dann in Graz auch an den Adelspalais in den beiden letzten Jahrzehnten des Jahrhunderts entsprochen. Hinzuweisen wäre auf die beiden von JOHANN JOACHIM CARLONE errichteten Paläste *Lengheimb* (1680/90) und *Welserheimb* (1689/94).

Immer schon galten Säulen- oder Pilasterordnungen als Herrschafts- und Statussymbol, weshalb nicht überrascht, daß man bei den Bürgerhäusern der Stadt auch andere, gleichsam dem Stand angemessenere Fassadenlösungen ins Auge faßte; nur selten und dann in äußerst bescheidener Form fand hier der »Pilastertypus« Anwendung. In der zweiten Hälfte und besonders im letzten Viertel des Jahrhunderts setzten angesehene Bürgerfamilien ihren ganzen Ehrgeiz daran, ihre bereits bestehenden und im Kern oft mittelalterlichen Häuser mit völlig neuen Fassaden auszustatten, ein Repräsentationsbemühen, das eine regelrechte Fassadenkunst entfesselte. Besonders schöne Beispiele sind am Grazer Hauptplatz erhalten geblieben, wovon nur das *»Luegg«* (achtziger Jahre) und das benachbarte Bürgerhaus (ab 1691) erwähnt seien (Abb. 60). Diese im Kern aus dem 16. Jahrhundert stammenden Häuser mit ihren für Graz sonst ungebräuchlichen Erdgeschoßlauben wurden mit barocken Fassaden ausgestattet, wobei sich zwei Typen herauskristallisierten: Während das »Luegg« mit seiner Überfülle an stuckierten Fruchtfestons, Blütenvasen und sich zu Kartuschen zusammenschließenden Ranken einem rein floralen Typus zuzuordnen ist, dominieren am Nachbarhaus in den Fensterzwischenachsen reich differenzierte geometrische Stuckelemente über sparsamer verwendete Vegetationsmotive in den Fensterachsen. – Unter den überwiegend pilasterlos gestalteten Hausfassaden in der Steiermark nimmt das *Leobener Hacklhaus* (um 1680) einen besonderen Rang ein (Abb. 61). Neben einer eher bescheiden anmutenden Stuckdekoration lenkte der unbekannte Baukünstler sein Hauptaugenmerk auf zwölf große, fast vollplastisch gearbeitete Figuren, die auf Sockeln stehend die Fenster der

1680
KONDITOREI
Konditorei
CAFE
TABAK

62 Carlo Martino Carlone *(barocke Umgestaltung): Schloß Esterházy in Eisenstadt, 1663 begonnen*

◁ 61 *Hacklhaus in Leoben, Fassade, um 1680*

beiden Obergeschosse flankieren. (In der Steiermark wie im übrigen Österreich gibt es kein weiteres Beispiel, das mit dieser Fassade zu vergleichen wäre.)

Die gebotene Kürze der Darstellung erlaubt leider nur in allzu beschränktem Umfang eine Fortsetzung der Suche nach »provinziellen« Sonderlösungen des Barock, die dem Betrachter oft gerade wegen ihres Abweichens von der Norm besonders reizvoll erscheinen. Häufig freilich erklärt sich dieses Atypische aus der spezifischen Auftragssituation, wie sie sich auch am Erweiterungsbau des *Eisenstädter Schlosses* ergab. Dort hatte Paul Esterházy 1663 Carlo Martino Carlone beauftragt, die mittelalterliche Vierflügelanlage mit einem barocken Bau zu ummanteln. Die viergeschossige Fassade, deren eigentümliche Wucht durch toskanische Pilaster in kolossaler Ordnung noch unterstrichen wird, entspricht zum Teil dem Wiener Palastfassadentypus der sechziger Jahre (Abb. 62). Daß die Provinz im Entwicklungsgang der Architektur der kaiserlichen Residenz manchmal voraus war, kommt am Esterházy-Schloß insofern zum Ausdruck, als hier die Fassade bereits etwa zwanzig Jahre vor vergleichbaren Wiener Konzeptionen durch zwei Seitenrisalite akzentuiert wurde.

Daß man sich in Eisenstadt auch leichter als in den architektonischen Zentren des Landes über kanonische Gesichtspunkte baulichen Schaffens hinwegzusetzen vermochte, zeigt das mezzaninähnliche Zwischengeschoß, dessen quadratische Nischenöffnungen die Büsten von achtzehn ungarischen Heerführern bergen. So bedenkenlos hätte man beispielsweise in Wien dem Funktionswandel eines Fenstergeschosses wohl kaum zugestimmt. Für Experimente dieser Art scheint der Boden provinzieller Abgeschiedenheit stets äußerst fruchtbar gewesen zu sein; Auftraggeber wie Architekten sahen sich weniger an die Traditionen gekettet und hatten keine zur Nachahmung animierenden Bauten unmittelbar vor Augen.

1 Salzburg, Blick auf Burg und Altstadt

2 Pietro de Pomis: Mausoleum in Graz mit Fassade der Katharinenkirche, 1614–1638

3 Pietro de Pomis: Schloß Eggenberg in Graz, Süd- und Ostfassade

4 Carlo Antonio Carlone: Stift Kremsmünster, Kaisersaal, um 1692

5 Carlo Antonio Carlone: Stiftskirche von St. Florian, Blick nach Westen, 1686–1708

6 Francesco Martinelli: Wallfahrtskirche Frauenkirchen, Fassade, 1702

8 Giovanni Antonio Dario: Wallfahrtskirche Maria Plain bei Salzburg, Fassade, 1671–1674

◁ 7 Carlo Canevale und Christoph Colomba: Ehem. Stiftskirche in Waldhausen, Blick ins Innere, 1650–1693

9 Johann Lucas von Hildebrandt: Oberes Belvedere in Wien, Treppenhaus

10 Johann Lucas von Hildebrandt: Gartenseite des Oberen Belvedere in Wien, 1721–1723

11 Johann Bernhard Fischer von Erlach: Dreifaltigkeitskirche in Salzburg, 1694 begonnen

12 Johann Bernhard Fischer von Erlach: Karlskirche in Wien, Fassade, 1716–1739

13 Stift Melk, Flugaufnahme

14 Jakob Prandtauer: Stift Melk, Haupteinfahrt zum Prälatenhof, 1723–1724

15 Jakob Prandtauer: Stiftskirche von Melk, Blick in die Kuppel

16 Johann Michael Rottmayr: Deckenfresken in der Klosterkirche Melk, 1719

17 Carlo Antonio Carlone und Jakob Prandtauer: Stift St. Florian, Fassade des Treppenhauses, 1706–1714 (links im Bild)

18 Jakob Prandtauer: Stift St. Florian, Stiftsportal, 1713 vollendet (Skulpturen von Leonhard Sattler)

19 JAKOB PRANDTAUER: Marmorsaal im Stift St. Florian, 1718–1724

20 JOSEPH MUNGGENAST: Stift Altenburg, Bibliothek, 1740

21 Joseph Munggenast: Stiftskirche von Altenburg, Blick zum Hochaltar, 1731

22 JOHANN MICHAEL PRUNNER: Dreifaltigkeitskirche in Stadl-Paura bei Lambach, 1714–1724

23 JOHANN MICHAEL PRUNNER: Stiftskirche von Spital am Pyhrn, Blick ins Innere, 1714–1736 ▷

25 Johann Blasius Franck: Stift Kremsmünster, Prälatenhof, Risalit der ehem. Ritterakademie, 1745 vollendet

◁ 24 Johann Haslinger: Stiftskirche von Wilhering, Blick ins Innere, 1733 begonnen

26 ANDREAS STENGG: Wallfahrtskirche Mariatrost in Graz, Blick von Südosten, 1714 begonnen

27 Andreas und Johann Georg Stengg: Palais Wildenstein in Graz, Detail der Fassade, um 1715–1720

28 Andreas Stengg: Palais Attems in Graz, Fassade, 1702–1705

29 Meerscheinschlößl in Graz, Gartenseite, Umgestaltung 1706

30 Johann Georg Stengg: Barmherzigen - kirche in Graz, Fassade, 1735–1740

31 Franz Singer: Pfarrkirche in Götzens, Blick ins Innere, 1772–1775

32 Johann Georg Stengg: Stiftskirche in Rein, Fassade, 1738–1747

Die Baukunst des 18. Jahrhunderts in Österreich

◁ 33 Gotthard Hayberger und Joseph Hueber: Bibliothek des Stiftes Admont, um 1776 vollendet

Österreich als europäische Großmacht

Nach der erfolgreichen Wiener Abwehrschlacht von 1683 war der Siegeszug der kaiserlichen Truppen gegen die Türkei nicht mehr aufzuhalten. In knappen zeitlichen Abständen gelang die Eroberung von Ofen (1686) und Belgrad (1688), und die Siege bei Mohács (1687) und Slankamen (1691) beschleunigten den Zusammenbruch der türkischen Armeen. Mit der Berufung des PRINZEN EUGEN zum obersten Befehlshaber der kaiserlichen Truppen in Ungarn wurden alle weiteren militärischen Erfolge sichergestellt. Zunächst schlug dieser bedeutendste Heerführer Österreichs die Türken bei Zenta (1697) so vernichtend, daß sie sich schließlich verhandlungsbereit zeigten. Im Frieden von Karlowitz (1699) kam dann ganz Ungarn mit Siebenbürgen und dem größten Teil Slawoniens in den Besitz des Kaisers. Diese erfolgreiche Auseinandersetzung mit der Hohen Pforte prägte das Selbstbewußtsein des gesamten österreichischen Volkes. Die damalige Hoffnung auf ein immerwährendes »Heldenzeitalter« führte zu einem Selbstverständnis, das sich vor allem in der Baukunst in einem bislang unerreichten Ausmaß niederschlug. Daran änderte auch nichts die Tatsache, daß sich im Westen die militärische Konfrontation mit Frankreich weniger günstig gestaltete.

Ähnlich wie auf militärischem Sektor bewies LEOPOLD I. auch im Bereich der Architektur einen überzeugenden Weitblick, als er 1689 den 1687 aus Italien heimgekehrten dreiunddreißigjährigen JOHANN BERNHARD FISCHER VON ERLACH zum »Königlichen Hofingenieur« ernannte. Gleichzeitig übernahm Fischer die Aufgabe, den zwölfjährigen Kronprinzen Joseph im Fachbereich Architektur zu unterweisen. Mit dem Engagement Fischers wurde auch die Vorherrschaft ausländischer, vor allem italienischer Baumeister beendet. Im Gegensatz zum 17. Jahrhundert, als durchweg italienische Architekten das Baugeschehen bestimmten, konnte sich fortan, in Parallele zum neu erwachten Nationalbewußtsein, eine eigenständige österreichische Barockbaukunst entfalten, die um die Wende vom 17. zum 18. Jahrhundert in Europa eine Spitzenstellung einnahm.

Tendenzen zu einer hochbarocken Bauweise sind in Österreich bereits seit 1680 bemerkbar. Diese neue Stilphase wurde nicht von austroitalienischen Bauleuten, das heißt von in Österreich ansässigen italienischen Baumeisterfamilien, sondern von erstmalig aus Italien oder benachbarten Ländern nach Österreich eingereisten Italienern getragen. Erwähnt wurden schon GIOVANNI GASPARE ZUCCALLI, der Elemente der Kunst BERNINIS nach Salzburg übertrug, und DOMENICO MARTINELLI, der unter dem Einfluß der massebetonten und kühlen Formensprache CARLO FONTANAS stand. Zu nennen sind auch DOMENICO EGIDIO ROSSI und ENRICO ZUCCALLI, die das Wiener Baugeschehen mit charakteristischen Merkmalen des italienischen Hochbarock bereicherten. Diese neue italienische Welle hatte ephemeren Charakter und wurde durch entscheidende Leistungen Fischers schon in den neunziger Jahren abgeschlossen: seinen faszinierenden Ideen hatten die Italiener nichts Gleichwertiges gegenüberzustellen. Zuccalli mußte ihm in Salzburg weichen, Rossi verließ Wien 1697, und Martinelli kehrte schließlich wieder nach Lucca, seiner Heimatstadt, zurück. Und nach dem Tod CARLO ANTONIO CARLONES, 1708, dessen leitendes Amt in St.

Florian Jakob Prandtauer übernahm, wurde kein Italiener mehr mit bedeutenden Aufgaben betraut. – »Ein gemeinsamer Nenner für die Kunst aller dieser Italiener gegenüber dem neuen österreichischen Stil, ist die Auffassung der Architekturen als *schwerer* Massen; das trennt sie entscheidend von der ganzen neuen Richtung. Als echten Vorläufer dieser kann man – außerhalb Österreichs – am ehesten manche Werke Carlo Fontanas und allenfalls die ersten Werke Juvaras auffassen. In Österreich selbst aber muß man, um Werke zu finden, auf den Stil der siebziger Jahre zurückgreifen. Das zarte Relief der Burnacini-Bauten, gewisse Elemente bei Praemer und Indau bereiten einzelne Seiten des österreichischen Barock vor.«[81]

Kaiser, Adel und Kirche wetteiferten miteinander, das Bild der von den Türken verheerten und dann zur Metropole europäischen Ranges aufgestiegenen Stadt Wien zu erneuern und zu verändern. Vor allem der Adel, dessen bevorzugter Architekt Lucas von Hildebrandt werden sollte, war bestrebt, auch außerhalb der Stadtmauern mit repräsentativen Bauten hervorzutreten. Eine ganze Reihe von Gärten und Sommerpalästen wurde damals vor den Toren der Stadt errichtet. Auch die Klöster versuchten mit dieser Entwicklung Schritt zu halten. Ihnen stand vor allem mit Prandtauer, dem dritten Großmeister der österreichischen Barockbaukunst, ein Architekt von überregionaler Bedeutung zur Verfügung. Als dann auch die unteren Stände vom Rausch der neuartigen barocken Bauweise erfaßt wurden und der Stil an einfachen Bürger- und Bauernhäusern und selbst in der kleinsten Dorfkirche manifest wurde, fand sich der Barock als *die* »Heimatkunst« Österreichs schlechthin bestätigt und im Selbstgefühl des gesamten Volkes verankert.

Auf dem Weg zur europäischen Großmacht verlor man in Wien nie die Möglichkeit aus den Augen, das habsburgische Weltreich Karls V. wiedererstehen zu lassen. Jedoch war Ludwig XIV., König von Frankreich – wie auch Leopold I. mit einer spanischen Prinzessin verheiratet – bestrebt, das spanische Erbe anzutreten. Zwischen Frankreich und den Seemächten Holland und England war vereinbart worden, nach dem Tod Karls II., des letzten spanischen Habsburgers, dem Wittelsbacher Joseph Ferdinand von Bayern den spanischen Thron zu übertragen. Der junge Erbprinz verstarb aber völlig unerwartet. Ludwig XIV., der Ansprüche auf das spanische Erbe erhob, kam diese Wende durchaus gelegen. Einer französischen Verhandlungsdelegation gelang es in Madrid, dem sterbenden Karl ein Testament zugunsten des Herzogs Philipp von Anjou, Enkel Ludwigs XIV., abzuringen. Die totale Einvernahme des spanischen Besitzes konnte nun auch dem politischen Konzept der Seemächte nicht mehr entsprechen. In der »Großen Allianz« von 1701 verbündeten sie sich mit dem Kaiser, der, nachdem französische Truppen in Spanien und den Nebenländern einmarschiert waren, gemeinsam mit Brandenburg und Hannover den Kampf mit Frankreich aufnahm. An drei Kriegsschauplätzen, in Italien, am Rhein und in den Niederlanden, konnten die Verbündeten eine Reihe von Schlachten für sich entscheiden, wobei sich die Feldherrn Prinz Eugen und Herzog von Marlborough auszeichneten. Frankreich, das militärisch erfolglos geblieben war, drängte nun zum Verhandlungstisch und verstand es vortrefflich, die divergierenden Interessen der Alliierten für sich auszunützen. Vor allem die Seemächte, denen die Sicherung des europäischen Gleichgewichts schon a priori ein vordringliches Anliegen war und die keinesfalls ein mit Österreich verbundenes Spanien geduldet hätten, waren um eine Kompromißlösung bemüht. Ein Regierungswechsel in England und der plötzliche Tod Kaiser JOSEPHS I. (1705/11) beschleunigten diesen Prozeß. Nachdem KARL VI. (1701/40), zur Nachgiebigkeit gezwungen, einstimmig zum neuen Kaiser gewählt worden war, wurde das spanische Erbe nach den Friedensabkommen von Utrecht (1713) und Rastatt (1714) geteilt. Der Bourbone Philipp erhielt unter der Bedingung, daß Spanien und Frankreich nie unter einer Krone vereint sein dürften, Spanien und die Kolonien, während Österreich die spanischen Niederlande, Neapel, Sardinien und Mailand zugesprochen wurden. Österreich hatte sich damit zwar kein Weltreich erworben, aber seine Großmachtstellung war in Anbetracht dieser Gebietserweiterungen gefestigt und das Ansehen der Habsburger enorm gestiegen.

Der Spanische Erbfolgekrieg belastete das Budget des Hofes dermaßen, daß dem im Hofdienst stehenden FISCHER VON ERLACH von 1701 bis 1708 keine nennenswerten Bauaufgaben zugewiesen werden konnten. Dieser Beschäftigungsrückgang veranlaßte den Baukünstler sogar zum Versuch, 1704 am Hof des Königs in Preußen, FRIEDRICH I., – allerdings vergeblich – Fuß zu fassen. Um so erstaunlicher, daß der Konkurrent Fischers, HILDEBRANDT, der nicht so sehr an den Hof gebunden war, sich über keinen Arbeitsmangel zu beklagen hatte; der Adel schien finanziell weit weniger als das Kaiserhaus von den kriegerischen Ereignissen betroffen. PRANDTAUER schuf in dieser Zeit mit dem Benediktinerstift Melk sogar sein Hauptwerk.

Die politische Zielsetzung Karls VI. stand hauptsächlich im Zeichen der 1713 erlassenen »Pragmatischen Sanktion«, in der vorgesehen war, daß im Falle des Aussterbens des habsburgischen Mannesstamms auch die weibliche Erbfolge gesichert sein sollte. Für die völkerrechtliche Anerkennung dieses Erlasses scheute der Kaiser keine Mühe – die gesamte Außenpolitik verlief in dieser Richtung. Der Vorschlag des PRINZEN EUGEN, ein tüchtiges Heer und funktionierende Finanzen seien für die Durchführung dieser Intentionen die beste Garantie, blieb dabei ungehört. Zunächst jedoch konnten unter Prinz Eugen im Türkenkrieg von 1716/18 noch bedeutende Erfolge erzielt werden; im Frieden von Passarowitz erreichte Österreich seine größte Ausdehnung. Seinen Niederschlag fand dieser Triumph in einer ständig eskalierenden absolutistischen Regierungsform, die in der Architektur des genialen Fischer ihre adäquate Ausdrucksweise erlangte. Nur selten ließ sich ein Monarch ein gedanklich derart vielschichtig überhöhtes Denkmal wie die Wiener Karlskirche errichten.

Der Empfehlung des 1736 verstorbenen Prinzen Eugen, der unter drei Habsburger-Kaisern gedient hatte, für ein starkes Heer Vorsorge zu treffen, wurde nur unzureichend Rechnung getragen. Im letzten Dezennium der Regierung Karls VI. wurden auf militärischem Sektor tatsächlich keine Erfolge mehr erzielt. Zunächst wurde Österreich mit wenig Glück in den Polnischen Erbfolgekrieg (1733/38) verwickelt. Und der letzte Türkenkrieg (1737/39), an dem sich Österreich als Verbündeter Rußlands beteiligen mußte, signalisierte schließlich deutlich eine Phase des Niedergangs; damals gingen alle Erwerbungen aus dem

Passarowitzer Frieden verloren. Der Kaiser war nur noch bestrebt, seiner Tochter, MARIA THERESIA (1740/80), die Erbfolge zu sichern. Für die völkerrechtliche Garantie der Pragmatischen Sanktion brachte er so große Opfer, daß das Ansehen Österreichs in Europa ernstlich gefährdet war. Letzten Endes war diese unrealistische Politik auch erfolglos, da die europäischen Mächte nach dem Tod Karls gar nicht gewillt waren, sich an die vormals gegebenen Zusagen zu halten. Sofort nach ihrem Regierungsantritt geriet die Monarchin in größte Schwierigkeiten. Mehr als zwei Jahrzehnte mußte sie um ihr Erbe kämpfen, an dem vor allem FRIEDRICH II. VON PREUSSEN zu partizipieren gedachte. Die tüchtige Kaiserin konnte sich jedoch behaupten – allein der Verlust Schlesiens war zu beklagen.

Es überrascht nicht, daß die barocke Baukunst unter dem Druck der politischen Verhältnisse und im Licht der sich anbahnenden neuen Geisteshaltung der vernunftsbezogenen Aufklärung im Bereich des Hofs, also im Raum von Wien, nur noch eingeschränkte Entfaltungsmöglichkeiten vorfand. Die weitere Entwicklung der spätbarocken Architektur vollzog sich nun in den Ländern, unter denen vor allem Oberösterreich, die Steiermark und Tirol bis in die zweite Hälfte des Jahrhunderts mit hervorragenden Bauten in Erscheinung traten.

Johann Bernhard Fischer von Erlach

Anfänge (1656 bis 1686)

JOHANN BERNHARD FISCHER wurde 1656 in *Graz* geboren (das Adelsprädikat von Erlach erhielt er erst 1696). Sein Vater JOHANN BAPTIST war Bildhauer und wurde häufig von den Eggenbergern mit Aufträgen bedacht. Wir wissen nicht, auf wessen Veranlassung der junge Fischer dann zur weiteren Ausbildung nach Rom geschickt wurde. Auch ist nicht geklärt, ob er 1670 oder 1674 die Reise antrat. In Rom wurde er in den Werkstattbetrieb PHILIPP SCHORS, der als Maler, Architekt und Dekorateur tätig war, aufgenommen. Wenig ist über dessenWerk bekannt, obgleich festzustehen scheint, daß er sich, ähnlich wie sein berühmter Vater, JOHANN PAUL SCHOR (in Rom Giovanni Paolo Tedesco genannt), hauptsächlich mit Dekorationsarbeiten befaßte. Schor, in seiner offiziellen Stellung päpstlicher Hofmaler, war damals der führende Dekorateur, und in dieser Position bewies er eine enorme Vielseitigkeit. Von überregionaler Bedeutung war sein Ausstattungskonzept für den Borghesegarten (1670/71), wo er, unterstützt von seinem Sohn und anderen Künstlern, Brunnen, Skulpturen, Vasen und andere Ausstattungsstücke zu entwerfen hatte. Fischer, der wahrscheinlich schon bei seinem Vater in Graz eine Grundausbildung als Bildhauer erhalten hatte, dürfte diesem reichen Spektrum der Gartenbaukunst, sei es als Beobachter oder schon als Gehilfe, außerordentlich viel abgewonnen haben. Es ist bekannt, daß er später neben seiner praktischen Tätigkeit als Architekt auch Vasen, Gartentore und -brunnen entworfen hat. Wahrscheinlich ist er über die Brücke der Gartenskulptur und Gartenarchitektur von der Bildhauerei zur Architektur gelangt. In diesem Zusammenhang hat H. SEDLMAYR festgestellt, daß Fischer Prinzipien der Bildhauerei frei auf die Architektur transponiert hat.[82]

Für Fischers weitere künstlerische Entwicklung war die Begegnung mit BERNINI von größter Bedeutung. Wie Fischers Zeichnungen nach Berninis erstem und zweitem Louvre-Entwurf deutlich machen, dürfte der römische Großmeister der Barockarchitektur dem jungen aufstrebenden Österreicher auch Einblick in seine architekturtheoretischen Studien und Unterlagen gewährt haben. »Fischer verdankt Bernini jene klassische Ausgewogenheit der Werke, durch die der Barock Berninis... doch ein Fortsetzer der Hochrenaissance gewesen ist.«[83] Überblickt man das Œuvre Fischers, so kann er in weit höherem Maß als CARLO FONTANA, der »Assistent« Berninis, als künstlerischer Nachlaßverwalter Berninis bezeichnet werden. Nur geringfügig hat Fontana, der Lehrer MARTINELLIS und HILDEBRANDTS, mit seiner barock-klassizistischen Auffassung Fischer beeinflußt, und bezeichnend ist es auch, daß BORROMINI, der künstlerische Gegenpol Berninis, auf ihn in nur beschränktem Maß stilbildend gewirkt hat.

Die zum katholischen Glauben übergetretene Exkönigin CHRISTINE VON SCHWEDEN hatte in Rom einen Kreis von namhaften Künstlern und Wissenschaftlern um sich versammelt. Es ist verbürgt, daß der Doyen der römischen Künstler, BERNINI, an diesem Musenhof das geistige Zentrum bildete, und es überrascht ein wenig, daß der junge Fischer, wahrscheinlich auf Vermittlung der Schor-Familie, schon über die nötige Reputation verfügte, an diesem erlauchten Zirkel teilhaben zu dürfen. Zwei Persönlichkeiten dürften ihn dort besonders beeindruckt haben: zunächst der Jesuit ATHANASIUS KIRCHER, dessen Publikationen Fischer später bei der Erstellung seines Stichwerks ›Entwurf einer Historischen Architektur‹, sofern es sich um ägyptische und chinesische Bauten handelte, äußerst dienlich gewesen sein müssen. Noch nachhaltiger dürfte PIETRO BELLORI, Direktor der Bibliothek und der Kunstsammlungen der Königin und als Polyhistor Kircher vergleichbar, den Bildungswillen Fischers angeregt haben. Ihm vor allem hatte Fischer seine Kenntnisse auf dem Gebiet der Antike zu verdanken, und SEDLMAYRS Auffassung, ihn als letzten europäischen Künstler zu bezeichnen, bei dem die Architektur auf einer »universalen künstlerischen Bildung« basiert, ist gewiß beizupflichten. Bellori ist auch der Verfasser einer wichtigen Sammlung von Künstlerbiographien, in denen er sich mit seiner frankophilen Neigung (Poussin) in ästhetischen Fragen als Kontrahent Berninis ausweist. Schon damals muß Fischer geahnt haben, daß es noch andere, vielleicht zukunftsweisendere Strömungen als die künstlerischen Intentionen Berninis gab. In Rom lebende Franzosen wie JEAN LEPAUTRE (1618/82), ein Schüler J. P. Schors, oder MATHEY (1630/95), der nach 1668 in Prag Beschäftigung fand, werden ihn wenigstens in Ansätzen auch von der französischen Vor- und Frühklassik unterrichtet haben.

Von der künstlerischen Tätigkeit Fischers in dieser Zeit wissen wir sehr wenig. Nachweislich trat er damals als Medailleur in Erscheinung, wie die beiden 1679 und 1682 vom HERZOG VON OLIVAREZ in Auftrag gegebenen Schaumünzen für das spanische Königspaar beweisen (die zweite Medaille trägt Fischers Signatur). Der Herzog wurde 1684 zum Vizekönig des spanischen Neapel ernannt und offerierte Philipp Schor einen neuen Aufgabenbereich. Schor, dem wahrscheinlich die künstlerische Leitung von Festdekorationen übertragen wurde, sah in Fischer gewiß schon längst einen kongenialen Mitarbeiter und veranlaßte diesen, ihn nach Neapel zu begleiten. Dort dürfte Fischer die »gute Gold-Börse« erworben haben, die er um 1686/87, anläßlich seiner Rückkehr in die Heimat, stolz erwähnte.

Leben und Werk Fischers von 1687 bis 1700[84]

Was veranlaßte nun den dreißigjährigen FISCHER nach seinem kurzen Zwischenaufenthalt am Hof von Neapel zur Rückkehr in die Heimat? Österreich, dessen Entwicklung zur Großmacht zu diesem Zeitpunkt bereits deutlich abzusehen war, muß dem Künstler, im Vergleich zur provinziellen Enge Neapels, als ein Land unbegrenzter Möglichkeiten erschienen sein. Keine andere Hauptstadt Europas als *Wien,* das während der Türkenbelagerung teilweise zerstört worden war und dessen Wiederaufbau ein Gebot der Stunde war, konnte einem aufstrebenden Architekten ein so umfangreiches Betätigungsfeld bieten. Auf dem Weg nach Wien, mit Empfehlungen unbekannter Herkunft an den Kaiser ausgestattet, besuchte Fischer auch seine Heimatstadt *Graz,* wo er mit der Instandsetzung und Ausstattung des Habsburger Mausoleums seinen ersten Auftrag erhielt.

Nachdem er sich mit wenig Erfolg am Projekt der Pestsäule in Wien beteiligt hatte, ermöglichte ihm FÜRST HANS ADAM LIECHTENSTEIN 1687 mit dem Auftrag zum Bau eines *Gartenbelvederes* in der Roßau vor Wien die erste architektonische Bewährungsprobe. Die Frage, weshalb dann der Fürst bei der Errichtung seines Gartenpalais Rossi und Martinelli bevorzugt hat, ist nicht zu beantworten. Jedenfalls genoß Fischer vorerst die Wertschätzung des Fürsten, der ihn dem GRAFEN ALTHAN weiterempfahl. In dessen Auftrag schuf er 1688 auf Schloß Frain (Südböhmen) mit dem sogenannten *Ahnensaal,* einem tiefovalen, freistehenden Gebäude, sein erstes architektonisches Meisterwerk, das ihm damals in Adelskreisen zu einer beachtlichen Reputation verholfen haben muß. Nun galt es allerdings, nach dem Mißerfolg am Projekt der Pestsäule, sich als Architekt auch am Hof in einem vorteilhafteren Licht in Erinnerung zu rufen; schon mit dem ersten Entwurf für ein kaiserliches *Jagd- und Lustschloß in Schönbrunn* gelang ihm der große Wurf. Das bedeutendste Schloß der Zeit, Versailles, sollte mit einem »Überversailles« in den Schatten gestellt werden; schon allein in dieser wetteifernden Absicht glich der Schönbrunner Entwurf einem politischen Manifest. Im Vordergrund stand das Konkurrenzverhältnis zwischen LEOPOLD I. und LUDWIG XIV., der damals den Waffenstillstand gebrochen und den »Rheinpfälzischen Krieg« (1688/97) entfesselt hatte. Das ikonologische Konzept dieser gigantischen »Architekturvision«, zu deren Verwirklichung jedoch die materiellen Grundlagen fehlten, verrät die Absicht des Künstlers, Leopold I. als »Sonnenkaiser« über den Sonnenkönig triumphieren zu lassen, hatte ja schon WAGNER VON WAGENFELS in seinem ›Ehrenruf Teutschlands‹ das Postulat erhoben: »Kaiser sein, heißt nichts anderes, als größter Herr der Erde sein.« Bei der Erstellung des ikonologischen Programms dürfte der Philosoph LEIBNIZ, über dessen Wertschätzung Fischer verfügte, wesentlich mitgewirkt haben. Leibniz übergab dem Kaiser 1688 ein Manifest, die ›Geschwinde Kriegsverfassung‹, und dürfte auch beträchtlich dazu beigetragen haben, dem Hof das architektonische »Präsentationsstück« Fischers in seiner

63 JOHANN BERNHARD *und* JOSEPH EMANUEL FISCHER VON ERLACH *und* NICOLÀ PACASSI: *Schloß Schönbrunn in Wien, Ehrenhofseite, 1696 begonnen*

ganzen Tragweite wirksam vor Augen zu führen. Die Bemühungen Fischers waren von Erfolg gekrönt, als er 1689 seine Ernennung zum »Königlichen Hofingenieur« und seine Bestellung zum Architekturlehrer Josephs, Königs von Ungarn (seit 1687), entgegennahm.

Mit der Krönung JOSEPHS zum römisch-deutschen König im Jahre 1690 begannen die italienischen Architekten sehr rasch ihre Vorherrschaft zu verlieren. Anläßlich dessen triumphalen Einzugs in Wien wurde Fischer mit der Errichtung von zwei *Triumphpforten* betraut. Die Auftraggeber waren über die Vorliebe Josephs für einheimische Künstler wohl unterrichtet und zogen Fischer dem italienisch geschulten PETER STRUDEL vor, dem lediglich

der Bau *einer* Triumphpforte übertragen wurde. Diese Favorisierung Fischers war in diesem Zusammenhang durchaus als Sieg des Deutschen über die »Welschen« zu werten.

1691 reiste Fischer nach Prag, wo er sich sehr vom architektonischen Schaffen JEAN BAPTISTE MATHEYS angesprochen fühlte. Mathey, der ebenso wie Fischer in Rom bauliche Eindrücke gesammelt hatte, verstand es, Elemente des römischen Hochbarock mit denen der französischen Architektur des 17. Jahrhunderts zu einer Synthese zu verschmelzen. War in den Arbeiten Fischers vor 1691 noch keine Auseinandersetzung mit der französischen Vorklassik zutage getreten, so ist nach seiner Prager Reise diesbezüglich ein deutlicher

Wandel zu bemerken. In den neunziger Jahren führte er auf dieser neuen Stilstufe die Palastbaukunst zu einer Hochblüte, die in ganz Europa Anklang fand. Vor allem in Deutschland blickte man damals fasziniert auf die Kaiserstadt, deren Hegemonie auf dem Gebiet der Schloßbaukunst unbestritten war. Architekten, wie DANIEL PÖPPELMANN, MAXIMILIAN WELSCH und BALTHASAR NEUMANN reisten nach Wien, um die Schöpfungen Fischers zu bewundern. Die Grafen STRATTMANN, STARHEMBERG, BATTHYÁNY und Feldmarschall PRINZ EUGEN, um nur einige von Fischers Mäzenen zu nennen, setzten alles daran, um den 1696 in den Adelsstand erhobenen Architekten für ihre Baupläne zu gewinnen. Fischer selbst berichtet 1693, daß er an 14 Werken gleichzeitig arbeite. Fasziniert zeigte er sich vor allem von der Aufgabe, Gartenpalais oder kleine Lustschlösser in unterschiedlichsten Formen zu errichten oder wenigstens entwurfsmäßig festzuhalten, wobei ihm das übersteigerte Repräsentationsbedürfnis des Adels, dessen Ehrgeiz darin bestand, neben einem Stadtpalais auch über ein im Vorfeld Wiens gelegenes Gartenpalais verfügen zu können, äußerst gelegen kam. Im Vergleich zu dieser geradezu überschäumenden Bautätigkeit zeigte sich Kaiser LEOPOLD I., dessen Vorliebe der Musik, vor allem der Oper galt, auf dem Bausektor ungleich zurückhaltender: erst ein zweiter, gegenüber dem ersten wesentlich reduzierter Entwurf für *Schönbrunn* (1696/1700) konnte realisiert werden (Abb. 63).

Ein reiches Betätigungsfeld auf dem Gebiet der Sakralarchitektur fand Fischer in *Salzburg*, wo er seit 1693 in den Diensten des Fürsterzbischofs JOHANN ERNST GRAF THUN-HOHENSTEIN stand und das bauliche Antlitz der Stadt vor allem mit der *Dreifaltigkeitskirche*, der *Kollegienkirche* und der *ehemaligen Ursulinenkirche* (heute Markuskirche) bereicherte.

Trotz dieser mehr als günstigen Auftragslage mußte Fischer in den letzten drei Jahren des Jahrhunderts die schmerzliche Erfahrung machen, nicht mehr über die baukünstlerisch unumschränkte Alleinherrschaft zu verfügen. Mit HILDEBRANDT, der sich 1697 in Wien niedergelassen hatte, erwuchs ihm ein Konkurrent, dessen künstlerische Alternativen er zeitlebens als ständige Herausforderung betrachtete. Gleich zu Beginn seines Wiener Schaffens hatte Hildebrandt das Glück, vom GRAFEN MANSFELD-FONDI mit dem Bau eines Gartenpalais einen Großauftrag zugesprochen zu bekommen, dessen Ausführung so großen Anklang fand, daß er in der Folge zum bevorzugten Architekten des Adels avancierte. Die Basis dieser Karriere wurde 1700 mit dem Titel eines »Kaiserlichen Hofingenieurs« noch zusätzlich gefestigt. Die Begabung Hildebrandts fand auch im höfischen Bereich Anerkennung, als man ihm 1699 anläßlich der Hochzeit JOSEPHS I. mit Wilhelmine Amalia von Braunschweig-Lüneburg die ehrenvolle Aufgabe übertrug, neben den beiden Triumphpforten Fischers das bauliche Konzept der dritten Pforte zu erstellen.

Das *»Belvedere« des Liechtensteinschen Gartens* in der Roßau vor Wien (1687) ist das früheste bekannte Bauwerk FISCHERS (Abb. 64). Es wurde 1873 abgebrochen und durch ein Bauwerk FERSTLS ersetzt. Glücklicherweise hat es Fischer im fünften Buch seiner ›Historischen Architektur‹ abgebildet und so der Nachwelt überliefert. An den Seiten des Stichs erheben sich zwei mächtige Prunkvasen, die mit »Vase du Soleil« und »Vase de Ceres«

64 Johann Bernhard Fischer von Erlach: *'Belvedere' im Liechtensteinschen Garten in der Roßau vor Wien, 1687 (Stich aus der ›Historischen Architektur‹, 1721)*

bezeichnet sind und mit diesem Hinweis auf Sonne und fruchtbare Erde vom Charakter und der Bedeutung eines in einer Parklandschaft stehenden Gartenbelvederes Zeugnis geben. Die Vasen betonen den prospekthaften Eindruck des Baus und weisen auf die Verbindung des Belvederes mit dem Freiraum hin. Das Zentrum des Gebäudes erinnert an die Form eines Triumphbogens, der den Blick des Betrachters in den Landschaftsraum lenkt und beweist, wie wenig an einen festgebauten Abschluß des Gartens gedacht war. Mit dem Thema des Triumphbogens hatte sich Fischer schon zuvor am Entwurf für den *Hochaltar der Wallfahrtskirche in Straßengel* bei Graz, seiner ersten Architekturzeichnung (1687), beschäftigt; dieses Motiv hat in modifizierter Form auch am Belvedere Verwendung gefunden. Zwei Seitenflügel treten risalitartig vor, ehe sie sich in konkavem Rücksprung mit dem Triumphbogen, der über eine Freitreppe zu erreichen ist, vereinigen. Das konkave Element tritt auch an der Treppe in Erscheinung und schwingt schließlich, einen ovalen Brunnen mit aufsteigender Fontäne einfassend, in konvexer Form aus. Dieses dynamische Konzept des Vor- und Zurückweichens verstärkt den prospekthaften Charakter des Gebäudes, weshalb unter Einbeziehung des Freiraums »das Zentrum des ganzen Gebäudes nicht ›in‹ ihm, sondern im Freiraum ›vor‹ ihm sich befindet«.[85] Damit wird überall Offenheit, Luft und Licht im Sinne eines wenig körperhaft anmutenden Gartenbelvederes suggeriert und einem »Ort geistig-sinnlichen Vergnügens«[86] entsprochen. In der Verbindung von italienischem Casino und Triumphbogen und geschult an der Kunst Berninis und

65 Johann Bernhard Fischer von Erlach: *Erster Entwurf für Schloß Schönbrunn in Wien, 1688 (Stich aus der ›Historischen Architektur‹, 1721)*

TA: II.

Borrominis eröffnete Fischer im Dienst der Liechtenstein die hochbarocke Phase der Baukunst in Wien. Schon in diesem frühen Werk ist Fischers Bemühen über die italienischen Vorbilder hinauszuwachsen, deutlich spürbar. In weit höherem Maße als im vergleichbaren Œuvre Berninis ist hier das barocke Prinzip des »verwandelnden Sehens« verwirklicht, eine künstlerische Absicht, die dem Besucher gewiß erst beim Begehen der baulichen Anlage in ihrer ganzen Tragweite offenkundig wurde. Ein Bauwerk dieser Art wäre vor Fischer in Wien undenkbar gewesen – man vergleiche es etwa nur mit den retardierenden Gartenhausentwürfen eines Wilhelm Prämer. Es ist durchaus verständlich, daß dieser revolutionäre Eingriff in die Wiener Architekturszenerie nicht alle Zeitgenossen begeistert hat. Das Festhalten an konventionellen Bauformen war in der Folge gerade für die Liechtenstein charakteristisch, die, nach der umwälzenden Architektursprache Fischers am Gartenbelvedere, anläßlich der Errichtung ihres Gartenpalais (ab 1690), den konservativeren Architekten Rossi und Martinelli den Vorzug eingeräumt hatten.[87]

»Zwischen den Gebilden dieser ersten Zeit und der konkreten Umgebung, in der sie erscheinen, besteht vielfach eine starke Spannung, die aber nicht Selbstzweck, sondern Mittel ist, um diese Werke der hohen Baukunst als prinzipiell verschieden von der gleichsam gewachsenen alltäglichen Architektur abzuheben. Die Gebilde erscheinen in ihrer Umgebung unvermittelt, 'überraschend', gleichsam wie aus einer anderen Welt dahin verpflanzt.«[88] Dieser Überraschungseffekt, wie ihn Sedlmayr so zutreffend beschrieben hat, war schon nach dem Bau des *Ahnensaals von Schloß Frain* (1688) nicht mehr zu überbieten. Hoch über dem Tal der Thaya erhebt sich das Gebäude als barocke Rotunde. Es erinnert an die Form eines in das Tiefoval transponierten antiken Rundtempels, der in die Lage einer Burg entrückt scheint. Damit setzte sich Fischer, der hier auch das Stilmittel der Verfremdung ins Treffen führte, über alle Konventionen der Zeit hinweg. Daraus wird verständlich, weshalb Fischer viele seiner Pläne, wie die jedem Zweckmäßigkeitsdenken widersprechenden Parktorentwürfe oder die zahllosen Gartenhausskizzen der neunziger Jahre, nicht realisieren konnte. In diese transitorische Kategorie fällt auch sein *erstes Projekt für das kaiserliche Lustschloß Schönbrunn* (1688), mit dessen gewaltigen Dimensionen Schloß Versailles übertroffen werden sollte (Abb. 65). Die monumentale Anlage, die sich auf ansteigendem Gelände entfaltet, ist eine einzigartige Verherrlichung des Kaiserhauses. Der Eingang wird von den die Weltherrschaft symbolisierenden Säulen des Herkules flankiert. Dahinter erstreckt sich der große Turnierplatz, der von zwei Brunnen mit plastischen Darstellungen und einem in der Mittelachse exedrenartig in die Tiefe weisenden Terrassenfundament begrenzt ist. Über schräg verlaufende Auffahrtsrampen gelangt man zu Terrassen, die mit Brunnen und Gartenbosketten ausgestattet sind. Erst nach Überwindung dieser sich barriereähnlich in den Weg stellenden Terrassenfolge erreicht man schließlich das sich auf dem Plateau des Hügels weit ausdehnende Schloß, das sich auf einer mächtigen, in Arkaden aufgelösten Substruktionsterrasse erhebt. Von zwei kleineren Zentralbauten flankiert, führen Seitenflügel, deren Haupt- und Mezzaningeschoß von Pilastern kolossaler Ordnung zusammengefaßt werden, an den hemizyklisch zurückweichenden Mitteltrakt, dessen einunddreißig Achsen in einen vorgelagerten Portikus münden; diesen krönt ein Postament mit einer Quadriga des Helios. Eine Allusion auf Leopold I. als »Sonnenkaiser« darf angenommen werden, da die Absicht, dem Kaiser mit weit höherem Anspruch als Ludwig XIV. das Attribut der Sonne zuzuordnen, deutlich zum Ausdruck gebracht ist. Überhaupt dokumentiert sich im ikonologischen Programm von Schönbrunn der Wunschgedanke, über Ludwig XIV. zu triumphieren. Symbolisch erfolgt die Unterwerfung Frankreichs auch in den plastischen Darstellungen der erwähnten Brunnenanlagen: Einerseits ist Helios, den Drachen Python bezwingend, gezeigt, und andererseits wird mit der Darstellung der vier Weltmonarchien der historische Anspruch des Hauses Habsburg auf die Weltherrschaft versinnbildlicht.

Erstmalig macht sich im Schaffen Fischers eine Auseinandersetzung mit dem französischen Schloßbau bemerkbar, treten hier doch im Überwiegen der Breite und in der Dominanz der langgestreckten Horizontalen gänzlich unitalienische Merkmale zutage. Daß jedoch auch der italienischen Architektur Rechnung getragen wurde, zeigt ein Vergleich der Schönbrunner Exedra mit dem zweiten Entwurf Berninis für die Louvre-Ostfassade (1664), wo die Konkavität der Wandstruktur ähnlich dominiert. Schloß Versailles sollte, so viel steht fest, in allen Bereichen von Schönbrunn übertroffen werden. Sedlmayr hat überzeugend auf eine Reihe von Wesenszügen verwiesen, aus denen klar hervorgeht, worin das zwangsläufig uneinheitliche Konzept von Versailles (Kritik an der Hofseite mit ihren kleinlich gestaffelten Trakten) überboten werden konnte. Es seien nur das ikonologische Programm, die gewaltige Ausdehnung und die dominierende Lage des Schlosses auf dem Bergrücken erwähnt. Und es entbehrt nicht einer gewissen Ironie, daß man später, als Fischer ab 1696 Schloß Schönbrunn in völlig veränderter Form und in bescheideneren Dimensionen errichtete – den »Höhenflug« jäh unterbrechend –, das Schloß »vom Berg ins Tal« herabholte.[88a] In diesem zweiten Projekt distanzierte sich Fischer in den meisten Belangen, abgesehen von der großen Pilasterordnung, vom ursprünglichen Konzept. Verzichtet wurde auf die im Hemizykl kulminierende, kontinuierlich verlaufende Breitenentwicklung zugunsten einer risalitartigen Gliederung, wobei die Genese des Grundrisses bis heute nicht gänzlich geklärt werden konnte. Beibehalten, wenn auch knapper formuliert, wurde der ikonologische Tenor der Anlage mit dem Reiterstandbild Josephs im diadembogenbekrönten Aufsatz der Mittelachse des Schlosses und den Taten des Herkules am Portal, das von Obelisken flankiert wird. Es war als »Jagdhaus« für den Römischen König vorgesehen, der wahrscheinlich als »novus sol« im Diadembogen in Erscheinung treten sollte. Der heutige Zustand des Gebäudekomplexes entspricht nicht mehr ganz dem ursprünglichen Konzept, da in den Jahren nach 1735 und 1744/49 von Joseph Emanuel Fischer von Erlach und Nicolà Pacassi etliche Veränderungen vorgenommen worden sind. Zusammenfassend ist zu bemerken, daß sich Fischer in seinem zweiten Projekt für Schönbrunn, verglichen mit seinen anderen vor 1700 errichteten oder geplanten Lustschlössern, nur eingeschränkt entfalten konnte. Offensichtlich fühlte sich der konservative Hof bei der Errichtung eines Königsschlosses an traditionelle Bauformen gebunden.

Ein geradezu unbeschränkter Spielraum für eigenständige Inventionen bot sich dem Künstler im Genre der *Triumphbogenarchitektur.* Zweimal wurde er im Laufe seiner Karriere mit dieser Aufgabenstellung konfrontiert: Zunächst 1690 anläßlich des Einzugs JOSEPHS I. in Wien nach dessen Krönung zum römisch-deutschen Kaiser in Augsburg, und dann 1699 anläßlich der Hochzeit des Monarchen. Besonders hervorzuheben ist der Triumphbogen, den Fischer 1690 im Auftrag der Fremden Niederleger (Kaufleute) errichtete. Grundsätzlich handelte es sich bei dieser Baugattung des Barock um eine provisorische

66 JOHANN BERNHARD FISCHER VON ERLACH: *Triumphbogen der fremden Niederleger zum Einzug Josephs I. in Wien, 1690 (Zeichnung)*

Festarchitektur, die in vergänglichem Material hergestellt wurde. Demgegenüber war der »Arcus triumphalis« der römischen Antike oder des Klassizismus stets in dauerhaftem Material erbaut worden. Fischer zeigte sich deutlich an der Antike orientiert, als er in durchaus eigenständiger Auffassung die altrömischen Motive des dreiteiligen Triumphbogens und der Triumphsäule in eine neuartige Form transponierte (Abb. 66). Die seitlichen Pylonen des Hauptbogens ließ er konkav zurückschwingen und postierte in diesen ausgenischten Achsen die auf zweigeschossigen Postamenten lastenden Triumphsäulen, in deren Sockelbereich sich kleine Bogen öffnen. Dieses Konzept zeigt auch gewisse Parallelen zum Triumphbogentypus der französischen Frühklassik: Vielleicht kannte Fischer den Triumphbogen, der zum Einzug Heinrichs II. in Paris 1549 von JEAN GOUJON entworfen worden war (Hubala). Daraus ist zu ersehen, daß »eine selbst für diese Zeit beispiellos universale Kenntnis der ganzen zeitgenössischen und historischen Architektur sich (bei Fischer) mit seiner Kombinatorik des Denkens verbindet, die ihn überall den höheren Gesichtspunkt suchen und finden läßt, von dem aus sich die entgegengesetzten Gestaltungssysteme vereinigen lassen«.[89] Die Triumphbogen boten sich, in höherem Maße als andere Bauwerke, zur Darstellung hochpolitischer Themen an. Besonders jener der Fremden Niederleger erweist sich als Sammelbecken ikonologischer Bezugspunkte, die, theatralisch inszeniert, in einer gestalterisch unüberbietbaren Apotheose des Hauses Habsburg gipfeln: Tugenden, Flußgötter, Sklaven, die vier Weltteile und Genien der Fama künden vom Ruhm der Dynastie. Auf der Attika des Bogens, wo Taten des Herkules geschildert werden, erhebt sich im strahlenden Sonnenball der thronende »Sonnenkaiser« JOSEPH. Er ist in diesem ikonologischen Kontext sowohl als »novus sol« als auch als »novus Hercules« zu deuten, während das Kaiserpaar am Scheitelpunkt der Sonne residiert. Auch die zweite, von der Stadt Wien gestiftete Pforte stellt eine interessante Lösung dar. Sie entspricht dem Typus des zweigeschossigen, antiken Triumphtores und erinnert an den Gedanken des raumeinschließenden Tores, der von Fischer an Parktoren entwickelt wurde. Das ikonologische Programm kulminiert hier erneut im Kaiserpaar und in der Gestalt Josephs, der als Helios die Quadriga lenkt. – Mit der Errichtung der dritten Ehrenpforte wurde der an italienischer Kunst orientierte PETER STRUDEL beauftragt, der in wenig phantasievoller Weise das Schema einer barocken Kirchenfassade auf den Bogenprospekt übertrug.

Bald nach seinem Aufenthalt in Prag trat FISCHER mit einem Bauwerk in Erscheinung, das erstmalig, vielleicht veranlaßt durch die Begegnung mit MATHEY, eine umfassende Auseinandersetzung mit der französischen Architektur des 17. Jahrhunderts erkennen läßt. Für den GRAFEN SCHLICK errichtete er um 1692 in der Josefstadt vor Wien ein *»Lustgebäude«* (später von Eckardt), dessen Grundrißdisposition hauptsächlich aus der Kenntnis des Schlosses Vaux-le-Vicomte (LOUIS LE VAU) zu erklären ist. In die bescheidenen Dimensionen eines intimen »Lustgebäudes« übertragen, strahlen von einem querovalen Vestibül mit rechteckig angeschlossenem Festsaal vier Risalite nach dem Muster des französischen Schlosses aus (Abb. 67, 68). Vor einem ungewöhnlich hohen Sockelgeschoß erhebt sich eine Freitreppe mit zwei Armen und drei Läufen zum Mitteltrakt. Dieser biegt sich, von zwei planen

67 JOHANN BERNHARD FISCHER VON ERLACH: *'Lustgebäude' des Grafen Schlick in der Josefstadt vor Wien, Gartenseite, um 1692 (Stich von Jeremias Wolff)*

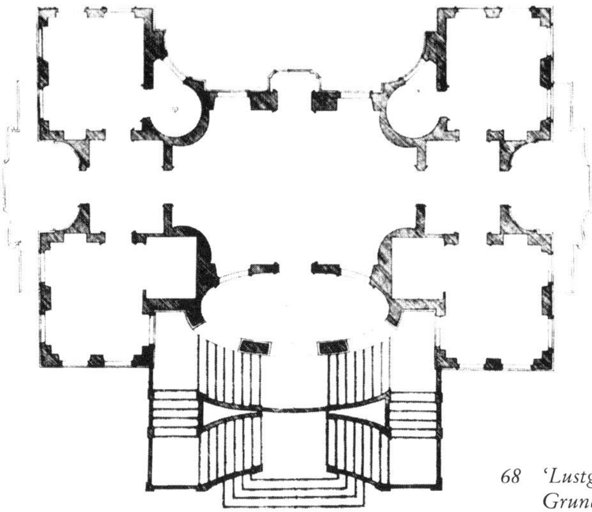

68 *'Lustgebäude' des Grafen Schlick in Wien, Grundriß*

Gelenkachsen flankiert, konvex nach außen und läßt die ovale Form des sich dahinter verbergenden Vestibüls erahnen. Die Gliederung der Fassade im Mittelabschnitt mit einer großen Pilasterordnung und dazwischen eingestellten Portalen mit umgreifenden Blendarkaden erfolgte nach dem Vorbild von MAROTS Schloß Turny-en-Bourgogne. Gleichzeitig jedoch tritt hier die italienische Schulung Fischers wieder deutlich zutage, da von französischen Dachaufbauten zugunsten italienisch anmutender Flachdächer Abstand genommen wurde. Der Gartenfront mit ihrer im Zentrum aufwendig gestalteten Gliederung tritt die Hofseite in nüchterner Klarheit entgegen. Diese kontrastbetonte Haltung macht sich auch an der Gartenfront bemerkbar, wo sparsam strukturierte Seitenflügel den variationsreich ausgebildeten, konvexen Mittelrisalit einfassen. Diese dialektische Verhaltensweise Fischers stößt bei SEDLMAYR auf Kritik, wenn er bemerkt, daß »die Invention des Lustgebäudes große Vorzüge, aber auch große Mängel (hat). Sie fällt in jene kurze Übergangszeit um 1691/92, in der entscheidend Neues sich noch unsicher und unausgeglichen ankündigt.«[90]

Eine Transformation der Idee von LE VAUS Schloß Raincy auf das Grundrißkonzept des Schlickschen »Lustgebäudes« zeigt das 1693 für den GRAFEN RÜDIGER VON STARHEMBERG erbaute *Jagdschloß Engelhartstetten* (später Niederweiden), das in der Regierungszeit Maria Theresias verändert wurde.[91] Während seine horizontale Streckung und kleine Pilasterord-

69 JOHANN BERNHARD FISCHER VON ERLACH: *Entwurf für ein 'Gartengebäude', um 1699 (Stich aus der ›Historischen Architektur‹)*

nung französischen Ursprungs sind, war für die Detailausführung italienisches Formengut maßgebend. »Es ist das 1. Meisterwerk des heroisch phantastischen Stils, der hier auf einer zierlichen Stufe erscheint«,[92] ein Bauwerk, das sofort Aufsehen erregte und Nachahmung gefunden hat.

Einen Idealfall Fischerscher »Phantasiekunst« bildet der in der ›Historischen Architektur‹ abgebildete, jedoch unausgeführte Entwurf für ein *»Gartengebäude«* (um 1699), der in Anbetracht der unbekümmert angewandten Architekturmotive – Wünsche eines Auftraggebers waren ja nicht zu berücksichtigen – weit weniger als die anderen Lustgebäude Fischers Nachfolge gefunden hat. Auf einem von Arkaden »ausgehöhlten« Substruktionsbau, der terrassenartig – mit dem Schönbrunn-Projekt I vergleichbar – den Bau umschließt, erhebt sich der über den Baukomplex dominierende, um ein Attikageschoß erhöhte Saaltrakt. An seine konkav ausgemuldeten Ecken schieben sich vier ovale Räume, die von Außenflügeln zusammengefaßt erscheinen (Abb. 69). Als Ergebnis präsentiert sich eine Synthese der Grundform des Schlickschen Lustgebäudes mit Ideen aus Fischers zahlreichen Gartenhausentwürfen, die – mit einer Ausnahme – ebenfalls nie realisiert werden konnten. Der Mauermantel des Mitteltrakts, zu dem eine zweiarmige Treppe führt, ist im Hauptgeschoß auf beiden Längsseiten mit drei Arkadenöffnungen und hochovalen Attikafenstern gänzlich durchlichtet. Daraus folgt, daß auf eine Bewohnbarkeit, auch im Hinblick auf die gesamte Grundrißstruktur, schon a priori verzichtet wurde, mit anderen Worten: ein Lusthaus schlechthin geplant war. Das »Gartengebäude« der ›Historischen Architektur‹ ist nur ein Beispiel aus einer Reihe von Werken, in denen sich das »spezifische plastische, nahsichtige Prinzip der Borromineske mit dem besonderen ›fernsichtigen, optischen‹ Prinzip der französischen Vorklassik verbindet«.[93] Dieses »fernsichtige« Prinzip wurde hier von Fischer auf eine nahezu überirdische Ebene transponiert, die den Bau inmitten vegetationsreicher Landschaft, der Wirklichkeit entrückt, in Erscheinung treten läßt.

Unter den gestellten Bauaufgaben vermochte Fischer hochbarocke Zielvorstellungen nach den Prinzipien des »verwandelnden Sehens« und der plastischen Variation (Wechselspiel von konkaven, konvexen und plan gestalteten Baukörpern) an seinen Schloßbauten am nachhaltigsten zu verwirklichen. Auch Triumphbogen und Altarbauten boten in diese Richtung weisende Gestaltungsmöglichkeiten, denen Fischer an Kirchenbauten nur eingeschränkt entsprechen konnte. Ganz andere Voraussetzungen galt es bei der Gliederung von *Stadtpalaisfassaden* zu berücksichtigen, für die der Architekt nach neuen Lösungen fahnden mußte, erlaubte doch die zumeist enge Straßenführung schon a priori keine plastisch geschwungenen Wandelemente. Daraus resultierte die Notwendigkeit, diese Fassaden als reine Flächen zu behandeln, in die hochplastische Motive einfließen konnten.

Im Auftrag des österreichischen Hofkanzlers, Graf Strattmann, schuf Fischer ab 1692 seinen ersten *Stadtpalast*, dessen Fassade lediglich durch einen Stich Salomon Kleiners überliefert ist (Abb. 70). Fischer suchte hier neue Gestaltungsmöglichkeiten, die das traditionelle Erscheinungsbild der Wiener Palastfassade des 17. Jahrhunderts ablösen sollten. Die bis dahin gebräuchliche Längenerstreckung trachtete er einzudämmen, um sich

70 Johann Bernhard Fischer von Erlach: *Palast des Grafen Strattmann in Wien, 1692 begonnen (Zeichnung von Salomon Kleiner)*

von der monotonen Addition der Bauachsen distanzieren zu können. Zwei doppelachsige Risalite rahmen einen fünfachsigen Mitteltrakt, dessen zwischen Piano Nobile und Mezzaningeschoß verlaufendes Kordongesims an den Risaliten keine analoge Verwendung erfuhr. Daneben unterscheiden sich die von Segmentgiebeln bekrönten Fenster des Mitteltraktes in gleichsam kontrapunktischer Absicht von den mit gerader Gesimsverdachung ausgestatteten Risalitfenstern. Im Gegensatz zur kleinen Pilasterordnung des Mitteltraktes tritt an den Risaliten die kolossale in Erscheinung. Die übersteigerte Vielfalt der Einzelmotive – in der Abkehr von Bernini ein Höhepunkt des Synkretismus im Werk Fischers – hat der Forschung Anlaß geboten, die Fassade des Palais Strattmann als das »unruhigste und unausgeglichenste Werk« Fischers zu bezeichnen. »Einer ähnlichen Fülle von Einfällen hatten die Triumphpforten von 1690 ihren Erfolg zu verdanken. Doch hier, an einem Palast, war die Häufung der Formen und Motive falsch am Platz; sie hat auch keine Nachfolge gefunden.«[94]

Mit der Tendenz zur Achsenreihung orientierte sich Fischer beim *Winterpalast* (1695/97) des Prinzen Eugen – offensichtlich das Risiko der Innovation scheuend – stärker als am Palais Strattmann an der Wiener Fassadentradition, wie ein Vergleich mit dem Palais Dietrichstein (siehe Stich von Wilhelm Prämer; Abb. 52) in der Herrengasse beweist. Das Palais wurde später von Hildebrandt um fünf Achsen und ein Portal nach Osten erweitert, weshalb wir uns, um dem ursprünglichen Zustand des Gebäudes gerecht zu werden, wieder einen Stich aus der ›Historischen Architektur‹ (4. Buch) vor Augen führen müssen (Abb. 71). Prinzipiell läßt sich die Fassade mit dem Palais Dietrichstein insofern vergleichen, als Fischer von einer markant hervortretenden Risalitbildung Abstand genommen und das Gebäude mit zwei symmetrisch angeordneten Portalen versehen hat. Eine weitere Analogie ist in der durchlaufenden, das Piano Nobile und das Mezzaningeschoß umfassenden monumentalen Pilasterordnung zu bemerken. Trotz dieser Parallelen, die Fischers Wunsch, das Band der Tradition nicht gänzlich zu durchtrennen, erkennen lassen, vermag sich der eigenständige Gestaltungswille des Baumeisters in allen übrigen Belangen deutlich Ausdruck zu verschaffen. Da ist zunächst die ungewöhnlich hohe Sockelzone, die dem Piano Nobile mehr Lichtzufuhr ermöglicht; die Enge der Gasse ließ diese Maßnahme notwendig erscheinen. Auch hebt sich die zweigeschossige Sockelzone mit ihrer massiven Rustizierung merklich vom Oberbau ab, der eine zarte Quaderung aufweist. Im Gegensatz zum altertümlichen Vorbild ist die Vertikalstruktur mit den unterschiedlich dimensionierten Fensteröffnungen und -abständen spannungsvoll rhythmisiert: Auf einem kleinen Mezzanin-Souterrain folgt ein größeres Hochparterre, das sich mit dem Piano Nobile eng zusammenfügt. Daran schließt eine durch die erwähnte Quaderung gestaltete Wandpartie – einer Atempause vergleichbar –, ehe das obere Mezzanin an das Gebälk stößt. Auch im horizontalen Verlauf ist dem Wunsch nach Rhythmisierung Rechnung getragen: so sind die Achsen oberhalb der Portale wesentlich breiter als die übrigen. Hinzu tritt ein rhythmischer

72 Johann Bernhard Fischer von Erlach: *Palast des Grafen Batthyány in Wien, Fassade, 1699*

◁ 71 Johann Bernhard Fischer von Erlach: *Palast des Prinzen Eugen von Savoyen in Wien, 1695–1697 (Stich aus der ›Historischen Architektur‹)*

Wechsel der Fensterverdachungen des Piano Nobile nach folgendem Schema: a-b-a-A-a-b-b-a-A-a-b-a. Auch ist in der Pilaster- und Gebälkszone, von der Forschung bisher übersehen, eine leichte Risalitbildung zu bemerken. Genauer gesagt, sind die zweite und vorletzte Achse ausschließlich der Sockelzone, reliefhaft flach zurückversetzt, eine zusätzliche Maßnahme (an den Verkröpfungen des Gebälks ablesbar!), die sich gegen die Dominanz additiver Reihung zu richten scheint. Das ikonologische Programm, das sich an den die Portale flankierenden Pylonenflächen ausbreitet, verweist mit den Szenen: Herkules und Antäus, Äneas und Anchises, Perseus mit Gorgo und Achill mit Hektors Leiche, auf den militärischen Rang des Bauherrn. Überraschend ist dabei die für einen Feldherrn unübliche jonische Pilasterordnung. Vielleicht kommt man der Ursache dieser vermeintlichen Inkonsequenz etwas näher, wenn man auf die dreizehn Götterstatuen verweist, die ursprünglich (1881 durch neue ersetzt und 1931 entfernt) auf der abschließenden Balustrade postiert waren. Dort standen unter anderem Skulpturen des Herkules und Apolls, woraus sich die Schlußfolgerung anbietet, daß neben dem kriegerischen Element auch auf das musische Interesse des Feldmarschalls verwiesen werden sollte.

Vier Jahre später, 1699, brach FISCHER am *Palast des Grafen Batthyány,* Banus von Kroatien, endgültig mit der Wiener Fassadentradition des 17. Jahrhunderts. Nach dem Muster des römischen Palazzo Chigi von BERNINI, dessen Entwurf er in ein fast graphisches Relief übertrug, unterteilte er die Fassade in drei Abschnitte, wobei der mittlere Trakt schon leicht risalitartig nach vorne tritt (Abb. 72). Dem fünfachsigen Mittelrisalit, der von sechs monumentalen Hermenpilastern gegliedert ist, sind die beiden dreiachsigen Seitenflügel durch den Verzicht auf Pilaster eindeutig untergeordnet. Alle gliedernden Elemente sind auf das Zentrum ausgerichtet, wo, im Gegensatz zu den flächig wirkenden Portalpylonen am Winterpalast des Prinzen Eugen, toskanische Säulen dem diadembogenbekrönten Portal in verräumlichender Absicht zur Seite treten. Die Plastizität des Portalkörpers erfährt oberhalb des Gebälks in einem konvex vorspringenden Balkon ihre adäquate Fortsetzung. Darüber befindet sich im Pinao Nobile das mittlere Fenster, dessen reich dekorierte Verdachung bis knapp an das Mezzaningeschoß reicht und alle übrigen Fensterabschlüsse überragt. Ursprünglich war der Mittelrisalit noch von einer Balustrade abgeschlossen und von sechs, die vertikale Struktur forcierenden Skulpturen bekrönt, womit die optische Bedeutung der Seitenflügel noch deutlicher als heute reduziert war (Abb. 73).

Als Fürsterzbischof JOHANN ERNST THUN im Jahre 1693 FISCHER nach *Salzburg* berief, bewies er in hohem Maße qualitätsbewußten und kunstfördernden Weitblick. Ist doch daran zu erinnern, daß der Baumeister zu diesem Zeitpunkt noch am Beginn seiner Laufbahn stand und sich erst auf dem Gebiet des Schloßbaus und der »Gartenarchitektur« (Lustgebäude etc.) ausgezeichnet hatte; mit dem Problembereich der Sakralarchitektur hingegen war er überhaupt noch nicht konfrontiert worden. Wenn man bedenkt, daß in Wien in den neunziger Jahren keine Kirchenbauaufträge vergeben wurden und kurz nach der Jahrhundertwende man vorerst HILDEBRANDT auf diesem Bausektor favorisierte, so muß man die

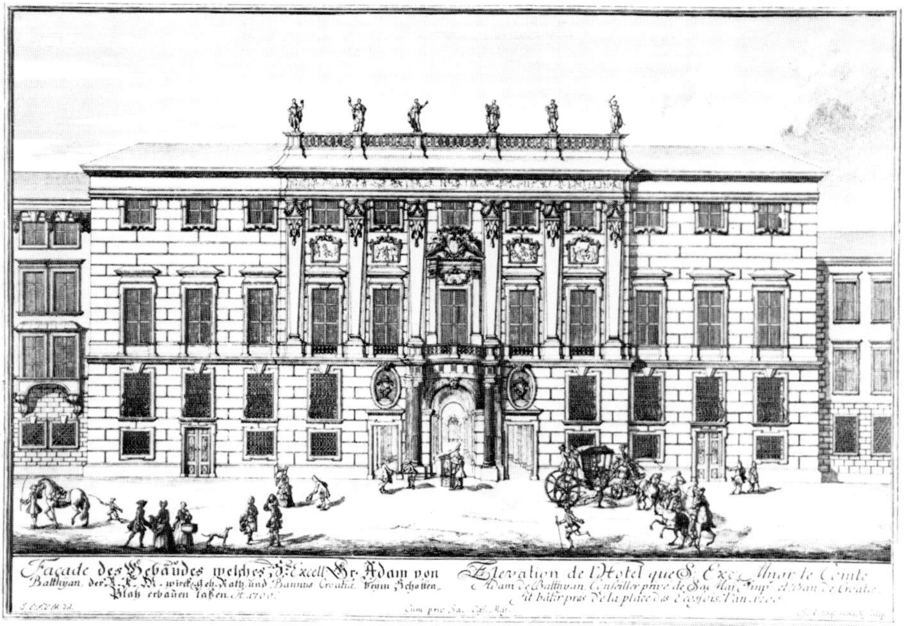

73 Palast des Grafen Batthyány in Wien, 1700 (Stich)

Berufung Fischers nach Salzburg als enormen Glücksfall bezeichnen. Dem Fürsterzbischof verdankte er die ersten kirchlichen Aufträge, unter denen der Bau der *Dreifaltigkeitskirche* und der *Kollegienkirche* besonders hervorzuheben sind. Mit zahlreichen architektonischen Beiträgen, die den Rang Salzburgs als »Barockstadt« schlechthin begründeten, rechtfertigte er das in ihn gesetzte Vertrauen. Bis zum Tod des Erzbischofs im Jahre 1709 war er der bevorzugte Architekt der Stadt und nahm eine Stellung ein, die durchaus mit der Distinktion eines Hofarchitekten zu vergleichen war.

Mit der *Dreifaltigkeitskirche* schuf Fischer ab 1694 seinen ersten Kirchenbau (Farbt. 11). Zwischen zwei Türmen (1757 um zwanzig Fuß erhöht) schwingt die Fassade, hinter der sich ein dominierender Kuppelbau erhebt, konkav zurück. Mit diesem Konzept hatte sich Fischer offensichtlich an BORROMINIS Fassade von S. Agnese in Rom orientiert, wo, allerdings in größerem Maßstab, eine ähnliche Gruppierung und Gewichtung der Bauteile vorgenommen worden war. Mit einem durch Kreuzarme erweiterten Tiefoval zeigt die Dreifaltigkeitskirche – wieder in annähernder Analogie zu Borromini – eine Grundrißdisposition (Abb. 74), die als künstlerische Reaktion auf BERNINIS Querovallösung von S. Andrea al Quirinale in Rom und als Alternative zum berninesken Queroval von ZUCCALLIS Kajetanerkirche in Salzburg aufzufassen ist. Dem Problem des Tiefovals hatte Fischer sich u. a. bereits am Bau des Ahnensaals von Frain und des Hauptsaals von Schloß Engelhartstät-

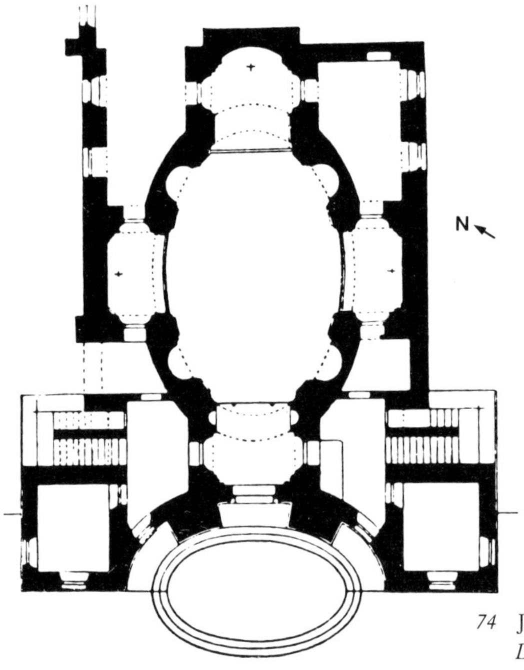

74 JOHANN BERNHARD FISCHER VON ERLACH: *Dreifaltigkeitskirche in Salzburg, Grundriß*

ten zugewandt und damit seiner eigenen, an Bernini geschulten Frühzeit eine Absage erteilt. Wie zuvor im Schloß Frain stand ihm der Maler MICHAEL ROTTMAYR mit der Freskierung der Kuppel in der Dreifaltigkeitskirche zur Seite. War diese Kooperation an der Kuppel von Frain auf einer kongenialen Ebene verlaufen, so vermochte sich Rottmayr der Salzburger Stilstufe angesichts seiner dunkel-pastosen Malweise mit viel weniger Erfolg anzugleichen; auf dem relativ kleinen Kuppeloval lastet ein Fresko, das wenig freiräumlichen Illusionismus und kaum wirksame visionäre Eigenschaften erkennen läßt.

»Die Kollegienkirche (1696 begonnen) bekundet Fischers Aufstieg in die Sphäre des Monumentalen und stellt ihn mit einem Schlag in die erste Reihe der europäischen Architekten« (E. HUBALA). Die Schauseite der *Kollegienkirche* ist, gemeinsam mit dem Dom, für das Salzburger Stadtbild bestimmend und nur im Zusammenhang mit dem Wunsch nach silhouettenhafter Fernwirkung ganz zu erfassen (Abb. 75). Die vom Boden aus frei aufstrebenden Türme, die wie an der Dreifaltigkeitskirche einer mächtigen Kuppel untergeordnet sind, erinnern an einen Entwurf BERNINIS für St. Peter in Rom. Sie flankieren eine dreiachsige, konvex vorgezogene Fassade, die von einer diadembogenbekrönten Attika abgeschlossen wird. Das entscheidende Vorbild für diesen Fassadenabschnitt sieht M. STANKOWSKI in CARLO RAINALDIS Tribuna, der Apsisfront von S. Maria Maggiore in Rom.[95] Dieser Auffassung kann nur zum Teil zugestimmt werden, denn immerhin ist zu bedenken, daß Fischer den konvexen Mittelteil mit zwei Türmen, die an der Tribuna ja bekanntlich fehlen, in durchaus eigenständiger und neuartiger Form kombiniert hat. Die Genese dieses Fassadentypus, der etwa für die Stiftskirchen von Weingarten und Maria Einsiedeln wegweisend war, ist auch innerhalb seines eigenen Œuvres zu verfolgen: Erinnert sei nur an die verblüffend ähnliche Fassadendisposition des in der ›Historischen Architektur‹ abgebildeten »Lustgebäudes«. Erkenntnisse Fischers aus dem Bereich der Sakral- und Profanarchitektur scheinen einander zu ergänzen, um in einer neuen Form hervorzutreten. Bei Betrachtung des Gesamtbaus ist eine bewußte Kontrastierung von zwei selbständigen Gebilden – Fassade und Innenraum – festzustellen, das heißt: die konvex vordrängende Fassade gibt lediglich Aufschluß über die ovale Raumform des der Kirche vorgelagerten »Vestibüls«; eine weitere Affinität zu Fischers Profanarchitektur (siehe Lustgebäude des Grafen Schlick; Abb. 67). Der Grundriß mit seinem in die Länge gestreckten griechischen Kreuz und vier ovalen Kapellen an den Enden der Diagonalachsen läßt die Kenntnis von ROSATIS S. Carlo ai Catinari in Rom vermuten. Auch die Gliederung des Wandaufrisses mit seinen Kolossalpilastern ist römisch, was STANKOWSKI mit einem Hinweis auf CARLO RAINALDIS Kirche von S. Maria in Campitelli überzeugend begründet (Abb. 76). Die ovale Raumform des »Vestibüls« sieht der Autor ebenfalls im Werk Rainaldis präjudiziert, und zwar in dessen Fassadenprojekt für S. Carlo al Corso in Rom. Es ist doch recht überraschend – und das stand der älteren Forschung noch nicht in dieser Deutlichkeit vor Augen –, daß »Fischer sich in seiner ersten repräsentativen Kirche, das heißt im Sich-Messen mit einer neuen Aufgabe, weniger auf die Leistungen des 'großen alten Mannes' des römischen Hochbarocks, Bernini, zurückgreift..., sondern sich eng an Rainaldi anschließt, der durch die Verarbeitung verschiedener Anregungen auf seine Weise einen 'universalen' Stil ausbildete«.[96] Mit diesem präzisen Hinweis auf das Schaffen Rainaldis erscheint nun die künstlerische Patenschaft Roms in einem facettenreicheren Licht als bisher. Wie jedoch schon ALOIS RIEGL bemerkte, ist das Wesen des Bauwerks keinesfalls aus italienischen Merkmalen allein zu erklären; deren Einfluß ist lediglich in Detailbereichen zu erkennen. Den Blick auf das Ganze gerichtet, stellte der Forscher am Bau der Kollegienkirche geradezu das Ende des »reinen Italianismus« fest. Seinem Resümee kann man noch heute in vollem Umfang zustimmen: »(Während) der Italiener ein möglichst ruhiges Bild in der Horizontalen (schafft), sucht der Deutsche dagegen Bewegung nach der Tiefe und Höhe hineinzubringen, die nicht so einfach und unmittelbar evident zu machen ist als die Breitenebene.«[97]

Fragwürdig bleibt in diesem Zusammenhang weiterhin die stilistische Einschätzung HUBALAS und SEDLMAYRS, die angesichts der steilen Raumverhältnisse (die Höhe des Raumes unter der Kuppel verhält sich zu seiner Breite wie 1:5) von einer mittelalterlichen Komponente sprechen und damit offensichtlich einen bodenständigen Rückgriff Fischers auf mittelalterliche Proportionstendenzen meinen.[98] Meines Erachtens überschätzen die Autoren hier Fischers freie künstlerische Entscheidung – die Beengtheit des Bauplatzes verhinderte ja schon a priori eine größere Breitenentwicklung der Kirche. Dieser einschränkende Faktor mag den Baumeister in der Wahl so extremer Höhenverhältnisse wesentlich bestärkt haben.

75 JOHANN BERNHARD FISCHER VON ERLACH: *Kollegienkirche in Salzburg, Fassade, 1696–1707*

76 Johann Bernhard Fischer von Erlach: *Kollegienkirche in Salzburg, Blick ins Innere*

Mit dem Problem der topographisch bedingten Enge des Bauareals hatte sich FISCHER dann im Jahre 1699 anläßlich des Auftrages von Erzbischof JOHANN ERNST THUN, für die aus Klagenfurt berufenen Ursulinerinnen einen Kirchenneubau zwischen der Salzach und der Mönchsbergwand zu errichten, ein zweites Mal auseinanderzusetzen. Bei der Lösung dieses städtebaulichen Problems orientierte er sich offenbar an den auf trapezförmigem Grund erbauten Zentralkirchen der Piazza del Popolo, dem auf urbanistischem Sektor bedeutendsten hochbarocken Vorbild in Rom. Wie an den Bauten der Piazza del Popolo treten die an BORROMINI erinnernden Türme der *Ursulinenkirche* (Weihe: 1705; heute: Markuskirche) aus Platzmangel hinter die Fassadenebene (Abb. 77). Der Meinung von W. STEINITZ, die

77 JOHANN BERNHARD FISCHER VON ERLACH: *Ursulinenkirche in Salzburg (heute Markuskirche), Fassade, 1699–1705*

Fassade stelle eine »nur geringfügige Variation des ersten Entwurfs für die Kollegienkirche dar«, kann meines Erachtens in so extrem geäußerter Form nicht zugestimmt werden.[99] Analogien beschränken sich auf die Geschoßanzahl des Risalits, auf die Tendenz zur totalen Öffnung der Erdgeschoßzone und die Kolossalordnung der Pilasterstellungen. Wichtiger als die Aufzählung dieser Parallelen erscheint der über das Detail hinausgehende Hinweis auf die im Vergleich zur Kollegienkirche völlig unterschiedlich konzipierte Wandstruktur. Während Fischer den Risalit der Kollegienkirche konvex nach vorne treten ließ, wählte er für den vergleichbaren Fassadenabschnitt der Ursulinenkirche die blockhafte Form einer gerade verlaufenden Wand. Auch sind im Gegensatz zur Kollegienkirche die Portalöffnungen und die beiden Seitenfenster von einem geraden Sturz abgeschlossen, der bereits von einer strengeren Grundhaltung Zeugnis gibt. Wie weit sich Fischer an der Ursulinenkirche von der bewegten Formensprache der Kollegienkirche zugunsten einer eher statischen Architekturauffassung distanziert hat, beweist schließlich der den stereometrisch anmutenden Fassadenblock zusammenfassende Dreieckgiebel, der sich kontrastreich vom diadembogenähnlichen Giebelaufsatz der Kollegienkirche unterscheidet. Es ist überraschend, daß innerhalb einer so kurzen Zeitspanne von drei Jahren dynamisch bewegte und sphärisch verlaufende Bauglieder einem statisch ruhenden Fassadenkonzept weichen mußten. Zu einem auffallend frühen Zeitpunkt scheint sich somit an der Fassade der Ursulinenkirche das barock-klassizistische Stilbild der späten Schaffensperiode Fischers anzukündigen.

Leben und Werk Fischers von 1701 bis 1723

1703, zwei Jahre vor dem Tod Leopolds I., stand Österreich am Rande des finanziellen und militärischen Zusammenbruchs. Erst im Rahmen der österreichisch-englischen Allianz stellten sich unter den Feldherren Herzog von Marlborough und Prinz Eugen ab 1704 (Sieg bei Höchstädt) militärische Erfolge ein. Der große Opfer fordernde Spanische Erbfolgekrieg zwang den Hof jahrelang zum Verzicht auf jede Bautätigkeit. Die Folge war eine restriktive Auftragslage, von der sich Fischer in seiner Funktion als »Hofingenieur« besonders betroffen sah. Daran änderte sich auch nichts, als sein ehemaliger Architekturschüler Joseph I. 1705 zur Herrschaft gelangte; während seiner Regierungszeit erhielt der Künstler vom Hof keinen einzigen Auftrag zugesprochen. Auch der Wiener Adel fand für ihn in den Jahren von 1698 bis 1708 keine Beschäftigung. Hildebrandt hingegen, weit geringer als Fischer an den Hof gebunden, wurde damals vom Adel mit Bauaufgaben geradezu überschüttet. Fischers Laufbahn schien sogar ernstlich bedroht, als er die Gunst des Prinzen Eugen an seinen künstlerischen Kontrahenten Hildebrandt verlor, der 1702 den Auftrag zur Ausstattung des Eugenschen Stadtpalastes übertragen bekam; bereits zu diesem Zeitpunkt dürfte ihm der Prinz auch die Errichtung seines Gartenpalais (Belvedere) in Aussicht gestellt haben. Allein Fürsterzbischof Johann Ernst Graf von Thun milderte die katastrophale Beschäftigungslage Fischers, als er ihm den Bau von *Schloß Klesheim bei Salzburg* (1700 begonnen) übertrug.

Um drohender Untätigkeit vorzubeugen, dürfte sich Fischer damals mit dem Gedanken getragen haben, Österreich zu verlassen; man darf annehmen, daß seine Reise nach Berlin im Jahre 1704 im Zeichen dieser Absicht stand. Um den Preußenkönig FRIEDRICH I. auf sich aufmerksam zu machen, widmete er diesem den Entwurf eines »Königlichen Lustgebäudes«, das mit seinem gewaltigen Hemizykl von einundfünfzig Achsen enge Zusammenhänge mit dem ersten Schönbrunner Entwurf erkennen läßt. Der Versuch, mit dieser baukünstlerischen »Visitenkarte« einen neuen Auftraggeber und Gönner zu finden, blieb jedoch erfolglos. Allzusehr stand das Berliner Baugeschehen im Zeichen von ANDREAS SCHLÜTER, dessen Kunst auch Fischer sehr beeindruckte. Noch im selben Jahr versuchte er sein Glück in England, wo er den kaiserlichen Gesandten Graf MITROWITZ kennenlernte. Diese Begegnung war für den »arbeitslosen« Baumeister von schicksalhafter Bedeutung, beauftragte ihn doch der Graf später, nachdem er zum böhmischen Obersthofkanzler avanciert war, mit der Errichtung der *Böhmischen Hofkanzlei* (1708 entworfen) in *Wien;* die jahrelang unterbrochene Karriere konnte damit ihre Fortsetzung finden.

In das Jahr 1704 fallen auch die ersten Skizzen zur ›Historischen Architektur‹, die er 1711 KARL VI. nach dessen Regierungsantritt präsentierte und deren Edition 1721 in Wien und Leipzig erfolgte. Wie dem Vorwort dieses Werks zu entnehmen ist, hat Fischer diese Arbeit »nur als ein unschuldiges Zeitvertreib« betrachtet. Es ist SEDLMAYR gewiß beizupflichten, in dieser »ersten monumentalen Bilder-Kunstgeschichte aller Zeiten einen schwachen Ersatz für die brachgelegte Schöpferkraft des größten Architekten der Zeit«[100] zu sehen.

Nach dem Bau der Böhmischen Hofkanzlei fanden sich weitere Auftraggeber, wie GRAF TRAUTSON und FÜRST SCHWARZENBERG in Wien oder GRAF GALLAS in Prag, die Fischer mit Stadtpalastprojekten beschäftigten; Lustgebäude hingegen, wie sie das frühere Schaffen des Künstlers bestimmten, waren nun nicht mehr gefragt.

1712 wurde Fischer von Karl VI. in seinem Amt als oberster kaiserlicher Bauinspektor bestätigt, obgleich der Erste Minister am Hof, Fürst ANTON FLORIAN LIECHTENSTEIN, gern HILDEBRANDT in dieser Funktion gesehen hätte. Aus der Perspektive des Hofes betrachtet, war Fischer nun wieder die dominierende Architektenpersönlichkeit. Nach einem Wettbewerb mit Hildebrandt wurde ihm der damals bedeutendste Bauauftrag, die Errichtung der *Karlskirche* (1716 begonnen), zugewiesen. In Salzburg hingegen verlor Fischer mit dem 1709 verstorbenen Erzbischof THUN seinen wahrscheinlich wichtigsten Förderer. Erzbischof FRANZ ANTON HARRACH (1709–1727) fühlte sich in der Folge nicht mehr an das künstlerische Vermächtnis seines Vorgängers gebunden und sah zur Durchführung seiner Bauabsichten in Hildebrandt den geeigneteren Architekten.

Fischer stand damals am Höhepunkt seiner Laufbahn. Er unterhielt Kontakte mit HERAEUS, dem Inspektor der kaiserlichen Antiquitätensammlungen und Hofnumismatiker, der ihn in Programmfragen, wie sie sich am Bau der Karlskirche ergaben, beraten konnte. Über Heraeus' Vermittlung lernte er auch den Philosophen LEIBNIZ kennen, dessen Wertschätzung er genoß und der ihn ebenfalls am Hof protegierte. Seine letzten beiden großen Werke, die *Hofbibliothek* und die *Karlskirche,* konnte er nicht mehr selbst vollenden. Fischers ganze Sorge galt damals der zeitgerechten Rückkehr seines Sohnes

78 Johann Bernhard Fischer von Erlach: *Schloß Klesheim bei Salzburg, 1700 begonnen (Stich aus der ›Historischen Architektur‹)*

Joseph Emanuel (geboren 1693), der seit 1713/14 Studien im Ausland betrieb und der den Bau der Karlskirche sowie der Hofbibliothek im Sinne seines Vaters vollenden sollte; immerhin war zu befürchten, daß Hildebrandt alle Aufträge für die im Bau oder in Planung befindlichen kaiserlichen Gebäude zufallen würden. Es mag Fischer eine späte Genugtuung bereitet haben, daß er seinem Sohn die Nachfolge und den Titel eines Oberhofingenieurs sichern konnte, ehe er im Jahre 1723 nach »lang absiechender« Krankheit verschied.

Das für den Fürsterzbischof Johann Ernst Graf Thun-Hohenstein errichtete *Schloß Klesheim* (Baubeginn: 1700) in *Salzburg* stellt im Schaffen Fischers einen geradezu umwälzenden Wendepunkt dar. Da an diesem Bauwerk unter Fürsterzbischof Leopold Anton Graf Firmian (1731/32) und sogar noch in der nationalsozialistischen Ära beträchtliche Veränderungen vorgenommen wurden, ist es ratsam, auf den Stich in der ›Historischen Architektur‹ hinzuweisen, der, wie so oft, die authentische Fassung Fischers festhält (Abb. 78). Die entwicklungsgeschichtliche Tragweite von Klesheim hat Sedlmayr zwar grundsätzlich erkannt, aber u. E. nicht in allen Punkten begründet. – Dem zweigeschossigen Zentrum des Schlosses ist eine Freitreppe vorgelagert, über die man die drei arkadenähnlichen Portalöffnungen erreicht. Konkave Mulden vermitteln zu den leicht zurückspringenden Flanken des Risalits, dessen Mauerwerk im Bereich des Piano Nobile von riesigen Pfeilerarkaden fast vollständig durchbrochen ist. Ein breiter Lichtstrom sollte in den Festsaal dringen, womit Fischer abermals den Gedanken des luft- und lichtdurchdrungenen Gartengebäudes anklingen ließ. Scharf abgegrenzt vom dreiteiligen Zentrum sind in blockhafter Schwere fünfachsige Flügel angeschlossen, die sich auf einem geböschten Sockelgeschoß erheben. In bisher nie gekannter Konsequenz betonte Fischer sowohl am Sockel als auch im Bereich des ersten Obergeschosses mittels durchlaufender Nutung die horizontale Schichtung des Mauerwerks, dessen Linienraster auch auf den dreiteiligen Mittelabschnitt des Gebäudes übergreift. Wenn man noch zusätzlich in Betracht zieht, daß selbst die Beletage der Seitenflügel eine vertikalisierende Note nur eingeschränkt erkennen läßt – anstelle der zu erwartenden Pilasterstellung wählte Fischer die fensterrahmende Form von Lisenen, die oberhalb der Fensterverdachungen in die Horizontale umbrechen –, so gewinnt Sedlmayrs Beobachtung, daß »über dem Ganzen ein Vorhauch der Kälte des späten 18. oder sogar des 19. Jahrhunderts« liegt[101], eine noch aktuellere Bedeutung.

Den extremen, beinahe schlagartig auftretenden Stilwandel, wie er sich besonders an der Fassade von Schloß Klesheim abzeichnet, erläutert der Autor anhand eines Vergleichs mit dem nahezu gleichzeitig entstandenen Stich des Gartengebäudes (1699) in der ›Historischen Architektur‹: »Dort, am Gartengebäude, ist alles ein Spiel von Kurven und Gegenkurven, in Thema und Instrumentierung ein großes freies Ansteigen gegen die Mitte. Klesheim (hingegen) ist aus lauter geschlossenen kubischen Einheiten zusammengesetzt, die sich durch Messerschnitte voneinander trennen lassen.«[102] Nach diesem stilistisch ertragreichen Vergleich liegt die über das formkritische Resümee des Autors hinausreichende Schlußfolgerung nahe, anstatt von einem »Vorhauch des 18. oder sogar 19. Jahrhunderts« ohne Umschweife von einem Protoklassizismus zu sprechen. – Klesheim zeigt aber auch im architektonischen Œuvre Fischers eine Vorwegnahme von erst viel später feststellbaren Stilmerkmalen. Die spezifischen Kennzeichen einer klassizistischen Gangart des Barock – etwa die erwähnte Betonung der Horizontalen mittels durchlaufender Nutung in der Erdgeschoßzone – treten in vergleichbarer Intensität erst am Bau der Wiener Hofbibliothek in Erscheinung, dessen geböschte Risalitsockelzone überdies an den Seitenflügeln von Klesheim vorgeprägt ist.

Nach Sedlmayr sind für Klesheim »genetische Vorstufen nicht nachzuweisen«.[103] Das mag vielleicht für die Seitenflügel gelten, die in ihrer strengen Blockhaftigkeit selbst über barock-klassizistische Baumerkmale französischer Provenienz hinausweisen, obgleich Fischers neue stilistische Haltung ohne Zweifel gerade in diesem kunstgeographischen Bereich ihre Wurzeln hat. Für den mittleren Abschnitt des Gebäudes hingegen ist evident, daß sich Fischer bei der Gestaltung der Portalpfeilerarkaden offensichtlich am Gartenpalais Liechtenstein in Wien orientiert hat. Wie erwähnt, ist dort das Grundkonzept der Fassade auf Domenico Egidio Rossi zurückzuführen. Aber erst Domenico Martinelli hat die vier, das mittlere Portal flankierenden Blendarkaden der ursprünglichen Fassung in zusätzliche Portalöffnungen umgewandelt und die Rustika der Wandpfeiler zu kontinu-

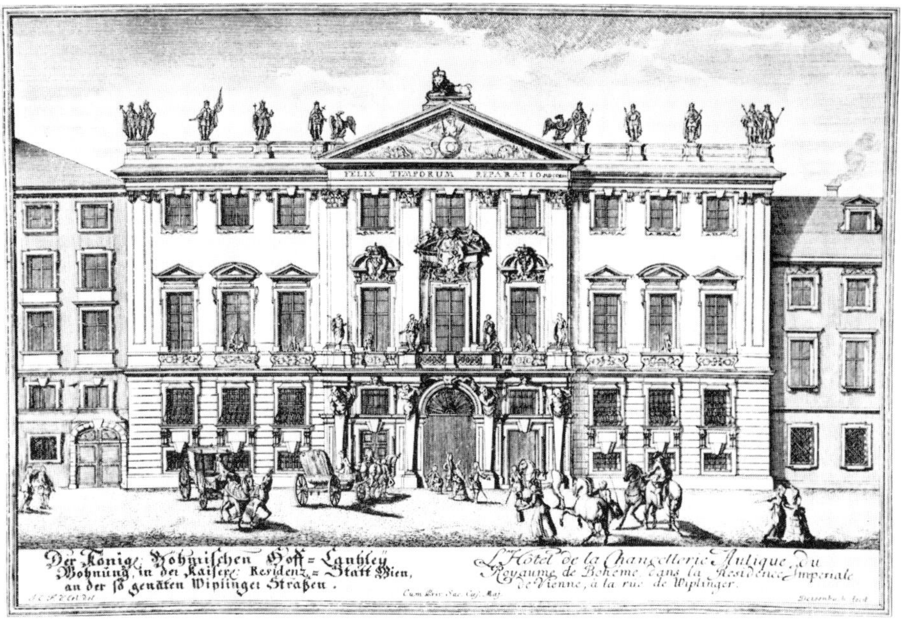

79 Johann Bernhard Fischer von Erlach: *Palast der Böhmischen Hofkanzlei in Wien, 1708–1714 (Stich von J. R. Delsenbach)*

ierlich durchlaufenden Nutungen modifiziert. Knapp zehn Jahre später ist auch Fischer am Klesheimer Risalit nach den gleichen Gestaltungsprinzipien zu einer auffallend ähnlichen Portallösung gelangt: Dem Gartenpalais Liechtenstein vergleichbar, besitzt Klesheim ebenfalls fünf Portale. Die Tatsache freilich, daß am Salzburger Schloß die seitlichen Portale in die konkav zurückweichenden Außenachsen des mittleren Bauabschnitts – von der Absicht nach größerer Variationsvielfalt getragen – versetzt sind, macht die beachtliche stilistische Weiterentwicklung Fischers gegenüber der plan gestalteten und an schwerfällige römische Gravità erinnernden Fassade des Wiener Gartenpalais erst in vollem Umfang deutlich.

Mit dem Bau der *Böhmischen Hofkanzlei* trat Fischer nach jahrelanger Unterbrechung wieder in das Licht der Wiener Öffentlichkeit; seit dem Bau des Batthyány-Palastes waren immerhin fast zehn Jahre verstrichen. Der Initiative des Bauherrn, Graf Wratislaw Mitrowitz, Fischer wieder ein repräsentatives Betätigungsfeld eröffnet zu haben, kann gar nicht genug Bedeutung beigemessen werden. Verfügte doch der Kanzler über die entsprechende Autorität, auch auf andere Adelsgeschlechter als potentielle Auftraggeber Einfluß zu nehmen und Fischer als große Alternative zu Hildebrandt erneut ins Gespräch zu bringen. – Bei Betrachtung des Gebäudes ist es ratsam, auf eine von Fischer signierte Entwurfszeichnung zurückzugreifen (Abb. 79), da der Palast von MATTHIAS GERL in den Jahren 1750/54 erweitert wurde; er verdoppelte die Fassadenlänge, so daß sich die Böhmische Hofkanzlei heute als langgestrecktes Gebäude mit zwei Risaliten präsentiert. Die Zeichnung läßt einen nicht sehr kräftig vortretenden Mittelrisalit erkennen, der von vier korinthischen Kolossalpilastern gegliedert und von einem Dreieckgiebel abgeschlossen ist; übrigens das erste Auftreten eines Dreieckgiebels an einem Wiener Palast Fischers. Diese Fassadenkonzeption läßt eine Auseinandersetzung des Baumeisters mit palladianischen Ideen erkennen, die in das Barock transponiert erscheinen. Daran sieht man, daß der schöpferische Geist Fischers – zu dieser Beobachtung gibt ein vergleichender Blick auf das Batthyány-Palais Anlaß – auch in Zeiten beklemmender Beschäftigungslosigkeit nicht untätig geblieben ist. Stilistisch war eine Wendung vom »zart-spröd« (SEDLMAYR) wirkenden Spätbarock zurück zum Hochbarock erfolgt. Gegenüber dem Palais Batthyány ist eine Steigerung der plastischen Werte, eine ungleich stärkere Betonung der Mittelachse und eine auf das Zentrum ausgerichtete Intensivierung rhythmisierender Elemente festzustellen. Im einzelnen bedeutet das eine wesentlich plastischere Konzeption der genuteten Sockelzone mit ihren kräftig ausgebildeten Hermenpilastern am Mittelrisalit und den plastisch-ornamental geformten Parapeten der Hochparterrefenster an den Seitenflügeln, deren Fenster im Piano Nobile rhythmisch vorgetragene Komponenten aufweisen: Zwei von Dreieckgiebeln bekrönte Fenster nehmen ein weiteres in die Mitte, das als Verdachungsform einen Segmentbogen mit eingeschriebenem Dreieckgiebel zeigt und dessen Gewände von Ohrenvoluten zusätzlich plastisch akzentuiert ist; so scheint sich auch an den Seitenflügeln eine Betonung der Mittelachse herauszubilden. Im Mittelrisalit kommt es zu einer abgestuften Aufgipfelung der reich ausgestatteten Fensterverdachungen. Demgegenüber sind die Verdachungsformen am Palais Batthyány denkbar einfach gestaltet und, mit Ausnahme der mittleren Fensterverdachung, in gleicher Ebene verlaufend und einheitlich ausgebildet. Dieser Gleichklang der Motive ist noch durch die einheitlich flächig-graphisch anmutende Quaderung der Fassade unterstrichen. Ein reiches ikonologisches Programm fördert diese plastischen Werte der Hofkanzlei-Fassade: Zu nennen sind als Giebelbekrönung der vom mährischen und schlesischen Adler flankierte böhmische Löwe, das Emblem Karls VI., der einköpfige Reichsadler im Giebelfeld sowie die Skulpturen böhmischer Könige auf der Balustrade der Seitenflügel; hinzutreten die in die Fensterverdachungen des Risalits eingefügten Wappen von Böhmen, Mähren und Schlesien. Bei den das Mittelfenster flankierenden Figuren dürfte es sich um Tugenddarstellungen handeln. Im Vergleich zu Fischers frühem Schaffen, der Zeit der Gartenschlösser und Lustgebäude, ist zusammenfassend festzustellen, daß der Baumeister nun »scheinbar im Wege eines dialektischen Prozesses zu einer Umkehrung seiner anfänglichen Position gekommen (ist): statt bewegter, plastischer Grundform, bei ruhigen Detailformen, jetzt bewegtes Detail und prismatische ruhende Grundform«.[104]

Dieser »prismatisch-ruhenden Grundform« begegnet man in noch gesteigertem Maße an der Fassade des *Palais Trautson,* wobei im Vergleich zur Böhmischen Hofkanzlei auch das »bewegte Detail« zugunsten einer statischeren Erscheinungsform herabgemindert ist. Die

80 Johann Bernhard Fischer von Erlach: *Palast des Fürsten Trautson in Wien, Fassade, 1710 begonnen*

Fassadenlösung der Böhmischen Hofkanzlei dürfte den Grafen Trautson sehr beeindruckt haben, da er, nach seiner Ernennung zum Obersthofmeister (die höchste Stellung in der Monarchie) im Jahre 1709, von Fischer für seinen Palast (1710 begonnen) eine ähnliche Fassadenkonzeption erwartete. Fischer entsprach nur im Grundsätzlichen dieser Verpflichtung und steigerte die Fassade des Palais Trautson mit ihrem ungleich stärker hervortretenden Mittelrisalit ins Monumentale, wobei er insgesamt eine kühlere Tonart anschlug, die der lebhaften Dynamik an der Hofkanzlei-Fassade widerspricht (Abb. 80).[105] Der strengen Aussage der Fassade entsprechen im Vestibül vier in Vierergruppen gebündelte Säulenstellungen, denen an den Wänden, in die Fläche projiziert, gekuppelte Pilaster antworten. Der in das Vestibül reichende Treppenabsatz wird von zwei Sphingen flankiert, ein in Wien erstmalig auftretendes Motiv, während den weiteren Treppenverlauf Atlanten von Giovanni Giuliani begleiten (Abb. 81).[106]

Im Jahre 1708 erteilte der Guardian des *Salzburger Franziskanerklosters,* P. Marinus Panger, Fischer den Auftrag, im spätgotischen Chor der Klosterkirche den alten *Wandelal-*

81 JOHANN BERNHARD FISCHER VON ERLACH: *Palast des Fürsten Trautson in Wien, Einfahrt und Treppe*

tar MICHAEL PACHERS durch einen neuen Hochaltar zu ersetzen; lediglich Pachers Madonnenskulptur sollte erhalten bleiben. Da der Guardian unter Erzbischof JOHANN ERNST THUN auch das Amt eines Hoftheologen innehatte, darf angenommen werden, daß der Kirchenfürst am Zustandekommen des Auftrags nicht ganz unbeteiligt war. Damit erhielt Fischer nach langer Zeit wieder Gelegenheit, sich einem Lieblingsgebiet seines architektonischen Schaffens, dem Altarbau, zuzuwenden. In weit höherem Ausmaß als etwa am Palastbau konnte er hier seinem schöpferischen Ingenium freien Lauf lassen. Er lehnte den schlank proportionierten Altarbau an den mittleren Rundpfeiler des hochaufragenden Chores und schuf damit eine sinnvolle Verbindung mit der spätgotischen Architektur; u. E. einer der wenigen gelungenen Versuche, eine überzeugende Synthese des Barock mit der Architektur des Mittelalters herzustellen (Abb. 82). Hinter der Altarmensa erheben sich vier korinthische Säulen, wobei die beiden äußeren, übereck gestellt, leicht zurückversetzt sind. Auf dieser Säulengruppe schwingt ein Diadembogen empor, unter dem das Pachersche Gnadenbild im Strahlenkranz, von einer Engelsgloriole umgeben, zu schweben scheint. Dem konvex aufgebogenen Diadembogen antwortet an der Altarrückwand ein konkav nach unten führendes Gebälk, auf dem sich der Altaraufsatz mit Gottvater in der Glorie erhebt. Von dort weisen Strahlen mit der Taube des Heiligen Geistes auf das Gnadenbild im »Altarraum«. Ein prachtvoll inszeniertes Theatrum Sacrum, das, in das Gehäuse eines Altartempiettos gebettet, vom Motiv des Triumphbogens überhöht erscheint. Die von D. FREY[107] aus stilkritischen Gründen vorgenommene Zuschreibung des Altars an Fischer konnte durch den Fund einer zweifellos eigenhändigen Entwurfszeichnung bestätigt werden. Die Zeichnung verdeutlicht Fischers ursprüngliche Intention, das Motiv des Tempietto noch stärker zu betonen, da die beiden inneren, im Vordergrund befindlichen Säulen übereck gestellt sind und somit optisch einander nähergerückt erscheinen. Wie erwähnt, ergibt der Diadembogen mit dem rückwärtigen Gebälk das einheitliche Motiv eines ovalen Reifs, der sich nur dem langsam nähertretenden Betrachter erschließt, womit Fischer abermals, an die Frühzeit seines Schaffens erinnernd, dem Prinzip des »verwandelnden Sehens« entsprochen hat.

Die Zusammenschau von Triumphbogen und Tempietto hatte sich schon in seinen früheren Altarbauten angekündigt. Erinnert sei nur an die »Portallösung« in seiner frühesten Architekturzeichnung, des *Altarentwurfs für Straßengel* (1687), wo noch ausschließlich das Triumphbogenmotiv dominiert. Im oberen Abschluß des Altars allerdings erscheint das Ideenkonzept des bekrönenden Aufsatzgeschosses für den Hochaltar der Franziskanerkirche, wenn auch in noch relativ unbeholfener Form, bereits vorgebildet.

Am *Hochaltar von Mariazell* (1692 entworfen und ab 1695 errichtet) bekundete Fischer schon den Willen nach Verräumlichung der Anlage, die sich, von zwei konzentrisch verlaufenden, sphärisch ausgebildeten und verdoppelten Säulenstellungen flankiert, apsidial zusammenzuschließen scheint; ein Bogen mit Aufsatzgeschoß krönt den Altar. Der Entwicklungsgang Fischers fand dann am *Hochaltar der Grabkirche (Katharinenkirche)* FERDINANDS III. in *Graz* (um 1695/97) seine Fortsetzung, wo dem Gedanken der antiken Tholos (Rundtempel) am stärksten Rechnung getragen wurde. Die vorderen Säulen sind

82 Johann Bernhard Fischer von Erlach: *Hochaltar der Franziskanerkirche in Salzburg, 1708*

83 Johann Bernhard Fischer von Erlach: *Hochaltar in der Katharinenkirche am Mausoleum in Graz, 1695–1697*

ähnlich gruppiert wie am Salzburger Altar, nur sind alle Formen kleiner und gedrungener ausgebildet. Das Gebälk setzt zwischen den beiden Frontsäulen aus, so daß man meinen möchte, eine »geschlossene Tholos wäre aufgesprungen« (Abb. 83).[108] In der Kette von Altarbauten Fischers bildet der Grazer Altar ohne Zweifel ein wichtiges Glied, ohne das der Hochaltar der Salzburger Franziskanerkirche in seiner meisterhaft bewältigten Vereinigung von Triumphbogen- und Tempiettomotiv nur schwer denkbar wäre.

Als im Jahre 1713 die Pest über Wien hereinbrach, gelobte Kaiser Karl VI. zur Abwendung der Katastrophe den Bau einer dem »Pestheiligen« Karl Borromäus zu weihenden Kirche. Wieviel Architekten Projekte für diesen Bau eingereicht hatten, wissen wir nicht genau. Fest steht, daß der Kaiser 1715 dem Entwurf Fischers gegenüber denen Hildebrandts und Ferdinando Galli-Bibienas den Vorrang eingeräumt hat. Für das Bauvorhaben mußten Geldmittel in geradezu phantastischer Höhe aufgebracht werden, weshalb der Kaiser das Projekt in den Rang einer allgemeinen Staatsangelegenheit erhob. Alle habsburgischen Länder hatten sich an diesem Votivbau der Monarchie mit beachtlichen Beiträgen zu beteiligen. Erst 1716, nach Sicherstellung der finanziellen Voraussetzungen, konnte die Grundsteinlegung vorgenommen werden. 1723 war die Kirche noch nicht gänzlich fertiggestellt, so daß Fischers Sohn, Joseph Emanuel, nach dessen Tod die Aufgabe übernahm, den Bau zu Ende zu führen. Schon in den beiden letzten, von schwerer Krankheit überschatteten Lebensjahren seines Vaters dürfte er sich mit dem Bau der *Karlskirche* auseinandergesetzt haben, wobei er an Attika, Tambour und Kuppel beträchtliche Veränderungen vornahm. Einer authentischen Betrachtungsweise der ursprünglichen Intentionen Fischers stehen glücklicherweise Stiche aus der ›Historischen Architektur‹ (IV, 12–15) zur Verfügung (Abb. 84).

Die Schaufassade erinnert an »ein Meisterwerk der barocken Musik, nach den Gesetzen eines architektonischen 'Kontrapunkts'«[109] komponiert. Zwei bauliche Ausdrucksformen durchdringen einander. Einerseits bilden die zylindrischen Elemente der Kuppel und der beiden Riesensäulen in ihrer dynamisch vordringenden Tendenz eine Einheit, die noch durch formgleiche Laternenabschlüsse akzentuiert ist, andererseits stehen die beiden Turmpavillons mit dem mittleren Säulenportikus als statische Elemente im Einklang. Die optische Verschränkung dieser Gruppen scheint vor allem durch den Dreieckgiebel des Portikus gewährleistet, der die drei sphärischen Baukörper (Kuppel und Riesensäulen) in einen Dreiklang zusammenbindet. Weiter korrespondiert dieser Portikus über die dazwischengestellten Säulenkolosse hinweg mit den Turmpavillons, deren für eine Kirchenfassade ungewöhnliche Tordurchfahrten sich dem Hauptportal unterordnen.

Die Integration von Riesensäulen in den breit angelegten Fassadenprospekt der Karlskirche stellt ohne Zweifel das Hauptindiz für Fischers Eigenständigkeit dar. Zieht man jedoch die Einzelteile in Betracht – wie problematisch solch eine sezierende Vorgangsweise auch immer sein mag –, so bietet sich die Schlußfolgerung an, daß sich im Ganzen offenbar Elemente der französischen Barockklassik und des römischen Barock zusammenschließen: Einerseits stehen die weit voneinander gerückten Turmpavillons in stilistischem Zusammen-

84 Johann Bernhard Fischer von Erlach: *Prospekt des ersten Entwurfes für die Karlskirche in Wien (Stich aus der ›Historischen Architektur‹)*

hang mit François Mansarts Pariser Minoritenkirche (1636 entworfen), wo im Zentrum gleichfalls eine Kuppel dominiert, andererseits sind die Pavillondurchfahrten bereits in Berninis Entwurf für St. Peter vorgebildet. Während jedoch beide Architekten den Portikus der Mittelachse als Blendform konzipierten, ließ Fischer ihn in antiker Manier freiräumlich vortreten, eine Verwendungsform, die deutlich an die römischen Bauten des Pantheon und des Templum Jovis et Pacis erinnert. Im gleichen Kontext mit der römisch-antiken Baukunst müssen auch die beiden Kolossalsäulen der Karlskirche als Reminiszenz an die römischen Triumphsäulen Trajans und Marc Aurels verstanden werden. Wie bereits erwähnt, hatte sich Fischer schon 1690 mit dem Motiv der Triumphsäulen (Triumphpforte der Fremden Niederleger) beschäftigt; auch dort hatte er, wie bei der Karlskirche, einen überzeugenden Weg gefunden, dieses Motiv in einer völlig eigenständigen Weise zu interpretieren.

Einen bemerkenswerten Beitrag zur Erforschung der Fassadengenese hat H. Lorenz geleistet. In diesem Zusammenhang verweist er auf die propädeutische Einrichtung der römischen Accademia di San Luca, die für Fischer während seiner langjährigen Studienzeit in Rom von entscheidender Bedeutung gewesen sein muß. Jährlich fanden dort unter den

Auspizien der führenden Architekten die wettbewerbsähnlichen »Concorsi« statt, deren Ergebnisse die jeweils aktuellsten Tendenzen der römischen Architektur modellhaft widerspiegelten.[110] Mit besonderem Interesse muß Fischer den Wettbewerb von 1677 verfolgt haben, der unter dem Motto der »chiesa centrale« veranstaltet wurde. H. Lorenz unterzieht die damals eingereichten Projekte einer kritischen Betrachtung und entdeckt an zwei Beispielen (Entwürfe für Kuppelkirchen) stilistische Parallelen zu Fischers mehr als drei Jahrzehnte später entstandener Schauseite der Karlskirche. Wie die teilweise miteinander übereinstimmenden Entwürfe der am »Concorso« beteiligten Architekten C. Desgot und S. Sciupagna beweisen, hat Fischer diesen »Akademikern« – gleichsam in Rückbesinnung auf seine Lehrzeit – in der Art der »motivischen Zusammenstellung von Portikus, seitlichen Turmpavillons und Tambourkuppel« und in der »prominenten Stellung des auf einen Sockel gehobenen Tambours« wichtige Anregungen zu verdanken.[111] Lorenz hat mit diesem Hinweis auf den Einflußbereich der Accademia di San Luca die Fischer-Forschung wesentlich bereichert, ohne deshalb dem Trugschluß zu unterliegen, die gestalterischen Prinzipien an der Fassade der Karlskirche nun ausschließlich von römischen Vorbildern abzuleiten und die französische Stilkomponente außer acht zu lassen. Die von Sedlmayr für Fischer in Anspruch genommene Synthese zwischen römischem Hochbarock und französischer Frühklassik bleibt für den Autor weiterhin aktuell, wenn er schreibt: »(Diese Synthese) erklärt sich zunächst aus der von Colbert und Louis XIV. besonders forcierten französischen Präsenz in Rom (Académie de France seit 1671) und die engen Beziehungen dieser Institution zur Accademia di San Luca, die mit Charles Errard (1672 und 1678) und Charles Le Brun (1676/77) in diesem Zeitraum zweimal einen Franzosen als 'Prencipe' an ihre Spitze stellte. Studienaufenthalte und Wettbewerbsbeteiligungen französischer Künstler sind mehrfach nachzuweisen. Und daneben ist mit Mattia de Rossi gerade in den für Fischers Ausbildung entscheidenden Jahren jener Mitarbeiter (und seit 1680 Werkstattnachfolger) Berninis in leitender Position tätig, der Bernini nach Paris begleitet hatte und somit französische Architektur aus eigener Anschauung kannte und verarbeitet hat.«[112]

Im Entwurf Fischers erhebt sich die Kuppel unmittelbar über dem Portikus (Abb. 85). Mit bestechender Vehemenz scheint sie sich der bindenden und stabilisierenden Tendenz des Portikusgiebels zu widersetzen. Der mit der Vollendung des Baus betraute Joseph Emanuel Fischer von Erlach versuchte dieser heftig ausgeprägten Dynamik entgegenzuwirken (Farbt. 12), indem er der kleineren Attika eine weitere aufsetzte und damit der Sockelzone des Tambours eine optische, den Bewegungsdrang hemmende Barriere vorlagerte. Mit dieser Maßnahme trug er verbindlicher als sein Vater dem Vorbild von St. Peter in Rom Rechnung. Außerdem verkleinerte er die Fenster des Tambours und ersetzte dessen geplante Doppelfreisäulen durch eine Pilasterstellung, mit der er wiederum einen festeren Rückhalt an der französischen Architektur suchte. Schließlich übertrug er die ursprünglich einer Halbkugel angenäherte Kuppel in eine, abermals an St. Peter orientierte, konisch aufgesteilte Form und nahm auch im Innenraum verschiedene Veränderungen vor.

Die architektonische Verschränkung zweier Baugruppen findet auch im ikonologischen Programm ihren Niederschlag. Auf den borrominesk nachempfundenen Glockenstuben der

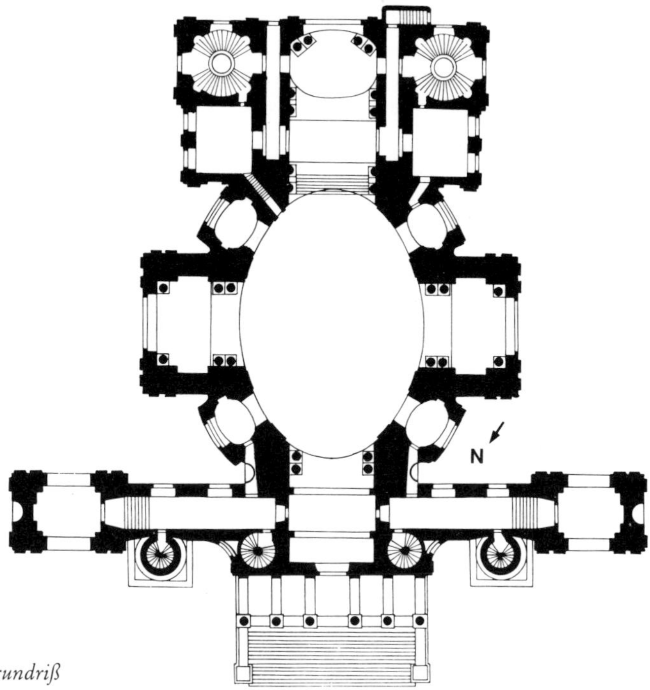

85 Karlskirche in Wien, Grundriß

beiden Turmpavillons stehen die Statuen der theologischen Tugenden Glaube und Hoffnung. Die Attika der Portikusvorhalle ist von Figuren der »virtutes minores« besetzt, während den Giebel des Portikus die plastische Gruppe des Hl. Borromäus mit assistierenden Engeln krönt. Der Heilige vervollständigt an dieser Stelle die Gruppe der theologischen Tugenden als Inkarnation der Liebe, womit sich das ikonologische Konzept des Portikus mit dem der Turmpavillons zusammenschließt. Vom Giebel, dessen Relief Szenen aus der Errettung Wiens von der Pest zeigt, greift der ikonologische Gedankengang auf die Kolossalsäulen über, an deren spiralenförmig verlaufenden Reliefbändern vom Leben des Heiligen berichtet wird. Ursprünglich war sogar geplant, diese Reliefstreifen mit den »laudes« Karls VI. zu füllen, eine Absicht, von der der Kaiser schließlich Abstand nahm. Trotz seiner bis zu diesem Zeitpunkt noch kurzen Regierungsdauer hätte immerhin die Möglichkeit bestanden, von der letzten, erfolgreich verlaufenden Phase des Spanischen Erbfolgekrieges mit dem Friedensschluß von Rastatt (1714) Zeugnis zu geben; ikonologisch klingt ja der Friedensgedanke am Portikus mit dem motivlichen Rückgriff auf den antiken Tempel »Jovis et Pacis« bereits merklich an. Schließlich scheint sich der Kaiser doch mit der Applikation der Kronen auf den Laternen der Säulen begnügt zu haben. Deutlich genug war damit der dynastische Anspruch zum Ausdruck gelangt, dem ja schon durch die Namensgleichheit des Kaisers mit dem Hl. Karl Borromäus in nicht mehr überbietbarem Maße entsprochen worden war. Über allem erhebt sich schließlich auf der Kuppellaterne das Zeichen des Kreuzes, womit sich die Embleme des himmlischen und irdischen Herrschers zur Drei-Zahl auf den höchsten Positionen der Schaufassade zusammenfinden. Die Säulenkolosse versinnbildlichen den Wahlspruch des Kaisers: »constantia et fortitudo«, können aber auch als Säulen des Herkules gedeutet werden. So gesehen, symbolisieren sie Anfang und Ende des Erdkreises und erinnern gleichzeitig an das »plus ultra« KARLS V., woraus sich abermals der Anspruch auf die Krone Spaniens und dessen Weltreich herauszukristallisieren scheint. Die beiden Säulen alludieren jedoch auch auf den salomonischen Tempel mit dessen beherrschenden Säulen Jachin und Boas, die sinngemäß mit den erwähnten Begriffen constantia et fortitudo übereinstimmen. Die Tatsache schließlich, daß HERAEUS, der mutmaßliche Verfasser des gesamten Programms, betont hat, die Karlskirche sei gedanklich sowohl mit Rom als auch mit Konstantinopel in Verbindung zu bringen, gibt weiterhin Anlaß zur Vermutung, daß die Kolossalsäulen auch an die Minarette der Hagia Sophia erinnern sollten.

Zusammenfassend kann die Schaufassade im Licht einer fünffachen Symbolik interpretiert werden: Erstens in einer borromäischen, zweitens kaiserlichen, drittens salomonischen –Heraeus bezeichnete Karl VI. immerhin als »den Übertreffer Salomons« –, viertens römisch-antiken und fünftens in einer römisch-christlichen. »Wer die grandiose Reichssymbolik dieses Werks mit seinen Anspielungen auf Augustus und Trajan, auf den salomonischen Tempel, die Peterskirche und die Hagia Sophia, auf Karls des Großen und Karls V. Reich einmal verstanden hat, wird sie nicht nur nicht missen wollen, sondern wird sie vom Bau gar nicht mehr ablösen können.« Wie SEDLMAYR weiter zutreffend bemerkt, ist »diese Kirche eben nicht ein einzelner Bau, sondern ein Inbegriff verschiedener Urformen und Weisen (modi) des Bauens«, anders gesehen, »ein Novum Theatrum Architecturae«.[113]

Die in die Schaufassade optisch einbezogene Kuppel ist das einzige Bauelement, das über die Beschaffenheit des Innenraumes Auskunft gibt. Im übrigen widerspricht die Innenraumkonzeption (Abb. 86), dem Typus der Tiefoval-Kreuzkirche angehörend, mit ihren zurückhaltend proportionierten Flächen und ihrer feierlich schwebenden Ruhe den vielschichtig angeordneten und teilweise bewegten stereometrischen Elementen der Fassade, hinter der sich ein langgestreckter narthexartiger Korridor verbirgt. An das kuppelgekrönte Tiefoval schließt ein tiefer, von einer kleineren Kuppel abgeschlossener Chorarm, dem noch ein von zwei Freisäulen getrennter und der Geistlichkeit vorbehaltener Chor angefügt ist. Erneut gelangte hier Fischers zur Synthese neigendes Talent zum Ausdruck: Während die kleine Chorkuppel an die verwandte Lösung LOUIS LE VAUS in der Chapelle du Collège des Quatre Nations (1661 begonnen) in Paris erinnert, dienten Fischer bei seinem Doppelchorkonzept die »durchsichtigen« Chorabschlüsse der venezianischen Kirchen PALLADIOS als Vorbild.

86 JOHANN BERNHARD FISCHER VON ERLACH: *Karlskirche in Wien, Blick ins Innere, 1716–1739* ▷

In den Jahren 1719–1720 dürfte FISCHERS Entwurf für die *Wiener Hofbibliothek,* sein letztes Werk und der einzige ausgeführte Teil seines umfassenden Entwurfs für die Wiener Hofburg, endgültig Form angenommen haben. Wie aus einem mit 1716 datierten Schreiben des Philosophen LEIBNIZ an HERAEUS zu entnehmen ist, dürfte sich Fischer bereits zu diesem Zeitpunkt mit dem Projekt auseinandergesetzt haben. Leibniz bemerkte unter anderem: »Ich bin entzückt zu erfahren, daß der Kaiser seiner Bibliothek Glanz verleihen will... Man hat mir von dem Entwurf des neuen Gebäudes gesprochen.« Aus diesen Zeilen ist freilich nichts vom Autor dieses Entwurfs zu erfahren, wie der Forschung diesbezüglich ja überhaupt keine schriftlichen oder graphischen Unterlagen zur Verfügung stehen. SEDLMAYR hat aber, nach gründlichen Überlegungen, die Bauidee Fischer zugeschrieben. Die Bauleitung dürfte noch zu Lebzeiten Fischers dessen Sohn JOSEPH EMANUEL übernommen haben, jedoch setzten die Bauarbeiten erst ab 1723, nach dem Tod Fischers, in vollem Umfang ein. Die Idee, eine Bibliothek als einzelstehendes Gebäude zu errichten, könnte von Leibniz stammen, der als Bibliothekar in Wolfenbüttel beschäftigt war, wo bereits eine Bibliothek (1706/10) in vergleichbar selbständiger Form existierte. Fischer, der die höchste Wertschätzung des Philosophen besaß, muß den Wolfenbütteler Ovalbau gekannt haben, da er in seinem Entwurf, rückblickend auf das Tiefoval seines Frainer Ahnensaals, sich der gleichen architektonischen Grundform bediente.

Einem tiefovalen Kuppelsaal sind, in der Querachse verlaufend, zwei langgestreckte Flügelbauten angeschlossen, von denen der Blick, lediglich von zwei Freisäulen verstellt, in den Kuppelsaal dringen kann (Abb. 87); riesige Bogenstellungen öffnen die Längsseiten des

◁ 87 JOHANN BERNHARD FISCHER VON ERLACH: *Hofbibliothek in Wien, Blick ins Innere, 1723 begonnen*

88 *Hofbibliothek in Wien, Grundriß (Stich)*

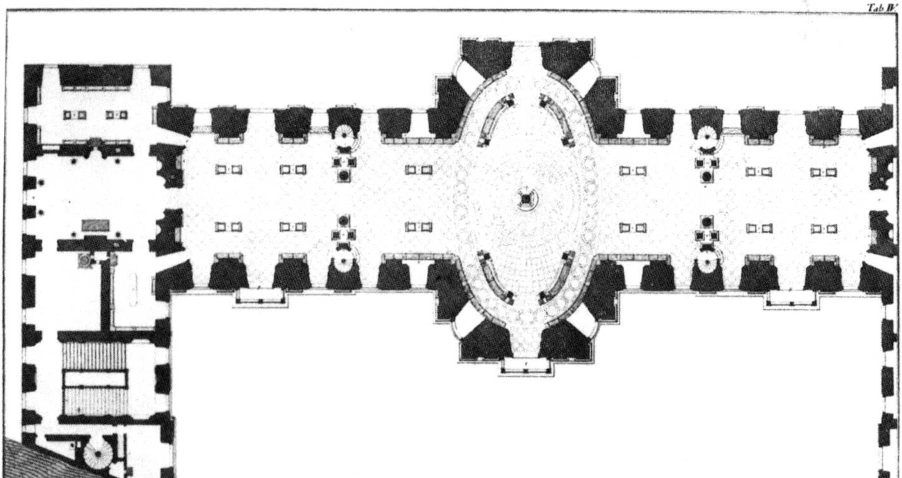

Tiefovals und ermöglichen somit eine Kommunikation mit den Seitenflügeln (Abb. 88). In der Mitte des Saals steht das Standbild KARLS VI., der sich, in antikisierender Kleidung, als »Hercules Musarum« ein in seiner Bedeutung überwältigendes Denkmal gesetzt hat. Die erwähnten Freisäulen, welche die anschließenden Säle nach dem Proportionsgesetz des Goldenen Schnitts unterteilen, erinnern, wie jene vor der Karlskirche, an den kaiserlichen Wahlspruch »constantia et fortitudo«. Das Motiv dieser zur Kolonnadenstellung gruppierten Säulen, auf deren Gebälk eine Lünette zum Gewölbe überleitet, stammt aus der Galeria Colonna (Antonio del Grande) in Rom. – Offensichtlich war es die Absicht JOSEPH EMANUEL FISCHERS, den Maler DANIEL GRAN 1730 für die Ausschmückung der Kuppelgewölbe zu gewinnen, obwohl JOHANN BERNHARD FISCHER gewiß MICHAEL ROTTMAYR als Freskomaler bevorzugt hätte. Schon mehrmals, zuletzt an der Kuppel der Karlskirche, hatte sich deren Zusammenarbeit bewährt.

Die fünf Raumeinheiten des Innenbaus sind außen deutlich abzulesen. Der Mittelrisalit, dessen plan geschlossene Front – in Frain war es noch ein freistehendes Tiefoval – den Kuppelsaal ummantelt, tritt weit in den Platz vor. Die Seitenrisalite heben sich hingegen nur in schwachem Relief vom Mauergrund ab. Ihre Risalitwirkung dokumentiert sich einerseits in der selbständigen Position des Mansarddachs und andererseits in den jonischen Kolossalpilastern, die mit den Pilastern des Mittelrisalits korrespondieren. Die beiden übereinandergestellten Fenster in den Mittelachsen der Seitenrisalite sind mit ihren Gewändeformen und ihrer zur totalen Wandöffnung tendierenden Ausdehnung analog den Mittelrisalitfenstern konzipiert (Abb. 89). Ein breites Kordongesims trennt die beiden oberen Geschosse voneinander, erstreckt sich über die gesamte Fassade und scheint den Bau zusammenzubinden. Auffallend ist das Motiv der Nutung, das die Wand der zwischen die Risalite geschobenen Rücklagen und die gesamte Sockelzone der Fassade beherrscht. Das Sockelgeschoß ist merklich geböscht und unterstreicht den festungsartigen Charakter der kaiserlichen Bibliothek, die sich als ein »Schloß der Wissenschaften« präsentiert. »Die Hofbibliothek ist eine neue Gestaltung der frühen Schloßbauten Fischers, (entstanden) in engster Anlehnung an die Lösung der französischen 'Vorklassik'.«[114] Der Außenbau erinnert tatsächlich in vielen Details an MAROTS etwa siebzig Jahre zuvor entstandenes Schloß Turny en Bourgogne.

Das ikonologische Programm konzentriert sich auf die pavillonähnlich gestaltete Dachzone. Auf dem Attikastreifen des Mittelrisalits steht die Quadriga der Pallas Athene, die den Neid und die Unwissenheit hinabstürzt, während vor den Mansarddächern der Seitenrisalite Erd- und Himmelsglobus vom kosmischen Bezug der Wissenschaften Zeugnis geben.

Fischer war es nicht mehr gegönnt, die Durchführung seines Spätwerks zu erleben. Der Umstand, daß die Arbeiten an der Karlskirche 1721 ins Stocken gerieten, kann nur mit seiner schweren und langwierigen Erkrankung begründet werden. Ungeduldig mag er damals die Rückkehr seines Sohnes, Joseph Emanuel, erwartet haben, bestand doch immerhin die Möglichkeit, daß der Hof zur Vollendung seines Werks den großen Konkurrenten Hildebrandt engagieren würde. Als Joseph Emanuel Anfang 1722 noch zeitgerecht aus England nach Wien zurückkehrte, übernahm er das künstlerische Erbe seines Vaters, so daß

89 JOHANN BERNHARD FISCHER VON ERLACH: *Hofbibliothek in Wien, Fassade*

für Fischer die Gefahr eines wesensfremden Eingriffs in die Schlußphase seines architektonischen Schaffens damit abgewendet schien. Den Entwurf der Hofbibliothek fast »wörtlich« zur Durchführung gebracht zu haben, ist vielleicht das größte Verdienst des jüngeren Fischer, dessen eigenes Bauœuvre in einem späteren Kapitel erörtert wird. Die von ihm vorgenommenen Veränderungen am Hofbibliothek-Projekt beschränken sich auf wenige Details im Kuppelsaal (lediglich Stiegenhaus und Anticamera wurden von ihm neu konzipiert)[115] und geben Zeugnis von pietätvoller Haltung und werktreuer Auffassung, über die man im Zeitalter des Barock in spezifischer Nachfolgefunktion nur äußerst selten verfügte.

In der Kunstgeschichte hat HANS SEDLMAYR zur Erforschung der Baukunst FISCHERS die wertvollsten Beiträge geliefert. Die kürzeste, aber gleichwohl erkenntnisreichste Würdigung dieses größten Baumeisters, den Österreich hervorgebracht hat, stammt aus seiner Feder: »In Johann Bernhard Fischer von Erlachs Leben und Werk ist das heute wieder ersehnte Europa eine Realität gewesen. Das Europäische seiner Kunst ist aber zugleich eine hohe Verkörperung des Österreichischen, mit seiner Begabung zur Überwindung von Gegensätzen und zum Maßhalten zwischen den Extremen... Im Bewußtsein der Allgemeinheit sollte er neben Leibniz und dem Prinzen Eugen stehen.«[116]

Johann Lucas von Hildebrandt

JOHANN LUCAS VON HILDEBRANDT wurde 1668 in *Genua* geboren. Seine Mutter war Italienerin, sein Vater deutscher Abstammung. Dieser diente als Hauptmann in der genuesischen Armee, kämpfte auf zahlreichen Kriegsschauplätzen und zeichnete sich, von PRINZ EUGEN 1703 in die kaiserliche Armee aufgenommen, vor allem bei der Eroberung Neapels aus. Sein Sohn wurde in Rom unter CARLO FONTANA zum Baumeister ausgebildet und war anfangs, in den Jahren 1695 und 1696, als Festungsingenieur in Piemont tätig, wo er sich unter dem Kommando des Prinzen Eugen an drei Feldzügen beteiligte. Als es 1696 zum Neutralitätsvertrag von Vigevano kam, schloß er sich dem Rückzug der kaiserlichen Truppen aus Savoyen und Piemont nach Österreich an. Ende 1696 traf er in Wien ein und hatte das Glück, gleich im folgenden Jahr von Obersthofmarschall HEINRICH MANSFELD FÜRST FONDI mit dem Bau eines weitläufigen Gartenpalais betraut zu werden. Möglicherweise verdankte er diesen Auftrag dem Prinzen Eugen, der ihn dem Generalfeldmarschall empfohlen haben mag, wobei ihm seine militärische Laufbahn als Festungsingenieur gewiß dienlich war. Da GIOVANNI PIETRO TENCALA 1699 beabsichtigte, das Amt des Hofbaumeisters niederzulegen, bewarb sich Hildebrandt beim Hofkammeramt um diese Stelle. Das Gesuch wurde mit dem Bemerken weitergeleitet, daß es sich um ein »hiesiges Landtskhindt« handle, das beim »berüembten Maister Fontana« gelernt habe. Man empfahl den Antragsteller dem Kaiser, »sonderlich weillen man ohnedies mit dergleichen wohlerfahrenen Leuten nicht überflüssig allhier versehen ist«[117] und verlieh ihm 1700 den Titel eines »Kayserlichen Hoff-Ingenieurs«. Es ist durchaus verständlich, daß Hildebrandt nach diesem ehrenvollen Avancement nun von höfischer Seite mit einer gesicherten Auftragslage rechnete. In solchen Erwartungen sah er sich jedoch zeit seines Lebens enttäuscht. Letzten Endes wurde er vom Hof nur einmal mit einem seinem Rang gemäßen Auftrag bedacht, nämlich mit dem Bau der *Österreichischen Hof- und Staatskanzlei* (1717 begonnen) in *Wien*. Der Hof favorisierte stets FISCHER VON ERLACH und stattete Hildebrandt höchstens mit Empfehlungen aus, die ihm beispielsweise den Bau der *Peters-* und *Piaristenkirche* in Wien einbrachten. Die übrigen kaiserlichen Aufträge, wie etwa die Errichtung eines Trauergerüstes (sog. castrum doloris) für Kaiser LEOPOLD I. oder Umbauten in der Hofburg im Zeitraum von 1709–1711 waren eher bescheiden. Seit 1711 leitete Hildebrandt zwar das Hofbauamt, aber beim entscheidenden Wettbewerb für den Bau der Karlskirche unterlag er Fischer und war in der Folge letztlich nur Inhaber eines bemerkenswerten Titels, ohne daß sich praktische Auswirkungen eingestellt hätten. Daran änderte sich auch nichts, als er 1720 von KARL VI. in den Reichsadelsstand erhoben und 1723, nach dem Tod Fischers, mit der ersten Hofbaumeisterstelle bedacht wurde. Der Hof hielt weiterhin konsequent an der Fischerschen Tradition fest und verlieh JOSEPH EMANUEL FISCHER den von Hildebrandt ersehnten Titel eines Oberhofingenieurs. Die unter Johann Bernhard Fischer begonnenen Bauten des Hofes wurden nun von dessen Sohn weitergeführt und vollendet. Wie einem Brief Hildebrandts an seinen großen Förderer, Fürstbischof CARL VON SCHÖNBORN zu entnehmen ist, schöpfte er nach dem Tod Joseph Emanuels (1742) neuerlich Hoffnung: »Der Fischer ist auch gestorben, sodaß mir anjetzo keiner mehr im Wege ist.« Auch diese Erwartung erwies sich als trügerisch, da Maria Theresias Gemahl, FRANZ STEPHAN, den Architekten JADOT DE VILLE ISSEY aus Lothringen nach Wien berief und Hildebrandt wenig Beachtung schenkte. Es ist durchaus anzunehmen, daß die ständige Benachteiligung durch den Hof und das permanente Konkurrenzverhältnis mit Fischer Hildebrandts psychische Disposition untergraben haben, war doch seine Gesundheit, von einem epileptischen Leiden zusätzlich bedroht, ohnedies dauernd gefährdet. Am 16. November 1745, zwei Tage nach Vollendung seines 77. Lebensjahres, starb Hildebrandt.

Glücklicherweise begegnete ihm der Wiener Adel mit Verständnis und größter Wertschätzung, über die Fischer hingegen, wie erwähnt, nur zeitweise verfügte. – In PRINZ EUGEN VON SAVOYEN fand Hildebrandt seinen größten Förderer. 1702 erhielt er von ihm den Auftrag, sein von Fischer entworfenes *Stadtpalais* künstlerisch auszugestalten und später sogar zu erweitern; unbekannt ist in diesem Zusammenhang, weshalb er damals Fischer in der Gunst des Prinzen abgelöst hat. Noch im selben Jahr übertrug der Feldherr Hildebrandt den *Schloßbau von Ráckeve* (südlich von Budapest gelegen) und stellte ihm die Verwirklichung seines größten Bauvorhabens auf Wiener Boden, das Gartenpalais *»Belvedere«*, in Aussicht.

90 JOHANN LUCAS VON HILDEBRANDT: *Gartenpalast Mansfeld-Fondi (Schwarzenberg) in Wien, Perspektive aus der Vogelschau (Zeichnung)*

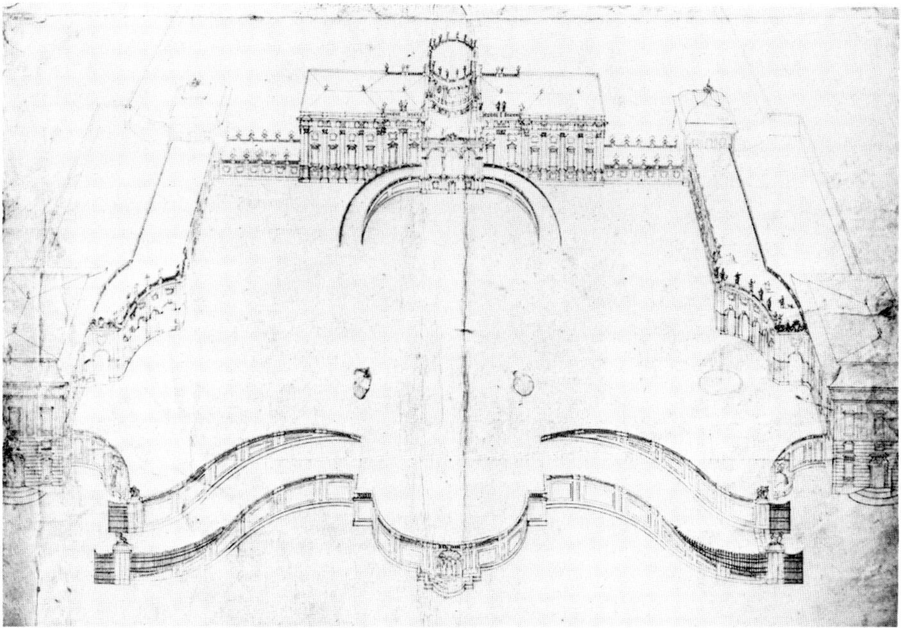

Neben Prinz Eugen trat auch Reichsvizekanzler Friedrich Carl Graf Schönborn als Bauherr großen Formats und als Mäzen Hildebrandts in Erscheinung. Er empfahl den Architekten auch seinem Onkel, Erzbischof und Kurfürst von Mainz, Reichskanzler Lothar Franz von Schönborn, woraus sich eine Erweiterung seines architektonischen Wirkungsbereiches nach Bayern und Franken (Schloß Pommersfelden) ergab. Als Friedrich Carl von Schönborn 1734 Wien verließ und in seiner neuen Funktion als Bischof von Würzburg und Bamberg seinen Wohn- und Regierungssitz nach Würzburg verlegte, gewann Hildebrandt auch entscheidenden Einfluß auf den Bau der dortigen Residenz. Mit dem Bischof verband ihn ein geradezu freundschaftliches Verhältnis. Jener verstand den »Schwierigen« und vermochte auch dessen Spannungen mit Balthasar Neumann, dem Konkurrenten Hildebrandts in Würzburg, zu schlichten. Schon in Wien war Hildebrandt Neumann völlig überraschend begegnet, eine Konfrontation, die ihn gänzlich aus der Fassung gebracht haben soll. Von der auch physisch bedingten Labilität seines Charakters sind zahlreiche Hinweise überliefert. So schrieb etwa Feldmarschall Johann Joseph Graf Harrach: »Er ist wahrhafftih ein wunderlicher Mann, mit welchem nit allzu leiht auszukommen.« Trotz solcher Bedenken hatten jedoch auch die Grafen Harrach keinesfalls die Absicht, auf das überragende Talent Hildebrandts zu verzichten. Ebenso wie Friedrich Carl von Schönborn hielten sie seine Schöpfungen für »die heutige beste bau Kunst«. Wie erwähnt, nahm der Nachfolger des Salzburger Erzbischofs Johann Ernst Thun, Franz Anton Harrach, den Baumeister in seine Dienste und beauftragte ihn mit Umbauten an der Residenz und einer durchgreifenden Erneuerung des *Schlosses Mirabell* (1721/27) in Salzburg. Mit dem Ableben des Erzbischofs Thun war auch Fischers bis dahin überaus fruchtbare Tätigkeit in Salzburg zu Ende gegangen.

Unter den zahlreichen Auftraggebern sind vor allem noch der Feldzeugmeister und Vizekönig von Neapel, Wirich Philipp Graf Daun, und der Abt des Stiftes Göttweig, Dr. Gottfried Bessel, zu nennen. Auch das seit Beginn des 18. Jahrhunderts an Bedeutung gewinnende Bürgertum beschäftigte den eigenwilligen Architekten, dessen Tätigkeit »in ihrer sozialen Funktion umfassender (war) als die Fischers, denn sie genügte den Ansprüchen aller baueifrigen Kreise, vom Kaiser herab bis zum Bürger, und gewann gerade durch das emporstrebende Bauschaffen des Bürgertums ihre breiteste und lebendigste Auswirkung und Nachfolge«.[118]

Als Hildebrandt 1697 mit dem Bau des *Gartenpalais Mansfeld-Fondi* (Schwarzenberg) begann, konnte der um zwölf Jahre ältere Fischer bereits auf das reiche Œuvre seiner ersten Schaffensperiode zurückblicken. Gleich in seinem ersten Werk auf Wiener Boden verstand es Hildebrandt, auf Fischers Stilauffassung mit extrem gegensätzlichen Alternativen zu antworten. Im Zeichen permanenter Rivalität zu Fischer erbrachte er auch in der Folge baukünstlerische Ergebnisse, die – bei oftmals analogen Problemstellungen – sein erfolgreiches Streben nach einem hohen Maß an Eigenständigkeit gegenüber dem Schaffen seines Konkurrenten erkennen lassen. – Zum Bau des Gartenpalais Mansfeld-Fondi sind neun Zeichnungen Hildebrandts erhalten geblieben, ein seltener Glücksfall, der den Entwicklungsgang des Künstlers von der ersten Idee bis zur Vollendung der Anlage aufzeigen hilft. Da sei vor allem die vogelperspektivische Darstellung der Gesamtanlage erwähnt, eine Zeichnung, aus der klar hervorgeht, wie weit Hildebrandts künstlerische Ausgangsposition von allen vergleichbaren Konzeptmodellen Fischers (siehe Schönbrunn) abweicht (Abb. 90). An den Hauptbau schließen zwei niedrige Seitenflügel, die in Eckpavillons münden, woraus sich eine radikale Trennung des Ehrenhofs vom konisch nach Südosten verlaufenden Garten ergibt. Im rechten Winkel zum Querriegel des Palastes entspringen den Eckpavillons eineinhalb-geschossige Flügelbauten, die in stattlicher Längenerstreckung den Ehrenhof begrenzen, um schließlich, ausgebreiteten Armen vergleichbar, konkav auszuschwingen und neuerlich in pavillonähnlichen Gebäuden zu münden. Die Anlage befindet sich auf ansteigendem Gelände, weshalb der Ehrenhof zur Überbrückung des Niveauunterschieds auf eine Terrasse gehoben werden mußte, zu der in konvex-konkaver Biegung zwei Auffahrtsrampen führen. Überblickt man die von Hildebrandt aus der Vogelperspektive festgehaltene Gesamtanlage, so wird evident, wie weit Hildebrandt im Streben nach gesteigerter Tiefendimension die Wiener Tradition hinter sich gelassen und somit auch Fischerschem Gestaltungswillen widersprochen hat. Auffallend tritt in der Gruppierung der Bauelemente um den Ehrenhof Hildebrandts Neigung – charakteristisch für sein Frühwerk – zur Rezeption fremder Architekturinventionen zutage. Die den Ehrenhof umfassende Form der Flügeltrakte ist ohne Kenntnis der Villenarchitektur Palladios undenkbar; hinzuweisen wäre nur auf dessen geplante Villa Trissino in Meledo. Sicher war es Hildebrandt auf seiner Reise durch Oberitalien nach Österreich möglich gewesen, Bauten Palladios kennenzulernen. Weiter läßt sich aus der Kurvatur der Auffahrtsrampen ersehen, daß er auch an der Architektur Borrominis in Rom nicht achtlos vorübergegangen ist. Hinzu tritt noch eine französische Komponente, wie die den Ehrenhof akzentuierenden Pavillonbauten beweisen.

Auch der Palast selbst zeigt eine Fischer diametral entgegengesetzte Formensprache (Abb. 91). Über zwei Auffahrtsrampen, die bis zum Niveau des Piano Nobile führen, erreicht man an der Ehrenhofseite die an einen Altan erinnernde Säulenvorhalle, die weit vor die Fassadenfront tritt; diese »sauber herauslösbare Vorhalle ist ein bei Fischer ganz undenkbares Motiv«.[119] Sie dringt tief in den Baukörper und trifft dort auf den biapsidal begrenzten Kuppelsaal, dessen zylindrisch-ovale Ringkrone trotz ihrer in die Tiefe des Palastes versetzten Lage (vom Ehrenhof her gesehen) nichts an Dominanz einbüßt, da der vorgelagerte Altan nur bis unter das obere Mezzaningeschoß der Seitenflügel reicht. Dieses Zusammentreffen zweier verschieden hoher und tiefer Bauelemente im Kern des Gebäudes kennzeichnet auch spätere Werke Hildebrandts (Ráckeve in Ungarn, 1702 begonnen; Gartenpalais Starhemberg-Schönburg in Wien, vor 1706 begonnen; Oberes Belvedere in Wien). Den Altan flankieren zwei doppelachsige Fassadenpartien, an die zwei doppelt breite, nur leicht vortretende Seitenrisalite schließen. Die Fassaden der Flügelbauten werden

91 Johann Lucas von Hildebrandt: *Gartenpalast Mansfeld-Fondi (Schwarzenberg) in Wien, Ehrenhofseite, 1697 begonnen* ▷

von jonischen Pilastern monumentaler Ordnung beherrscht; sie umfassen das Piano Nobile und ein Mezzaningeschoß. Auf dem Hauptgesims erhebt sich eine weitere Mezzaninzone, ehe ein balustradenähnlicher Attikaaufsatz die Fassade abschließt. Erst bei genauer Betrachtung läßt sich erkennen, daß Hildebrandt nur zögernd eine Differenzierung zwischen den das Zentrum flankierenden Rücklagen und den Seitenrisaliten vorgenommen hat. Zunächst fällt auf, daß die Fenster- und Geschoßdimensionen völlig gleich gestaltet, die Gesimsbahnen durchgezogen und die Achsen in gleichen Abständen gehalten sind. In weiterer Folge ist zu bemerken, daß an den Rücklagen die Pilaster gekuppelt sind und die Fenster des Piano Nobile, im Gegensatz zu den flachen Verdachungen der Seitenrisalite, eine Dreieckgiebelverdachung aufzuweisen haben. Optisch herrscht also immer noch die gleichförmige Achsenkontinuität vor, die den großen Abstand zur stilistischen Auffassung Fischers vor Augen führt. Für ihn wäre eine derart zaghaft vorgenommene Gewichtung und Unterscheidung zwischen vor- und zurücktretenden Fassadenabschnitten keinesfalls in Frage gekommen.

Als das Gebäude 1716 an den Fürsten Schwarzenberg verkauft wurde, war der Innenraum nur zum Teil vollendet. Fischer trat 1720 an die Stelle Hildebrandts, gestaltete den Kuppelsaal und veränderte auch den Mittelrisalit der Gartenfront, die im Bereich der Seitenflügel eine zur Ehrenhofseite analoge Gliederung zeigt. Ursprünglich verlief die doppelte Mezzaninzone niveaugleich mit den Seitenflügeln auch über den konvex vordringenden Mittelrisalit, der auffallende Parallelen zu Guarino Guarinis Risalit an der Hofseite des Palazzo Carignano in Turin erkennen läßt. Fischer versuchte damals dem Kuppelraum mehr Licht zuzuführen und ersetzte die übereinandergestellten Mezzaninfenster durch drei hohe Rundbogenfenster, die das Hauptgesims durchschneiden und dem Risalit eine noch wirksamere Dominanz einräumen.

Der Bau der *Wiener Piaristenkirche Maria Treu* konnte Hildebrandt erst auf stilkritischem Wege zugeschrieben werden. Die Forschung sah sich mit großen Schwierigkeiten konfrontiert, stehen doch keine archivalischen Unterlagen oder Baupläne zur Verfügung. Der Verlust dieser Baupläne ist nicht zuletzt daraus zu erklären, daß der Bauleiter Franz Jänggl, anläßlich seiner Kündigung im Jahre 1731, sich weigerte, die Entwurfszeichnungen herauszugeben. Ein kleinlicher Racheakt eines subalternen Poliers, der als eigentlicher Inventor des Kirchenbaus in die Architekturgeschichte einzugehen trachtete? Mehrere Gründe sprechen eindeutig für die Urheberschaft Hildebrandts, die Jänggl offensichtlich zu verschleiern beabsichtigte. Da ist zunächst die Grundriß- und Aufrißdisposition zu nennen, die enge stilistische Zusammenhänge mit der *Dominikanerkirche St. Laurenz in Gabel* erkennen läßt; die Autorschaft Hildebrandts für diese Kirche in Nordböhmen, deren Grundsteinlegung 1699 erfolgt war, ist absolut gesichert. Beide Kirchen sind dem Typus des Zentralkuppelbaus zuzuordnen, der von in der Längsachse dominierenden Kreuzarmen

92 Johann Lucas von Hildebrandt: *Piaristenkirche in Wien, Blick ins Innere, 1698 begonnen* ▷

durchdrungen wird. Die engste Übereinstimmung zeigt sich im Bereich des kreisrunden Kuppelraums, dessen Pfeiler konvex vortreten und die deutlich machen, daß sich Hildebrandt am guarinesken Prinzip der Durchdringung von Raum- und Körperform orientiert hat (Abb. 92); der Kirche von S. Lorenzo in Turin (1666 ff.) muß in diesem Zusammenhang wegweisende Bedeutung beigemessen werden. Im übrigen sind die den Kuppelbau begleitenden und ihn umgürtenden Räume der Piaristenkirche viel uneinheitlicher gestaltet als die in St. Laurenz, woraus R. Wagner-Rieger die Schlußfolgerung zieht, daß das Grundrißkonzept der Piaristenkirche (Grundsteinlegung: 1716) noch vor St. Laurenz, also in das Jahr 1698, zu datieren ist.[120] Der Grundriß von St. Laurenz stellt in der Tat eine weit kompaktere Lösung dar: Die querovale Eingangshalle entspricht im Umfang genau dem Queroval des Chorraums. Im Chor der Piaristenkirche hingegen hatte Hildebrandt über geraden Seitenwänden eine tiefovale Deckenlösung bevorzugt und von einer dem Eingangsjoch analogen Gestaltung Abstand genommen. W. G. Rizzi vermag sich der Datierungsversion Wagner-Riegers nicht anzuschließen. Vor allem die »fortschrittlichere« Wölbung mit einer Hängekuppel stellt für ihn ein Indiz dar, die Planung Hildebrandts innerhalb der Jahre von 1702 und 1705 anzunehmen.[121] Dieses Argument kann aber u. E. den früheren Datierungsvorschlag nicht völlig entkräften, weshalb der Entwurf – bis zur Aufdeckung neuer Fakten – weiterhin vor der Jahrhundertwende zu datieren ist.

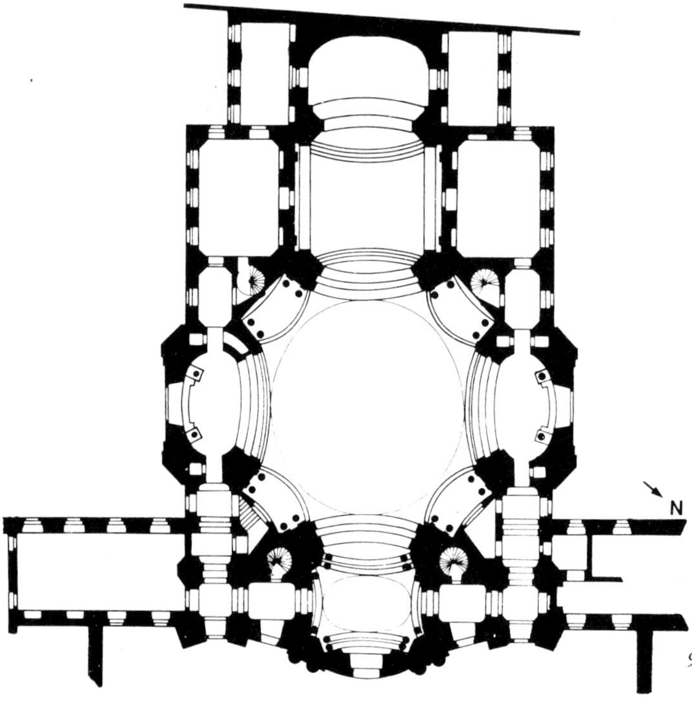

93 Piaristenkirche in Wien, Grundriß

Ein weiteres Indiz für die Urheberschaft Hildebrandts liegt in der Person Jänggls begründet, der häufig an dessen Projekten die Bauleitung innehatte. Die Tatsache schließlich, daß Kaiser LEOPOLD I. den Bau der Piaristenkirche nachhaltig gefördert hat, muß gewiß Anlaß für das Engagement des Hofbaumeisters gewesen sein.

1721 war der Rohbau der Kirche bis zum Hauptgesims gediehen und 1723 die erste Bauphase abgeschlossen. Auf vergleichender Basis mit St. Laurenz nimmt Wagner-Rieger an, daß Hildebrandt auch an der Piaristenkirche den Bau einer Tambourkuppel in Erwägung gezogen hat. Dieser Lösungsmöglichkeit widersprechend, wurde aber einer Hängekuppel mit halbkugeliger Krümmung der Vorzug gegeben (Abb. 93). KILIAN IGNAZ DIENTZENHOFER, für den ein Aufenthalt vor 1722 in Wien überliefert ist und der sich ebenfalls mit dem Bau, wie eine Grundrißskizze beweist, beschäftigt hat, wird von der Autorin mit dieser Planveränderung in Zusammenhang gebracht. Auch in diesem Punkt widerspricht Rizzi ihr. Die Skizze Dientzenhofers bewertet er als Grundrißkopie nach Hildebrandt, was umstritten sein mag, und weist anhand überzeugender Beispiele nach, daß eine Tambourlösung, wieder im Vergleich mit St. Laurenz, wesentlich kleinere Türme erfordert hätte. Die Dominanz der bereits von Hildebrandt dreigeschossig geplanten Türme ist schon a priori »aus ästhetischen Prinzipien auf eine Flachkuppel abgestimmt und kann nie Bestandteil einer Tambourkuppelanlage gewesen sein«.[122]

Nach Wagner-Rieger dürfte sich Dientzenhofer, von dem ein erhalten gebliebenes Holzmodell der Kirche stammen könnte, auch mit dem Problem der Fassadengestaltung auseinandergesetzt haben. Ist einerseits der borromineske Schwung der Doppelturmfassade ohne Zweifel auf Hildebrandt zurückzuführen, so neigt die Autorin andererseits zur Auffassung, die für Hildebrandt unübliche große Ordnung der Halbsäulen in der Mittelachse sei vom Gestaltungswillen Dientzenhofers abzuleiten.[123]

Der Bau wurde zunächst 1731 eingestellt, ehe MATTHIAS GERL 1751/53 mit seiner Fortsetzung betraut wurde. 1753 schließlich stattete FRANZ ANTON MAULBERTSCH die Flachkuppel mit Freskomalereien aus.

Bereits 1679 hatte sich Kaiser LEOPOLD I. mit der Absicht getragen, anstelle der alten *Peterskirche in Wien* einen Neubau errichten zu lassen. Die Türkengefahr und die daraus resultierende betrübliche Finanzlage des Hofs müssen die Verschiebung dieses Projekts auf einen späteren Zeitpunkt nahegelegt haben, denn erst 1702 konnte der Kaiser die Grundsteinlegung vornehmen. Vorerst war daran gedacht, den Kirchenbau nach Plänen von GABRIELE MONTANI voranzutreiben. Der Architekt, von dem zwei Entwürfe überliefert sind, wurde jedoch in der Folge von König KARL III. von Spanien als Festungsbaumeister nach Madrid abberufen; 1703 mußte er durch einen anderen Baumeister ersetzt werden. Für die Wahl HILDEBRANDTS ist neuerlich eine Reihe von Gründen anzuführen: Einmal wieder sein Amt als Hofbaumeister, die Übertragung der Bauleitung an JÄNGGL, dann eine gewisse Ähnlichkeit der Fassade mit St. Laurenz in Gabel und schließlich das Kuppelkonzept. Wie das Tiefoval des Grundrisses und die übereck gestellten Fassadentürme beweisen, fühlte er sich zumindest teilweise an die Pläne Montanis gebunden. Trotz derart präjudizierter

Einschränkungen waren seiner künstlerischen Selbständigkeit jedoch keine nennenswerten Grenzen gesetzt. Nach dem Muster von FISCHERS Dreifaltigkeitskirche in Salzburg sprengte er die geschlossene Form des Tiefovals durch Kreuzarme, während an der Fassade, trotz vorgegebener Position der Türme, seine ureigenste Handschrift zum Durchbruch gelangte. Die zwei dreigeschossigen Türme flankieren eine risalitartig vortretende Mittelachse, hinter deren Balustradenabschluß sich die mächtige Tambourkuppel im Zusammenschluß mit den Turmhauben erhebt und sich als leicht zurückversetzter Bestandteil der Fassade kenntlich macht (Abb. 94); deren Gliederung erfolgte nach dem für Hildebrandt charakteristischen Schema der kleinen Pilasterordnung, das heißt: jedem Geschoß blieb eine eigene Pilasterstellung vorbehalten. In Gegenbewegung zu den Türmen flankieren zwei schmale, übereckgestellte und von Doppelpilastern besetzte Zwischenachsen das leicht konkav zurückschwingende Fassadenzentrum, gegen dessen Balustradenbekrönung der Kuppeltambour mit zurückhaltender Dynamik zu drängen scheint. Vergleicht man diese Fassadenlösung mit jener der Dreifaltigkeitskirche in Salzburg, so fällt auf, daß FISCHER – bei grundsätzlich ähnlicher Ausgangslage der Problemstellung – die konvexe Front der ovalen Kuppel mit ungleich spannungsvollerer Intensität an den tief einsinkenden, konkaven Mittelabschnitt der Fassade herangeführt hatte.

Mit der Innenausstattung der Peterskirche wurden die damals in ihrem Arbeitsbereich bedeutendsten Künstler Österreichs, wie MARTINO ALTOMONTE (Altarbilder), ANTONIO GALLI-BIBIENA (Hochaltar), SANTINO BUSSI (Statuen und Reliefs) und MATTHIAS STEINL (Kanzel) betraut, wobei JOHANN MICHAEL ROTTMAYR mit seinem Kuppelfresko von 1713 besonders hervorzuheben ist.

Für den Feldzeugmeister und Vizekönig von Neapel, GRAF DAUN, schuf HILDEBRANDT mit dem *Palais Daun-Kinsky* (1713/16) auf dem Gebiet der Stadtpalastarchitektur sein Meisterwerk (Abb. 95). Zur Verfügung stand ein schmales tiefgestrecktes Grundstück, das lediglich die Errichtung einer siebenachsigen Straßenfassade zuließ. Trotz dieses eingeengten Areals lieferte der Baumeister ein Fassadenkonzept, das sich in seiner Qualität durchaus neben der unweit gelegenen und dreizehn Jahre vorher von FISCHER geschaffenen Fassade des Palais Batthyány behaupten kann. Daß sich Hildebrandt mit dieser Fassade seines Konkurrenten auseinandergesetzt hat, bemerkt man am zarten Wandrelief, das beiden Palästen gemeinsam ist. Auch das Motiv der vier keilförmig nach unten verlaufenden Kolossalpilaster, wie sie nur am schwach vortretenden Mittelrisalit auftreten, scheint vom Palais Fischers zu stammen. Im übrigen jedoch stellte er seine Bereitschaft und Fähigkeit zu einer eigenständigen Architekturauffassung deutlich unter Beweis. Im Gegensatz zu Fischer, dessen Streben stets auf eine kontrastreiche Gestaltung von Seitenflügeln und Mittelrisalit ausgerichtet war, dehnte Hildebrandt die strukturierenden Pilaster auf alle Fassadenteile aus. Mit den über die gesamte Wand gleichmäßig verteilten Dekorationselementen widersetzte er sich ebenfalls den Formprinzipien Fischers, der ornamentale Akzente mit Vorliebe auf das Fassadenzentrum beschränkte. Diese Intention findet sich am Palais Batthyány, dessen Seitenflügel im Vergleich zum Risalit eine äußerst karge Ornamentausstattung zeigen, bestätigt. Die

94 JOHANN LUCAS VON HILDEBRANDT: *Peterskirche in Wien, 1702–1733*

Seitenflügel auf die Rolle untergeordneter Trabanten einzuschränken, hätte dem Formengefühl Hildebrandts widersprochen. Während Fischer zum Beispiel lediglich den Mittelrisalit mit einer statuenbekrönten Balustrade betonte, akzentuierte Hildebrandt auch die Seitenflügel mit balustradenähnlichen Dekorationsformen, die der Fassade ein ausgewogenes Erscheinungsbild sichern. Auch die Portalzonen der beiden Paläste zeigen äußerst unterschiedliche Merkmale: Während Fischer sein mit einem Balkon nach oben abschließendes Portal als einen der Mauermasse integrierten Bestandteil auffaßte, ist jenes von Hildebrandt gleichsam vor die Fassade gestellt. Für die meisten Bauten des Architekten ist charakteristisch, daß die Einzelformen als unablösbare Elemente der Wand anzusehen sind. Die ihr entspringenden Profile erscheinen »beweglich und mit plastischen Energien geladen«. Bei Fischer hingegen »stecken die plastischen Kräfte nicht in der Wand, sondern im Gesamtkörper«.[124]

95 Johann Lucas von Hildebrandt: *Stadtpalast Daun-Kinsky in Wien, Fassade, 1713–1716*

Dem dreiachsigen Mittelrisalit entspricht eine dreischiffige Eingangshalle, der ein oktogonaler Kuppelraum angeschlossen ist. Hinter den beiden Seitenflügeln der Fassade erschließen zwei von einem Querbau getrennte Trakte die Tiefe des Grundstücks, das beinahe die dreifache Länge der Fassade umfaßt. Über den ersten Hof erreicht man das im linken Trakt befindliche Treppenhaus. Ein schmales Vestibül vermittelt zur einarmigen Treppe, die in drei übereinander angeordneten Läufen und Podesten zur Plattform des zweiten Obergeschosses emporführt (Abb. 96).[124a] Oberhalb der von gekuppelten Pilastern flankierten Fensterreihe umgürtet ein emporenähnlicher, auf Konsolen ruhender Balkon den Treppenschacht. Gleichsam als optische Barriere verstellt er den Blick auf die Mezzaninfenster, so daß indirektes Licht auf das von Marcantonio Chiarini und Gaetano Fanti geschaffene Deckenfresko (1716) fällt. Mit diesem illusionistischen Mittel wird dem Betrachter die Möglichkeit genommen, die räumliche Distanz zur Decke abzuschätzen. Dargestellt ist ein von Scheinarchitektur gerahmter Himmelsausschnitt, in dessen Mitte Genien dem in die Sphäre der Unsterblichkeit entrückten Kriegshelden Siegeskränze darbieten; letztlich nichts anderes als eine Apotheose des österreichischen Feldmarschalls Wirich Graf von Daun, auf dessen Wirken schon an der Fassade zahlreiche Kriegstrophäen hinweisen.[125] Hildebrandts Treppenhaus stellt eine der hervorragendsten Lösungen der Barockarchitektur dar,

96 Johann Lucas von Hildebrandt: *Stadtpalast Daun-Kinsky, in Wien, Treppenhaus*

97 Johann Lucas von Hildebrandt *und* Christian Alexander Oedtl: *Palais Questenberg in Wien, Fassade, 1701 (Zeichnung von Salomon Kleiner, um 1725)*

zumal dem Künstler zu dessen Errichtung ein äußerst geringes Raumvolumen zur Verfügung stand.

Dem langgestreckten und zweipolig konzipierten Typus gehört die Fassade des *Palais Questenberg in Wien* an (Abb. 97). Die Diskussion um die Klärung der Baumeisterfrage war von der Forschung lange Zeit erfolglos geführt worden, ehe Grimschitz Hildebrandt, allerdings mit wenig differenzierter Argumentation, als entwerfenden Architekten für das Palais in Erwägung zog.[126] Erst Rizzi gelang es, mit exakt kalkulierten Vergleichen und unter Berücksichtigung archivalischer Quellen, mit größerem Erfolg als bisher die offenstehenden Fragen zu beantworten.[127] Nach Erforschung der komplizierten Baugeschichte stellte sich heraus, daß die noch auf der Tradition Prämers fußende, etwas altertümlich wirkende Fassadenlänge von sechzehn Achsen nicht allein auf Hildebrandt zurückzuführen ist. Vielmehr muß, wie die Recherchen Rizzis ergeben haben, auch dem ausführenden Baumeister Christian Alexander Oedtl, der zusammen mit Georg Pawanger schon seit 1689 mit vorbereitenden Arbeiten am Projekt beschäftigt war, selbst in baukünstlerischen Fragen ein Mitspracherecht eingeräumt worden sein. Erst nach mehrjähriger Unterbrechung der Bautätigkeit dürfte der Auftraggeber, Graf Johann Adam Questenberg, Hildebrandt konsultiert haben, galt es doch bei so anspruchsvollen Problemstellungen, wie der Gestaltung von Stiegenhaus (1698/99) und Fassade, einen Architekten führenden

Ranges zu gewinnen. Hildebrandt war in einem ersten Fassadenentwurf (1698/99; Entwurf nicht überliefert und in den Details nur hypothetisch rekonstruierbar) zunächst von einer siebenachsigen Konzeption ausgegangen, die deutlich stilistische Zusammenhänge mit der Fassade des gleichfalls ihm zugeschriebenen und dem Palais Questenberg benachbarten Palais Corbelli (1698 begonnen) gezeigt haben muß.[128] Noch aufschlußreicher ist ein Vergleich mit dem Fassadenschema des Schreyvogelhauses (1705) in Breslau, dessen Gliederung weitgehende Parallelen mit dem zur Diskussion stehenden Fassadenentwurf aufweist. Ein Unterschied zur geplanten Questenberg-Fassade erscheint jedoch, wie Rizzi bemerkt, gravierend: Sowohl am späteren Schreyvogelhaus als auch am Palais Corbelli tangieren die Fensterstürze im zweiten Hauptgeschoß unmittelbar das Hauptgebälk. Als man gegen 1701 den Entschluß faßte, die Fassade auf ihre heutige Länge zu erweitern, sie gleichsam zu verdoppeln, konnte auch das ursprünglich geplante Höhenausmaß nicht mehr genügen. Im Gegensatz zu den genannten Vergleichsbeispielen aus dem Œuvre Hildebrandts rückte man nun, ebenfalls nach Meinung Rizzis, die Fensterverdachung vom Hauptgebälk ab und fügte noch ein Attikageschoß hinzu. Der Autor gelangt nach genauer Analyse dieses erweiterten Fassadenschemas zur Auffassung, daß diese Veränderungen und alle anderen, dem Formenschatz Hildebrandts fremden Komponenten – wie etwa die an Matthias Steinl erinnernde plastische Bewegtheit der Fensterverdachungen im zweiten Obergeschoß – auf Oedtl zurückzuführen sind. Dieser war somit gewissermaßen der »Endredakteur der ausgeführten Questenbergschen Fassade«.[129] Rizzi führt als weiteres und vielleicht wichtigstes Argument für die Endfassung Oedtls die Beobachtung ins Treffen, daß der zweipolige, von Flankenrisaliten umklammerte Fassadentypus im eigenen Œuvre des Baumeisters (etwa das ehem. Gartenpalais Brenner in Wien; 1713) häufig auftritt. Das ist eine unbestreitbare Tatsache – nur stellt sich dabei die Frage, ob die langgestreckte Fassade des Palais überhaupt eine andere als eine zweipolige Lösung zugelassen hätte. Da hat es doch eher den Anschein, daß sich der Bauleiter – in Anbetracht des ausgedehnten Palastareals – zu diesem, mittlerweile stilistisch bereits überholten Fassadentypus präjudiziert sah.

In vorliegender Abhandlung wurde das Palais Daun-Kinsky dem um etwa dreizehn bis vierzehn Jahre früher projektierten Palais Questenberg bewußt vorangestellt. Ein Vergleich der beiden Fassaden ergibt zu Rizzis Beurteilung der Eigenständigkeit Oedtls am Palais Questenberg u. E. einen aktuellen kritischen Ansatz. In diesem Zusammenhang sei daran erinnert, daß der Autor für den ersten Entwurf Hildebrandts, in Parallele etwa zum Palais Corbelli, den Verzicht auf ein abschließendes Attikageschoß und auf ein unmittelbares Anknüpfen der Fensterstürze im zweiten Obergeschoß an das Hauptgebälk angenommen hat. Wie schon das Gartenpalais Mansfeld-Fondi verfügt nun aber auch das Stadtpalais Daun-Kinsky über ein Attikageschoß, ungeachtet dessen, daß es sich hier ebenfalls wie im ersten Entwurf für das Palais Questenberg um eine schmale, siebenachsige Fassade handelt. Zieht man noch die analoge Gestaltung der Fenster im Erdgeschoß und der vom Hauptgebälk beträchtlich distanzierten Fensterverdachungen im zweiten Obergeschoß in Betracht, so wäre es doch überraschend, wenn sich Hildebrandt am Palais Daun-Kinsky auf das mehr als ein Jahrzehnt früher entstandene Fassadenschema des Palais Questenberg bezogen hätte, das nach Auffassung Rizzis in nicht unbeträchtlichem Maße auf Oedtl zurückzuführen ist. So gesehen, hat es doch den Anschein, daß der Autor den schöpferischen Anteil Oedtls an der abschließenden Fassadenkonzeption ein wenig überschätzt hat. Sollten jedoch seine Hypothesen zugunsten Oedtls zutreffen, so wäre der interessante Tatbestand gegeben, daß sich Hildebrandt auch noch wesentlich später an der Fassade des Palais Daun-Kinsky nicht unbeträchtlich von künstlerischen Vorstellungen »seines« Bauführers hätte leiten lassen. Für den äußerst eigenwilligen Architekten ist diese »Anleihe« eigentlich nicht ohne weiteres zu erwarten, fand er doch bei anderer Gelegenheit für Oedtl ziemlich abschätzige Worte, als er für Bauschäden am Dachstuhl des Gartenpalais in der Ungargasse (1728 entstanden) in Wien den »alten Maurermeister Christian (Oedtl), der schon ganz kindisch ist«, verantwortlich machte.[130] Diese verhältnismäßig ausführliche Stellungnahme zum Stadtpalais Questenberg bietet vielleicht weitere brauchbare Ansatzpunkte zur endgültigen Klärung des Problemkreises um ein wichtiges Thema der Wiener Barockarchitektur.

Zusammenfassend ist festzustellen, daß Oedtl, ausgehend von einem Konzept Hildebrandts, zur gestalterischen Bewältigung der in einer Schlußphase erforderlichen Verlängerung dieser Palastfassade einen Weg wählte, den Martinelli beim Palais Harrach und Fischer beim Palais Strattmann bereits in den neunziger Jahren des 17. Jahrhunderts beschritten hatten. Bei der Wahl dieses Flankenrisalittypus waren u. E. Sachzwänge wesentlich beteiligt. Die Tatsache jedoch, daß die sechzehn Fensterachsen von beinahe ermüdender Gleichförmigkeit gekennzeichnet sind, macht deutlich, wie sehr Oedtl noch in den Formenkategorien der Prämerschen Ära befangen war. Überblickt man anschließend sein eigenes Œuvre, auf das hier nicht näher eingegangen werden kann, so scheint unbestritten, daß seine Leistung vor allem darin bestand, fremde Einflüsse aufzunehmen und gegebenenfalls sehr eigenwillig in einem neuen Zusammenhang abzuwandeln. Diese kompilatorische Fähigkeit ist leicht zu erklären, wenn man sich in Erinnerung ruft, daß er primär das ausführende Organ bedeutender Architekten war. So hatte er unter Fischer etwa für Schloß Schönbrunn und für die Paläste Batthyány und Trautson die Bauarbeiten zu leiten. Weiter stand er Hildebrandt unter anderem bei der Errichtung der Peterskirche und des Gartenpalais Mansfeld-Fondi als »Bauingenieur« zur Seite.

Christian Alexander Oedtl ist gebürtiger Tiroler (1654 in Paznaun geboren, 1731 verstorben) und kam im Jahr der Türkenbefreiung, 1683, nach Wien, wo er im darauffolgenden Jahr die Meisterwürde erlangte. Neben anderen »Bauunternehmern«, wie Franz Jänggl, Franz Anton Pilgram und Georg Pawanger, unterhielt er als niederösterreichischer Landschaftsbaumeister einen der größten Baubetriebe. Die Bedeutung dieser häufig auch eigenständig schaffenden Bautechniker wurde von der Kunstgeschichte lange Zeit wohl zu Unrecht unterschätzt. Erst allmählich beginnt die Forschung die Leistung jener zu würdigen, in deren Händen nahezu das gesamte praxisbezogene Baugeschehen lag. Rizzi erläuterte am Beispiel Oedtls, wie sie »ihren Beitrag zur Begründung und Verbreitung des österreichischen Barockstils spezifisch wienerischer Prägung« leisteten. Dem Autor sei weiter zugestimmt, daß sich Oedtl, von dem noch in anderem Zusammenhang die Rede sein wird, »zu Recht als der Baumeister des barocken Wien hätte rühmen können«.[131]

Prinz Eugen muß sich schon seit langem mit dem Gedanken getragen haben, einen Gartenpalast errichten zu lassen, zu einem Zeitpunkt, als noch nicht einmal die Arbeiten an seinem Stadtpalais eingesetzt hatten. Damals begann er bereits schrittweise Grundstücke abzulösen, und zwar mit dem Ziel, das gesamte Areal zwischen dem Anwesen des Grafen Mansfeld-Fondi und dem Kloster der Salesianerinnen zu erwerben. »Ihm ist nicht nur der Blick des Strategen, sondern auch der des Architekten eigen, der in die Äcker und Weinberge, vor die umgebenden Hügel und in das Gefälle des Bodens schon deutlich einen imaginären Riesenbau hineinzusehen vermag. In dieser seiner Bauleidenschaft ist er für den Barock von stellvertretender Bedeutung. Es geht ihm nicht um seine Person, nicht um ein lustvolles, glänzendes Leben; vielmehr treibt ihn der Wille, das individuell Bedeutsame des eigenen Daseins, das historisch Gültige in ihm durch einen beispielhaften Bau der Vergänglichkeit zu entreißen.«[132] Um 1700 waren bereits die Terrassierungsarbeiten für den nach Süden ansteigenden Garten abgeschlossen. Als Gartenarchitekt konnte Dominique Girard, ein Schüler des in Versailles zu Weltruhm gelangten André Le Nôtres, gewonnen werden. Girard hatte eine wichtige Aufgabe zu erfüllen, sollte doch mit dem idealen Ziel der Durchdringung von Urbanität und Ländlichkeit ein Höchstmaß an Verschmelzung von Natur und Architektur erreicht werden. Ursprünglich war daran gedacht, dem im Tal gelegenen Gartenpalais (Unteres Belvedere) ein kleineres Belvedere auf dem Höhenrücken entgegenzustellen (Abb. 98). Damals konnte der Feldherr gewiß noch nicht ahnen, daß ihm künftig finanzielle Möglichkeiten zur Verfügung stehen werden, die die Errichtung eines Belvederes von ungleich monumentaleren Ausmaßen ermöglichen sollten. »Die ungeheuren Summen, die der Prunkbau gekostet haben muß, scheint der Prinz aus seinen Einkünften als Generalgouverneur der österreichischen Niederlande bestritten zu haben; dieses Amt hatte er 1716/24 inne.«[133] Ihm bot sich letzten Endes die Möglichkeit, die von Fischer im ersten Entwurf für Schönbrunn gesetzten Ziele zu verwirklichen, ein Vorhaben, dessen Realisierung dem kaiserlichen Hof verwehrt blieb; wie erwähnt, mußte das Schloß Schönbrunn »vom Berg ins Tal« heruntergeholt werden. So gesehen, wird auch auf dem Bausektor verständlich, weshalb Friedrich der Grosse den Prinzen Eugen als *die* Stütze der Monarchie bezeichnet und als eigentlichen Kaiser betrachtet hat. – Wie erwähnt, hatte Hildebrandt bereits anläßlich der Ausstattung des Eugenschen Stadtpalais Fischer in der Gunst des Prinzen abgelöst, der es ihm dann ermöglichte, mit dem Bau des Gartenpalais eines der großartigsten Werke der Barockarchitektur zu schaffen. Das *Untere Belvedere* (1713/16) beherrscht mit der benachbarten Orangerie die gesamte Breite des Gartens (Abb. 99). Es handelt sich um einen niedrigen Bau von fünfunddreißig Achsen, die in sieben Kompartimente gruppiert sind. Wie am Palais Mansfeld-Fondi schließen, stadteinwärts gerichtet, im rechten Winkel zum Hauptgebäude Flügeltrakte an, die einen Ehrenhof einfassen. Die Gartenfassade wird von zwei Pavillonbauten flankiert, von denen zwei langgestreckte, eingeschossige Flügel zum zweigeschossigen Mittelpavillon führen; dieser ist im Erdgeschoß von Pilastern mit Kompositkapitellen gegliedert. Im Obergeschoß, das von einer figurenbesetzten Balustrade und einem Mansardenzeltdach bekrönt wird, sind die Kapitelle der lisenenähnlichen Pilaster durch Löwenköpfe ersetzt, woraus abermals die für

98 *Schloß Belvedere, Gesamtanlage (Stich von J. A. Corvinus nach einer Zeichnung von Salomon Kleiner, 1740)*

Hildebrandt typische Dekorationsfreudigkeit zu ersehen ist. Von diesem Zentrum greifen im Untergeschoß links und rechts zwei gleichfalls von Balustraden abgeschlossene Achsen als Verbindungspavillons in die Flügelbauten über. Ihre Zugehörigkeit zum Mittelpavillon dokumentiert sich in der mit ihm übereinstimmenden Aufrißgliederung, kommt aber auch mit einem vertikal verlaufenden Knick in der Dachregion zum Ausdruck. Im Übergang zu den äußerst sparsam gegliederten Seitenflügeln, die nur eine sparsame tektonische Gliederung zeigen, ist eine leichte Risalitbildung zu bemerken, die lediglich bei schräg seitlicher Betrachtung wahrgenommen werden kann. Eine Novität in der Gartenpalastarchitektur sind die beinahe bis zum Boden reichenden, gleich hohen Fenster. Über drei Stufen gelangt man von den Portalen unmittelbar ins Freie, womit eine permanent ineinander übergreifende Beziehung zwischen Bau und Freiraum erreicht scheint. Seine Akzente erhält der von zartem Wandrelief bestimmte Mauerverband hauptsächlich in der Dachzone, was den Vorteil mit sich bringt, daß rhythmische Abstufungen in diesem Bereich selbst noch aus größter Distanz wahrnehmbar bleiben. »Das architektonische Gesamtgebilde wirkt nicht mehr als überragendes Zentrum in seiner räumlichen Umgebung ..., sondern der freie offene Raum erscheint als das aktive Kompositionselement, für dessen Gestaltung die architektonische Schöpfung ein Mittel der Verwirklichung wird.«[134] Die eigentliche Funktion der Anlage kulminiert nicht mehr im Selbstzweck des Gebauten, sondern muß überwiegend als wandähnlicher Abschluß für den Garten aufgefaßt werden.

Das Untere Belvedere beherbergte die Privaträume des Prinzen, wie Tafel- und Schlafzimmer, Grotesken- und Spiegelsaal, Marmorgalerie und Bücherkabinett. Gleichwohl kann man diesem Gebäude schwerlich den Charakter des Bewohnbaren beimessen, wie ja alle barocken Schlösser die Wohnbedürfnisse des einzelnen übersteigen und die künstlerischen Zielsetzungen stets über die praktischen dominieren, ein Beweis dafür, daß die Bauten nicht vom Zweck, sondern von ihrer darstellenden Aufgabe her zu interpretieren sind.[135] Ausschließlich der Repräsentation diente der im Mittelpavillon befindliche Marmorsaal, dessen Deckenfresko alle Spielarten fürstlicher Allusion zum Inhalt hat. Der Maler Martino Altomonte feiert hier den Prinzen »als Helden von antiker Größe ... (und) als Sonnengott Apollo, der die Musen beschützt und den Tag heraufziehen läßt«.[136]

Von den äußeren Pavillonbauten des Unteren Belvedere führen Fahrwege, die den dreigeteilten Garten begrenzen, zum *Oberen Belvedere* (1721/23). Der untere Teil des Gartens ist mit streng geometrisch beschnittenen Hecken in Form von labyrinthartigen Boskettträumen aufgegliedert. Ein axial ausgerichteter Weg führt bis zu einer quergestellten Mauer, der ein großes Bassin vorgelagert ist. Beim Beschreiten dieses Wegs scheint das obere Schloß hinter dieser Barriere langsam am Horizont zu versinken. Um weiter zu gelangen, ist der Besucher gezwungen, seitlich zu den äußeren Fahrbahnen auszuweichen. Dort gelangt man über eine Freitreppe in den nächsten Gartenabschnitt, in dem ein versenktes Parterre mit abschließender Stufenkaskade zum Verweilen auffordert. Auch an dieser Stelle wird ein

99 Johann Lucas von Hildebrandt: *Schloß Belvedere in Wien, Gartenfassade des Unteren Belvedere, 1713–1716* ▷

direkter Zugang zum Schloß verwehrt und eine neuerliche Rückkehr zu den äußeren Fahrwegen nahegelegt. In schräger Blickrichtung kann hier das markante Vortreten des Mittelrisalits am deutlichsten wahrgenommen werden. Wie das Untere Belvedere schließt auch das ausschließlich repräsentativen Zwecken gewidmete Prunkschloß den Garten in voller Breite ab (Farbt. 10). Der flügellose Bau ist in sieben Kompartimente unterteilt, die von durchlaufenden Gesims- und Gebälksbändern einheitlich umspannt werden. Obgleich der Mittelrisalit kräftig vortritt, setzte Hildebrandt den Hauptakzent, wie am Unteren Belvedere, im Bereich der Dachregion, deren auf- und abwärts gestaffelte Firsthöhen die vielfältige Gruppierung und Rhythmisierung des Blocks erst richtig verständlich machen. Lützeler hat dieses Phänomen sehr zutreffend mit einer am Horizont in Bewegung geratenen Bergkette verglichen. Der Mittelrisalit, dessen stilistische Nähe zu jenem der Würzburger Residenz (1720 begonnen) unverkennbar ist, überragt die beiden Flügelbauten lediglich mit seinem doppelt geknickten Mansarddach. In den beiden anschließenden, in der gleichen Mauerflucht verlaufenden Trakten ist die Bauhöhe um ein Geschoß reduziert. Auch wurde hier von der das dreiteilige Zentrum beherrschenden Pilastergliederung zugunsten einer atektonischen Fassadierung Abstand genommen; in ähnlicher Reihenfolge war schon am Unteren Belvedere ein gestalterischer Wandel in der Auffassung der Wandgliederung erfolgt. Das Gebäude wird seitlich von oktogonalen, kuppelbekrönten Pavillons begrenzt, deren Doppelpilaster und Fensterformen denen im ersten Obergeschoß des dreiteiligen Mittelabschnitts entsprechen. Ein Vergleich mit dem Mannheimer Schloßentwurf Marots macht deutlich, daß sich Hildebrandt am Pavillonsystem französischer Provenienz orientiert hat.[137] Zu dieser Feststellung geben die seitlich abgewalmten und selbständig nebeneinander gesetzten Mansard- und Satteldächer Anlaß, die in extremer Weise mit dem vereinheitlichten Fassadenaufriß kontrastieren. Der Fassadengrund verschwindet fast vollständig hinter einer überreichen Dekoration. »Sie scheint auf die Wand wie aufgesetzt und so stark linear durchgestaltet, daß ihr plastisches Leben in ein optisches Netz von scharfen Stegen, Graten und Bändern und in ein bewegtes Ornament von lichten Flecken und Schattentiefen in allen Stärken umgedeutet erscheint.«[138] Solche Kleinformen nehmen den Wänden das Kompakte und wenden sich mehr an das Auge als an das Tastgefühl; die Wand ist somit als optische Fläche zu interpretieren.

Wie am Palais Mansfeld-Fondi sind, mit Ausnahme der Mittelrisalite, die Garten- und Hofseite analog gestaltet. In Anbetracht des ansteigenden Terrains ist jedoch die Erdgeschoßhöhe der Hofseite gegenüber der der Gartenfront auf etwa die Hälfte reduziert. Eine von fünf Arkaden durchbrochene Eingangshalle, die von einem borrominesk geschwungenen Giebel bekrönt wird, schiebt sich vor die Hoffassade. Erst in beträchtlichem Rücksprung erhebt sich der Mittelpavillon, der den Marmorsaal birgt. Schon am Palais Mansfeld-Fondi hatte Hildebrandt dieses von vor- und zurücktretenden Baukörpern verursachte »labile Gleichgewicht« (Grimschitz) angestrebt. Die ursprünglich unverglaste Eingangshalle ermöglichte es den Kutschen, bis in das Stiegenhaus vorzufahren. Der Dekorationsreichtum der Fassaden scheint im Inneren noch beträchtlich gesteigert. Zahlreiche in Stuck (Santino Bussi) gearbeitete Kriegstrophäen geben, wie schon am Außenbau, Hinweise auf

100 Schloß Belvedere in Wien, Treppenhaus des Oberen Belvedere (Stich von J. G. Thelott nach S. Kleiner)

den Kriegsruhm des Bauherrn (Abb. 100). Zwei seitliche Treppenläufe (Farbt. 9) führen zum Marmorsaal, dessen Deckenfresko mit einer Allegorie des Ruhms neuerlich an die erfolgreiche Laufbahn des Prinzen erinnert. Ein mittlerer Treppenlauf leitet von der Eingangshalle und der hellen Weiträumigkeit des Stiegenhauses hinab zur lichtärmeren Sala terrena, wo sich vier Atlanten, gleichsam Vertreter kriegerischer Macht, unter der Last der Gewölbe krümmen. Durch fünf Arkadenbögen tritt der Besucher wieder ins Freie. Hier öffnet sich der Blick auf die dem Belvedere zu Füßen liegende Stadt Wien. Gedankengänge, daß »der Blick in die Unendlichkeit mehr gilt als das begrenzte Werk des Menschen«,[139] sind vor diesem prachtvoll ausgebreiteten Panorama nicht allein im Sinne barocker Geisteshaltung verständlich, sondern können auch in der Gegenwart mit lebendiger Anteilnahme nachvollzogen werden. Blicken wir nochmals zurück zum Hof des Oberen Belvederes, dessen Fassade sich auf dem Wasserspiegel eines riesigen Bassins phantastisch zu verdoppeln scheint, so soll zur abschließenden Würdigung der Gesamtanlage auf LÜTZELERS so zutreffend formulierten Vergleich mit der Musik verwiesen werden: »Einem barocken Konzert vergleichbar, beginnt der Bau mit dem Präludium der Einfahrt, läßt ihm das Grave des Hauptschlosses und Gartens folgen und klingt im Allegro des Unteren Belvederes aus.«[140]

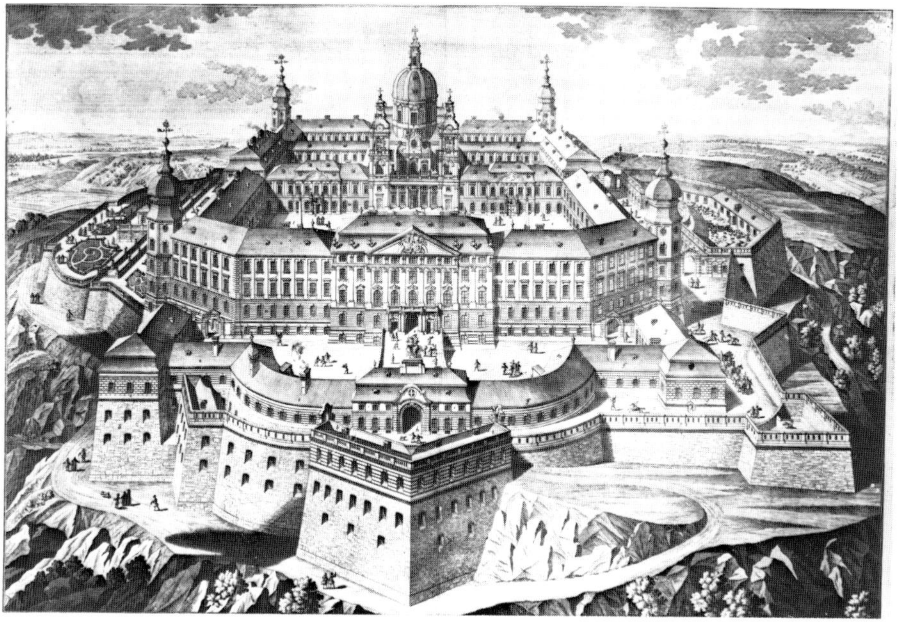

101 Johann Lucas von Hildebrandt: *Stift Göttweig, Prospekt der Gesamtanlage, 1719 geplant (Stich von Salomon Kleiner)*

Zahlreiche Aufträge verdankte Hildebrandt auch seinem Gönner, Reichsvizekanzler Friedrich Carl von Schönborn. Nachdem *Stift Göttweig* im Jahre 1718 von einer schweren Brandkatastrophe heimgesucht worden war, wandte sich der Abt des Klosters, Gottfried Bessel, an den Reichsvizekanzler und dessen Architekten Hildebrandt, um über einen Neubau des Stiftes zu verhandeln. Der zu dieser Zeit unter Jakob Prandtauer bereits weit fortgeschrittene Neubau des Stiftes Melk muß sowohl für den Bauherrn als auch für den Baumeister eine enorme Herausforderung bedeutet haben. Weitaus exponierter als Melk auf einem Bergrücken gelegen, sollten die Stiftsanlagen von Göttweig alles bisher an Klosterarchitektur in Österreich Geschaffene in den Schatten stellen.[140a] Ein Stich von Salomon Kleiner (Abb. 101) zeigt den Idealplan Hildebrandts, der hier auch auf seine Erfahrungen als Festungsbaumeister zurückgreifen konnte. Mächtige Bastionen umfassen eine Klosterresidenz von vollendeter Symmetrie und vermitteln den Eindruck einer weithin das Landschaftsbild bestimmenden, uneinnehmbaren Stiftsfestung. Wie beim Madrider Escorial bildet die von fünf Höfen umschlossene, kuppelbekrönte Kirche das bauliche und geistige Zentrum. Der unerhörte materielle Aufwand schien aus damaliger Sicht gerechtfertigt, ging man doch von der Idee aus, das Kloster nach gedanklichen Vorstellungen der »Civitas Dei« real zu gestalten. Zur völligen Durchführung dieses gewaltigen Projekts

102 Johann Lucas von Hildebrandt: *Stift Göttweig, Treppenhaus, 1739 vollendet*

fehlten freilich die Mittel. Das Kuppelkonzept, die gesamte Westfront und die Hälfte des Südflügels blieben unausgeführt. Wie jedoch die Korrespondenz zwischen FRIEDRICH CARL VON SCHÖNBORN und dem Erzbischof von Mainz und Bamberg, LOTHAR FRANZ, beweist, dürfte es auch von seiten des Konvents – unabhängig von finanziellen Erwägungen – Bedenken gegenüber diesem alle vernünftigen Dimensionen sprengenden und vielleicht überwiegend auch Schönbornsches Gedankengut verkörpernden Idealplan gegeben haben. So schreibt Lothar Franz: »Was nuhn der h.praelat zu köttweig unter der direction des H.R.V. canzlers mit zuziehung des Jean Luca (Hildebrandt) ausbruhen wird, das wirdt vermutlich nicht so gahr sehr nach den munchen (Mönchen) schmecken.« Tatsächlich schien die Prälatur zu weit von der Kirche entfernt, und als allzu beschwerlich dürfte man die zu langen Verkehrswege empfunden haben, die den »commercium humanum« bedrohten. Auf Hildebrandt müssen Bedenken dieser Art und, noch mehr, die das Ganze gefährdenden finanziellen Abstriche äußerst entmutigend gewirkt haben. Schon 1725 wandte er sich anderen Aufgaben zu, weshalb er sich veranlaßt sah, die Baudirektion niederzulegen bzw. an den bisherigen Bauführer FRANZ JÄNGGL abzutreten. Ihn löste in weiterer Folge 1732 der niederösterreichische Landschaftsbaumeister FRANZ ANTON PILGRAM ab.

In der letzten Bauphase wurde dann in der nordwestlichen Ecke des Stifts das Stiegenhaus (1739 vollendet) errichtet. Es ist ein Glücksfall, daß es trotz restriktiven Gebrauchs des Hildebrandtschen Idealplans zum Bau dieses Traktes kam. Denn hier wurde die weiträumigste Treppenanlage der österreichischen Barockarchitektur geschaffen (Abb. 102). Von einer Eingangsloggia, die von sieben platzelgewölbten Jochen unterteilt wird, führen zwei seitliche Treppenarme zu Podesten in den Raumecken. Nach einer im rechten Winkel verlaufenden Richtungsänderung gelangt man auf einen mittleren Podest, von dem dann nur noch ein Treppenarm, einer emporsteigenden Brücke vergleichbar, zum Korridor führt, der das Stiegenhaus durchzieht. Erst von hier aus kann man die enorme Weite des Raums abschätzen, der von einem Deckenfresko (1738) PAUL TROGERS illusionistisch noch beträchtlich überhöht erscheint. Zur Darstellung gebracht ist die Apotheose KARLS VI., woraus sich die Bezeichnung des Treppenhauses als »Kaiserstiege« ergab.[140b]

Karl VI. beabsichtigte, vielleicht vom Entwurf Hildebrandts in Göttweig angeregt, auch in Klosterneuburg in Verbindung mit dem Kloster eine Residenz zu errichten. Wie in Göttweig blieb auch dieses Bauvorhaben (Entwurf von DONATO FELICE D'ALLIO) ein Torso; hier konnte sogar nur ein Achtel des grandiosen Plans verwirklicht werden (s. S. 270). Schon allein diese beiden Projekte machen deutlich, daß sich im Anspruch auf unschätzbare Dimensionen – unter Mißachtung des finanziell Realisierbaren – ein weiterer Wesenszug barocker Architektur offenbart.

Abschließend sei noch auf das *Schloß Mirabell in Salzburg* verwiesen, das HILDEBRANDT im Auftrag des Erzbischofs FRANZ ANTON HARRACH von 1721–1727 völlig umbaute und zu einer geschlossenen Anlage zusammenfaßte. Seine heute nüchterne Form ist auf JOHANN GEORG HAGENAUER zurückzuführen, der nach einem Stadtbrand im Jahre 1818 den Wiederaufbau zu leiten hatte. Erhalten blieb aus der Barockzeit die Fassadengestaltung des

Innenhofs und der Gartenseiten. Hervorzuheben ist vor allem der Risalit des Marmorsaalpavillons mit seiner von fünf Arkaden geöffneten Eingangshalle (vgl. Palais Mansfeld-Fondi und Oberes Belvedere) und das Stiegenhaus mit den Skulpturen Georg Raphael Donners (s. Umschlagklappe vorn). »In ihrer Form mutet die Treppe eher altertümlich an, sie öffnet sich nicht den vorfahrenden Gästen, leitet auch nicht in die Tiefe des Baublocks weiter und bleibt durch ihre Isolierung in hohem Grade unrepräsentativ. Der alte Bau nötigte dem Künstler diese Form auf. Die Starrheit des Raumes wird jedoch genial durch das Steingeländer überwunden. Dieses ist der Träger einer Emporbewegung: in immer neuen Ansprüngen, die zurückzurollen scheinen, sich dann aber doch dagegen behaupten, wird die Höhe gewonnen. Die Putten tragen diese Bewegung zudem noch in den menschlichen Bereich hinüber.«[141]

Überblickt man nochmals die so unterschiedlich von Fischer und Hildebrandt aus einer eigentümlichen Synthese italienischer und französischer Merkmale hervorgebrachten Bauschöpfungen, so ist der Auffassung Lützelers vorbehaltlos zuzustimmen, daß »in Österreich die künstlerischen, soziologischen und geistesgeschichtlichen Wurzeln des deutschen Barock liegen«.[142]

Jakob Prandtauer

Wie Fischer und Hildebrandt erlangte auch Jakob Prandtauer als Baumeister überregionale Bedeutung.[143] Er wurde 1660 in *Stams* (Tirol; Bezirk Landeck) geboren und erlernte im elterlichen Betrieb das Bildhauer- und Maurerhandwerk. Damals entsprach es noch durchaus den Regeln der Maurerinnung, beide Disziplinen im Ausbildungsprogramm zu berücksichtigen. Die Tatsache, daß uns zur frühen Schaffenszeit Prandtauers nur äußerst spärliche Informationen zur Verfügung stehen, erweckt den Anschein, als hätte sich der Künstler zunächst mehr der Bildhauerei zugewandt. Diese Vermutung ist naheliegend, da er in *St. Pölten* von 1689 bis zur Jahrhundertwende fast immer als »Bildhauer« genannt wird, ein archivalisch gesicherter Hinweis, der den wichtigen Rückschluß erlaubt, daß Prandtauer mit einiger Verzögerung über die Skulptur zur Baukunst gelangte; sein künstlerisches Schaffen als Architekt muß wesentlich von dieser Grundeinstellung geprägt worden sein. Wie in der kaiserlichen Metropole herrschte damals auch in dieser niederösterreichischen Stadt nach dem Sieg über den türkischen Feind eine Aufbruchsstimmung, die besonders auf junge Künstler eine enorme Anziehungskraft ausgeübt haben muß. Tatsächlich setzte um 1683 ein beachtlicher Zustrom westösterreichischer Künstler, und hier vor allem aus Tirol, nach Wien und in die angrenzenden Regionen ein. Sie »beerbten« – zusammen mit den einheimischen Kräften – die zahllosen Mitglieder der oberitalienischen Künstlerfamilien, in deren Händen damals nahezu das gesamte Baugeschehen lag. Noch vor Prandtauer, der sich nach seiner Lehrzeit im Familienbetrieb vielleicht in Bayern aufgehalten hatte (ein Italienaufenthalt ist nicht überliefert), dürften die ebenfalls das Maurergewerbe ausübenden Brüder Christian Alexander und Gabriel Oedtl Tirol verlassen haben. Und es spricht einiges dafür, daß der 1654 unweit von Stams in Paznaun geborene Christian Alexander Oedtl Prandtauer es erst ermöglicht hat, in St. Pölten Fuß zu fassen. Dieser frühe Lebensabschnitt Prandtauers wurde erst durch die jüngsten Forschungen von Pühringer-Zwanowetz und Rizzi in einigen Punkten erhellt. So ist einmal gesichert, daß der Baumeister ab 1693 – also im Jahr seines Ansuchens um den Maurerlehrbrief in St. Pölten – gemeinsam mit Gabriel Oedtl an Bauarbeiten für das Augustiner-Chorherrenstift Dürnstein beteiligt war.[144] Für Christian Alexander Oedtl ist die Errichtung des ehemaligen Herrenhauses der Grafen Trautson in St. Pölten (1692) nachzuweisen, und Rizzi vertritt, daraus folgernd, überzeugend die Hypothese, daß Prandtauer mit ihm und Pawanger – freilich zunächst in untergeordneter Stellung – bereits 1689 am ersten Bauabschnitt für das Palais Questenberg in Wien beschäftigt gewesen sei.[145] Diese Annahme stützt sich auf die Tatsache, daß er dann in den Jahren 1706–1709 im Dienst des Grafen Questenberg stand. Er dürfte für die Gestaltung der Hoffassaden des östlichen Bauabschnitts verantwortlich gewesen sein: Die Zwillingsfenster mit aufgesetzten ovalen Oberlichten gehören ohne Zweifel seinem auch später verwendeten baukünstlerischen Repertoire an. In diesem Zusammenhang ist nicht völlig auszuschließen, daß der Baumeister bei der Wahl dieses Motivs ein wenig unter dem Einfluß Christian Alexander Oedtls stand, der sich bereits 1692 an der Fassade des Trautsonschen Herrenhauses (1893 abgerissen) dieser Fensterform bedient hatte. Rizzi schreibt Oedtl einen »entscheidenden Einfluß auf Prandtauers Werdegang« zu und nimmt weiter an, »daß der ... um sechs Jahre ältere und bereits gut situierte Christian Alexander Oedtl sich in besonderem Maße um seinen durch die Bildhauerei erst spät zum Maurerhandwerk gestoßenen ... Landsmann und wohl auch Jugendfreund Prandtauer angenommen hat«.[146] Die Frage schließlich, ob Prandtauer seine für ihn schicksalhaft gewordene Beziehung zum niederösterreichischen Prälatenstand, wie Rizzi meint, seinem Kollegen Oedtl verdankt, ist nicht mit Sicherheit zu beantworten.

St. Pölten wurde Prandtauers zweite Heimat. In dieser Stadt, deren barockes Antlitz er durch den Bau zahlreicher Bürgerhäuser eindrucksvoll bereicherte, hatte er bis zu seinem Tod, im Jahre 1726, seinen ständigen Wohnsitz. Mit der barocken Umgestaltung der romanischen *Hippolyt-Klosterkirche* (seit 1785 Bischofssitz) leistete er hier in der Spätzeit seines Schaffens (ab ca. 1721) einen namhaften Beitrag zum »modernen« Baugeschehen der Stadt.

1702 schloß er den Kontrakt zum Neubau des *Benediktinerstifts Melk* mit Abt Berthold Dietmayr, dem bedeutendsten Vertreter des niederösterreichischen Prälatenstandes und kenntnisreichsten geistlichen Mentor für Kunst und Wissenschaft. Ihm hatte es Prandtauer wahrscheinlich auch zu verdanken, daß er nach dem Tod (1708) des oberösterreichischen »Baudirektors« Carlo Antonio Carlone auch mit der Bauleitung in den Stiften *Garsten, St. Florian* und *Kremsmünster* betraut wurde. Die rege Bautätigkeit in Melk hat gewiß auf alle Äbte des Landes eine permanente Faszination ausgeübt. Auf dieser riesigen Baustelle dürfte Prandtauer auch dem neugewählten Abt (Wilhelm von Schmerling) des Augustiner-Chorherrenstifts von *Herzogenburg* begegnet sein. Das großartige Projekt mag den Propst in der Folge dazu bewogen haben, sogleich nach seinem Amtsantritt den Entschluß zum Neubau der Stiftsanlagen (ab 1714) zu fassen.

Von Prandtauers Kirchenbauten ist besonders die *Wallfahrtskirche am Sonntagberg* (1706 begonnen) hervorzuheben, die in reduzierter Form das Grundrißkonzept der Melker Stiftskirche erkennen läßt. In der Nachfolge C. A. CARLONES vollendete er in den Jahren 1708/09 den kuppelbekrönten Zentralbau der *Wallfahrtskirche Christkindl.* Zu erwähnen sind schließlich noch die seinem Spätwerk zugehörigen Kirchen von *Ravelsbach* (1721/26) und *Wullersdorf* (ab 1725), die trotz erstaunlicher Größe nicht mehr die reiche Ausgestaltung seiner früheren Bauten erfahren haben.

Während FISCHER und HILDEBRANDT vor allem für den Kaiserhof und den Adel tätig waren, zeichnete sich PRANDTAUER als bevorzugter Architekt des Prälatenstandes aus. Auf dem Sektor der Profanarchitektur blieben ihm größere Aufträge versagt; dieser Bereich war eine Domäne seiner beiden Konkurrenten. Lediglich sein *Bischofshof in Linz* (Stiftshaus Kremsmünster; 1721/26) kann mit deren prunkvollen Palastbauten einigermaßen Schritt halten. Zu erwähnen ist auch das von ihm im Auftrag des Stifts St. Florian entworfene *Lustschloß von Hohenbrunn* (einst Jagdschloß des Stifts; 1724/29), das mit seiner Loggia und dem Triumphbogenmotiv eine späte Kenntnisnahme oberitalienischer Baumerkmale verrät.

In Anbetracht der lückenhaften Kenntnisse, die über das Frühwerk PRANDTAUERS vorliegen, ist es keineswegs überraschend, daß der Künstler am durchgreifenden Umbau des *Benediktinerstifts Melk* (s. Umschlagrückseite), seinem ersten Großauftrag, sofort als künstlerisch ausgereifte Persönlichkeit in Erscheinung trat. In Abt DIETMAYR fand er einen kongenialen Bauherrn, der sich seines geschichtlichen Auftrags bewußt war und es verstand, die nötigen Mittel sicherzustellen, um alle im neuen Stil des Barock errichteten oder umgebauten Stifte Österreichs in jeder Hinsicht zu übertreffen.[146a]

Das Stift erhebt sich auf einem Höhenrücken, der bis zur Donau heranreicht. In einer phantastischen Synthese von Landschaft und Architektur trat das Kloster dem damals aus Wien über das Donautal anreisenden Besucher mit seiner riesigen Südfront und der annähernd nach Westen weisenden Kirchenfassade machtvoll entgegen (Farbt. 13). Dem relativ schmalen Terrain angepaßt, erstreckt sich die Stiftsanlage auf einer Ost-West-Achse von insgesamt 320 m Länge (Abb. 103). Durch ein den Gedanken des Triumphbogens versinnbildlichendes Portal, das von zwei Bastionen eingefaßt ist, betritt der Besucher im Osten den Vorhof und schreitet weiter zur Haupteinfahrt des Prälatenhofs. Ein palastartig gegliederter, nur leicht vortretender Risalit (1723/24) zeigt den kühl artikulierenden, teilweise an der Architektur FISCHERS orientierten Spätstil Prandtauers (Farbt. 14). Der Einfluß Fischers (z. B.: Palais Trautson) bezieht sich jedoch lediglich auf die großen Umrisse der dreiachsigen, von Kompositpilastern monumentaler Ordnung und einem Dreieckgiebel abgeschlossenen Hauptfront. Im Detail hingegen tritt die eigenständige Formensprache Prandtauers deutlich hervor: In ganz ungewohnter Manier sind Obelisken auf hohen

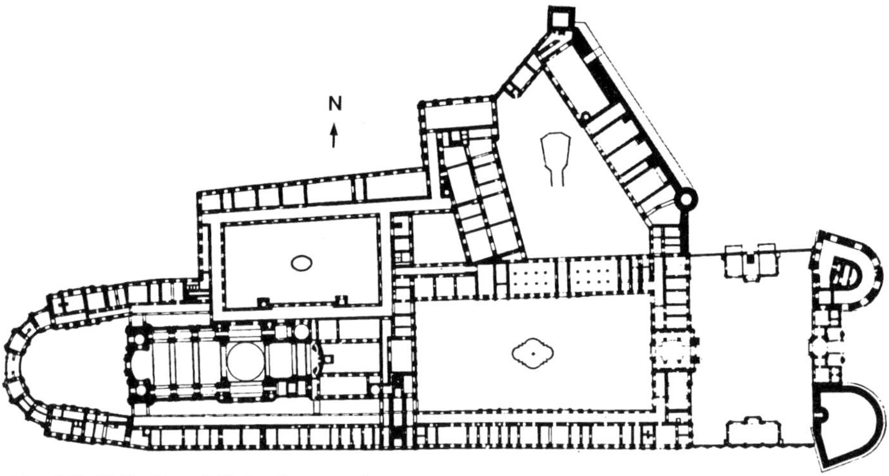

103 Stift Melk, Grundriß der Gesamtanlage

Postamenten freiplastisch vor die äußeren Pilaster der mittleren Achse gestellt, deren Fenster einen paarweisen Zusammenschluß unter einheitlicher Verdachung – ein typisches Motiv Prandtauers – erkennen lassen. Im Vergleich zur mittleren Schaffensperiode des Künstlers macht sich an diesem Trakt ein fühlbarer Trend zur Geometrisierung der Wandflächen bemerkbar. Trotzdem offenbart sich auch hier am freistehenden Motiv der Obelisken die typische Handschrift des in seiner frühen Schaffenszeit wahrscheinlich überwiegend als Bildhauer tätigen Künstlers.

Durch den Haupteingang gelangt man in den weitausgedehnten Prälatenhof mit dem Prälaturtrakt im Westen, hinter dem sich in weiterem Verlauf der Ost-West-Achse die Kirchenkuppel platzbeherrschend erhebt. Durch den linken Torbogen des Traktes erreicht der Besucher das mehrläufige Treppenhaus, das im Norden zur Prälatur und im Süden zum Gästetrakt führt. Der westliche Teil des Gästeflügels (südlich der Kirche gelegen) ist der Enfilade der Kaiserzimmer vorbehalten, die in den Repräsentationszwecken dienenden Marmorsaal (auch »Kaisersaal« genannt) münden. Am Ende des nördlichen Stiftstraktes setzt die Bibliothek, die hier dem Kaisersaal begegnet, einen ebenso entscheidenden Bauakzent. Die beiden Saalbauten schließen sich am äußersten Ende des Felsplateaus im gekurvt ausschwingenden Altan vor der Kirchenfassade um den Kolomanihof zusammen. Auf engstem Areal sind hier die drei »ranghöchsten« Gebäude – die im absoluten Gleichklang befindlichen Mächte, Kirche und Kaisertum, gleichsam symbolisierend – miteinander vereinigt. Der Ausgestaltung der Gast- und Kaiserzimmer widmete der Abt sein Hauptaugenmerk. In einer Chronik über die Reise des bayerischen Kurfürsten Karl Albrecht nach Melk im Jahre 1739 ist deren Pracht ausführlich gewürdigt: Alles sei trefflich vorbereitet, »wann allenfalls aus dem Erzherzogl. Haus Österreich jemand in allerhöchster Person daselbst in Melk eintreffen werde«.[147] Das gesamte Bildprogramm von Melk, wie es vor allem an Fresken PAUL TROGERS im Marmorsaal und in der Bibliothek (1731) zum Ausdruck gelangt, scheint auf die Person des Kaisers ausgerichtet.[148] In dessen Verherrlichung übertrifft die Abtei sogar die beiden anderen Donaustifte Göttweig und Klosterneuburg, die ebenfalls von einer eindrucksvollen Kaiserikonologie gekennzeichnet sind.

Im Jahre 1702 erfolgte die Grundsteinlegung zum Bau der Stiftskirche. Der Rohbau stand bereits 1706, 1711 war die Fassade mit ihren beiden Türmen fertiggestellt, und 1714 wurde der Bau der Kuppel vollendet. Prandtauer war bis zu seinem Tod in Melk beschäftigt und beaufsichtigte selbst – und darin unterscheidet er sich von seinen beiden »adeligen« Konkurrenten FISCHER und HILDEBRANDT – den Gang der Bauarbeiten: mit Recht charakterisiert ihn H. HANTSCH als »Künstler von eminent praktischer Begabung«.[149] Vier Jahre nach seinem Tod – in der Zwischenzeit beaufsichtigte der Abt wahrscheinlich selbst die Arbeiten – übernahm JOSEPH MUNGGENAST die Bauleitung, ohne von den Inventionen seines Vorgängers abzuweichen. Zwei Jahre nach Abschluß der Bautätigkeit in Melk, 1738, mußten nach einer die gesamte Donauseite des Stifts heimsuchenden Brandkatastrophe der oberste Teil der Türme, deren Hauben und die Kuppel erneuert werden. Munggenast fand nun Gelegenheit, die Turmabschlüsse – unabhängig von Prandtauers Konzept – nach eigenständiger Auffassung neu zu errichten.

Die beiden dreigeschossigen Türme sind mittels durchlaufender Gebälkslagen in den dreiachsigen Mittelabschnitt der Fassade einheitlich integriert. Prandtauer suchte die einzelnen Wandpartien in vibrierende Schwingung zu versetzen und ließ die an den Turmachsen nach innen gerichteten, vertikal durch einen Knick zweigeteilten Pilasterschäfte konkav einschwingen: in der Mittelachse hingegen treten die auf das Zentrum weisenden Pilasterteile konvex vor (Abb. 104). Da die Wand selbst nur geringfügige Krümmungen erkennen läßt, ist die leicht gewellte Erscheinungsform der Fassade hauptsächlich auf diesen von Prandtauer eigenständig behandelten Pilastertypus zurückzuführen. Mit dieser Innovation entfernte er sich beträchtlich von der traditionellen Bauauffassung des 17. Jahrhunderts, Doppelturmfassaden als scharf abgezirkelte und »unbewegte« Mauermassen in kubischer Schichtung, wie etwa am Salzburger Dom, zu errichten.[150] In ganz anderer Weise hatte FISCHER schon in den neunziger Jahren Kirchenfassaden als in Schwingung versetzte Wandpartien interpretiert: Im Gegensatz zur gewellten Fassade Prandtauers dringt an der Salzburger Kollegienkirche (vgl. Abb. 75) der Mittelabschnitt der Doppelturmfassade als Baukörper in seiner Gesamtheit konvex vor, während die Türme plan ausgebildet sind. Gekurvte Fassadenelemente waren in Rom schon seit den dreißiger Jahren des 17. Jahrhunderts entwickelt worden. Mit großer Verspätung wurde solchen Intentionen nördlich der Alpen erstmalig in Österreich entsprochen, wobei vor allem auf MATTHIAS STEINLS Laxenburger Pfarrkirche (1693) verwiesen sei, deren Fassade im Anschluß an BORROMINIS S. Carlo alle Quattro Fontane in Rom nach dem Rhythmus einer Sinuskurve vor- und zurückschwingt. So extrem ausgebildete Kurvaturen waren Prandtauer fremd geblieben; die Melker Fassade zeigt lediglich eine stark gemilderte Version borrominesker Stilprinzipien.

104 Jakob Prandtauer: *Fassade der Stiftskirche von Melk, 1702 begonnen*

105 Jakob Prandtauer: *Stiftskirche von Melk, Blick ins Innere* ▷

Entgegen der bisher vertretenen Meinung, dem Kirchenneubau sei der totale Abbruch der mittelalterlichen Kirche vorangegangen – der Kontrakt von 1702 erwähnt »sowoll das Abbrechen alß das Aufbauen«[151] –, ist der neuesten Forschung der Nachweis gelungen, daß Prandtauer in einem beträchtlichen Ausmaß die Mauersubstanz des Vorgängerbaus in den Neubau einbezogen hat.[152] An das basilikale, dreijochige Langhaus schließt die von einer Tambourkuppel bekrönte Vierung (Abb. 105). Neuerlich, wie schon in vielen Kirchenbauten des 17. Jahrhunderts, wurde dem Typus von Il Gesù entsprochen, woran unter anderem auch das auffallend kurze Querhaus erinnert. Freilich blieb diese Übernahme nur auf das Grundsätzliche beschränkt: Im Gegensatz zu Il Gesù dominiert in Melk ein auffallender Höhenzug über das Ausmaß der Breite (Breite : Höhe = 1 :1,5), ein Charakteristikum, das den Bau auch von österreichischen Basiliken des 17. Jahrhunderts, z. B. Salzburger Dom und St. Florian (1 :1,3), beträchtlich unterscheidet; hinzu tritt ein radikaler Wandel im Wandaufrißsystem nach Gesichtspunkten des österreichischen Barock Prandtauerscher Prägung. Noch stärker als die Fassade wurden die Langhauswände in Schwingungen versetzt. Besonders signifikant ist dem Prinzip der gewellten Struktur am Gebälk mit seinen dreifach konkav zurückschwingenden Jochabschnitten Rechnung getragen. Es entfaltet sich eine Vibration, die sich sogar auf das aus zahlreichen Gesimsstreifen zusammengesetzte Gebälk zu übertragen scheint. Ein derartiger Reichtum an Profilierungen hätte der stilistischen Auffassung Fischers und Hildebrandts keinesfalls entsprochen.[153] Erstmalig in Österreich gelangte in Melk am Wandaufriß einer Basilika das borromineske Prinzip der in Bewegung versetzten Mauerstruktur zum Durchbruch (Abb. 106). Von der oval gewellten, an S. Carlo in Rom erinnernden Grundrißform der kleinen Kirchenvorhalle ausgehend, könnte man vermuten, Prandtauer hätte die Borromineske sogar aus erster Hand gekannt. Ist einerseits für die Gebälkszone der Langhauswand ein dreifach konkaver Rückschwung signifikant, so zeichnet sich andererseits an der Emporenbrüstung eine Gegenbewegung ab. Während im ersten und dritten Joch die Emporenbrüstungen bis zum Arkadenbogen der Seitenkapellen nur in den seitlichen Ansätzen eine konvexe Tendenz aufweisen, schwingt im mittleren Joch der untere Teil der Empore in vollem Umfang in den Raum. Die Empore kontrastiert an dieser Stelle mit der konkaven Mulde des Gebälks und akzentuiert das Langhaus in deutlich zentralisierender Absicht. Interessant ist ein Vergleich mit der 1715 geweihten *Stiftskirche von St. Florian,* wo sich C. A. Carlone in extremem stilistischem Gegensatz zu Melk noch ganz der Formensprache des 17. Jahrhunderts verpflichtet zeigte. In St. Florian setzt sich die Wand noch aus schweren vollkörperlichen Gliedern zusammen, während Prandtauer in Melk von dieser »tektonischen« Architektur vollständig Abstand nahm. Es ist verständlich, daß Carlone in St. Florian jene statische Wandstruktur monochrom beließ. Prandtauer hingegen fand in einer polychromen Gestaltung, in der Gold und Braunrot dominieren, eine seiner dynamischen Bauweise adäquate Ausdrucksform. Wie der Vergleich beweist, verkörpern die Kirchenräume von St. Florian und Melk auf stilistischer Ebene, und zwar in denkbar engstem Zeitrahmen, die Begegnung des 17. mit dem beginnenden 18. Jahrhundert in beispielhafter Form. Zusätzlich ist in der Melker Basilika die Farbenpracht der Wandzone durch das Deckenfresko (1719) noch

106 Jakob Prandtauer: *Emporen im Langhaus der Stiftskirche von Melk*

wesentlich gesteigert. Hier fand Prandtauer in Johann Michael Rottmayr einen kongenialen Freskanten, der es verstand, mit der »Verherrlichung des Hl. Benedikt« zwei der drei Segelgewölbe schon weitgehend einheitlich durchzugestalten (Farbt. 16). In der Kuppel schließlich gelangte die Dreifaltigkeit, von Heiligen umgeben, illusionistisch zur Darstellung; Melk ist in Österreich das letzte Beispiel einer von einer Tambourkuppel bekrönten Basilika (Farbt. 15). Theatralische Dekorationen an den logenähnlichen Emporen von Antonio Beduzzi und Antonio Galli-Bibiena (1714/34) vervollständigen den malerischen Eindruck der Kirche. Der großartige Hochaltar Beduzzis, von dem auch das Portal an der Westfassade der Kirche stammt, fügt sich vortrefflich in den Chorbau Prandtauers.

Offen bleibt weiterhin die Frage, wie weit der Bau des 170 m langen Westtrakts von *St. Florian* (Abb. 107) beim Amtsantritt Prandtauers, 1708, gediehen war. Um die Klärung dieses Problems haben sich zahlreiche Forscher bemüht, wobei Th. Korth – in Erwiderung der These E. Kirchner-Doberers, die den Bau zum Zeitpunkt des Ablebens C. A. Carlones lediglich bis zum sogenannten Bläserturm fortgeschritten vermutet – glaubhaft nachweisen kann, daß sich der Trakt in diesem Jahr bereits über den Bläserturm hinaus nach Süden erstreckte (ob damals schon alle zwölf Achsen ausgeführt waren, ist dabei nach wie

107 *Stift St. Florian, Gesamtanlage aus der Vogelschau (Aquarell aus der ›Topographia Floriacensis‹, 1743)*

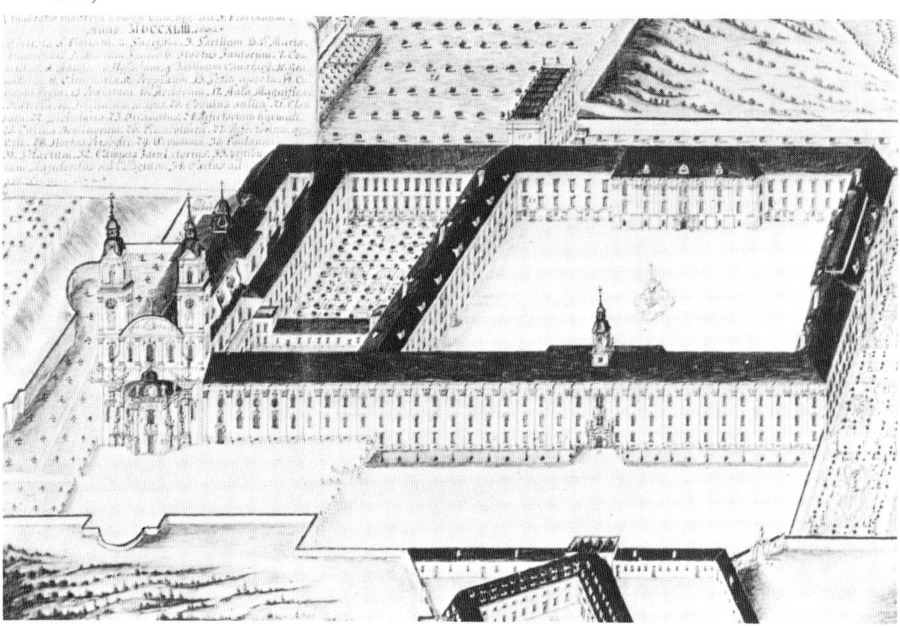

vor ungewiß); daneben führt er auch die Instrumentierung der Wand mit einer kolossalen Pilasterordnung noch auf C. A. Carlone zurück.[153a]

In der dem Bläserturm zugeordneten Achse öffnet sich das von Prandtauer entworfene Hauptportal (1713 vollendet), das als plastischer Körper aus dem Bau hervortritt und mit seiner reichen ornamentalen und figuralen Plastik den Besucher auf den prachtvollen Stiftshof vorbereitet. Es verdient aus mehreren Gründen besondere Beachtung. Zunächst ist zu erwähnen, daß sich Prandtauer bei seiner Planungstätigkeit durch die von Carlone vorgegebene, schmale und hohe Achsenproportion ungünstig präjudiziert fühlen mußte. Dabei ist jedoch nicht zu übersehen, daß er aus der Not eine Tugend machte und der äußerst eingeschränkten Möglichkeit zur Breitenentfaltung insofern begegnete, als er – nahezu kompromißlos – ein klares Bekenntnis zur Vertikaltendenz ablegte (Farbt. 18). Nur im unteren Geschoß drängen die das relativ kleine Tor flankierenden Atlantenpaare in die Breite und verstellen mit ihren Pfeilerrücklagen die nur zu zwei Drittel sichtbaren Pilaster der Fensterachsenbegrenzung. Auf dem Gebälk, das sich vom Torbogen auf die Atlantenpaare senkt, verläuft eine statuenbekrönte Balustrade und leitet zum Doppelfenster des zweiten Geschosses über, das von Hermenpilastern eingefaßt wird. Auch im letzten Geschoß bleibt die Kontinuität der Aufwärtsbewegung gewahrt. Das Balustradenmotiv erscheint hier – analog zum Torbogen – als konvex ausschwingender Balkon, hinter dem wir ein zweites Mal dem Typus des Doppelfensters begegnen. Seine gesprengte Verdachung ragt in das Gebälk des Gebäudes und gibt, zusammen mit allen anderen erwähnten Motiven, Zeugnis davon, daß Prandtauer das Stiftsportal als einen in die gesamte Fassadenhöhe integrierten Bestandteil interpretiert hat. Diese Auffassung hat nicht allein in der durch Carlone vorgegebenen schmalen Achsenführung ihre Ursache, sie ist vielmehr ein Charakteristikum Prandtauerscher Portalkonzeption schlechthin, die etwa auch für Melk, Herzogenburg und Garsten bestimmend ist. Von ganz anderen Voraussetzungen hingegen sind Fischer und Hildebrandt bei ihren Portalprojekten ausgegangen, die stets eine selbständigere, weitgehend auf das Erdgeschoß eingeschränkte Position erkennen lassen; ein Zusammenschluß mit den oberen Geschossen ist von ihnen in der für Prandtauer typischen Form niemals in Erwägung gezogen worden. Seiner Formensprache scheint sich auf diesem Sektor am ehesten Matthias Steinl mit dem ebenfalls die gesamte Gebäudehöhe umfassenden Kirchenportal von Dürnstein zu nähern.[154] Diese analoge Gestaltungsweise mag vielleicht darauf zurückzuführen sein, daß beide Künstler am Anfang ihrer Karriere der Bildhauerei verpflichtet waren. Wenn man den variationsreichen Gebrauch von bauplastischen Gliederungsformen am Portal von St. Florian in Betracht zieht, so darf angenommen werden, daß hier Prandtauer manches seiner Doppelbegabung zu verdanken hatte. Daran ändert auch nichts die Tatsache, daß sein Entwurf – gewiß nur in wenigen Details – von Giovanni Battista Bianco verändert wurde und die Skulpturen von Leonhard Sattler stammen.

Das Portal Prandtauers ist in der Fachliteratur in zweifacher Hinsicht auf negative Kritik gestoßen. Einmal wird auf das »empfindliche Mißverhältnis« zwischen der überreichen, alle drei Geschosse umfassenden bauplastischen Gestaltung und der »zu schmalen und niedrigen Öffnung des Tores«[155] verwiesen, eine negative Wertung, für die Prandtauer aus den oben angeführten Gründen wohl nicht verantwortlich gemacht werden kann. Weiter bemerkt man – und hier erscheint uns die Werkkritik durchaus berechtigt – das »altertümliche«, geradezu zähe Festhalten des Künstlers am Motiv des Doppelfensters, das mit der Toröffnung nur widerstrebend eine kommunikative Beziehung aufnimmt. Es hat tatsächlich den Anschein, wie HANTSCH feststellt, daß »sich der Künstler scheute, die Gleichmäßigkeit der Fensterreihen durch einen starken Akzent aus dem Gleichgewicht zu bringen«.[156] Die auch an anderen Bauten stets wiederkehrende Verwendung dieses Doppelfensters ist jedenfalls ein untrügliches, den Betrachter geradezu ermüdendes »Markenkennzeichen« Prandtauerscher Architektursprache.

Ehe sich der zweite Stiftshof öffnet, erreicht man am Ende der Toreinfahrt die in zwei Geschossen sich wiederholenden und nach beiden Seiten einläufig abzweigenden Treppen. Das Treppenhaus (1706/14) war bereits von C. A. CARLONE als stark in den Stiftshof ausladender Risalit konzipiert worden (Farbt. 17)[156a]. Der oberitalienisch geschulte Baumeister beabsichtigte die Fassade des zweigeschossigen Treppentrakts mit zwei schräganlaufenden Arkadenreihen zu öffnen. Diese Idee, einem Treppenhaus Arkadenstellungen vorzulagern, war in Oberitalien, etwa im Mailänder Brera-Palast, durchaus gebräuchlich; aus dieser Landschaft stammen ja die entscheidenden künstlerischen Anregungen Carlones. – Im gesamten Œuvre Prandtauers gibt es keinen Risalit, der so markant aus dem Mauerverband hervortritt – ein weiteres Indiz für die Urheberschaft Carlones. Jedoch haben erst die Änderungen Prandtauers das Stiegenhaus von St. Florian in den Rang eines barocken Bauwerks von europäischer Geltung erhoben. »Wenn über den steigenden Arkaden des Untergeschosses nun im Obergeschoß nur mehr waagrechte Arkaden angeordnet werden, so ist dies nicht mehr Carlones, das ist Prandtauers Schöpfung ... (Er) setzt dem carlonesken Kompositionsprinzip motivischer Wiederholung seine Abstimmung der Motive auf einer höheren Synthese des Gesamtaufbaus entgegen.«[157] Der Baumeister nahm der Fassade ihre lastende Schwere und schloß in vertikaler Folge die Arkaden mit ornamental vergitterten Zwickeln zusammen. Diese trapezoiden Gebilde setzen unmittelbar unter den Balustraden der Arkaden des Obergeschosses an, »ein dekoratives Motiv als Basis eines tektonischen; das hätte ein Carlone niemals über sich gebracht! Es ist nicht nur eine andere Persönlichkeit, es ist der Unterschied der Nation und der Generation, der sich hier geltend macht«.[158] Auf dieses malerische Empfinden Prandtauers kann nicht deutlich genug hingewiesen werden.[159] – Alle Arkaden, einschließlich der mächtigen Bogenöffnung in der Mitte, wurden nach dem Motiv des Palladio-Bogens, das Carlone schon in der Stiftskirche zur Anwendung gebracht hatte, errichtet; auf hohen Sockeln stehende Kolossalpilaster unterteilen diese »Arkadenwand« in sieben Achsen. Das Treppenhaus führt zu den im zweiten Geschoß des Westtrakts befindlichen Kaiserzimmern und ist unter dem Aspekt dieser Zielsetzung auch als »Kaiserstiege« zu interpretieren. Zunächst aber gelangt man über die beiden Stiegenläufe zum Korridor des ersten Geschosses. Dort erreicht der Besucher über vier Stufen ein von der

108 JOKOB PRANDTAUER: *Stift St. Florian, Treppenhaus, 1708–1714* ▷

Hauptarkade begrenztes Podest, wo sich die Aussicht auf den weiten Stiftshof öffnet – ikonologisch gesehen, eine Benediktionsloggia für den Abt und ein Huldigungspodest für den Kaiser. Von hier führen zwei weitere Treppenarme in das Obergeschoß zum Kaisergang, der sich mit dem Treppenhaus unter einer weitgespannten Decke zu einem einheitlichen Raum zusammenschließt (Abb. 108). Obgleich sich die Balustrade des Kaisergangs in beträchtlichem Abstand von der Risalitfront bereits im Gebäudekern befindet, erreicht der Blick selbst noch von dieser Stelle durch die weitgeöffnete Mittelarkade den Stiftshof. Unter Prandtauers zentralisierender Raumgestaltung wachsen somit die Teile der carlonesken Anlage dermaßen ineinander, daß Kaisergang und Treppenhaus, Binnen- und Freiraum zu einem einzigen, aber um so reicheren Gesamteindruck verschmelzen[160].

In die Reihe der bedeutendsten Werke PRANDTAUERS gehört auch der in den Südflügel des Stiftshofs von St. Florian eingebundene Marmorsaaltrakt (1718/24). Dem Architekturverständnis Prandtauers gemäß tritt er als siebenachsiger Risalit nur leicht aus der Mauerflucht des Flügels (s. Umschlagvorderseite). Seine drei mittleren Achsen zeigen eine nochmalige Tendenz zum risalitartigen Vorsprung, dem auch am Mansarddach mit lediglich linearer Akzentuierung Rechnung getragen wurde. Während aus der Wahl dieser Dachform deutlich Anleihen von HILDEBRANDTS Unterem Belvedere ersichtlich sind, ist an der monumentalen, über zweieinhalb Geschosse reichenden Pilasterordnung eine stilistische Parallele zu FISCHER zu erkennen. In der Art jedoch, wie Prandtauer das Hauptgebälk oberhalb der glockenförmigen Oberlichtfenster in die Dachtraufe der begleitenden Stiftsflügel gleiten läßt, ist eine Abkehr von Fischers kontrastreich gestaltender Risalitauffassung im Sinne einer vereinheitlichenden Tendenz und malerischen Absicht unverkennbar. Anlässe zur Kontaktnahme Prandtauers mit Fischer und Hildebrandt waren mehrfach gegeben, es sei nur auf die Zusammenarbeit Prandtauers mit Fischer am Stiftsbau von Herzogenburg (1717) verwiesen. Hildebrandt hingegen dürfte er anläßlich der Konkurrenzplanung für Göttweig begegnet sein.

Auch im Marmorsaal werden die drei mittleren Fensterachsen in zentralisierender Intention, analog zum schwach vortretenden Risalit der Fassade, von Säulen auf hohen Sockeln flankiert, wobei das mittlere Fenster von Doppelsäulen begrenzt ist (Farbt. 19); an die begleitenden Fenster schließen in weiterer Folge lediglich einfache Säulen, denen Doppelpilaster zur Seite gestellt sind. Die übrigen Achsen der Längswand sind, wie die fensterlosen Querwände, nur noch durch gekuppelte Pilaster gegliedert. Die Pracht des Saals wird durch den Reichtum der Farbigkeit und die Vielfalt des Materials zusätzlich gesteigert. Während der Sockelzone das Material Marmor vorbehalten blieb, wurde für die Wandgliederung Stuckmarmor (stucco lustro) verwendet. Es dominieren die Farben Rotbraun, Hellgrau und Gold. Noch nie war vor Prandtauers Wirken eine ähnlich ausgeprägte Wechselbeziehung zwischen Kolorit und Architektur erzielt worden. Oberhalb des Gebälks erheben sich in den Vouten des freskierten Spiegelgewölbes (1723/24), die Farbenpracht des Saals unterstreichend, scheinarchitektonische Elemente IPPOLITO SCONZANIS, ehe sich das Deckenfresko BARTOLOMEO ALTOMONTES illusionistisch über den Raum weitet. In der Verherrlichung der Siege Österreichs über die Türken und in der

Darstellung der Segnungen des Friedens dominiert neuerlich, und in vielleicht noch gegenständlicherer Form als in Melk, eine spezifische Kaiserikonologie, die noch durch Reiterbilder KARLS VI. und des PRINZEN EUGEN verdeutlicht wird.

Im Jahre 1714 wurde der Grundstein für den Neubau des *Augustiner-Chorherrenstifts Herzogenburg* gelegt. Planung und Bauleitung wurden PRANDTAUER übertragen, dem hier – im Gegensatz zu Melk – für die Realisierung seines Projekts verhältnismäßig bescheidene Geldmittel zur Verfügung standen. Während in den Melker Stiftsbau jährlich etwa 30000 Gulden investiert wurden, sind im Kostenvoranschlag für Herzogenburg insgesamt lediglich 54000 Gulden ausgewiesen. Dieser Zwang zur finanziellen Einschränkung brachte es offenbar mit sich, daß die vier in einem ersten Entwurf projektierten Höfe in der Endphase der Planungsarbeiten auf zwei reduziert werden mußten.

Der Neubau der spätgotischen Hallenkirche wurde erst 17 Jahre nach dem Tod des Baumeisters in Angriff genommen (Grundsteinlegung: 1743). Das Gotteshaus ist in den Südflügel des Stiftes integriert und damit gleichsam an den Rand gerückt. In dieser Position unterscheidet es sich von den meisten barocken Stiftskirchen Österreichs, die im Rahmen der Klosteranlagen – häufig das Zentrum betonend – eine dominierende Stellung einnehmen.

Der damals ganz allgemein vorherrschenden Bauleidenschaft huldigte auch der Abt von Herzogenburg, und zwar in einem Maße, daß er – trotz beschränkter Finanzgebarung – mit der entwerfenden Hand Prandtauers allein offenbar nicht sein Auslangen zu finden glaubte. Neben Prandtauer sollte auch ein kaiserlicher Architekt für den Neubau gewonnen werden. Diesen ehrgeizigen Intentionen stellte sich der auf dem Höhepunkt seiner Karriere stehende J. B. FISCHER VON ERLACH im Jahre 1716 mit Entwürfen für den Kaisersaal und das Treppenhaus zur Verfügung. Der Auftrag, im Rahmen des von Prandtauer projektierten Osttrakts den Kaisersaal zu entwerfen, führte – soweit wir unterrichtet sind – zur ersten und einzigen Begegnung zwischen Prandtauer und Fischer. Die sich zwangsläufig daraus ergebende Kooperation dürfte für beide Architekten wenig erfreulich gewesen sein. So mutet etwa der aus dem flächigen Wandsystem des Prandtauerschen Osttrakts raumplastisch ausgreifende, monumentale Kaisersaal-Risalit Fischers wie ein Fremdkörper an (Abb. 109). Prandtauer hatte in den Flügelbauten eine sehr eigenwillige Aufrißdisposition vorgesehen, in der die beiden unteren Geschosse mehr als die Hälfte der Fassadenhöhe einnehmen und mittels konsequent durchgeführter Nutung den Eindruck einer überdimensionalen Sockelzone erzeugen; in ungewohnt reduziertem Höhenausmaß erheben sich darauf die beiden Obergeschosse (Hauptfenster und Mezzanin). Die beiden Fassadenabschnitte sind durch ein Kordongesims getrennt, dem sich Fischer in seinem Risalit offensichtlich anzupassen trachtete. Dieses vorgegebene Gesimsniveau führte hier zur Konzeption einer gleichfalls genuteten, geradezu unharmonisch überhöhten und ebenso zwei Geschosse umfassenden Basiszone. Fast zwangsläufig ergab sich ein zu hoher »Sockel«, der durch zwei gekuppelte Kolossalpilaster eine zwar notwendige, aber keinesfalls befriedigende Akzentuierung erfuhr – im Schaffen Fischers gewiß eine singuläre Erscheinungsform. Dieses Motiv fügt sich so schlecht in den Gesamtrahmen der Kaisersaal-

109 JOHANN BERNHARD FISCHER VON ERLACH: *Stift Herzogenburg, Mittelrisalit des Osttraktes, 1716*

Fassade, daß man sich unwillkürlich die Frage stellt, ob hier nicht bereits eine Abweichung von Fischers nicht erhaltenem Plan vorliegt. Man beachte nur die kaum mehr überbietbare Diskrepanz der Pilasterpaare zur Achsenrhythmisierung und Monumentalpilasterordnung des Piano Nobile! Diese Situation widerspricht jeder architektonischen Regel und ist »bei Fischer unmöglich, ebenso der verkümmerte Rest der Treppe, die jetzt unter dem Saal eine an die Stelle des Vestibüls getretene kellerartige Sala terrena mit einem darüber liegenden

110 JAKOB PRANDTAUER: *Stift Herzogenburg, Haupteinfahrt, 1714 begonnen*

ähnlichen Raum verbindet ... Es könnte sich um spätere Veränderungen handeln, etwa aus der Zeit, als unter Propst FRIGDIAN KNECHT 1751–1752 die Sala terrena ausgemalt wurde«.[161]

Der Hinweis auf FISCHERS Kaisersaal erscheint sehr informativ, zeigt er doch deutlich auf, wie sehr sich PRANDTAUERS Formensprache vom baulichen Motivrepertoire des kaiserlichen Architekten unterscheidet. Die Tatsache, daß sich der St. Pöltener Baumeister in Herzogenburg (Nordtrakt) ebenfalls mit dem Problemkreis der Risalitbildung beschäftigt hat, stellt geradezu eine Herausforderung dar, die Lösungen der beiden Architekten in Anbetracht einer ähnlichen Bauthematik miteinander zu vergleichen. Wie schon in Melk ließ Prandtauer den Risalit an der Haupteinfahrt (ein zweiter, völlig gleich gestalteter erhebt sich über dem Portal des zweiten Stifthofs) nur geringfügig aus dem Verband der langgestreckten Klosterfassade hervortreten (Abb. 110). Wie am Risalit Fischers ist die Fassade in fünf Achsen gegliedert, wobei die mittleren drei – gleichsam als Abbreviatur der Melker Eingangsfront – von einem Dreieckgiebel zusammengefaßt und akzentuiert sind. Wie sehr sich die stilistischen Auffassungen der Künstler voneinander unterscheiden, zeigt ein Vergleich der beiden Risalittypen: Während Fischer den Risalit als plastischen Baukörper (vgl. auch das Palais Trautson in Wien; Abb. 80) vor den Stiftstrakt treten ließ, band ihn Prandtauer in flächenbezogener Absicht eng an die anschließenden Fassaden, deren Fenster sich – abgesehen von veränderten Verdachungsmotiven – am Torrisalit in nahezu gleicher Höhe fortsetzen. Der gleichsam dramatischen Vorgangsweise Fischers, die Fenster in monumentaler Höhenerstreckung von den kleinteiligen Fensteröffnungen der flankierenden Klosterflügel deutlich abzusetzen, konnte sich Prandtauer weder hier noch in Melk oder auch am Linzer Bischofshof anschließen. Wenn man noch zusätzlich die unterschiedlichen Lösungen der Baumeister im Bereich der Mittelfenster in Betracht zieht, so wird die stilistische Einschränkung durch H. Hantsch, der hier den Künstler »in alten Traditionen wurzeln« sieht, erst in ihrer ganzen Tragweite verständlich.[162] Deutlich angesprochen ist damit die kontinuierliche Aneinanderreihung von Fensterachsen an Palastbauten des 17. Jahrhunderts. Während Prandtauer das Motiv des Mittelfensters durch Verdoppelung der angrenzenden Fenster in wenig phantasievoller Weise zu bewältigen trachtete, bot sich Fischer hier, wie auch an seinen Palastbauten, neuerlich die Gelegenheit, seinen Rang als führender Architekt unter Beweis zu stellen: Das Fenster wird von Hermenpilastern begrenzt, von einer Balustrade akzentuiert und biegt sich im Bereich des Sturzes sowie im verkröpften Segmentgiebel konvex nach außen.

Einen deutlichen Hang zur Tradition bewies Prandtauer noch in seiner letzten Schaffenszeit an der Hauptfassade des *Linzer Bischofshofes* (1721/26). Die Schaufront erhebt sich auf einem genuteten Sockelgeschoß und wird von gekuppelten Kolossalpilastern in neun Achsen gegliedert. Auch hier begegnet man, nun schon in gewohnter Weise, einem weitgehend in der Wandebene verharrenden Risalit, dessen alterprobtes Doppelfenstermotiv, trotz erhöhter Verdachung, gemeinsam mit den sich wiederholenden Pilasterpaaren den Eindruck additiver Achsenfolge nur unerheblich vermindert.

Anhand der beiden zuletzt besprochenen Werke Prandtauers (die Risalite von Herzogenburg und der Linzer Bischofshof) kann sehr anschaulich nachgewiesen werden, daß der Künstler deutlich bestrebt war, in seinem baulichen Schaffen eine klare Alternative zur Architekturauffassung Fischers anzubieten. In diesem Zusammenhang stellt sich die Frage, ob H. Hantsch den Einfluß Fischers auf Prandtauer nicht ein wenig überschätzt hat. Ausgehend von den überlieferten Aufenthalten Prandtauers in der Reichshauptstadt, meint der Autor weiter, der Baumeister habe »die Wiener Baukunst nach seiner persönlichen Interpretation auf das Land verpflanzt«.[163] Auch dieser Hypothese ist nicht mehr als der Rang einer Behauptung beizumessen, da Untersuchungen zu diesem Fragenkreis u. E bislang noch fehlen. Die Eigenständigkeit des Baumeisters hat gerade der profilierteste Kenner der Kunst Fischers, H. SEDLMAYR, nachhaltig unterstrichen, wenn er feststellt, daß »Prandtauer österreichischer erscheint als Fischer oder auch Hildebrandt«.[164] Auch der Kommentar eines Zeitgenossen Prandtauers, Propst HIERONYMUS ÜBELBACHER aus Dürnstein, weist in diese Richtung: Nach dem Tod des Künstlers würdigt er ihn als den »fürnehmsten Baumeister aus ganz Österreich«.

Von den großen Architekten seiner Zeit unterscheidet sich Prandtauer durch seine praxisbezogene Haltung. »Er gab bautechnische Gutachten, die mehr galten als die Hildebrandts und Steinls, er bewältigte einfache wie große Aufgaben, ohne die gestellten Aufträge jemals zu übersteigern, und er konnte sich geschickt anpassen, ohne dabei seine Eigenart zu verlieren.«[165] Ein sehr anschauliches Bild vom Charakter des bedeutendsten Stiftsarchitekten des österreichischen Barock zeichnet H. HANTSCH, wenn er schreibt: »In damals gebräuchlichem Stil wurde dem jungen Prandtauer in seinem Lehrbrief die Bezeichnung ›bescheiden‹ beigefügt. Für ihn bedeutete es doch mehr als ein bloßes Wort. Bescheiden war sein ganzes Leben. Er bietet nichts Außerordentliches, außer ungewöhnliche Arbeitsleistung und geniales Schaffen, aber keine äußeren erschütternden, aufwühlenden Ereignisse stören seinen gleichmäßigen Gang. Seine gewaltigen Leistungen bringen ihm so viel ein, daß er sich ein behagliches Leben hätte gönnen können, doch er baut sich keinen Palast und strebt nach keinem Titel, zufrieden mit dem Ansehen, das ihm seine Kunst allenthalben erworben hatte; denn seine Bedeutung und Größe hat schon die Mitwelt erkannt.«[166]

Matthias Steinl und Joseph Munggenast

MATTHIAS STEINL wurde um 1644, vermutlich auf Salzburger Territorium, geboren. Über seine Lehrjahre liegen keine Informationen vor, und ein Italienaufenthalt kann lediglich vermutet werden.[167] Für die Jahre 1676–1680 ist seine Anwesenheit in *Leubus* (Schlesien) überliefert, wo er vielleicht sogar bis 1682 vornehmlich als Bildhauer tätig war und für die *Stiftskirche der Zisterzienser* einige Altäre schuf. Über seine Tätigkeit in *Breslau* von 1682 bis ca. 1688 herrscht Ungewißheit. Fest steht, daß er vom Breslauer Bischof gefördert und in der Folge wahrscheinlich an den kaiserlichen Hof in Wien weiterempfohlen wurde, wo er als kaiserlicher Kammerbeinstecher von 1688 bis 1712 ein Jahreseinkommen von 500 Gulden bezog. Kleine, aus Elfenbein geschnitzte Reiterstatuetten LEOPOLDS I. und JOSEPHS I. weisen ihn als hochbegabten Plastiker aus. Steinl war vielleicht der vielseitigste Künstler des österreichischen Barock und wurde auch von Stiften und Klöstern in den unterschiedlichsten Disziplinen beschäftigt. In seiner Tätigkeit als Stecher, Bildhauer, Stukkateur, Elfen-

111 Matthias Steinl: *Pfarrkirche in Laxenburg, Turmfassade, 1693 begonnen*

112 Matthias Steinl: *Dorotheerkirche in Wien, Fassade, 1702 begonnen (Zeichnung von Salomon Kleiner)* ▷

beinschnitzer, Kunstschlosser, Goldschmied und Architekt war er prädestiniert, an der 1692 unter Leopold I. gegründeten Akademie der Bildenden Künste in Wien ein Lehramt zu übernehmen. In dieser Funktion wirkte er für eine ganze Künstlergeneration schulbildend, wie seine Vorlagen und Entwürfe beweisen, auf deren Grundlage in verschiedenen Kunstbereichen gearbeitet wurde.

Nach dem bisherigen Forschungsstand schuf Steinl ab 1693 mit der *Pfarrkirche von Laxenburg* in Niederösterreich erst als Vierzigjähriger sein erstes rein architektonisches Werk. Im ikonologischen Programm der Pfarrkirche sind Zusammenhänge mit dem Kaiserhaus bemerkbar, weshalb angenommen werden kann, daß LEOPOLD I. den Bau finanziell gefördert hat; der Hof hielt sich ja recht häufig in Laxenburg auf. Die eher bescheiden anmutende Kirche ist für die Entwicklung des österreichischen Barock dennoch in mehrfacher Hinsicht bemerkenswert: Einerseits handelt es sich um den frühesten bekannten Sakralbau Steinls, andererseits um den ersten hochbarocken Kirchenbau im Bereich der Wiener Kunstlandschaft und schließlich, und das ist das Entscheidende, tritt an der Fassade erstmalig nördlich der Alpen ein gekurvtes Wandkonzept nach dem Vorbild BORROMINIS (S. Carlo, Rom) in Erscheinung (Abb. 111). In der Grundrißkonzeption hingegen kommt erstmalig der guarineske Einfluß in Österreich zur Geltung; es handelt sich um einen längsgerichteten Vierpaß-Zentralbau mit einer Flachkuppel. Den Stilformen Borrominis hatte Steinl schon an seinen Leubuser Altären Interesse entgegengebracht. In

Laxenburg transponierte er die konkav-konvex-konkave Wandkurvatur in die Vertikale einer Turmfassade. Auch modifizierte er die klare »Sinuskurve« Borrominis in der Form, daß er den konvexen Mittelabschnitt über die konvergierend einfallenden Mulden der Seitenachsen dominieren ließ, eine unregelmäßige Ausbildung des borrominesken Prinzips, in dem sich Steinls Denken in Kategorien der Skulptur widerzuspiegeln scheint.[168]

Das erste urkundlich überlieferte Projekt Steinls ist der Umbau der später abgebrochenen *Dorotheerkirche* (1702/04; Chorherrenstift) in *Wien* (Abb. 112). Mit der zwischen zwei Türmen konkav zurücktretenden Schauwand entwickelte Steinl für Wien einen neuen Fassadentypus, dessen stilistische Voraussetzung in Fischers Fassade der Dreifaltigkeitskirche in Salzburg begründet liegt; diese Affinität beschränkt sich allerdings auf die konkave Krümmung. Darüber hinaus läßt sich an der Dorotheerkirche eine Umwandlung des schwer und breit lastenden Erscheinungsbildes der Salzburger Fassade zugunsten eines schmal- und hochkonzipierten Fassadentypus feststellen. Der Künstler dürfte sich mit diesem Problem schon um 1698 beschäftigt haben, als ihm noch eine turmlose Fassade mit deutlichen Anklängen an seine Altarbaukunst (z. B.: Leubus) vorschwebte.[169]

Von der durchlaufend konkaven Biegung der Dorotheerkirche ausgehend, gelangten G. Schickola und L. Pühringer-Zwanowetz zur übereinstimmenden Auffassung, daß die ebenfalls konkav einschwingende Fassade der *Karmelitinnenkirche in St. Pölten* (1712 vollendet; Abb. 113) Steinl zuzuschreiben sei, nachdem zuvor von der Forschung stets Prandtauer als Inventor in Anspruch genommen worden war.[170] Den ersten Anstoß zur Revision der Prandtauerschen Autorschaft hatte jedoch bereits H. G. Franz mit der Feststellung gegeben, daß die Fassade der Karmelitinnenkirche als Werk Prandtauers nur schwer mit der etwa gleichzeitig entstandenen Fassade der Melker Stiftskirche zu vereinen sei.[171]

Sowohl für das Projekt der Laxenburger Pfarrkirche als auch für den Bau der Dorotheerkirche wurde Chr. A. Oedtl die Bauleitung übertragen, wie es überhaupt den Anschein hat, daß ihm die Realisierung aller Steinlschen Vorhaben anvertraut war.[172] Als er für die Dreifaltigkeitskirche der Trinitarier in Wien (Grundsteinlegung: 1695; seit 1784 Minoritenkirche) – sein einziger bekannt gewordener Kirchenbau auf Wiener Boden – auch für die Planungsarbeiten verantwortlich zeichnen durfte, stand er beim Entwurf der Fassade ganz unter dem Eindruck von Steinls vielleicht fast gleichzeitig in Bau befindlicher Dorotheerkirche. Zwar erfolgte der endgültige Ausbau der Fassade erst ab 1735 nach teilweise vom Entwurf abweichenden Gesichtspunkten, doch ist einer Zeichnung S. Kleiners (vor 1724) zu entnehmen, daß Oedtl ursprünglich von der Absicht ausgegangen war, die Fassade zwischen den Türmen nach dem Vorbild der Dorotheerkirche konkav durchzubiegen.

Erst die jüngsten Forschungen Rizzis haben ergeben, daß sich der vielseitige Künstler offenbar auch auf dem Sektor der Profanarchitektur betätigt hat. So bemerkt er etwa an der Fassade des *Herzogenburger Stiftshofs* (Wien, Annagasse Nr. 6; für dessen Erneuerung ist Oedtl ab 1699 als Bauleiter überliefert), daß mehrere Baumerkmale, die über den eher bescheidenen Motivschatz Oedtls hinausweisen, von der entwerfenden Hand eines auch der

113 MATTHIAS STEINL: *Karmelitinnenkirche in St. Pölten, 1712 vollendet*

Plastik verpflichteten Architekten Zeugnis geben. Im Hinweis auf die an den Enden eingedrehten Halbkreiskartuschen der Fensterverdachungen, »ein beim Bildhauer-Architekten Steinl in monomanischer Weise Verwendung findendes Dekormotiv«[173], vermutet er die planende Teilnahme Steinls. Erhärtet wird diese Hypothese noch durch die Tatsache, daß der Künstler mit dem Augustiner-Chorherrenstift Herzogenburg in Verbindung stand, in dessen Auftrag er ungefähr zur gleichen Zeit einen Entwurf für den Umbau der Stiftskirche geliefert hatte.[174]

In unmittelbarer Nähe zur 1848 abgebrochenen Dorotheerkirche befindet sich das *Palais Starhemberg*, das im Jahre 1702 aufgestockt und zu diesem Anlaß mit einer neuen Fassade

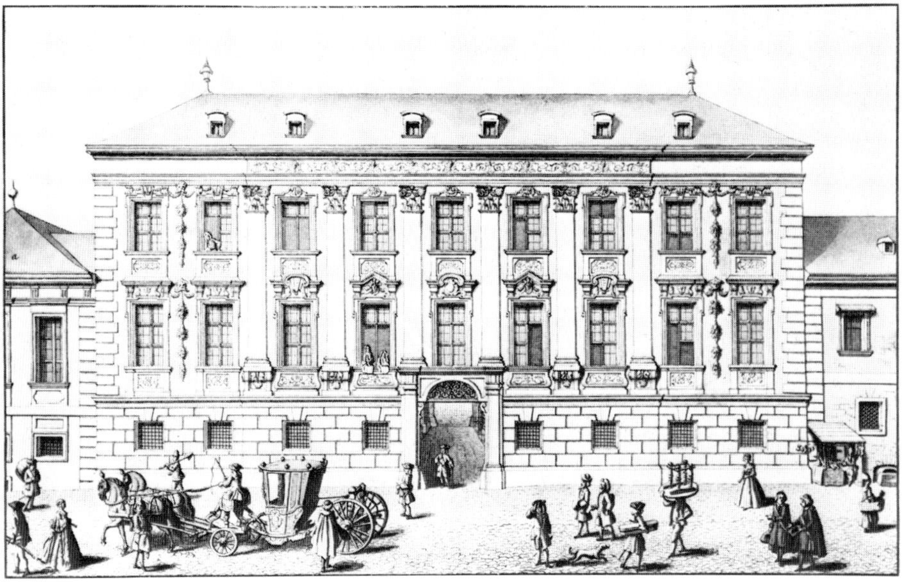

114 Matthias Steinl: *Palais Starhemberg in Wien, 1702 (Zeichnung von Salomon Kleiner)*

115 Matthias Steinl: *Hochaltar der Stiftskirche in Vorau, 1704* ▷

ausgestattet wurde (im 19. Jahrhundert verändert; den alten Zustand zeigt eine Zeichnung S. Kleiners; Abb. 114). Mit überzeugenden Argumenten schreibt Rizzi die Neugestaltung des Palais Steinl zu. In stilistischer Nähe zum etwas älteren Palais Corbelli Hildebrandts trägt die Fassade, wie jene des erwähnten Herzogenburger Stiftshofs, mit den eingedrehten Halbkreiskartuschen der Fensterverdachungen das »unverwechselbare Signet« Steinls. »Auch die Brüstungszone der Beletage läßt in der dichtgedrängten Abfolge von sackförmig nach unten vorgebauchten Parapeten und den im Gegensinn vortretenden Pilastersockeln am Risalit wiederum eine in besonderem Maße plastisch begabte Hand vermuten.«[175] Solche Motive, die ein spezifisches Denken in Kategorien der Bildhauerei verraten, treten im Œuvre Fischers oder Hildebrandts nirgends auf, und da im Schaffen Oedtls vergleichbare Qualitätskennzeichen kaum anzutreffen sind, kann Rizzis Zuschreibung als wesentliche Erweiterung des Wissensstands über Steinls Tätigkeit im Bereich der Profanarchitektur betrachtet werden. Fest steht, daß das Palais Starhemberg in der dekorativen Bewältigung des Fassadenspiegels einen bedeutenden Rang in der Entwicklungsreihe der Wiener Barockfassaden einnimmt.

Während Steinl angesichts einer restriktiven Auftragslage sein rein architektonisches Schaffen – bald nach der Jahrhundertwende bis zu den Projekten von Dürnstein und Zwettl

– nahezu zwanzig Jahre vernachlässigen mußte, war es ihm möglich, seine Tätigkeit auf dem Gebiet der Altarbaukunst (einschließlich der Kanzelbauten) kontinuierlich fortzuführen. Auf diesen Sektor kann gar nicht deutlich genug hingewiesen werden, da Steinl hier seinen Neigungen als Plastiker in noch viel höherem Maß entsprechen konnte. Drei Beispiele seien aus seinem umfassenden Altar-Œeuvre herausgegriffen. Wenngleich ausführlichere Werksanalysen angesichts gebotener Kürze der Darstellung unterbleiben müssen, so läßt sich doch an dieser Auswahl die gesamte Bandbreite seines künstlerischen Entwicklungsganges erörtern. Auf seine Altarbauten unter den Kuppeln des Chorumganges der Stiftskirche im schlesischen *Leubus* (1676–1682) wurde bereits verwiesen. Nach L. Pühringer-Zwanowetz hat hier Steinl »in einer echten und individuellen Synthese ... die borromineske Wandkrümmung mit dem klassischen architektonischen System Jean Lepautres verschmolzen«.[176]

Wie der *Hochaltar der Vorauer Stiftskirche* (1704) beweist, ist es wohl keinem anderen Architekten des österreichischen Barock gelungen, die Ideen Borrominis im Zusammenspiel von Architektur und Plastik in so eigenständiger Weise weiterzuentwickeln (Abb. 115). In vollendeter Manier integrierte er die der Himmelfahrt Mariens beiwohnende Skulpturengruppe der Apostel in den »sinuskurvigen« Aufbau des Altars. Am besten ist die borromineske Kurvatur im Verlauf des Gebälks, das von mächtigen korinthischen Säulen gestützt wird, zu verfolgen. Während die beiden Seitenachsen konvex vortreten und weit geöffnet den reichen Lichtstrom der Chorfenster ungehindert in den Kirchenraum treten lassen, sinkt der breitere, mittlere Abschnitt konkav zurück. Hier begegnet den seitlichen, lichtdurchdrungenen Raumkompartimenten der dunklere, die Statuengruppe bergende Altarraum. Diese dramatisch changierende Lichtsituation erinnert zusammen mit den wechselnden Raumverhältnissen – ganz im Sinn eines Theatrum Sacrum – an die inszenierende Hand eines Bühnenbildners barocker Wesensart. L. Pühringer-Zwanowetz hat versucht, diesen Altar mit der Kunst Fischers von Erlach in einen stilistischen Zusammenhang zu bringen. Ihrem von überzeugenden Argumenten nur unzureichend gestützten Standpunkt, Steinl habe sein Werk »als eine Art Replik«[177] auf den 1693 bis 1704 entstandenen Mariazeller Hochaltar Fischers aufgefaßt, vermögen wir nur schwer zu folgen. Die Parallelen beschränken sich u. E. ausschließlich auf die Tatsache, daß Fischer als erster im österreichischen Barock das sonst übliche Altargemälde durch eine plastische Mittelgruppe ersetzt und damit dem Steinlschen Konzept vorgegriffen hat. Der Autorin ist hingegen beizupflichten, wenn sie den viel später im Jahre 1724 – also drei Jahre vor dem Tod des Künstlers – errichteten *Hochaltar von Klosterneuburg* im »optischen Prinzip« des Fischerschen Hochaltars der Salzburger Franziskanerkirche wurzeln sieht.[178] Erst in diesen Gedankengang paßt auch der vergleichende Hinweis auf den Mariazeller Altar, der zur wichtigen Aussage veranlaßt, daß Steinl im Bereich der Altarbaukunst erst in seinem Alterswerk auf Stilmomente Fischers zurückgegriffen hat. Am Klosterneuburger Altar

116 Matthias Steinl: *Hochaltar der Stiftskirche in Klosterneuburg, 1724* ▷

(Abb. 116) ging Steinl von der architektonischen Grundform eines halbierten Zentralbauovals aus, das sich in seiner formalen Voraussetzung von Fischers freilich viel kleinerem Hochaltar (1695 begonnen) in der Katharinenkirche am Mausoleum Ferdinands II. in Graz herleiten läßt. Von Steinl ist ein in Höhe des Gebälks gezogener Riß erhalten, der deutlich macht, daß der an der Frontseite geöffnete und das Altarblatt zum Teil einschließende »Altarkern« von einem zweiten größeren, im Grundriß ebenfalls oval ausgerichteten und in gleicher Weise von Säulen begrenzten »Mantelbau« umschlossen wird. Auch in diesem Punkt läßt sich, wie die verwandte Schlußfassung des Mariazeller Altars zeigt, eine gewisse Übereinstimmung mit einem von Fischer teilweise vorgegebenen Altarkonzept feststellen. Nur ist Steinl – und das ist ein wichtiger Unterschied zu Fischers Auffassung – von einer variableren Handhabe des Raumovals ausgegangen: Während die »Altarschale« im Grundriß weitgehend nach Gesichtspunkten der Ellipse konstruiert erscheint und die begrenzenden Säulen weiter nach vorne treten, krümmt sich der »Altarkern« in die Form eines langgestreckten, gleichsam flacheren Ovals, dessen Säulen so eng zusammentreten, daß sie optisch mit dem Altarbildrahmen übereinstimmen. Darin dokumentiert sich die künstlerische Eigenart Steinls in ständiger Wechselbeziehung zwischen Architektur und Plastik. Von diesem ambivalenten Verhalten des Künstlers her gesehen, wird verständlich, weshalb H. Sedlmayr die Bauweisen im ersten Dezennium der zweiten Phase des österreichischen Barock (1720/40) – wie bedenklich uns diese überspitzt konstruierte Epochentabelle des Autors auch immer stimmen mag – mit dem Begriff »neuer plastischer Stil« umrissen und in der Person des bereits über achtzigjährigen Steinl dessen Hauptvertreter gesehen hat.[179]

Auch auf den Abt des *Augustiner-Chorherrenstifts in Dürnstein,* Hieronymus Übelbacher, dürfte das riesenhafte Bauvorhaben in Melk seinen Eindruck nicht verfehlt haben. Da der Propst damals ständigen Kontakt mit dem Melker Abt Berthold Dietmayr unterhielt, muß mit H. Hantsch angenommen werden, daß er mit regem Interesse den Stiftsneubau von Melk verfolgte und dessen Baumeister Prandtauer für seine eigenen Bauabsichten zu gewinnen trachtete. Schon um 1716 wurde in Dürnstein die barocke Erneuerung der Stiftsgebäude in die Wege geleitet, wobei Prandtauers Autorschaft gesichert erscheint.[180] Mit dem Umbau der gotischen Kirche begann man hingegen erst im Jahre 1721. Überliefert ist dabei lediglich das Engagement Joseph Munggenasts, ohne daß deshalb, wie stilkritische Studien ergeben, auch nur im entferntesten mit seiner ausschließlichen Teilnahme gerechnet werden darf. Schon ein flüchtiger Blick auf das Kirchenportal zwingt zur Korrektur einer solchen, einzig vom archivalischen Wissensstand ausgehenden Annahme. Zwar ist für dieses Projekt eine Zahlungsbestätigung (Februar 1725) lediglich für Munggenast erhalten, aber ungeachtet dessen kann hier dennoch überwiegend die künstlerische Handschrift Steinls wahrgenommen werden.

Die Beibehaltung des Bauplatzes der alten Kirche auf einem zur Donau abfallenden Felsen zwang zu einer unregelmäßigen Anlage des Stiftshofs, dessen südlicher Trakt durch einen sehr schmalen, nach Osten spitz zulaufenden Zwischenhof von der Längsseite der Stiftskirche getrennt ist. Diese terrainbedingte Verengung schloß einen unmittelbar an den

117 Matthias Steinl: *Portal der Stiftskirche in Dürnstein, um 1725*

Kirchenbau applizierten Torbau schon a priori aus, so daß man den Entschluß faßte, ihn in der Mitte des der Kirche vorgelagerten Stiftsflügels zu errichten, wo er im Hofgeviert den dominanten baulichen Akzent bildet (Abb. 117). Durch dieses Portal erreicht man die Kirche somit erst nach einer verhältnismäßig langen Wegstrecke, die von der Tiefe des Stiftsgebäudes und vom engen Zwischenhof markiert wird. Mit einem in den Stiftshof vorverlegten Kirchenportal konnte man der bei Sakralbauten sonst üblichen und auch erforderlichen Funktionsklarheit nicht entsprechen. Diesen scheinbar gegebenen Funktionszwang muß Steinl gewiß als besondere Herausforderung empfunden haben. Er entschied sich nicht für eine laue Kompromißlösung, wie man sie etwa bei einem mittelmäßigen Künstler hätte erwarten müssen, sondern legte ein klares Bekenntnis – der spezifischen Auftragslage gemäß – zugunsten eines bewußt mehrdeutig konzipierten Portalbaus ab. Dieser dient zunächst als Zugang zur Kirche, ist daneben aber auch als Kirchenfassade aufzufassen, die darüber hinaus als baulicher und ikonographischer Schwerpunkt des Stiftshofs auch einer dritten Funktion gerecht wird.

Das Portal tritt risalitartig vor das Gebäude und reicht mit seinem Giebelaufsatz bis etwa zur Firsthöhe des Daches. Der Kirchturm ragt in beträchtlichem Rücksprung hinter dem Stiftstrakt empor und erscheint, aus dem richtigen Blickwinkel betrachtet, als zusätzlicher Höhenakzent optisch in die »Portalfassade« eingebunden. Seitlich der Toröffnung erheben sich auf monumentalen, übereck gestellten Postamenten zwei Kolossalsäulen, deren geschwungener Gebälksabschluß in den Kranzgesimsverlauf der anschließenden Klosterfassaden mündet. Die Säulen werden von zwei jeweils konkav zurückweichenden Pilastern flankiert, deren Ansicht im unteren Drittel von den überlebensgroßen Skulpturen der vier Kirchenväter verstellt wird. Den leicht vortretenden Torbogen krönt die Statue des Christus-Salvator, eingefaßt und optisch hinterfangen von einem hochaufragenden Fenster, dessen Halbkreisbogen das Hauptgebälk durchbricht und in das leicht konkav zurückweichende Segmentbogenfeld reicht. Die Vertikaltendenz der »Portalfassade« wird schließlich durch einen schlanken, von reichem plastischem Dekor umrahmten Giebelaufsatz nachhaltig akzentuiert.

Zahlreiche Faktoren weisen auf die Autorschaft STEINLS. L. PÜHRINGER-ZWANOWETZ erwähnt lediglich einen »besonders engen Zusammenhang« des Kirchenportals mit Entwürfen für Ehrenpforten und einen Hochaltarprospekt, Pläne, die Steinl 1714 anläßlich des Sechshundertjahr-Gründungsjubiläums für das Stift Klosterneuburg geliefert hat.[181] Der Hinweis bezieht sich vor allem auf Parallelen im Bereich oberhalb des Gebälks und auf die übereinstimmenden Positionen der an die Säulen gestellten und auf Volutensockeln ruhenden Skulpturen. Noch ertragreicher ist hingegen ein vergleichender Blick auf den beinahe gleichzeitig mit dem Dürnsteiner Portal errichteten und tatsächlich ausgeführten *Hochaltar von Klosterneuburg*, dessen Altarblatt im halbkreisförmigen Abschluß optisch über die sich räumlich ausbiegenden Gebälkslagen hinausragt (vgl. das Fenster des Portals) und von einem mit Dürnstein weitgehend übereinstimmenden Giebelaufsatz bekrönt wird.

Es hat durchaus den Anschein, als ob Steinl alle seine auf dem Sektor der Altarbaukunst gewonnenen Erfahrungen und Gestaltungsmöglichkeiten in das Dürnsteiner Portal hätte

118 Matthias Steinl: *Emporen der Stiftskirche in Dürnstein, um 1721–1725*

einfließen lassen. Im Rückblick auf seine besprochenen Altäre wird man bestätigt finden, daß sich die Position der Säulen mit ihren seitlich angeschlossenen und konkav ausgemuldeten Pilastern sowie die übereck gestellten Säulenpostamente und die leicht zurückversetzten Skulpturen der Kirchenväter bereits in seinem Frühwerk an zwei *Leubuser Altären* (Altar des Hl. Bernhard und des Hl. Benedikt) ankündigten. Eine ähnliche Stellung auf Volutensockeln nehmen die Statuen auch am *Vorauer Hochaltar* und in noch deutlicherer Übereinstimmung mit Dürnstein am *Altar des Hl. Franz von Sales in der Wiener Peterskirche* (um 1715) ein, wo STEINL das spezifische Säulen-Pilaster-Motiv der Altäre von Leubus in vertikal ausgeprägterer Form abermals als Altarbegrenzung verwendet hat. Von einem vergleichenden Blick auf den Klosterneuburger Hochaltar ausgehend, könnte man sich am Dürnsteiner Portal anstatt des einen Großteil der Wandfläche einnehmenden Fensters ohne weiteres ein Altarbild vorstellen. Daraus folgernd, würde zur geschilderten Mehrdeutigkeit des Objekts als zusätzliches Thema »der Altar im Freien« treten.[182]

L. Pühringer-Zwanowetz hat sehr zutreffend bemerkt, daß einige Details des Portals nicht mit den Merkmalen Steinlscher Kunst konform gehen.[183] So die Kannelierung des unteren Säulendrittels oder der vorgewölbte Torbogen, den ohne Zweifel MUNGGENAST, aus dem Formenrepertoire PRANDTAUERS schöpfend, selbständig hinzugefügt hat. Dem Motiv des sich konvex vorwölbenden Torbogens begegneten wir bereits an Prandtauers Stiftsportal von St. Florian, wo schon beträchtlich vor Steinls Bauschöpfung ein Portalaufbau in engem Kontext mit der Gebäudefassade konzipiert worden war. Er erstreckt sich auf die gesamte Fassadenhöhe, ohne allerdings auch nur annähernd die monumentale und einheitliche Erscheinungsform der Steinlschen »Portalfassade« zu erreichen, die so deutlich Anleihen aus seiner eigenen Altarbaukunst erkennen läßt.

Auch im Inneren der Kirche, die von JOSEPH MUNGGENAST, zum Teil vielleicht nach Plänen PRANDTAUERS, von 1721–1725 barock umgebaut wurde, ist die Mitwirkung STEINLS unverkennbar: Auf ihn dürfte die wie nachträglich eingesetzt wirkende Emporenzone mit ihren konvex-konkav-konvex schwingenden Brüstungen (Abb. 118) zurückzuführen sein. Diese kurvilineare Auflösung von Mauerpartien entspricht in keiner Weise dem architektonisch kühlen Temperament Munggenasts, der, im Gegensatz zu Steinl, nie als Plastiker tätig war. Steinl hat an dieser Emporenanlage, in Österreich von Melk und von JOHANN MICHAEL PRUNNERS Stiftskirche in Spital am Pyhrn (ab 1714) ausgehend, die borromineske Idee der Sinuskurve in einer zuvor nie erreichten Form des raumplastischen Anspruchs verwirklicht.

Jener bewegten Emporenstruktur begegnet man auch am unteren Abschnitt des Turms, mit dem STEINL auf diesem Architektursektor eine der ausgefallensten und für den österreichischen Barock gleichwohl bezeichnendsten Lösungen gelungen war (Abb. 119). Der nach Westen gerichtete Turm ist aus der Kirchenachse nach Süden gerückt und tritt dort, vom Donaustrom aus gesehen, als optischer Anhaltspunkt und landschaftlich dominierend in Erscheinung. Erst aus größerer Nähe wird seine halbkreisförmige Substruk-

119 MATTHIAS STEINL *und* JOSEPH MUNGGENAST: *Turm der Stiftskirche in Dürnstein, 1733 vollendet* ▷

tion erkennbar, die als Aussichtsterrasse dienen kann und von einer Balustrade abgeschlossen ist. Strebepfeilern vergleichbar vermitteln schräg anlaufende und divergierend angeordnete Riesenvoluten, die in ihrem unteren Abschnitt von Durchgängen unterbrochen und von Statuen bekrönt sind, zu den Turmkanten. Der konvexen Substruktion erwidert der Turm mit seinen zwischen den Voluten leicht konkav einsinkenden Wandpartien, die durch Fenster, Portale und Reliefplastiken fast vollständig aufgelöst sind. Das Bauwerk verrät mehr als jeder andere Turmbau in Österreich die formende Hand eines vorwiegend der Bildhauerei verpflichteten Architekten, der den »neuen plastischen Stil« der zweiten Phase des österreichischen Barock in seiner wohl extremsten Form vertreten hat.[184] Es ist nicht zu übersehen, wie beziehungslos in seiner ganzen betonten Flächigkeit das obere Geschoß über der dynamischen Plastizität des unteren steht. An der Stelle, wo sich Obelisken an den Bau lehnen, dürfte MUNGGENAST nach dem Tod Steinls und in Abänderung seiner Pläne weitergebaut haben.

1722 wurde der gotischen *Kirche des Zisterzienserstifts Zwettl* eine fast 90 m hohe Turmfassade vorgesetzt, deren Entwurf für STEINL urkundlich gesichert ist (Abb. 120). Im Ansatz ist noch das konkav-konvex-konkave Gestaltungsprinzip von Laxenburg ersichtlich. Im Vergleich zu Laxenburg jedoch besann sich der achtzigjährige Steinl in gesteigertem Maße, wie etwa gleichzeitig in Dürnstein, auf seine künstlerische Herkunft als Plastiker. In Zwettl manifestiert sich sein Altersstil, für den ein Abrücken von jedem klassisch-tektonischen Ordnungsmaß charakteristisch ist. Lediglich ein Hinweis soll genügen, um diese neuartige, als dynamisch-gewachsen beschreibbare Auffassung zu erläutern: Als signifikantes Detail erweist sich die wulstartige Ausbauchung über dem Sockel des Aufsatzgeschosses, ein federndes Element, aus dem das Turmgeschoß emporzuschnellen scheint. Im Gegensatz zu BORROMINIS »Architektur als Zuständlichkeit« dominiert in Zwettl die Idee einer »Architektur als Vorgang« und des »Schwebens«, ein Kunstwollen, mit dem sich Steinl weit über die Stilstufe des Italieners hinausentwickelt hatte.[185]

Auch in Zwettl hatte JOSEPH MUNGGENAST, der selbst einen Entwurf zum Turmprojekt beisteuerte, die Bauleitung inne. Wie PRANDTAUER und zahlreiche andere berühmte Künstler des österreichischen Barock wurde auch er in Tirol, und zwar 1680 in *Schnann*, geboren. Es wird vermutet, daß er der Neffe Prandtauers war, der ihn »als Maurerjung in Melk« förderte. Wahrscheinlich hatte Munggenast seinem Onkel auch den Posten eines Maurermeisters (ab 1717) in *St. Pölten* zu verdanken, wo er bis zu seinem Tode im Jahre 1741 ansässig war. Prandtauer erkannte die künstlerische Begabung seines Neffen und veranlaßte, daß ihm 1718 die Bauleitung in *Sonntagberg* übertragen wurde. Seine ersten selbständigen architektonischen Leistungen erbrachte er im Konvent von *Seitenstetten*, und in der Folge

◁ *120* MATTHIAS STEINL: *Turm der Stiftskirche in Zwettl, 1722 begonnen*

war er in vielen Stiften Niederösterreichs, wie in *Dürnstein, Zwettl, Herzogenburg, Melk* und *Geras* tätig. Munggenast war, wie schon zuvor sein Onkel Prandtauer, der vom niederösterreichischen Prälatenstand meistbeschäftigte Baumeister. Seine Hauptwerke schuf er in den dreißiger Jahren im *Benediktinerstift Altenburg,* dessen Klosteranlagen man teilweise schon im 17. Jahrhundert barockisiert hatte. Die hervorstechendsten Leistungen Munggenasts sind die Neugestaltung des Prälatenhofs, der barocke Umbau der gotischen Kirche und vor allem der weit über die Grenzen Österreichs hinaus berühmte Bibliothekstrakt.

Trotz der Verpflichtung, die gotische Mauersubstanz weitgehend beizubehalten, schuf er in Altenburg einen Kirchenraum, dessen Gestaltwerdung drei von seiner Hand verfertigte Grundrißskizzen aufschlußreich veranschaulichen: Demnach hatte er zu Beginn einen kreisrunden Kuppelraum mit zwei im schmalen und langgestreckten Chor anschließenden, flachgewölbten Kuppeljochen geplant. Schon in der zweiten Version trat dann der Gedanke des Kuppeltiefovals in Erscheinung (Abb. 121). Ideen, wie sie von FISCHER in der Karlskirche oder von HILDEBRANDT in der Peterskirche vorgeprägt worden waren, dürften Munggenast dabei wesentlich beeinflußt haben; nur verzichtete er auf die Tambourkuppel und entschied sich für eine Flachkuppel. Bis zum Hauptgesims dominieren die kräftigen Farben des Kunstmarmors (Farbt. 21). Dann folgt eine zweite Zone bis zum Kranzgesims, die durch helle Wandtönungen und vergoldeten Stuck geschmückt ist; darüber erhebt sich schließlich das Kuppelfresko PAUL TROGERS (1732/34). Diese Abfolge läßt sich auch als eine allmähliche Überleitung charakterisieren: sie führt von der Architektur über den plastischen Dekor zur Malerei. »Diese Instrumentation der Wand ist wichtiger als die große architektonische Form; hier liegt der wesentliche Unterschied zu Fischer.«[186] Ungewohnt ist der Reichtum der Farbskala, die weit über PRANDTAUERS Koloritauffassung im Marmorsaal von St. Florian hinausreicht, und neu die Deutung von Farbe überhaupt.[187]

Die Tendenz zur Umsetzung von Architektur in Farbe ist in der Bibliothek von Altenburg noch deutlicher zu bemerken (Farbt. 20). Es treten Farben auf, die in dieser reich abgestuften Kombination Baukünstlern bislang fremd geblieben waren. Da entdeckt man vielfältige Rottöne in den Gebälken und unterschiedliche Blauwerte in den Säulen. Hinzu kommt das

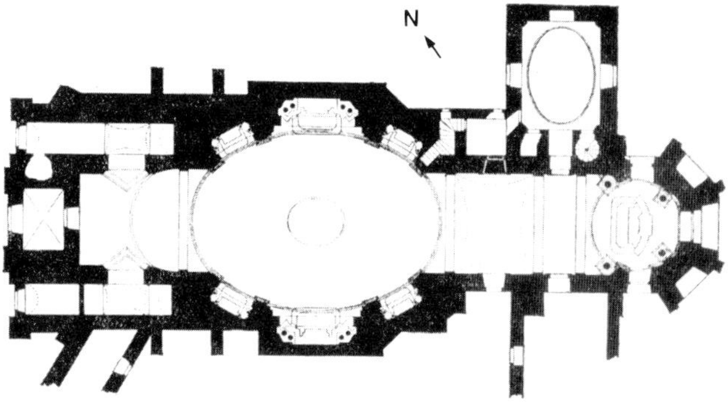

121 Stift Altenburg, Kirche, Grundriß

Gold der Kapitelle und eine breite Skala von blasseren Tönen, deren individueller Charakter durch sparsam verteiltes Schwarz kontrastreich zur Entfaltung gebracht ist. Die psychologische Wirkung dieser Farbgebung hat SEDLMAYR sehr volkstümlich nachempfunden: »Rote Gebälke und blaue Säulen, das ist beinahe so unrealistisch wie blaue Bäume und roter Himmel.« Die Farben sind also nicht als Körperfarben, sondern als freie Farben aufzufassen, d. h. »wir sehen nicht gefärbte Säulen, sondern Säulen aus farbiger Substanz«.[188] – Der Saal hat eine Länge von 48 Metern und wird von drei ovalen Flachkuppeln, die von tonnengewölbten Abschnitten unterteilt sind, gegliedert. Dieser Gewölberhythmisierung ist an den Wänden nur insofern entsprochen, als die Säulenstellungen lediglich durch ihre konvergierende Anordnung die Position der Kuppeln anzeigen. Im übrigen sind sie an die Wand gestellt und könnten, theoretisch gesehen, jederzeit »abgelöst« werden, ein weiteres Indiz für die rein malerische Auffassung in Munggenasts später Schaffensperiode.

Zusammenfassend ist festzustellen, daß die zweite Phase des österreichischen Barock gekennzeichnet ist durch den Mangel alles Heroisch-Repräsentativen und international Gültigen, eine Kunst, die sich in malerisch detaillierter Form auszuleben scheint. Diese Entwicklung vollzog sich bezeichnenderweise in der Provinz und dort zunächst vor allem in Niederösterreich. Synthesen aus FISCHERS, HILDEBRANDTS und PRANDTAUERS Formensprache wurden immer wieder, und in oft sehr origineller Weise, abgewandelt. Es ist unverkennbar, daß Wien in dieser Phase der Baukunst einen derart ausgeprägten Innovationsgeist bereits vermissen läßt.

Johann Michael Prunner

JOHANN MICHAEL PRUNNER (1669–1739) ist gebürtiger Linzer und gehört der Generation PRANDTAUERS und HILDEBRANDTS an, die ebenfalls in den sechziger Jahren geboren wurden. Sein architektonisches Schaffen ist überwiegend durch eine Synthese der künstlerischen Ideen der beiden genannten Architekten gekennzeichnet. Auch ist die stilistische Nähe zu STEINL leicht nachweisbar, wenn man »seine« einheitlich konkav zurückschwingende Fassade der *Linzer Karmelitinnenkirche* (ab 1713; Abb. 122) mit Steinls Kirchenfassade desselben Ordens in St. Pölten (1708/12) vergleicht. In der konkaven Grundform war der Linzer Baumeister dem Vorbild Steinls gefolgt, ohne allerdings dessen vertikaler proportionierten und mit reicherem Dekor ausgestatteten Fassade völlig zu entsprechen.

W. G. RIZZI hat einen wertvollen Beitrag zur Erforschung der Sakralarchitektur Prunners geleistet und auch zum Problem der Karmeliter-Ordenskirchen aufschlußreich Stellung genommen. Nachdem GRIMSCHITZ den Bau der *Linzer Karmeliterkirche* (Grundsteinlegung: 1690) zunächst für Prunner in Anspruch genommen hatte, wies Rizzi überzeugend nach, daß für den Entwurf dieses Baus überwiegend der 1640 in Imst (Tirol) geborene JOHANN MARTIN RASS verantwortlich gezeichnet hatte (Abb. 123).[189] Er war 1667 in Löwen dem Karmeliterorden beigetreten und hatte gewiß Kenntnis von der »schönsten« belgischen

122 JOHANN MICHAEL PRUNNER: *Ehemalige Karmelitinnenkirche in Linz (heute Kirche der Barmherzigen Brüder), Fassade, 1713 begonnen*

Barockkirche, der Löwener Jesuitenkirche St. Michael (1650/66). Wie die Fassade »seiner« ab 1686 in Prag errichteten Karmelitinnenkirche (St. Joseph-Kirche) beweist, stützte er sich auf die in Flandern gewonnenen Erfahrungen. Verschiedene Formelemente der Löwener Jesuitenkirche haben an der Fassade der Prager Kirche ihren Niederschlag gefunden. Die bald danach in Auftrag gegebene Fassade der Karmeliterkirche in Linz – ein Fassadenentwurf von Rass ist erhalten geblieben – zeigt weitgehende Parallelen zu seiner Prager Fassade, wie etwa die rustizierten Pilasterbündel beweisen. Nun sind jedoch an der Endfassung der Linzer Fassade einige Unterschiede zu bemerken, die Rizzi mit der Teilnahme von MARTIN WITTWER, ebenfalls ein Mitglied des Karmeliterordens und wie sein Vorgänger Rass in Imst geboren (1667), und in geringerem Umfang mit dem stilistisch nachweisbaren Einwirken Prunners begründet.[190]

Jedoch zurück zur *Linzer Karmelitinnenkirche:* Sowohl GRIMSCHITZ als auch RIZZI sehen keinen Anlaß, hier die Planung PRUNNERS zu bezweifeln. Grimschitz charakterisiert die stilistische Auffassung in der Wandgestaltung ganz im Sinne Prunners »als eine unbewegte, klar gegliederte Fläche, in der die Öffnungen eingeschnitten sind, ohne der Mauer tiefenräumlich-materielle Werte zu verleihen«.[191] Dieser Zuschreibung stellt sich P. VOIT mit der Annahme einer Autorschaft des bereits erwähnten Baumeisters WITTWER entgegen. Immerhin kann er auf den Umstand verweisen, daß Wittwer als Ordensmitglied bei der

Planung der Linzer Karmelitinnenkirche nicht völlig übergangen werden konnte. Noch überzeugender wird seine Argumentation mit dem Hinweis auf die mit der Linzer Kirche identische Grundrißgestaltung der Karmeliterkirche in Raab (Ungarn; ab 1704).[192] In beiden Fällen handelt es sich um einen tiefovalen Zentralraum mit Altarnischen in den Diagonalach-

123 Johann Martin Rass: *Karmeliterkirche in Linz, Fassade (in einigen Details durch* Martin Wittwer *und* J. M. Prunner *verändert), 1690–1723*

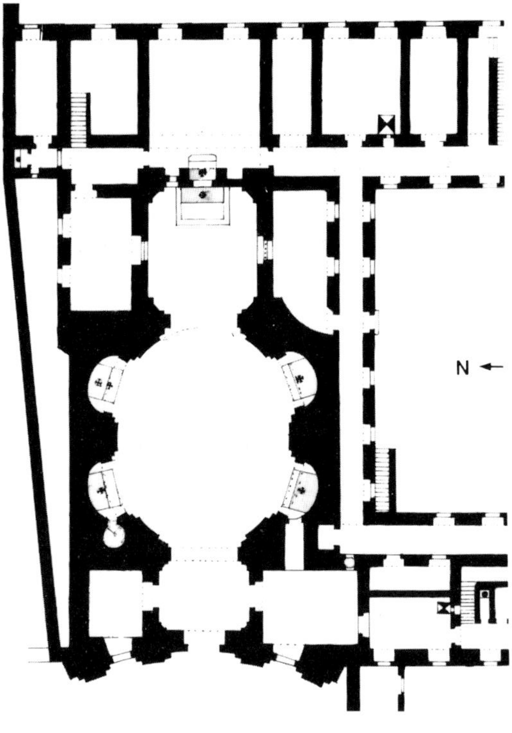

124 *Linz, alter Grundrißplan der ehemaligen Karmelitinnenkirche (OÖ. Landesarchiv), wahrscheinlich von* MARTIN WITTWER

sen, eine Konzeption, die sich auch bei anderen ungarischen Kirchenbauten Wittwers finden läßt. Der auf die spezifische Grundrißdisposition (Abb. 124) ausgerichteten Begründung Voits läßt sich noch ein weiteres, für die Teilnahme Wittwers sprechendes Argument hinzufügen: die Tiroler Herkunft des Baumeisters, auf den die von CHR. GUMPP stammende Innsbrucker Mariahilfkirche ihren Eindruck nicht verfehlt haben dürfte. Wie bereits erwähnt, stellt deren Grundriß, ein Zentralbau mit Altarnischen in den Diagonalachsen, einen Einzelfall in der Barockarchitektur Österreichs dar.[193] Diese Akzentuierung der Diagonalen lassen auch die ovalen Zentralbauten nach 1700 vermissen; sie zeigen stets eine Betonung der Längs- und Querachsen. So gesehen, ist es durchaus plausibel, die Innenraumgestaltung der Linzer Karmelitinnenkirche mit Voit auf den Karmeliterfrater Wittwer zurückzuführen und Prunner lediglich das Fassadenkonzept zuzuschreiben.[194] Wittwer, der die Bauten von Chr. Gumpp gewiß genau kannte, hatte dem Hochbarock insofern Rechnung getragen, als er den noch immer der Spätrenaissance verpflichteten kreisförmigen Raum der Innsbrucker Mariahilfkirche in eine tiefovale Form transponierte. Die Tatsache schließlich, daß Wittwer schon einmal, und zwar beim Bau der St. Pöltener Karmelitinnenkirche, lediglich für die Erstellung eines Grundrißkonzepts herangezogen wurde, stellt ein zusätzliches Indiz für das Teilengagement des Baumeisters bei der Errichtung der Linzer

Karmelitinnenkirche dar. Abschließend sei noch darauf hingewiesen, daß HILDEBRANDTS Linzer Deutschordenskirche (1717/25), deren Ausführung Prunner zu betreuen hatte, dem »modernen« Grundrißideal des in den Kreuzachsen betonten Tiefovals entspricht. Daraus ließe sich folgern, daß Prunner, der sich neuen architektonischen Ideen gegenüber stets aufgeschlossen zeigte, zu Wittwers bereits veraltetem Grundrißkonzept wohl kaum seine künstlerische Zustimmung gegeben hätte.

Mit der *Dreifaltigkeitskirche von Stadl-Paura* (1714/24) stellte sich PRUNNER in die erste Reihe der Architekten des österreichischen Barock. Den Auftrag verdankte er dem Abt von Lambach, MAXIMILIAN PAGL, der, als die Pest in Oberösterreich zahllose Opfer forderte, der Dreifaltigkeit zur Abwendung der Katastrophe den Bau einer Pfarr- und Wallfahrtskirche gelobt hatte. Die Gegend blieb von der Seuche verschont, was den Abt zur sofortigen Einlösung seines Gelübdes veranlaßte. Schon das Grundrißkonzept, ein in ein gleichseitiges Dreieck eingeschriebener Kuppelkreis, beweist, daß der Bau ganz im Zeichen der Trinität steht (Abb. 125). Seine ikonologisch bedingte Eigenart dürfte auf den Abt selbst zurückzuführen sein; mehrfach ist er als Stifter, die Grundrißskizze der Kirche vorweisend, in Gemälden dargestellt. Die Idee der Drei-Zahl bezieht sich nicht allein auf die Großform, sie ist vielmehr bis in die Einzelheiten des Baus zu verfolgen: Drei zweigeschossige Türme markieren die Ecken des Dreiecks, und je ein Portal ist in die drei Fassaden eingelassen. Im Inneren sind die Ecken des Dreiecks von drei Apsiden ausgenischt, in denen sich drei Altäre erheben. Weiter befinden sich über den drei Eingängen drei Orgeln, und dem Trinitätscharakter ist sogar am Fußboden entsprochen, wo sich Marmorplatten in dreifarbigen Gruppen zusammenschließen. – Die drei Doppelturmfassaden sind so verklammert, daß sie jeweils einen der Ecktürme gemeinsam haben (Farbt. 22). Mit ihren hohen kleeblattförmig (wieder klingt die Dreizahl an!) ausgebildeten Oberlichtfenstern reichen die Portale bis an das kurvig nach unten verkröpfte Gebälk, auf dem sich der dreiseitig betonte, gedrungen wirkende

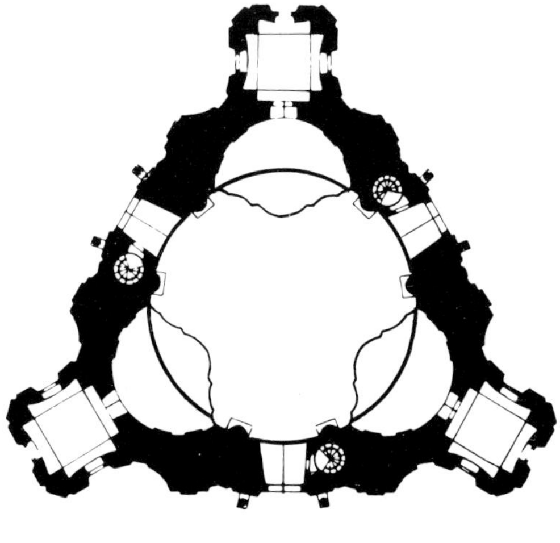

125 Dreifaltigkeitskirche in Stadl-Paura bei Lambach, Grundriß

Kuppeltambour mit dreiseitigem Laternenabschluß erhebt. Die Portale werden von toskanischen Pilastern, in geschichteter und gekrümmter Form gebündelt, flankiert, wobei die äußersten in konkaven Mulden zu den übereck gestellten Türmen überleiten. Diese Schrägstellung der Türme erinnert deutlich an HILDEBRANDTS Peterskirche. Stilistische Zusammenhänge mit dessen Œuvre sind leicht erklärbar: Es sei nur an die Zusammenarbeit Prunners mit Hildebrandt an der Linzer Priesterseminarkirche (1718/25) erinnert. Dessenungeachtet zeigt die Kirche von Stadl-Paura – vielleicht am deutlichsten unter den Bauten Prunners – ein hohes Maß an künstlerischer Eigenständigkeit, die sich, im Vergleich zu Bauwerken Hildebrandts, als stärker ausgeprägtes Denken in dynamischen Kategorien charakterisieren läßt; darüber hinaus tritt hier Prunners »dekorativer Formenvorrat vielfältiger als der Hildebrandts«[195] in Erscheinung. So erfuhr etwa die hohe Sockelzone mit ihren dreifach aufgelegten Gesimsstreifen eine äußerst eigenwillige Gestaltung. Die Absicht des Künstlers, mit diesen Bändern den Bau gleichsam zu einer monolithen Erscheinungsform zusammenzuschließen, mit anderen Worten: die Einheit der Trinität auch an der Basis des Gebäudes symbolisch darzustellen, tritt hier deutlich zutage. Neben Prunner hat nur noch STEINL eine ähnliche Intensität bewegter Bauformen angestrebt.

Die Frage nach stilistischen Vorbildern für die Grundrißdisposition von Stadl-Paura ist nicht leicht zu beantworten. Gewisse Parallelen lassen sich noch am ehesten etwa zu BORROMINIS S. Ivo alla Sapienza (1642/50) in Rom und zu FISCHERS Gartenbauentwürfen feststellen. Die Grundidee der dreitürmigen Anlage ist vielleicht auf GEORG DIENTZENHOFERS Dreifaltigkeitskirche in Kappel bei Waldsassen (1685/89) zurückzuführen, wobei jedoch im Detailbereich eine durchwegs eigenständige Ausformung im Sinne des österreichischen Hochbarock erfolgte. In der reich facettierten Polychromie des Kirchenraums schließlich scheint sich MUNGGENASTS exorbitanter Farbenreichtum von Altenburg bereits anzukündigen.

Mit dem Bau der *Stiftskirche von Spital am Pyhrn* (1714/36) ist PRUNNER auch auf dem Gebiet der Langhaus-Kirchenarchitektur in teilweise recht eigenwilliger Form hervorgetreten. In der Art der Grundrißgestaltung (»konservativ und gegensätzlich zum Melker Bau«)[196] gehört das Gebäude zwar noch dem Typus der querschiff- und kuppellosen sowie mit eingezogenem Chor ausgestatteten Klosterkirchen des 17. Jahrhunderts (etwa Garsten und Schlierbach) an, läßt aber im Bereich des Wandaufrisses durchaus neuartige, auf ein eigenständiges Proportionssystem ausgerichtete Bauelemente erkennen (Abb. 126). Die drei von Emporen überlagerten Seitenkapellen des platzelgewölbten Langhauses werden durch relativ breite Wandpartien, die von jeweils zwei auf Schichtpilasterfragmenten lagernden Hauptpilastern begrenzt sind, getrennt. Diese in verhältnismäßig weitem Abstand voneinander hochgeführten »Pilasterbündel« können nur noch eingeschränkt als gekuppelt angesehen werden, so daß sich im Wandaufrißsystem nahezu der Eindruck einer rhythmischen Travéefolge ergibt. In dieser Betonung der wandhaften Struktur unterscheidet sich der Bau deutlich von der Melker Stiftskirche, deren Jochgrenzen enger gefaßt sind und deshalb im Verband der Wandöffnungen kontinuierlicher verlaufen. So gesehen, fühlte sich Prunner

126 Johann Michael Prunner: *Stiftskirche von Spital am Pyhrn, südliche Langhauswand, 1714–1731*

offenbar noch immer der Tradition des 17. Jahrhunderts verpflichtet, wie etwa das Beispiel des Lambacher Wandaufrisses beweist, dessen jochteilende Pilasterpaare eine zu Spital am Pyhrn weitgehend analoge Position erkennen lassen. Hingegen gliederte Prunner die auf den Pilastern lagernden Gebälksabschnitte mit überreicher Verkröpfung und Profilierung, Gestaltungskriterien, die den stilistischen Gesichtspunkten des 18. Jahrhunderts entsprechen (Farbt. 23). Oberhalb des Kranzgesimses führen, von kapitellähnlichen Basen ausgehend und in richtungsbezogener Übereinstimmung mit den Pilastern der Wand, abgestufte Gurtgesimspaare in die Wölbungszone. Aus der Sicht des Kirchenquerschnitts bilden sie gestelzte Rundbögen, so daß der Wölbungszenit die Wandaufrißhöhe um mehr als ein Drittel überragt. Daraus resultierend, besitzen die Obergadenfenster ein geradezu monumentales Ausmaß, dem man sonst in keinem anderen vergleichbaren Kirchenraum des österreichischen Barock begegnet. In dieser Streckung und Betonung der Wölbungsbasis verrät sich Prunners Zielsetzung, in eigenschöpferischer Absicht – von allen sich anbietenden Vorbildern abweichend – eine »neue Sonderungstendenz«[197] zwischen den Wandabschnitten und den Gewölbefeldern in die Wege zu leiten. Im Vergleich zu PRANDTAUERS Wandkonzept in Melk gelang PRUNNER hier ohne Zweifel eine bemerkenswerte Alternative, die retardierende und gleichermaßen innovationsfreudige Momente erkennen läßt. GRIMSCHITZ ist in diesem Zusammenhang zuzustimmen, wenn er warnt, die Abhängigkeit Prunners vom Melker Vorbild zu überschätzen. Diese recht behutsam vorgenommene Abgrenzung der künstlerischen Eigenständigkeit des Baumeisters gegenüber Prandtauer sollte u. E. jedoch viel deutlicher zum Ausdruck gebracht werden. Neben der neuartigen Interpretation der Beziehung zwischen Wandpartie und Wölbung gibt auch der Bereich der Kapellenarkaden und Emporenöffnungen Zeugnis von Prunners architektonischem Ideenreichtum. Ist einerseits nicht zu übersehen, daß der Künstler hier auf die konkav-konvex ausgebildete Form der mittleren Emporenbrüstung von Melk zurückgegriffen und sie auf alle drei Joche übertragen hat, so ist andererseits in den Details doch durchaus seine aus eigenen Quellen gespeiste Auffassung von Architekturgliederung bemerkbar. Da ist zunächst an den Arkaden und Emporenbögen die auffallend reiche Architravierung zu erwähnen, deren lineare Vielfalt das konvexe Vordringen der Emporenbrüstungen über dem diadembogenförmigen Abschluß der Arkaden und dem konkaven Rücksprung der flachen Emporenbögen nachdrücklich akzentuiert. Eine interessante und ausgefallene Lösung stellen dabei auch die mehrfach architravierten Emporenbögen dar, deren Faszien die Brüstungen beidseitig bis zur Basis umfassen. Mit diesem auf überwiegend monochrom gestalteter Wand aufgetragenen Liniennetz widersprach Prunner dem sanft fließenden Bewegungsstrom der dem Malerischen verpflichteten Wandstruktur Prandtauers. Eine bemerkenswerte Sonderlösung gelang dem Baumeister auch im Bereich des Fenstergadens, wo im Anschluß an die muldenförmige Mauerrahmung der hohen Fenster ein Schildbogen das Platzelgewölbe seitlich begrenzt.

Dem retardierenden Grundrißkonzept vergleichbar, kehrte Prunner auch an der orthogonal bestimmten Schauwand der dreigeschossigen Doppelturmanlage teilweise zu Ideen zurück, wie man sie bereits im 17. Jahrhundert entwickelt hatte (Abb. 126a). Lediglich in zwei Punkten entsprach er hier den »modernen« Anforderungen: Zunächst sind das Mittelfenster und die beiden Figurennischen, die die Frieszone des Gebälks durchbrechen, zu nennen: in ihrer Durchbruchstendenz äußert sich eine dem 17. Jahrhundert noch durchaus fremde Dynamik. Darüber hinaus dokumentiert sich in der Bestimmtheit des risalitartig vortretenden Mittelabschnitts der aus bräunlich verfärbtem Dolomitsandstein errichteten Fassade ebenfalls ein der Stilstufe des beginnenden 18. Jahrhunderts adäquates Verhalten. Unabhängig von lokalen Vorstufen tritt dabei Prunners Eigenart im reichabgestuften Bündel von Schicht- und Vollpilastern in Erscheinung, welche die Mittelachsenbegrenzung betonen und in einer zweiten Funktion auch auf die Turmachsen übergreifen.

126a JOHANN MICHAEL PRUNNER: *Stiftskirche von Spital am Pyhrn, 1714–1736*

127 Johann Michael Prunner: *Schloß Lamberg in Steyr, Treppenhaus- und Kapellenfassade, 1727–1731*

An der Schwelle seiner späten Schaffenszeit übernahm Prunner den Auftrag zur barocken Umgestaltung des *Schlosses Lamberg* (1727/31) in *Steyr,* wobei er den zwischen den Flüssen Enns und Steyr auf einem spitz auslaufenden Höhenrücken unregelmäßig gelagerten Baukomplex in seinen Grundzügen – nicht zuletzt also topographisch bedingt – beibehielt. Mit diesem Schloß schuf er den bedeutendsten Profanbau der Barockzeit in Oberösterreich. Wie schon erwähnt, bot sich dem Baumeister keine Gelegenheit, seiner Aufgabe mit einer umfassenden Neugestaltung der Gesamtanlage entgegenzutreten. Prunners künstlerische Handschrift wird deshalb vor allem an einzelnen, in die kleinteiligen Fassaden eingestreuten »Schaustücken« von reichbewegter Struktur offenkundig.[198] Hervorzuheben ist in diesem Zusammenhang die bauliche Gestaltung der nordöstlichen Hofecke (hier schließen sich die Schloßtrakte spitzwinkelig zusammen), wo die risalitartig vortretende Treppenhaushalle und die unmittelbar gegenüber befindliche Kapellenfassade im Rahmen der Gesamtanlage den signifikantesten architektonischen Akzent bilden (Abb. 127).

Die zweiachsige Treppenhausfassade öffnet sich in flachbogig geschlossenen Arkaden, die fast an die Basis des Giebels heranreichen. Während in diesem geschweiften und in halber Höhe abgetreppten Giebel der Einfluß Hildebrandts unverkennbar ist, offenbart sich an der Kapellenfassade die ureigenste Ausdrucksweise Prunners: Die Wand ist dreiachsig gegliedert, wobei die mittlere Achse konkav einschwingt und die beiden Seitenachsen nach halbkonkaven Ansätzen in plan gestalteter Form ausklingen. Mit dieser Konzeption fand Prunner zu einer für die Folgezeit der österreichischen Barockarchitektur wegweisenden Modifikation borrominesker Wandgestaltung. Dem Treppenhausgiebel gegenüber erhebt sich auf dem Kapellenunterbau ein Aufsatzgeschoß, das ebenfalls bis zum First des begleitenden Schloßtraktes emporreicht.

Prunner konnte am Ende seiner Schaffenszeit auf ein reiches Œuvre zurückblicken. Mit zahlreichen Profanbauten bereicherte er das barocke Stadtbild von Linz und Regensburg, wobei vor allem auf das *Löschenkohlsche Stadthaus* (1732 begonnen) in *Regensburg* hinzuweisen ist, dessen Fassade der Architekt in engem stilistischen Kontext mit Anton Ospels Wiener Palais Lembruch-Wilczek (ca. 1719) entworfen hatte.[199] Dieser Hinweis macht deutlich, daß Prunner das architektonische Geschehen seiner Zeit mit wachem Interesse verfolgte und manchmal sogar wenig Bedenken hatte, aus fremden Bauten nahezu »wörtliche Zitate« in seine eigene Formensprache einfließen zu lassen.

Joseph Emanuel Fischer von Erlach, Donato Felice d'Allio und Anton Ospel

Mehr als jedem anderen Baumeister des österreichischen Barock wurden Joseph Emanuel Fischer von Erlach (1693–1742) schon seit frühester Jugend die Wege der beruflichen Laufbahn geebnet. Unter ständiger Anteilnahme des Vaters war seine baukünstlerische Entwicklung von allem Anfang an auf den kaiserlichen Hof als potentiellen Auftraggeber ausgerichtet. Johann Bernhard Fischer von Erlach ließ seinem Sohn im eigenen Werkstattbetrieb eine hervorragende zeichnerische Ausbildung angedeihen und veranlaßte ihn, bereits als Zwanzigjähriger mit einem eigenen graphischen Werk (›Prospekte und Abrisse einiger Gebäude von Wien, daselbst gezeichnet von J. E. F. v. E.‹) hervorzutreten. Mit dieser Arbeit, die mit einer vom Hofantiquar Carl Gustav Heraeus verfaßten, lobspendenden Präambel ausgestattet war, empfahl er sich dem Wiener Adel, von dem er später ebenfalls mit bedeutenden Bauaufgaben betraut wurde. Auch Gottfried Wilhelm Leibniz, über dessen Kontakte mit Johann Bernhard Fischer bereits berichtet wurde, verfolgte mit wachem Interesse die frühe Reife des aufstrebenden Künstlers. In einem mit 1713 datierten Brief an den Kaiser schreibt er etwa, daß sich der junge Fischer »wol anlässet«, eine Würdigung, die vielleicht nicht unwesentlich dazu beigetragen hat, daß Karl VI. dem hochbegabten Architektureleven ein Reisestipendium von jährlich 800 Gulden auf unbestimmte Zeit zur Verfügung stellte.

Nach archäologischen Studien in Rom (1714) und einem vermutlichen Aufenthalt in Leyden ließ sich Fischer für mindestens zwei Jahre in Paris (1717–1719) nieder, wo er im Einflußbereich des »premier architect du Roi«, Robert de Cotte (1656–1735), die vielleicht entscheidendsten Anregungen für seine Architekturausbildung erfuhr. Wie sein architektonisches Schaffen beweist, hat er auch die in Paris gewonnenen Eindrücke (LE VAU, MAROT, PERRAULT, HARDOUIN-MANSART und BRUANT) verarbeitet. Die Kunst am französischen Hof ließ in ihm Idealvorstellungen von einem Stil internationaler Prägung reifen, den er anläßlich eines Aufenthalts in London, wo er möglicherweise noch dem greisen CHRISTOPHER WREN begegnet war, nur noch vertiefen konnte. Hier boten sich dem jungen Fischer auch die günstigsten Voraussetzungen, seine technische Ausbildung zu ergänzen. Wenn man in diesem Zusammenhang sein universelles Bildungsbestreben in Betracht zieht, so ist es keineswegs überraschend, daß er etwa die Entwicklung der Dampfmaschine, der neuesten technischen Errungenschaft, mit großem Interesse verfolgte. Als er Anfang 1722 über Kassel nach Wien zurückkehrte, war er ein hervorragend ausgebildeter Architekt und darüber hinaus ein Mechaniker von europäischem Rang, wie etwa seine als älteste Dampfmaschinenzeichnung der Welt geltende Skizze im Wiener Technischen Museum bezeugt.

Wie sehr Johann Bernhard Fischer darauf Bedacht nahm, die Karriere seines Sohnes geradezu systematisch vorzubereiten, beweist nicht zuletzt die Tatsache, daß Joseph Emanuel bald nach seiner Rückkehr auf persönliches Betreiben des General-Baudirektors GRAF ALTHAN das Anstellungsdekret als Hofarchitekt ausgefertigt bekommen hat. Schon in einem früheren Kapitel wurde darauf hingewiesen, mit welcher Ungeduld der von schwerer Krankheit gezeichnete Johann Bernhard Fischer dem Eintreffen seines Sohnes entgegengesehen haben mag. Die Fertigstellung der *Karlskirche* und den Bau der *Hofbibliothek* in zuverlässigen, seinen Intentionen dienenden Händen zu wissen, war gewiß sein größtes Anliegen. Dieser vertrauensvollen Erwartungshaltung wurde Joseph Emanuel jedoch lediglich mit der werkgetreuen Verwirklichung der Pläne für den Bau der Hofbibliothek gerecht. An der Kuppel der Karlskirche hingegen wich er, wie schon oben angezeigt, mit der Applikation barock-klassizistischer Bauelemente nicht unbeträchtlich vom hochbarocken Entwurf seines Vaters ab.

Nach dem Tode JOHANN BERNHARD FISCHERS im Jahre 1723 wurde zunächst HILDEBRANDT die Stelle des ersten Hofarchitekten übertragen, jedoch gelang es JOSEPH EMANUEL, wohl unter dem Einfluß seines Gönners Graf Althan, bereits Ende 1725 ihn von dieser Führungsposition zu verdrängen. Hildebrandt mußte damals den vielleicht schwersten Rückschlag in seiner künstlerischen Laufbahn hinnehmen, als der jüngere Fischer für den weiteren Umbau der Wiener Hofburg (ab 1726) mit Planungsarbeiten (Reichskanzleifassade und Michaelerfront) verantwortlich zeichnen durfte.

In den Jahren 1729/30 erreichte Fischer mit den Bauten des *Gartenpalais Althan* und der *Hofreitschule in Wien* den Höhepunkt seiner Karriere. Er übernahm die Fassadenerneuerung zahlreicher Wiener Stadtpaläste, war mit der Neugestaltung des *Schlosses Eckartsau* in Niederösterreich sowie mit Ergänzungsbauten auf *Schloß Frain* beschäftigt und entfaltete auch im böhmischen Raum eine äußerst fruchtbare Tätigkeit. Von 1732 an erlahmte dann sein rein baukünstlerischer Arbeitselan. Viel stärker trat nun die technische Seite seiner Begabung hervor, als es galt, in den oberungarischen Bergwerken die entsprechenden

Maßnahmen – gestützt auf seine reiche Erfahrung als Konstrukteur von Dampfmaschinen – zur Entwässerung der Schächte einzuleiten.

Unter den wenigen gesicherten Bauwerken Fischers ist zunächst das *Gartenpalais Althan* in der Ungargasse in Wien (1729 entworfen) zu nennen. Da das Palais 1847 abgerissen wurde, sind wir auf Zeichnungen Salomon Kleiners (1737/38; ›Wahrhafte Abbildung‹, IV, 31) als älteste Bildquelle angewiesen. Die baulichen Wünsche des Grafen Althan in optimaler Form zu erfüllen, muß Joseph Emanuel zu besonderer Anspannung seiner künstlerischen Kräfte veranlaßt haben, zumal er seinem Gönner den Fortgang seiner Karriere überwiegend zu verdanken hatte. In Berücksichtigung seiner gesellschaftlich exponierten Stellung war es dem General-Baudirektor gewiß ein besonderes Anliegen, über ein Palais zu verfügen, das in seiner künstlerischen Qualität keinem anderen Adelspalast der Epoche nachstand. Fischer muß diesen Auftrag als besondere Verpflichtung aufgefaßt haben, zumal er hier seinem fachkundigen Förderer als Hofarchitekt in einer »sozusagen privaten Sphäre«[200] begegnete.

Auf dem Höhepunkt seiner künstlerischen Laufbahn schuf hier Fischer eine Anlage, die sich in vollendeter Einheit von Hof, Palais und Garten zu einem Gesamtkunstwerk von europäischem Rang zusammenschließt. Die Hofseite des eingeschossigen Schloßbaus besteht aus drei Achsen, denen – nach Gesichtspunkten des Barockklassizismus konzipiert – ein von vier jonischen Säulen gegliederter und von einem Dreieckgiebel bekrönter Portikus vorgelagert ist. Darüber erhebt sich ein gebauchtes Mansarddach von kuppeligem Zuschnitt. Die beiden Seitenflügel ruhen auf einer relativ niedrigen Sockelzone und setzen sich aus zweiachsigen Rücklagen und leicht vorspringenden Eckpavillons zusammen. Im Rahmen der Wandgliederung dominieren auffallend hohe Rundbogenfenster, die in dieser Dimension fast schon an Arkaden erinnern. Während sie an den von Mansarddächern abgeschlossenen Pavillonachsen von Doppelpilastern flankiert werden, sind sie an den Rücklagen von Lisenen getrennt. Die Restflächen zwischen den Wandbändern und Fensterrahmen füllt ein Rohziegelmuster, das einen reizvollen Kontrast zur kompakt gemauerten Sockelzone bildet. Deutlich ist das Prinzip der nach der Mitte zunehmenden Flächenöffnung bemerkbar, wobei nicht zuletzt die ziegelartige Struktur der restlichen Wand den Eindruck erweckt, als könnte man optisch alle »tragenden« Elemente ablösen, ohne die architektonische Grundform zu gefährden.[201] Die schon daraus ersichtliche Tendenz zur additiven Gestaltungsweise kulminiert schließlich im Portikus, der mit dem Gebäude als gleichsam appliziertes Gebilde nur einen losen Zusammenhang bildet. Für den Stil Fischers noch aufschlußreicher ist die Gestaltung der Gartenseite, wo sich das Gebäude auf einem abgeböschten Terrain erhebt (Abb. 128). Das Zentrum dieser Terrasse dringt in Übereinstimmung mit dem konvexen Mittelabschnitt des Palais raumgreifend in den Garten vor. Die Terrasse erweckt den Eindruck eines Bühnenbodens, über dem sich die zu Portalen umgedeuteten Fenster des kulissenartig ausgebreiteten Bauwerks öffnen. Die deutliche Aufschließung zum Garten entspricht dem »privaten« Charakter dieser Front, die in spürbarem Kontrast zum repräsentierenden Portikus der Hofseite steht. Dieses, den hohen Rang des Auftraggebers versinnbildlichende Motiv scheint in zwei Hälften geteilt, gewisser-

128 Joseph Emanuel Fischer von Erlach: *Gartenpalais Althan in Wien, Gartenseite, 1729 entworfen (Zeichnung von Salomon Kleiner)*

maßen »auseinandergenommen«, und ist in reiner Fassadenprojektion den Eckpavillons appliziert. Zwei weitere Säulen sind an die Mittelachse des dreiteilig konvex vortretenden Zentrums gelehnt. Ein gesprengter Segmentgiebel fördert an dieser Stelle den Eindruck einer gleichsam aufbrechenden Wand. Hier allein dürfte sich der jüngere Fischer am Formenrepertoire seines Vaters orientiert haben. Abgesehen von diesem »barocken« Akzent zeichnet sich das Gebäude jedoch durch »rationale Gesetzmäßigkeit, kühle Logik und berechnende Klarheit der Konzeption« aus, mit der Fischer die Fassade als »distanzierte« Schaufläche interpretierte.[202] Mit Recht hat Zacharias darauf hingewiesen, daß es vom Stil Joseph Emanuels im österreichischen Barock der Folgezeit keine »volkstümliche« Variante gegeben hat. Richtig ist auch, daß seine Architektur hingegen in Berlin ein bedeutendes Echo fand. Nur erfolgte diese Einflußnahme nicht erst ein halbes Jahrhundert später, wie der Autor meint, sondern schon bald nach der Fertigstellung des Gartenpalais. Zu dieser kleinen Korrektur berechtigt ein Hinweis auf den Schloßbau von *Sanssouci* (1745/47) in Potsdam, den sich Friedrich II. selbst entworfen hatte. Wie an Fischers Palais scheint sich hier die Wand gemeinsam mit den portalähnlichen Fenstern unmittelbar vom Boden zu erheben. – Welche Bewunderung Joseph Emanuel mit seinem Bauwerk schon bei seinen Zeitgenossen wachrief, geht aus einem Schreiben Feldmarschall Johann Joseph Harrachs hervor, der mit folgenden Worten die Kunst des jüngeren Fischer der Hildebrandts vorzog: »doh ist gewis, das Fischer frischere und neyere Gedancken hat als Jean Luca.«[203]

In fast unmittelbarer Nähe zur Hofbibliothek – lediglich durch die später adaptierten Redoutensäle von ihr getrennt – errichtete Fischer die *Winterreitschule* (1729–1735) *der Wiener Hofburg.* Die enge Nachbarschaft der beiden Gebäude verdeutlicht den am klassischen Bildungsideal des »mens sana in corpore sano« orientierten Bauwillen KARLS VI., der auf der Assoziationsebene der Ikonologie die Stätte körperlicher Ertüchtigung mit dem »Tempel« der Weisheit korrespondieren ließ; die Absicht des Kaisers, mit diesem Saalbau alles andere an vergleichbarer Architektur in Europa zu übertreffen, ist nicht zu übersehen. Hatte sich Fischer zunächst bei der Errichtung der Hofbibliothek dazu veranlaßt gefühlt, die Pläne seines Vaters in rein dienender Funktion zu verwirklichen, bot sich ihm nunmehr am Bau der Winterreitschule die Möglichkeit, seine eigene, vom Stil des Vaters entschieden abweichende architektonische Formensprache ins Treffen zu führen (Abb. 129). Die Wände der langgestreckten Halle sind in drei geschoßartige Schichten gegliedert. Während sich das Mauerwerk der Sockelzone kompakt zusammenschließt, öffnet sich das Hauptgeschoß in Galerien, denen 50 glatte Säulen der Kompositordnung vorgelagert sind. In der Distanz zu den mit tiefen Leibungen ausgestatteten Fenstern erweckt diese Kolonnadenstellung den Eindruck einer inneren Raumgrenze. Sie ist gewis-

129 JOSEPH EMANUEL FISCHER VON ERLACH: *Winterreitschule in der Wiener Hofburg, 1729–1735*

sermaßen als diaphane Wand interpretiert, die den Raum der Galerie im Zusammenwirken mit der Außenmauer zweischalig eingefaßt in Erscheinung treten läßt. Der »Säulenschleier« stützt ein wie mit einem Lineal durchzogenes Gebälk, auf dem eine Balustrade die Galerie des Obergeschosses begrenzt. Im Verzicht auf eine innere Raumschale weitet sich hier die Halle, in die durch rundbogige Fenster das Licht frei einzudringen vermag. Beinahe ohne Stütze scheint die Decke – an sich schon ein technisches Meisterwerk! – baldachinartig über dem ganz in Weiß gehaltenen Raum zu schweben. Während im horizontalen Verlauf der Wandzonen das Phänomen der additiven Achsenreihung dominiert und auf jede Akzentuierung oder Bewegungstendenz verzichtet wurde, sind die einzelnen Geschosse in ihrem Verhältnis zueinander durch beachtliche Kontraste gekennzeichnet. Herrscht einerseits in der Sockelzone die völlig geschlossene, ungegliederte und raumverengende Mauer vor, drängt andererseits die Wand des Obergeschosses in stark belichteter und geöffneter Form sowie in raumerweiternder Intention nach außen. Das am reichsten gegliederte Hauptgeschoß vermittelt mit seinen bereits erwähnten zweischaligen Raumgrenzen zwischen diesen beiden Zonen. Aus waagrechter Sicht scheinen die orthogonalen Wandebenen einen »Schachtelraum«[204] zu bilden, dessen protoklassizistisches Wesen das Stilempfinden Joseph Emanuels vom väterlichen Vorbild weit abrückt. Von einem auf die vertikale Wandstruktur ausgerichteten Blickwinkel her gesehen, ist hingegen das Festhalten Fischers am Formenkanon des Barock nicht zu übersehen. Dieser Grundhaltung entsprechen zum Teil auch die Schmalseiten der Halle, wobei die nordwestliche mit ihrer konkaven Wandkrümmung und der giebelbekrönten Kaiserloge besonders hervorzuheben ist.

Zieht man die emporenbegrenzte Säulenreihe des Hauptgeschosses näher in Betracht, so bemerkt man einen durchaus engen Bezug Fischers zu seinem künstlerischen Ursprung, der in den Prinzipien der französischen Klassik wurzelt. Zu erwähnen ist beispielsweise die Hofkapelle von Versailles (Jules Hardouin-Mansart; 1699–1710), die mit ihrer Kolonnadenstellung im Verband mit Emporen und im strukturellen Gegensatz zur streng gegliederten Erdgeschoßzone deutlich Parallelen zur Winterreitschule erkennen läßt. An beiden Bauten stand der Wunsch des Auftraggebers – trotz unterschiedlicher Zweckbestimmung der Räume – nach Zurschaustellung seiner von der höfischen Gesellschaft assistierten Macht im Vordergrund. Vom kaiserlichen Repräsentationsanliegen und von der praxisbezogenen Auflage, eine Reitschule zu bauen, ausgehend, schuf Fischer einen Raum, dessen baukünstlerischer Spitzenrang sich in der Bewältigung einer mehrschichtigen Sinnforderung dokumentiert. »Dieser Raum ist in einer Weise gestaltet, daß er auch künstlerisch seine Erfüllung erst in den Augenblicken findet, in denen sich seine Bestimmung als Reithalle vollendet. Er rechnet mit den Zuschauern und den Pferden, mit den rhythmischen Bewegungen und Figuren als optischem Effekt in ähnlicher Weise wie die Kulisse mit dem Schauspieler. Die beiden Sphären sind klar geschieden und vom Gegensatz her bestimmt. Daher die Verbannung ›artfremder‹ Bewegungstendenzen aus der Architektur, daher jene Kühle, Farblosigkeit, Strenge, Distanziertheit und Gleichförmigkeit.«[205] Dieses von Zacharias stammende Resümee verdeutlicht zwar sehr anschaulich die künstlerische Problemstellung, die Fischer zu bewältigen hatte, geht aber am immer noch barocken Stilprinzip der

Kontrasthaltung, die am gleichfalls vertikal lesbaren Wandaufriß zutage tritt, doch recht achtlos vorbei.

Im Jahre 1723 entschloß sich KARL VI. zur Neugestaltung der *kaiserlichen Hofburg*. Langwierige Planungen waren dem Entschluß des Kaisers vorangegangen, ehe 1723 unter der Bauleitung HILDEBRANDTS die Grundsteinlegung für den *Reichskanzleitrakt* erfolgte. Sehr bald gelang es aber FISCHER, Hildebrandt zu verdrängen und die gesamte Burgplanung an sich zu ziehen. Von seinen Plänen wurden die erwähnte Reitschule sowie die Reichskanzlei ausgeführt und die Front zum Michaelerplatz begonnen, ohne daß mehr als ein Viertel dieses Traktes vollendet werden konnte. (Die Michaelerfront wurde erst in den Jahren von 1889–1893 unter der Leitung von FERDINAND KIRSCHNER ausgeführt, wobei sich der Baumeister weitgehend an den Plänen Fischers orientierte.)

Nachdem Hildebrandt offenbar über die Fundamentierungsarbeiten am Reichskanzleitrakt nicht hinausgelangt war, fiel im Jahre 1726 die Entscheidung über den Weiterbau. Die langgestreckte, über 27 Achsen verlaufende Schauwand, die gänzlich den oben geschilderten Stilnormen Fischers entspricht, erhebt sich in viereinhalb Geschossen und wird von drei reliefhaft flachen Risaliten nur äußerst zurückhaltend akzentuiert (Abb. 130). Die gleichförmige Verwendung von Kolossalpilastern, die nur an den »Risaliten« zögernd durchbrochene Reihung der Achsen und die bis zur optischen Ermüdung gleichbleibenden Fensterdimensionen verraten ein retardierendes Stilprinzip, zu dem sich Joseph Emanuels Vater wohl niemals bekannt hätte. Ein »zentrales Merkmal der Werke (des jüngeren Fischer) ist ein Denken rein in Fassaden, ganz im Gegensatz zur Hofbibliothek«. Darüber hinaus stellt SEDLMAYR fest, daß es sich hier um »eine durch zeitgenössische Strömungen gefilterte Bernineske mit einem Pathos und einer Massigkeit (handelt), die ganz unösterreichisch sind«.[206] Eine an JULES HARDOUIN-MANSART orientierte klassizistische Grundhaltung scheint sich hier herausgebildet zu haben. Die auf Distanz bedachte Fassade der Reichskanzlei gibt deutlich Zeugnis von den im Umbruch befindlichen Architekturwünschen des Wiener Hofs, denen etwa Hildebrandt mit seiner eindeutig barocken Formensprache nicht entsprechen konnte, oder vielleicht besser, die er nicht mehr erfüllen wollte.

Schon unter den Babenbergern hatte *Klosterneuburg* in seiner Doppelfunktion als Kloster und Pfalz unter den österreichischen Stiften eine besondere Stellung eingenommen. Als KARL VI. 1730 diesen Gedanken neuerlich aufgriff und in diesem nördlich von Wien in beherrschender Lage am Ufer der Donau gelegenen Stift Kloster- und Residenzbau zusammen verwirklicht haben wollte, sah sich auch das Hofbauamt unter GUNDAKER GRAF ALTHAN dazu veranlaßt, in das bereits bestehende Neubauprojekt des Prälaten ERNEST PERGER einzugreifen. In diesem Zusammenhang muß auch mit der Teilnahme des Hofarchitekten JOSEPH EMANUEL FISCHER VON ERLACH am Baugeschehen gerechnet werden,

130 JOSEPH EMANUEL FISCHER VON ERLACH: *Reichskanzleitrakt der Wiener Hofburg, 1726–1730* ▷

nachdem schon ein Jahr zuvor DONATO FELICE D'ALLIO (1676–1761) das Gesamtkonzept erstellt hatte. Der aus Mailand gebürtige und seit 1700 in Wien ansässige Baumeister mußte sich zunächst mit einem Bauplan auseinandersetzen, der in offensichtlicher Konkurrenz mit Melk bereits im Jahre 1706 von PRANDTAUER entworfen worden war. Allio hielt diese Erstfassung jedoch für »sehr unregelmäßig und unvollkommen« und stellte das Ansuchen, »neue und nach eigener Erfindung« verfertigte Pläne einbringen zu dürfen. Lediglich in der axialen Ausrichtung der Kirche, deren Fassade als dominierender Bestandteil der Klosterwestfront in Erscheinung treten sollte, orientierte er sich am Konzept Prandtauers. Innerhalb des Klosters nimmt die Kirche die Stellung der Hauptachse einer rechteckigen Anlage ein, die durch zwei sich kreuzende Trakte in vier regelmäßige Höfe aufgeteilt wird. Noch in einem frühen Planungsstadium erreichte dann Allio der kaiserliche Wunsch, die Stiftsanlage baulich in den Rang einer Klosterresidenz zu erheben. Aus einem Bericht des Architekten erfahren wir, »daß dieses gebäude eines theils auch für eine residenz Seiner Majestät des Kaisers bestimmt sei und folgsam es mit größerer pracht und mehr aufwand gebaut und nicht so fortgeführt werden sollte, wie selbes angefangen worden ... Zu diesem ende wurde mir auferlegt andere risse zu machen mit kuppeln an den ecken und zwischen selben in der mitte sowohl als auch in der mitte der facciate eine große kuppel ...«[207] Als ideellen Ausgangspunkt hatte man gewiß den spanischen Escorial vor Augen, von dessen formalem Konzept sich Allio in seinen Plänen allerdings deutlich distanzierte. Wie E. MAHL nachweist, hat die Anlage ihren Ursprung in der Spitalsarchitektur, wobei unter Nennung mehrerer Zwischenstufen das Mailänder Ospedale Maggiore FILARETES als stilistischer Anhaltspunkt genannt wird.[208] Ausgehend von der Einbeziehung der Kirche in die Hauptachse der Anlage, stellt die Autorin bei den Klosterentwürfen von Einsiedeln und St. Gallen erstmalig eine Relation zwischen Spitalsarchitektur und Klosterbauten fest.

Ist zwar ein ikonologischer Zusammenhang Klosterneuburgs mit dem Escorial nicht zu leugnen, so ist doch »die geistige Haltung zwischen Ur- und Nachbild grundverschieden. Bringt der spanische Escorial die demutsvolle Integration der monarchischen Sphäre in die sakrale zum Ausdruck, so wird im österreichischen Escorial die nach außen mit großer Prachtentfaltung betonte kaiserliche Sphäre durch die sakrale gesteigert«.[209] In dem die Kirche nach Osten hin fortsetzenden Trakt liegt das axial auf den Kaisersaal hingeführte Treppenhaus, woraus deutlicher als bei allen verwandten Vorgängerbauten zu ersehen ist, wie eng sich kirchliche und kaiserliche Macht zusammenschließen. Der Tod Karls VI. im Jahre 1740 brachte den Bau schon frühzeitig zum Stocken. Bis dahin waren nur zwei Flügel errichtet worden, die dann erst JOSEF KORNHÄUSEL nach vereinfachter Planung (1836–1842) zu dem heute vorhandenen einzigen Hof zusammenschloß. »Das gigantische Unternehmen, welches die barocke Einheit von Kirche und Kaiserstaat sinnfällig demonstriert hätte, war zu spät ins Werk gesetzt worden: Die Säkularisierung des Staates durch die Aufklärung war bereits zu weit fortgeschritten, als daß ein solches Projekt noch weiterhin Verständnis gefunden hätte.«[210]

Da lediglich etwa ein Achtel des Projektes ausgeführt wurde, sei auf einen Stich aus dem Jahre 1774 hingewiesen, der dem Betrachter ein anschauliches Bild von der überwältigenden

131 *Stift Klosterneuburg, Gesamtansicht der von* Donato Felice d'Allio *projektierten Anlage (Stich von Joseph Knapp, 1774)*

Kuppellandschaft in Klosterneuburg bietet (Abb. 131). War ursprünglich das Motiv der Kuppel in Österreich ausschließlich dem Kirchenbau vorbehalten, so wurde diese Vorrangstellung in der niederösterreichischen Stiftsresidenz aufgegeben: Auf acht Kuppeln lagern die Kronen des Hauses Habsburg und geben ein weithin sichtbares Zeugnis von der Idee des imperialen Machtanspruchs, womit sich Klosterneuburg aus dem Bereich der übrigen Klosterbauten entfernt und mit der zeitgleichen Palastarchitektur in Konkurrenz tritt.[211]

Schon vor Klosterneuburg war Allio beim Bau des *Salesianerinnenklosters in Wien* mit der Aufgabe konfrontiert worden, im Rahmen einer Klosteranlage auch die Errichtung eines kaiserlichen Palastes einzuplanen. Diese doppelte Zielsetzung ist auf die Kaiserin Amalia (Witwe Josephs I.) zurückzuführen, die 1717 – ausgehend vom Wunsch, sich im klösterlichen Bereich einen kaiserlichen Witwensitz errichten zu lassen – die Finanzierung des Projekts übernommen hatte. Durch die Vereinigung von Kirche, Kloster und Palast erscheinen im Grundriß wesentliche Züge des Klosterneuburger Stiftskomplexes vorweggenommen. Die Parallelsituation ist am deutlichsten an der Lage der Kirche (A; Weihe: 1728) zu erkennen, deren Fassade im Verlauf der Klosterwestfront eine zentrale Position einnimmt. Von Klosterneuburg jedoch abweichend, öffnet sich vor dem Westtrakt ein Ehrenhof (B), der dem Klosterbau – in Anlehnung an die Gartenpalastarchitektur – eine nahezu weltliche Note verleiht. Ebenfalls im Gegensatz zur kaiserlichen Klosterresidenz ist dem Palast der Kaiserin (C) – bestehend aus den zwei Höfen des südlichen Traktes – innerhalb der Gesamtanlage eine verhältnismäßig isolierte Stellung zugewiesen.

Über die weitausgedehnten Stiftsgebäude dominiert die hochaufragende Tambourkuppel der Kirche, deren führender Rang im Bereich des Wiener Spätbarock unbestritten ist (Abb. 132). Auf dem Grundriß eines gedrungenen Ovals öffnen sich in den Diagonalachsen

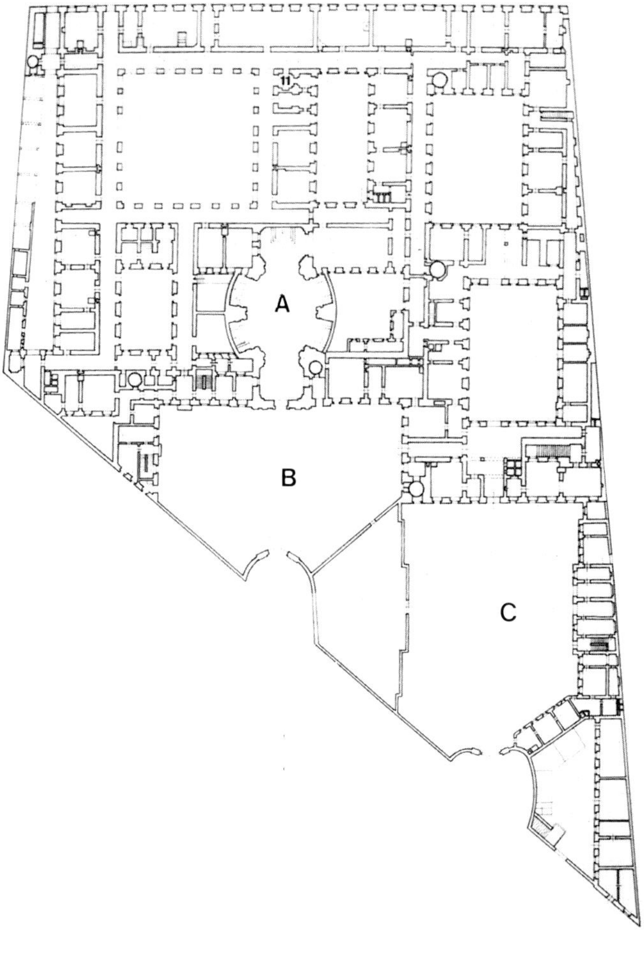

132 *Salesianerinnenkloster in Wien, heutiger Grundriß der Anlage*

Rechteckkapellen, deren Bogenabschluß in Übereinstimmung mit den Bogenstellungen der Eingangshalle und des Chorjochs bis zum Architrav des Gebälks unter dem Tambour reicht. Ohne Zweifel stand ALLIO dabei HILDEBRANDTS Wiener Peterskirche als stilistische Ausgangsbasis vor Augen. Ein gravierender Unterschied liegt allerdings darin begründet, daß im Zentralbau der Salesianerinnenkirche die auf der Querachse angeordneten Seitenkapellen der Peterskirche fehlen. E. MAHL erklärt mit dem Hinweis auf die zwischen den beiden Bauten auftretenden Stildifferenzen sehr anschaulich den Wandel zwischen Hoch- und Spätbarock: »Während bei der Peterskirche die Pilaster an den Stirnseiten der Pfeiler durch Verkröpfung im Gesims ihre besondere Stellung im Raum ausdrücken, sind in der Salesianerinnenkirche alle Pfeilerpilaster gleichwertig. Dadurch erhalten alle Horizontalen einen bestimmten Vorrang, das heißt die Bedeutung der Pilaster liegt weniger in der tragenden, als in der Haupt- und Nebenräume zusammenfassenden Funktion. Innerhalb der Kapellen fehlt der Gurtbogen sogar als Entsprechung in der Wölbungszone. Entscheidend ist also die Schaffung eines geschlossenen Raumvolumens.«[212] Die stilistische Einschätzung des Baus erscheint allerdings dann verfehlt, wenn die Autorin zwar exakt auf das »additive Verhältnis der einzelnen Zonen« verweist, aber dieses Charakteristikum in »Renaissancevorstellungen« des Baumeisters begründet sieht. Überzeugender ist SEDLMAYRS stilistische Einstufung des Bauwerks, wenn er schreibt, daß »sich hier ein Repertoire stark barocker ... Formen mit einer innerlich schon stark dem Klassizismus zugekehrten Gesinnung vereinigt«.[213]

Mit auffallender Präzision ist die Kirchenfassade axial in den Klostertrakt eingebunden (Abb. 133). So mündet etwa die Dachtraufe der Gebäudeflügel genau in das Kranzgesims des Gebälks, das die Schauwand in zwei gleich hohe Geschosse gliedert. Daraus resultiert der Eindruck einer sehr schlanken Fassadensilhouette, in der die Vertikale deutlich über die Horizontale dominiert. Um so unverständlicher mutet in diesem Zusammenhang der Einwand MAHLS an, es handle sich hier um eine Schauwand von »besonders gedrückten Proportionen«.[214] Aus dieser irrtümlichen Darstellung folgert die Autorin einen Rückgriff ALLIOS auf römische Fassaden des 16. Jahrhunderts. Weit naheliegender ist dagegen ein Hinweis auf die Wiener Dominikanerkirche, deren doppelgeschossige Fassadenkonzeption Allio gleichsam als lokaler Prototyp vor Augen stand.[215] Ein Vergleich der beiden Schauwände erscheint äußerst instruktiv, lassen sich doch an diesen Beispielen sehr anschaulich die stilistischen Unterschiede zweier zeitlich um mehr als ein halbes Jahrhundert auseinanderliegender Phasen des Barock erläutern. Sind einerseits für die ältere Fassade – ganz im Sinn des aufkeimenden Hochbarock – ein breit gelagerter Umriß und ein Denken in plastischen, gleichsam aus dem Mauergrund herausmodellierten Formen charakteristisch, so tritt andererseits an der jüngeren Fassade das Phänomen der »Ablösbarkeit in Schichten« besonders augenfällig in Erscheinung, worin sich deutlich eine spezifisch spätbarocke Auffassung manifestiert.[216]

Vergleicht man abschließend die Entwürfe ALLIOS mit der Endfassung des Bauwerks, so sind verschiedene, vereinzelt recht einschneidende Veränderungen feststellbar, die von der Forschung mit einem späten Planungseingriff des jüngeren FISCHER begründet werden.[217]

133 Donato Felice d'Allio: *Fassade der Salesianerinnenkirche in Wien, um 1720*

Wie später in Klosterneuburg, wo sich in Anbetracht eines kaiserlichen Mitspracherechts das Hofbauamt mit Wünschen zur Planänderung eingeschaltet hatte, war es Allio am Salesianerinnenkloster ebenfalls nicht gegönnt, ein Projekt bis in die Schlußphase des Bauvorgangs selbständig voranzutreiben.

Der gleichen Generation wie Allio gehört auch der aus Vorarlberg (Klösterle) gebürtige Baumeister Anton Ospel (1677–1756) an. Seine künstlerischen Studien betrieb er zunächst in Rom, wo er den Bauten Borrominis mit besonderem Interesse begegnet sein dürfte. Als er 1703 mit dem Hofstaat des nachmaligen Kaisers Karl VI. von Wien nach Spanien reiste, ergab sich für ihn die Gelegenheit, die Architektur eines damals verhältnismäßig entlegenen Landes kennenzulernen und wichtige Erfahrungen für seine spätere Architektenlaufbahn zu sammeln. Nicht ausreichend geklärt ist, weshalb der Kaiserhof nach Ospels Rückkehr nach Wien im Jahre 1711 dessen Dienstverhältnis nicht mehr verlängerte. Als Fürst-Liechtenstei-

134 Anton Ospel: *Fassade des Zeughauses in Wien, 1731–1732*

nischer Architekt fand er jedoch mit den Umbauten der Schlösser von *Feldsberg* (heute Tschechoslowakei) und *Wilfersdorf* (Niederösterreich) über mehrere Jahre hin ausreichend Beschäftigung. 1722 übertrug ihm die Stadt Wien das Amt des Zeugwarts und bald darauf den Posten eines Stuckhauptmanns. In dieser Funktion als Militär-Techniker und Verwalter des Zeughausinventars schien er für die Stadt in der Folge auch prädestiniert, den Neubau des bürgerlichen *Zeughauses* (1731–1732) zu übernehmen (Abb. 134).[218]

Die Fassade des Gebäudes ist auf den Platz Am Hof hin orientiert und läßt die gleichsam simultane Verwendung zweier bis in antike Zeiträume zurückverfolgbare Baumotive erkennen: Dominierend tritt dem Betrachter zunächst das Motiv des tempelartigen Portikus entgegen, aus dem sich in zweiter Blickfolge der Baugedanke eines Triumphbogens herauskristallisiert. Auf einem hohen, nahezu ungegliederten Sockel, der annähernd bis zum Bogenschluß des Portals reicht, erheben sich zwei Kolossalpilasterpaare, auf denen die restlichen Gebälksstücke eines in der Basis gesprengten Dreieckgiebels lagern. Die Fassade gliedert sich in drei Achsen, wobei sich die äußeren aus gekuppelten Pilastern und zwei von Trophäen getrennten Fenstergeschossen zusammensetzen, die in leicht schrägem Wandverlauf den monumentalen Blendrundbogen der Mittelachse flankieren. Daraus ergibt sich der Eindruck, als sei der bis in das Tympanon des Giebels reichende Bogen konkav, gleichsam nischenartig in das Fassadenzentrum gebettet. Beherrschend ist das Motiv der Nutung, das

135 ANTON OSPEL: *Palais Lembruch-Wilczek in Wien, 1722–1731 (Zeichnung von Salomon Kleiner)*

sich oberhalb der Sockelzone in einem reichen Liniengefüge über die gesamte Schauwand erstreckt und das fortifikatorische Erscheinungsbild des Gebäudes wesentlich verstärkt. Im Giebelfeld bildet der kaiserliche Adler zusammen mit den bis in die Gebälkszone herabreichenden Trophäen den reliefplastischen Schwerpunkt. Auf dem Giebel ruht ein Attikaaufsatz, der von figuralen Plastiken, Feldzeichen und Waffentrophäen bekrönt wird. Durch diese Attika, die den ikonologischen Gedanken des Triumphbogens unterstreicht, erscheint das bis zum Giebelgebälk in quadratischem Umriß proportionierte Fassadenkompartiment in die Form des Rechtecks gestreckt. In Erinnerung an Ospels langfristigen Spanienaufenthalt verweist Julius Schmidt an der Fassade des Zeughauses auf eine spanische Stilkomponente, die sich am deutlichsten im Motiv der durchgehenden Hauptnische (Blendbogen) verkörpert. Weiter bemerkt der Autor, »daß gerade in Österreich frühere Beispiele (Ospels) Tempelfassade mit den kombinierten Giebeln vorwegnehmen«.[219] Dabei erinnert er an die Schauseite des Grazer Mausoleums und an die Fassade der Wiltener Stiftskirche, die die engste Verwandtschaft mit der Zeughausfassade zeigt. Nicht zuletzt der Hinweis auf diese Beispiele beinhaltet bereits die Beantwortung der Frage, weshalb das Gebäude keine Verbindung zur Tradition der Wiener Barockbaukunst erkennen läßt.

Der tempelartige Portikus mit seinem von Kolossalpilastern getragenem Giebel kann in Verbindung mit dem in das Giebelfeld einschneidenden Rundbogen als Hauptmotiv des Architekten bezeichnet werden. Erstmalig hatte er es bereits zehn Jahre zuvor – gleichsam als Vorstufe zum Zeughaus – am Bau der *Wiener Kirche S. Maria de Mercede* (1722–1723) und in kleinteiliger Form auch am Turm der *Kirche von St. Leopold* (1722–1724) in *Wien* verwendet.[220]

Von diesem Zentralthema machte Ospel auch an der Fassadengestaltung seiner Palastbauten Gebrauch, wobei lediglich auf das *Palais Lembruch-Wilczek* (1722–1731) in *Wien* als markantestes Beispiel hingewiesen sei (Abb. 135). Der viergeschossigen, siebenachsigen Fassade ist ein durch Kolossalpilaster gegliederter Risalit vorgeblendet, der sich kaum aus der Mauerflucht zu lösen vermag und die drei mittleren Achsen umfaßt; wie bei den vorhin genannten Bauten schneidet in der Mittelachse ein Blendbogen in das Giebelfeld. Die Risalitwirkung resultiert lediglich aus den sich schräg vom Mauerverband abhebenden Außenpilastern, deren spezifische Position Anton Wilhelm an Borrominis Collegio di Propaganda Fide in Rom vorgeprägt sieht.[221] Ein weiteres Charakteristikum der Kunst Ospels bilden die an zahlreichen Stellen der Fassade aufscheinenden Plattenauflagen, was Dagobert Frey dazu veranlaßt, diesen Baumeister als den bedeutendsten Vertreter des »vorklassizistischen« Plattenstils der Zeit Karls VI. zu bezeichnen.[222] Die These, daß Ospel in seiner protoklassizistischen Grundhaltung – trotz unterschiedlicher Handhabung von Einzelmotiven – eine gewisse Nähe zur stilistischen Auffassung Allios erkennen läßt, scheint sich in der künstlerischen Einschätzung Ospels durch J. Schmidt zu bestätigen, der in der Fassadenkonzeption des Architekten eine »wohldurchdachte Auflösung des Baukörpers in Schichten« registriert; in ähnlicher Weise wurde auch Allios Fassadenkunst charakterisiert.[223]

Die Wiener Architektur im Zeitalter Maria Theresias

Den Hoffnungen KARLS VI., mit der Pragmatischen Sanktion für Österreich die Sicherung der weiblichen Erbfolge zu gewährleisten, war kein Erfolg beschieden. Gleich nach dem Tod des Monarchen sah sich MARIA THERESIA (1740–1780) um die Erhaltung ihres Erbes mit den europäischen Mächten, insbesondere mit dem Preußenkönig FRIEDRICH II., in schwere Kämpfe (Österreichischer Erbfolgekrieg 1740–1748) verwickelt. Mit dem Frieden von Aachen endete dieser Krieg, in dem sich das Habsburgerreich viel besser behauptete, als man anfänglich erwarten konnte. Seine Einheit war erhalten geblieben, obgleich der Verlust Schlesiens, der wirtschaftlich am besten entwickelten Provinz, gewiß sehr schmerzlich war. Als FRANZ STEPHAN VON LOTHRINGEN, der Gemahl Maria Theresias, 1745 in Frankfurt zum Kaiser gewählt wurde, konnte man bereits von einer ersten Konsolidierung der Machtverhältnisse sprechen, die dann auch der Siebenjährige Krieg (1756–1763) – angesichts der neuerlichen Konfrontation mit Friedrich II. – kaum mehr gefährden konnte.

Mit der sofortigen Einstellung der Bauarbeiten in *Klosterneuburg* fand das Krisenjahr 1740 auch auf dem Gebiet der Architektur seinen Niederschlag. Die Glanzzeit der Baukunst des österreichischen Barock, die unter Karl VI. einen kaum mehr überbietbaren Höhepunkt erreicht hatte, war damit zu Ende gegangen. Die junge Herrscherin sah sich vor ganz andere Aufgaben gestellt, galt es doch in dieser gefahrvollen und große Opfer fordernden Zeit von den idealen Vorstellungen des »Heldenzeitalters« abzuweichen und das Reichsgefüge in mühevoller Kleinarbeit und nach unterschiedlichsten Gesichtspunkten zu reformieren. Im Zeichen des aufgeklärten Absolutismus trat der bürokratisch verwaltete Staat an die Stelle der reichsideologisch gefärbten Kaiseridee.

Es hat den Anschein, daß der auf dem Gebiet der Architektur immer stärker auftretende Stilpluralismus mit der gesteigerten Vielfalt und systematischen Aufgliederung des Verwaltungsapparats zumindest indirekt zusammenhängt.[224] R. WAGNER-RIEGER ist zuzustimmen, wenn sie davor warnt, das Baugeschehen dieser Epoche in vereinfachender Absicht unter einem bestimmten Stil zu subsumieren, »zumal es schwerfällt, unter einer ganzen Reihe von Vorschlägen, wie Vorklassizismus, Spätbarock, Barockklassizismus, Zopf oder Rokoko zu wählen«.[225]

Nicht zuletzt die enorm angespannte Lage des Staatshaushaltes brachte es mit sich, daß die Bauwirtschaft – um sich einer modernen Diktion zu bedienen – in eine restriktive Situation geriet und Architekten in diesem Aufgabenbereich nicht mehr den in Europa führenden Rang, etwa FISCHERS oder HILDEBRANDTS, einnehmen konnten.

Als die Nichte und Erbin PRINZ EUGENS (1736 verstorben) die Schlösser (Belvedere, Schloßhof und Niederweiden) und das Wiener Stadtpalais des Feldherrn zum Verkauf anbot, nahm MARIA THERESIA die Gelegenheit wahr, diese großartigen Bauten für den kaiserlichen Hof zu erwerben und neuen Bestimmungen zuzuführen. Der Ankauf belastete einerseits die Staatsfinanzen und stellte andererseits nicht das geeignete Mittel dar, auf dem Bausektor eine Belebung der Auftragslage zu erwirken. Die Tatsache schließlich, daß die Monarchin dem Um- oder Weiterbau bereits bestehender Gebäude gegenüber Neubauten den Vorrang einräumte, bot den zur Verfügung stehenden Architekten ebenfalls nur eingeschränkt die Möglichkeit, sich künstlerisch zu profilieren. Zu erwähnen ist hier aus einer Reihe von Beispielen etwa die Erweiterung der *Böhmischen Hofkanzlei* durch MATTHIAS GERL, die Umgestaltung der *Innsbrucker Hofburg* durch den kaiserlichen Architekten KONSTANTIN JOHANN WALTER und der Umbau des *Schlosses Schönbrunn* unter der Leitung von NICOLÀ PACASSI (1716–1790).

Um die im Aufbruch befindliche Ära Maria Theresias besser verstehen zu können, sei darauf hingewiesen, wie sehr sich die von ganz anderen Voraussetzungen und Situationszwängen bestimmte Wesensart der Herrscherin von der Persönlichkeit ihres Vorgängers Karls VI. unterschied. Gestützt auf ein eminentes Sendungsbewußtsein und erfüllt von der Idee des Gottesgnadentums, hatte sich KARL VI. mit nur schwach ausgeprägtem diplomatischem Instinkt und wirklichkeitsfremden Erwartungen um die internationale Anerkennung seiner Pragmatischen Sanktion bemüht. Vom Prinzip und der höheren Ordnung der sakralen Staatsidee ausgehend, hatte er in die Loyalität der europäischen Fürsten wenig begründete Hoffnungen gesetzt. Wie erwähnt, fand diese am neuen Zeitgeist vorbeigehende Haltung und im Widerspruch zu den realen Gegebenheiten stehende Einstellung im bezeichnenderweise fragmentarisch gebliebenen Projekt von *Klosterneuburg* seinen baulichen Niederschlag. Mehr als jeder andere Habsburger war Karl VI. von einer bestechenden Bauleidenschaft erfüllt. Und nicht zuletzt mit dem am Gedankengut des Escorial orientierten Plan zum Neubau des Kaiserstifts führte er der Welt vor Augen, wie sehr an seinem Hof die Erinnerung an die spanische Zeit des Erzhauses im Festhalten am spanischen Hofzeremoniell und an spanischer Lebensart weiterlebte.

Im Gegensatz zu ihrem Vorgänger verfügte MARIA THERESIA über ein realpolitisches, auf das »Machbare« konzentriertes Bewußtsein, das sich vor allem in ihren klug dosierten Maßnahmen zur Reform des Landes auf allen Ebenen widerspiegelte. Im Wissen um die nur beschränkt verfügbaren Mittel kommt diese Charaktereigenschaft – von Historikern zumeist nicht ausreichend beachtet – vor allem am Umbauprojekt von *Schönbrunn* (1744–1749) sichtbar zum Ausdruck. Nachdem sich die machtpolitischen Wogen der ersten Jahre einigermaßen geglättet hatten und die Erbfolge gesichert erschien, fühlte sich die Monarchin veranlaßt, die Einrichtung einer Sommerresidenz ins Auge zu fassen. Ganz im Gegensatz zu KARL VI., der seinen übersteigerten Repräsentationswünschen nur in der Errichtung eines alle wirtschaftlichen Grenzen sprengenden Neubaus entsprechen konnte, begnügte sich Maria Theresia gleichsam mit der Revitalisierung eines bereits bestehenden Bauwerks. Schon unter Karl VI. hatte man für den Fischerschen Schloßbau keine rechte Verwendung mehr gefunden. Der Architekt hatte einen festlichen, homogen konzipierten und künstlerisch hochrangigen Gebäudekomplex geschaffen, nur die Frage nach der Bewohnbarkeit der weiträumigen Saalflucht erschien ihm von untergeordneter Bedeutung. Bei der Umgestaltung des Schlosses waren die neuen Wohnansprüche des nunmehr auch in Österreich Fuß fassenden Rokokozeitalters primär zu berücksichtigen. Vom Wunsch nach mehr Intimität ausgehend, sollten die saalartigen Räume des Repräsentationsschlosses in wohnliche Gemächer umgewandelt werden. Zur Realisierung dieser Pläne schien der

136 Wien, Schloß Schönbrunn, Ansicht der Gartenfront (Umbauprojekt von NICOLÀ PACASSI, *1744–1749)*

Herrscherin PACASSI besonders geeignet, von dem sie einmal schrieb, er hätte besser als jeder andere verstanden, ihren Ideen Ausdruck zu verleihen.[226] So gesehen ist es verständlich, daß in seinem Umbaukonzept nützliche Erwägungen über rein künstlerische Zielsetzungen dominierten. Das zeigt sich schon allein in der Tatsache begründet, daß Pacassi zwischen der Beletage und dem Mezzaningeschoß ein Zwischenstockwerk einfügte. Damit konnten zwar die räumlichen Dimensionen reduziert und zahlreiche Zimmer neu dazugewonnen werden, dem ästhetischen Erscheinungsbild hingegen – besonders spürbar an der Gartenfassade – war dieser, einen unzureichend proportionierten »Fensterraster« erzeugende Eingriff äußerst abträglich; rein architektonisch betrachtet, stellen die kleinen quadratischen Fensteröffnungen eine ausgesprochene Notlösung dar (Abb. 136). An der Ehrenhofseite erhöhte Pacassi den Mittelrisalit um ein viertes Geschoß und verwandelte die in reichen Kurven

aufschwingende Freitreppe Fischers in einen doppelarmigen Stiegenaufgang, der im Erdgeschoß den Einbau von weiten Durchfahrten ermöglichte (vgl. Abb. 63). Schon vor der umfassenden Erneuerung durch Pacassi hatte Joseph Emanuel Fischer in den dreißiger Jahren die an italienische Bauten erinnernden Flachdächer seines Vaters durch Steildächer, die den Witterungseinflüssen besser standhalten konnten, ersetzt und somit den ursprünglichen Eindruck des Schlosses wesentlich verändert.

Im Auftrag der Kaiserin schuf Pacassi auch die Pläne für den Ausbau der königlichen *Hofburg auf dem Prager Hradschin* (1756–1774). Neuerlich bestand die Aufgabe des Baumeisters darin, in bereits bestehende Bausubstanzen »ordnend« einzugreifen. Im Zusammenschluß zu einer übersichtlichen und neben dem Veitsdom das Prager Stadtbild beherrschenden Baumasse wurden die bedeutendsten Burggebäude in einheitlich ausgerichtete Frontlinien reguliert. Die Gliederung der Fassaden ist »nobel, aber nüchtern und von unpersönlicher, beamtenmäßiger Korrektheit«[227] und bezeugt vielleicht am besten den damals vorherrschenden höfischen Stil des Barockklassizismus ingenieurgemäßer Prägung.

Pacassi beteiligte sich auch an den Planungsarbeiten zur Neugestaltung der *Wiener Hofburg*. Tatsächlich ausgeführt hat er jedoch lediglich die beiden Seitenflügel des heutigen Josephsplatzes. Damit geriet die ursprünglich als freistehender Trakt konzipierte *Hofbibliothek* in eine neue städtebauliche Situation. Den schon zuvor von Jean Nicolas Jadot gefaßten Plan einer geschlossenen Hofanlage modifizierte er insofern, als er den Platz zur vorbeiziehenden Augustinerstraße hin öffnete und damit die Passanten direkt an die Hofbibliothek heranführte. Die an der Fassade der Bibliothek orientierte Gestaltung der Seitenflügel beweist deutlich, daß der Architekt es unter anderem auch verstand, sich baulichen Gegebenheiten anzupassen und somit der Stilauffassung seines berühmten Vorgängers zu entsprechen.

Aus dem reichen Œuvre des Baumeisters ist noch das heute als bischöfliche Residenz dienende *Schloß in Klagenfurt* (1769–1776) zu nennen, das Maria Theresia für ihre Tochter, Erzherzogin Maria Anna, als Wohnsitz ausersehen hatte. Das ausnehmend schlicht gestaltete Gebäude erhebt sich auf hufeisenförmigem Grundriß und entspricht somit dem Typus der Ehrenhofanlage, der in der Folgezeit auch vom Adel verwendet wurde und vielfache Abwandlungen erfuhr; in volkstümlicher Weise wird er häufig als »Maria-Theresien-Schlössel« bezeichnet.

Daß die Kaiserstadt dem Kirchenbau keine besondere Bedeutung mehr beimaß, ist wohl mit dem Hinweis auf das allmählich eindringende Gedankengut der Aufklärung ausreichend zu begründen. Gerade Pacassis *Gardekirche am Rennweg* (1755–1763) mit ihrer betont einfachen Fassadengestaltung macht deutlich, daß man in Wien dem sakralen Bausektor nur mehr verminderte Aufmerksamkeit schenkte. In diesem Zeitraum wurden auf dem Gebiet der Kirchenarchitektur – gekennzeichnet durch das Weiterwirken des Barock – nur noch in den Provinzen hervorstechende Leistungen erbracht.

Zugleich mit Pacassi bestimmte damals auch der aus Frankreich stammende Jean Nicolas Jadot (1710–1761) das Wiener Baugeschehen. Sein künstlerischer Werdegang stand von Anfang an im engsten Zusammenhang mit dem lothringischen Herzogshaus. 1729 trat er in die Dienste Franz Stephans von Lothringen, dessen Vermählung (1736) mit Maria Theresia schon seit 1723 gesichert war. Als der Herzog und nachmalige Kaiser (1745–1765) nach dem polnischen Erbfolgestreit von 1733 seinen Herrschaftsbereich Stanislaus Lescinski im Tausch mit dem Großherzogtum Toskana zur Verfügung stellen mußte, ernannte er Jadot zum Hofarchitekten und Inspektor der öffentlichen Bauten in der Toskana. 1745 folgte der Baumeister dann Franz Stephan nach Wien, wo er sich als Bau-Inspektor zunächst mit Planungsarbeiten zum Ausbau der Wiener Hofburg auseinandersetzte. Seine Pläne wurden jedoch ebenso wie die gleichzeitig von Balthasar Neumann angefertigten Entwürfe nicht verwirklicht; lediglich der Bau der Botschafter- und Säulenstiege wurde ihm übertragen. Mit der Planung der *Alten Universität* (1753–1755), dem vielleicht letzten bedeutenden Beitrag zur Wiener Barockarchitektur, endete seine Architekten-Laufbahn in Österreich. Es ist anzunehmen, daß das Konkurrenzverhältnis zu PACASSI zu seinem frühen Ausscheiden aus der Wiener Bauszenerie (1756) nicht unwesentlich beigetragen hat. Bald nach der Einweihung der Universität waren verschiedene Unzulänglichkeiten am Gebäude festzustellen, die uns Anlaß zur Vermutung geben, daß Pacassi schon zuvor die scheinbar nur wenig im handwerklichen Bereich verankerte und somit praxisfremd akademische Einstellung Jadots bemängelt hatte. – FEUCHTMÜLLERS Bemerkung ist zuzustimmen, daß das Universitätsgebäude innerhalb der Wiener Baulandschaft den Rang eines »Fremdlings« einnimmt.[228] Nicht zuletzt der Umstand, daß die Fassade vor allem von französischen Stilelementen beherrscht wird, mag Anlaß zu einer subjektiv gefärbten und sachfremden Kritik gegeben haben.

Auszugehen war von der Frage, wo das für den Bau geeignete Areal zu finden sei. Die Wahl fiel auf den Platz vor der Jesuitenkirche, wobei man – geleitet von urbanistischen Zielsetzungen – Intentionen zur Errichtung eines »Universitätsforums« verfolgte.

137 JEAN NICOLAS JADOT: *Hauptfassade der Alten Universität in Wien, 1753 begonnen*

Beherrscht wird die fünfachsige Fassade vom Motiv der im Hauptgeschoß zwischen Seitenrisaliten eingefügten Kolonnadenstellung. Dieses Motiv »ist offensichtlich von der Ostfassade des Louvre angeregt und erscheint am kaiserlichen Stiftungsbau der Universität als Hoheitsmotiv; ja durch den Balkon, der das Heraustreten repräsentativer Persönlichkeiten möglich macht, zu deren Füßen sich dann der Platz übersichtlich ausbreitet, könnte man sogar von einer Art 'Erscheinungsarchitektur' sprechen« (Abb. 137).[229] Das Erdgeschoß ist über die Achsenzäsuren hinweg von einer flach eingeprägten Nutung – vergleichbar etwa mit der Nutung an der Sockelzone der Hofbibliothek – zu blockhafter Schwere zusammengebunden. An den Seitenrisaliten, die sich nur leicht abgestuft von der Fassadenflucht abheben, öffnen sich an italienische Vorbilder erinnernde Brunnennischen, die vielleicht als Quellen der Weisheit zu interpretieren sind. In der Beletage sind die hohen, von flacher Verdachung abgeschlossenen Fenster der Risalite von gekuppelten Pilastern begrenzt, auf denen sich – zur Assoziation mit einem Tempelportikus anregend – Dreieckgiebel erheben. Zwischen den Risaliten spannt sich die von Balustraden verbundene Kolonnadenstellung, die die Wand der drei mittleren Achsen deutlich zurücktreten läßt. Während das Zentrum von gekuppelten Säulen flankiert wird, sind an den Seitenbegrenzungen der Kolonnade Einzelsäulen postiert. Von der reich rhythmisierten Instrumentation Jadots geben auch die von gesprengten Giebeln bekrönten Fenster des Mittelabschnitts Zeugnis. Sie kontrastieren,

138 Jean Nicolas Jadot: *Aula der Alten Universität in Wien*

ähnlich wie die Vollsäulen mit den Pilasterpaaren, mit dem strengen Verdachungsabschluß der Risalitfenster. Über dem Hauptgebälk, das im Zusammenwirken mit der Nutung des Erdgeschosses dem Bau eine überwiegend horizontale Note verleiht, lagert noch ein Attikageschoß, dessen Wandrücksprung noch deutlicher als die hinter dem Säulenschleier durchscheinende Wand der Beletage das gestalterische Prinzip der in Schichten ablösbaren Mauerstruktur zutage treten läßt. Auf den Risalitgiebeln ruhen weibliche Figuren, die als Repräsentanten der zu dieser Zeit an der Wiener Universität dominierenden Fakultäten der Medizin und Jurisprudenz zu deuten sind, wie deren Attribute Retorte, Urne, Buch und Zepter vermuten lassen.

Ein architektonisches Meisterwerk gelang JADOT mit dem Bau der Aula, die sich als Säulenhalle im Erdgeschoß quer durch das Gebäude erstreckt (Abb. 138). Sie ist in der Längsachse fünfschiffig angelegt und gliedert sich in fünfzehn platzelgewölbte Joche. Während den Verlauf der vier Seitenschiffe vier gekuppelte Säulen markieren, schließen sich vier in Dreiergruppen gebündelte Säulen um das mittlere Joch, das von einer über die anderen Platzelgewölbe dominierenden Flachkuppel abgeschlossen wird, zusammen.[229a] An dieser Stelle überschneiden sich Längs- und Querachse des Gebäudes, ein Grundrißkonzept, das deutlich macht, wie sehr der Baumeister an der Verwirklichung zentralisierender Tendenzen interessiert war.

War es noch bis in die erste Hälfte des 18. Jahrhunderts üblich gewesen, Triumphpforten zu unterschiedlichsten Anlässen, in viel größerer Zahl als später und durchweg aus vergänglichem Material zu bauen, so entschied man sich nunmehr, diese den Nachruhm sichernden Denkmäler in Stein zu errichten. Schon 1739–1745 hatte FRANZ STEPHAN – in Anlehnung an die Bauweise der römischen Antike – JADOT in Florenz mit der Aufstellung eines Triumphtores beauftragt. Diesem Typus entspricht in mancher Hinsicht auch die *Gloriette in Schönbrunn* (1775 vollendet), für deren Errichtung FERDINAND HETZENDORF VON HOHENBERG (1732–1816) verantwortlich zeichnete. Erst jetzt wurde der Gedanke FISCHERS VON ERLACH, den Höhenrücken des Schloßparks mit einem Belvedere zu krönen, aufgegriffen, nachdem der bedeutendste Baumeister des österreichischen Hochbarock schon in seinem ersten Projekt für Schönbrunn beabsichtigt hatte, den Haupttrakt des Schlosses in diese exponierte Lage zu setzen.

Bei einfachstem Grundriß ist die offene Halle der Gloriette als dreiteiliges Triumphtor mit zwei vierbogigen Flügeln gestaltet und vom kaiserlichen Adler bekrönt (Abb. 139). Als besonderes Zeichen der antikisierenden Baugesinnung Hohenbergs treten kannelierte Säulen »toskanisch-dorischer« Ordnung, jeweils vierfach gebündelt, in Erscheinung. Vor allem die von einem Triglyphen-Metopen-Fries besetzten Säulengebälke, die Nutung der blockhaften Pylonen und der kubische Attikaaufsatz verraten eine Abkehr vom Formenrepertoire des Barock zugunsten eines Übergewichts klassizistischer Elemente. Das Bauwerk erfüllt einerseits die Bedingungen eines Belvedere, ist aber andererseits ebenso als Triumphbogen-Säulenhalle charakterisiert. Wie die Waffentrophäen weiter beweisen, tritt hier auch die Idee einer denkmalhaften Ruhmeshalle hinzu.

139 FERDINAND HETZENDORF VON HOHENBERG: *Wien, Schloß Schönbrunn, Gloriette, 1775 vollendet*

HOHENBERG war am Anfang seiner Karriere als Theater- und Festdekorateur hervorgetreten. In dieser Funktion hätte er den riesigen Park von Schönbrunn gern in ein von Triumphsäulen, Obelisken und Fontänen geschmücktes Antikenforum verwandelt, eine Absicht, die er nur zum Teil verwirklichen konnte. In der gegenseitigen Ergänzung von Architektur und Parkanlage erfüllt die Gloriette als dominierender Bestandteil eines größeren Ensembles die Bedingungen eines Gesamtkunstwerks. Mit ihrer umweltbezogenen, bühnenhaften Komponente entspricht sie – trotz klassizistischer Baudetails – noch immer einer für den Barock typischen Ausdrucksform. – Das in seiner Bedeutung so vielschichtige Bauwerk wirft auch ein bezeichnendes Licht auf die Persönlichkeitsstruktur MARIA THERESIAS, die sich erst am Ende ihres Wirkens, gleichsam im Rückblick auf vollbrachte Leistungen, mit der Errichtung einer Ruhmeshalle um das »Gedächtnis der Nachwelt« bemüht hat.

In der Palastarchitektur des Wiener Spätbarock frühklassizistischer Prägung ist aus einer Reihe von Beispielen das *Palais Dietrichstein* (1755) von FRANZ ANTON HILLEBRANDT (1719–1797) hervorzuheben.[230] Der Baumeister, der vor allem in Ungarn tätig war, überzog die in ihrer Achsenreihung rückschrittliche Palastfassade mit einem orthogonalen Netz von Nutungen und Mauerplatten, eine Formensprache, die für die meisten der Wiener Palais- und Bürgerhausbauten charakteristisch ist.[231] Deren Fassadengestaltung – vom Pathos der »offiziellen« Baukunst weitgehend unberührt – verrät eine Tendenz zur stilistischen Einheitlichkeit, die mit dem unter Maria Theresia voranschreitenden Bürokratisierungsprozeß im Einklang zu stehen scheint.

Zur Baukunst des Spätbarock in Nieder- und Oberösterreich

In der späten Phase des Barock geriet das Land Niederösterreich auf dem Gebiet der Baukunst, nicht zuletzt wegen seiner geographischen Lage, in eine gewisse Abhängigkeit zur kaiserlichen Residenzstadt. Nach dem Vorbild der Wiener Architektur bevorzugte man gegenüber der barocken Tradition eine zurückhaltende, vorklassizistische Elemente einschließende Strenge, so daß für diese Landschaft die Verwendung der Epochenbezeichnung »Spätbarock« nur eingeschränkt möglich ist.

In die Kontinuität des barocken Entwicklungsganges fügt sich der Neubau der *Herzogenburger Stiftskirche* (1743–1746) noch am ehesten ein. Nachdem sich schon am Ende der dreißiger Jahre Joseph Munggenast mit deren Planung beschäftigt hatte, übernahm Franz Munggenast, nach dem Tod des Vaters, die Bauleitung.[232] Von Joseph Munggenast sind einige Grundrißzeichnungen überliefert, die erkennen lassen, daß sich der Baumeister, nach mehreren Planungsetappen, zuletzt wieder dem Raumkonzept »seiner« Altenburger Stiftskirche mit ihrem tiefovalen Langhaus zuwandte. Franz Munggenast nahm in der Folge jedoch auf seine künstlerische Eigenständigkeit Bedacht und distanzierte sich von den Intentionen seines Vaters. Zunächst faßte er die Errichtung eines reinen Longitudinalbaus ins Auge, entschied sich dann in zwei weiteren Entwürfen für einen überwiegend zentralisierten Grundriß und gelangte schließlich in seinem letzten Entwurf zu einer interessanten Verschmelzung eines einschiffigen Langhauses mit einer überkuppelten Zentralanlage (Abb. 140). In den Ecken des querschiffartigen Kuppelraums, den in der Längsachse zwei querrechteckige, platzelgewölbte Joche flankieren, sind vier schräggestellte Säulenpaare postiert. Gegen Osten setzt das zweimal eingezogene Presbyterium die bühnenartige Raumflucht bis zur Chorapsis fort, wobei Gurtbogen die Abfolge der einzelnen Raumschichten nachhaltig markieren. Vom Eingang aus betrachtet, erscheinen die Joche wie durch Kulissenwände voneinander getrennt. Dieses additive, von einem umlaufenden Gebälk zusammengefaßte Raumgefüge widerspricht weitgehend den jochverschleifenden Tendenzen des reinen Barock und verrät mit seiner spezifischen Strenge – nicht zuletzt angesichts der monumentalen Säulenpaare im Zentrum – eine schon der späten Phase der Epoche zugewandte, gleichsam auf kühle Distanz bedachte Formensprache. Wie der Freskenzyklus Bartolomeo Altomontes (1753–1755) in den Gewölbeabschnitten beweist, steht das Ausstattungskonzept mit seiner opulenten Farbigkeit im klaren Gegensatz zur architektonischen Struktur, die sich der malerischen Illusion unterordnet.

Im Vergleich zu Niederösterreich entfaltete sich in der Sakralarchitektur Oberösterreichs ein vitaleres Barock-Nachspiel, das mit dem bayerischen Rokoko teilweise in enger Verbindung steht. Allen Bauten voran ist die *Zisterzienser-Stiftskirche von Wilhering* zu nennen, die, nachdem der Vorgängerbau einer Brandkatastrophe zum Opfer gefallen war, vom Linzer Architekten Johann Haslinger (1701–1741) – vielleicht im Zusammenwirken mit dem kaiserlichen Theateringenieur Andreas Altomonte – ab 1733 errichtet wurde (Farbt. 24). Auf das Langhaus, das durch leicht vorgezogene Wandpfeiler in drei Joche

140 Franz Munggenast: *Stiftskirche in Herzogenburg, Blick ins Innere, 1743–1746*

geteilt und von drei flachen Altarnischen begleitet wird, folgen nach einer fühlbaren Einengung durch Pilasterstellungen das Querschiff und der Chor, die beide elliptisch schließen. Die Gewölbe steigen in hochgestelzten Anläufen über den Wandpfeilern empor und verschmelzen zu Flachkuppeln. Eine in ihrem Reichtum geradezu überschäumende Rokoko-Ornamentik umspielt die von Bartolomeo Altomonte geschaffenen Deckenfresken. Zusammen mit den farbig instrumentierten Architekturgliedern sichert sie dem Raum einen führenden Rang unter den österreichischen Baudenkmälern des Rokoko. Dabei wäre es dennoch völlig verfehlt, in Wilhering von einer Rokoko-Architektur zu sprechen, denn diese Epochenbezeichnung läßt sich lediglich für das Ausstattungskonzept in Anwendung bringen. Die rein bauliche Struktur des Raumes hingegen, in dem die alte Wandpfeilertradition weiterlebt, entspricht durchaus den Regeln der barocken Spätphase. Ihr ist mit sanft fließenden Übergängen zwischen den Jochen und im rhythmisch variierten Verlauf des Gebälks, das keineswegs als strenge, kontinuierlich ausgeprägte Umgürtung des Raumes zu interpretieren ist, weit stärker Rechnung getragen als etwa in Herzogenburg.[233]

Auffallende Parallelen zu Wilhering zeigt die Turmfassade der *ehemaligen Zisterzienser-Stiftskirche von Engelszell* (1754–1763), deren dreijochiges Langhaus eine Umsetzung der Wandpfeileranlage von Wilhering in die Form eines muldengewölbten Tiefovals erkennen läßt und somit einen deutlichen Bezug zum bayerischen Nachbargebiet herstellt. Noch fühlbarer wurde der bayerische Einfluß am Neubau der *ehemaligen Stiftskirche von Suben* bei Schärding (1766–1770) wirksam. Der Münchener Baumeister SIMON FREY schuf hier eine Abfolge von drei hängekuppelgewölbten Räumen, von denen der mittlere breiter und höher gebaut und mit kurzen, tonnengewölbten Kreuzarmen versehen ist; ein zweijochiges Presbyterium bildet den Abschluß. Vorherrschend ist die Tendenz zur Synthese eines Längsbaus mit einer zentralisierenden Anlage, ein Charakteristikum, das eine Schulung Freys am baulichen Schaffen des in dieser Epoche bedeutendsten Architekten Bayerns, JOHANN MICHAEL FISCHER, verrät.

Einflüsse aus Bayern zeichnen sich vor allem auf der Inn-Donau-Route ab, wovon auch die weitgehend nach Gesichtspunkten des Zentralbaus errichtete *Pöstlingbergkirche* (1742 begonnen) in *Linz* Zeugnis gibt; sie wurde von JOHANN MATTHIAS KRINNER erbaut, der mit JOHANN HASLINGER dem Kreis um JOHANN MICHAEL PRUNNER angehörte. Mit ihrer Doppelturmfassade beherrscht sie aus exponierter Lage das Linzer Stadtbild und gilt als Wahrzeichen Oberösterreichs. Läßt dieser mit einer Pendentifkuppel und Kreuzarmen ausgestattete Zentralbau einerseits deutlich den Einfluß der bayerischen Baukunst erkennen, stand Krinner andererseits am Neubau der *ehemaligen Minoritenkirche in Linz* (1752 begonnen) überwiegend im Einflußbereich Prunners, des bedeutendsten Barockarchitekten Oberösterreichs. Diese Abhängigkeit tritt vor allem in der Übereinstimmung des ondulierend konzipierten Wandsystems mit Prunners konvex ausgebildeten Emporen der *Kirche von Spital am Pyhrn* zutage.

Weitgehend unabhängig von bayerischen Einflüssen entwickelte sich das Baugeschehen im Inneren des Landes. Besonders hervorzuheben ist das *Stift Kremsmünster*, das während der gesamten Barockepoche eine rege Bautätigkeit entfaltet hatte und schließlich noch in der Mitte des 18. Jahrhunderts mit der Errichtung zweier bemerkenswerter Gebäude das spätbarocke Erscheinungsbild Oberösterreichs wesentlich bereicherte. Zu nennen ist zunächst ein unausgeführt gebliebenes Projekt für einen im Bereich des Brückentors zu errichtenden Sternwartebau, wofür P. Anselm Desing einen Grundriß und eine Reihe von Erläuterungen zur Verfügung stellte. Im Anschluß daran entstand das Johann Gotthard Hayberger (1695–1764) zuzuschreibende Modell eines turmartigen Gebäudes. »Auf der Suche nach dem geistigen Hintergrund, der Sternwarte und Bibliothek ... verbunden haben könnte, stößt man auf den in die Regierungszeit Karls VI. ... zurückführenden Plan der Gründung einer Benediktinerakademie in Wien. Dieser Entwurf, der nicht ausgeführt

141 P. Anselm Desing: *Stift Kremsmünster, Sternwarte, 1758 vollendet*

worden ist, scheint in Kremsmünster einen tiefen Eindruck hinterlassen zu haben.«[234]. Von diesem Projekt nahm man also zunächst Abstand – vertagte es gewissermaßen um einige Jahre bis zum Bau der Sternwarte im Hofgarten – und beauftragte 1743 nach veränderten und der neuen Zweckbestimmung dienenden Richtlinien, JOHANN BLASIUS FRANCK mit der Planung einer Ritterakademie.[235] Der in den Brückentortrakt eingefügte Risalitbau der ehem. Ritterakademie (1745 vollendet; Farbt. 25) prägt, gemeinsam mit der Kirchenfassade, das architektonische Erscheinungsbild des Prälatenhofs, auf den die etwas pathetisch anmutende Bezeichnung »barocker Festsaal unter freiem Himmel« durchaus zutrifft.[236] Die als Risalit dem Stiftstrakt vorgelagerte Fassade gliedert sich in fünf Achsen, wobei die drei mittleren – gleichsam in einem zweiten raumerschließenden Schritt – aus dem Fassadenverband vortreten. In der genuteten Sockelzone des bis zum Hauptgebälk dreigeschossig konzipierten Baus öffnen sich drei gleichhohe Rundbogenportale, deren Anordnung HAYBERGER in seinem Modell bereits festgelegt hatte. Toskanische Kolossalpilaster schließen die beiden oberen Stockwerke zusammen, deren in gleichbleibendem Niveauverlauf angeordnete Fenster das schon bei den Fassadenrisaliten PRANDTAUERS übliche Prinzip der Achsenreihung erkennen lassen. Über den drei mittleren Achsen erhebt sich ein Aufsatzgeschoß, das von einem Dreieckgiebel bekrönt und – analog zu den Außenachsen der Fassade – von räumlich zurücktretenden Voluten begrenzt wird. Nicht zuletzt die Wahl dieses aus dem Repertoire der Sakralarchitektur stammenden Motivs gibt zur Vermutung Anlaß, daß sich FRANCK von der Absicht leiten ließ, Elemente einer Kirchenfassade mit Gestaltungsmerkmalen der Palastarchitektur zu verbinden. Faßt man die wichtigsten stilistischen Eigenschaften der Fassade zusammen – wie etwa die Nutung der Sockelzone, die kanonische Abfolge von toskanischer und jonischer Pilasterordnung, das streng antikisierende Triglyphenfries, den unverkröpften Dreieckgiebel und die gleichförmigen Fensterformen –, so kann festgestellt werden, daß sich der Baumeister, und zwar zu einem verhältnismäßig frühen Zeitpunkt, am Formengut des Barockklassizismus orientiert hat. Der Risalit verrät mit seinem nahezu imperialen Pathos die stilistische Nähe zur Wiener Baukunst und befindet sich in denkbar weiter Distanz zum bayerischen Spätbarock.

Nach dem Scheitern des ersten Sternwarteprojekts über dem Brückentor beschloß man 1748 – unverändert von der Idee zur Gründung einer »Akademie der Wissenschaften« getragen – die *Sternwarte* nach Plänen DESINGS als völlig freistehenden Bau im Hofgarten des Stifts zu errichten (Abb. 141). Das Gebäude (1758 vollendet), von den Zeitgenossen als »Mathematischer Turm« bezeichnet, gilt als Wahrzeichen von Kremsmünster und stellt als schlank proportionierte, neungeschossige Anlage den historischen Ausgangspunkt der modernen Hochhaus-Architektur dar. Die Sternwarte birgt eine reichhaltige, überwiegend naturwissenschaftliche Sammlung und wird als das früheste selbständige Museumsgebäude angesprochen.[237] Über dem rechteckigen Grundriß, an dessen Längsseiten dreiteilig polygonal geformte und in beiden Richtungen durch Portale geöffnete Risalite vorkragen, erhebt sich das Bauwerk auf einem doppelgeschossigen Keller. Seine Fassade zeigt, gemessen an der zeitgenössischen Architektur, einen weitgehenden Verzicht auf »überflüssige« Dekorationsformen. Als Hauptmotiv der Gliederung treten Lisenen in Erscheinung, die sich am

Oberbank
Heisse Würstel

dreiachsigen Mittelabschnitt vom abgeböschten Sockel ohne Unterbrechung über acht Geschosse hinweg bis zu einem Kordongesims erstrecken, auf dem ein Mezzaningeschoß mit querovalen Blendfenstern lagert. In den sechsgeschossigen Seitenflügeln fassen die Lisenen – im Bereich der Kordongesimse horizontal in Form eines Rahmens umbrechend – über dem genuteten Erdgeschoß jeweils zwei Stockwerke zusammen. Ein in hochovalen Fenstern sich öffnendes Mezzaningeschoß wird von Balustraden abgeschlossen, die bis an die Lisenenbegrenzung des um drei Geschosse höheren turmartigen Risalits heranreichen. Die Seitenflügelfassaden sind durch die horizontalen Zäsuren, die Nutung im Erdgeschoß, die Kordongesimse über dem ersten, dritten und fünften Geschoß und die geraden Fensterverdachungen charakterisiert. Diesem streng orthogonalen Gliederungsnetz erwidert der Mittelbau mit seinen kontinuierlich durchlaufenden, sieben Geschosse zusammenfassenden Lisenen, deren Vertikalisierungstendenz auch durch die gewellte Form der Fensterverdachungen unterstrichen wird. Nicht zuletzt dieses nach kontrapunktischen Aspekten organisierte Fassadensystem läßt – trotz mancher klassizistischer Detailformen – deutlich werden, daß die Sternwarte in den Grundzügen noch immer den Gestaltungskriterien des Barock, allerdings in seiner letzten Phase, entspricht.

Mehr Erfolg als in Kremsmünster, wo das erste Projekt eines Sternwartegebäudes einer neuen Baubestimmung weichen mußte, hatte der aus Steyr gebürtige Johann Gotthard Hayberger im steirischen *Benediktinerstift Admont.* Angesichts eines schon aus der ersten Hälfte des 17. Jahrhunderts stammenden Baubestands von beachtlicher Größe entschloß sich die Ordensleitung erst relativ spät, das Kloster nach den einheitlichen Richtlinien des 18. Jahrhunderts auszubauen. Hayberger lieferte dafür die Entwürfe (1742), die jedoch von so gigantischen Ausmaßen gekennzeichnet waren, daß aus Kostengründen nur ein Bruchteil des Projekts verwirklicht werden konnte. Einen Rang von überregionaler Bedeutung sicherte sich der Architekt hier mit dem Bau der Bibliothek, die allein den fast das gesamte Kloster vernichtenden Brand von 1865 überstanden hatte (s. Besprechung S. 311). – Wie sehr Hayberger im Einflußbereich Prandtauers stand, beweist der Bibliothekstrakt von St. Florian, den er, abgesehen von geringen Detailänderungen, nach Plänen seines berühmten Vorgängers von 1743–1745 errichtete. Damit schloß er mit einem dritten Bauakzent das in Grundzügen schon von Carlo Antonio Carlone konzipierte Geviert des großen Klosterhofs. – Auch in *Seitenstetten* (Niederösterreich) griff er erst nach einem bereits weit fortgeschrittenen Stadium der Bauarbeiten in die Planung des Stiftsneubaus (1747 im Rohbau vollendet) ein. Hier übernahm er nach dem Tod Joseph Munggenasts die Bauleitung und zeichnete sich als Architekt ganz eigenständiger Prägung vor allem durch die Errichtung des Stiegenhauses und des Einfahrtspavillons aus.

In der Spätzeit seines Schaffens war Hayberger überwiegend für seine Heimatstadt *Steyr* tätig, wo zahlreiche Bürgerhausfassaden seine künstlerische Handschrift erkennen lassen.[238]

◁ *142* Johann Gotthard Hayberger: *Rathaus in Steyr, 1765–1778*

Mit dem *Rathaus* der Stadt schuf er den vielleicht bedeutendsten spätbarocken Profanbau Oberösterreichs (Abb. 142). Bei der Planung des Gebäudes, das erst nach seinem Tod von 1765–1778 ausgeführt wurde, hatte er sich zunächst mit der Problematik eines in der Breite äußerst eingeschränkten Areals auseinanderzusetzen, was ihn dazu veranlaßte, das von Bürgerhäusern begrenzte Bauwerk in schlanken und vertikal angelegten Umrissen zu gestalten. Über vier Geschosse einer fünfachsig gegliederten Fassade erhebt sich in Fortsetzung der mittleren, nur leicht risalitartig vortretenden Achse ein schlanker Turm, der von einem phantasievoll komponierten Haubenkonglomerat bekrönt wird. Die drei Stockwerke werden von Kolossalpilastern zusammengefaßt, die dem Bauwerk einen festlichen Eindruck verleihen. Gesteigert wird dieses auf bürgerliche Repräsentation hinzielende Gestaltungsprinzip noch durch einen von Skulpturen besetzten Balustradenabschluß, von dem kleine Volutengebilde zur Frontachse des hochaufragenden Turms überleiten. Die Fassade ist durch eine gleichsam spielerisch applizierte Dekorationsfülle charakterisiert, die es gestattet, das Bauwerk als eines der wenigen Beispiele der österreichischen Rokoko-Architektur der zweiten Hälfte des 18. Jahrhunderts zu bezeichnen. Dafür sprechen etwa die reich variierten Fensterverdachungsformen und die als Motiv exzeptionell wirkenden, die Sockelzone akzentuierenden Winkelverkröpfungen, die die dreieckgiebelähnliche Form der Risalitbekrönung vorwegzunehmen scheinen. Darüber hinaus ist in diesem Zusammenhang die dekorationsfreudige Ausformung des abschließenden Gebälks zu erwähnen, deren Architrav- und Frieszone über den Fensterachsen durchbrochen ist. In kleinteiliger, fast zweckwidriger Anordnung vermitteln dort fragil anmutende Volutenkonsolen zwischen den Fensterstürzen und dem Kranzgesims, eine rein auf das ornamental Malerische ausgerichtete Formensprache, die mit der spezifischen Denkart des Rokoko übereinstimmt.

Schon seit dem Ende des 16. Jahrhunderts hatte man bei Rathäusern häufig den axialen Fassadenturmtypus gewählt. Neu in Steyr ist jedoch dessen ungewöhnliche Steigerung der Höhenausdehnung, die man als »gotisierend« umschreiben könnte. Haybergers Innovationsgeist äußert sich aber auch in der mehrschichtigen Deutungsmöglichkeit des Gebäudes: Es stellt einen Kompromiß zwischen Palast, Kirchenfassade und Bürgerhaus dar. Während die Allusion auf den sakralen Bereich mit dem kirchturmähnlichen Abschluß zu begründen ist, treten Elemente der Palastfassade in der Verwendung von Kolossalpilastern und einer Balustradenbekrönung offen zutage. Schließlich könnte der in den Detailformen aufscheinende Trend zur Dekorationsfreudigkeit mit all ihren verspielt anmutenden, jeder Tektonik widersprechenden und rein ornamental aufgefaßten Motiven als pathosfremde Bürgerhaltung interpretiert werden.

Die spätbarocke Vitalität der österreichischen Provinzen fand im damals noch selbständigen geistlichen Fürstentum *Salzburg* offenbar wenig Anklang. Unter Erzbischof Sigismund Schrattenbach vollzog sich der Übergang vom Barock zum Klassizismus vielleicht sogar rascher und konsequenter als in Wien; unter anderem durchaus auch ein Zeichen des Anspruchs auf politische Integrität. Diese Haltung kommt am deutlichsten an den

Eingangsportalen zum 123 Meter langen *Mönchsbergtunnel* – ein technisches Meisterwerk des Ingenieurs ELIAS VON GEYER – zum Ausdruck. Die künstlerische Konzeption der Portale lag in den Händen von WOLFGANG HAGENAUER, der hier dem Triumphbogengedanken anschaulich Rechnung trug.[239] Zusammen mit JOHANN BAPTIST HAGENAUER beherrschte er damals das Salzburger Baugeschehen und trat auch in Osttirol (Matrei und Strassen) mit Kirchenbauten in Erscheinung. Seine Abkehr vom Barock zugunsten einer frühklassizistischen Bauweise offenbart sich vielleicht am deutlichsten am Neubau der *Pfarrkirche von Hallein* (1769–1775). Der von zwei Hängekuppeln überwölbte Saalbau vermittelt angesichts seiner klar voneinander abgezirkelten Raumeinheiten, für die der weitgehende Verzicht auf Dekorationsformen charakteristisch ist, einen äußerst nüchternen Eindruck. Er unterscheidet sich darin grundlegend etwa von den prunkvoll ausgestatteten, gleichzeitig entstandenen Kirchenbauten Tirols, wo man am längsten der Barocktradition huldigte.

Die Baukunst des 18. Jahrhunderts in der Steiermark

Für die Steiermark ist kennzeichnend, daß das Land zu Beginn der Barockepoche, genauer gesagt in der Übergangsphase vom Manierismus zum Barock, und ganz am Ende des Zeitalters eine überragende Stellung in der Baukunst Österreichs eingenommen hat. Die Ursache für die hohe Qualität des Baugeschehens im ersten Drittel des 17. Jahrhunderts wurde bereits dargelegt. Nochmals sei in diesem Zusammenhang auf die wichtige Funktion der steirischen Hauptstadt *Graz* als Residenz Innerösterreichs hingewiesen, in deren Rahmen PIETRO DE POMIS seine überwiegend an der italienischen Architektur orientierten Bauten schuf. Ungleich schwerer ist die Frage nach den Ursachen für die beherrschende Rolle des Landes in der Schlußphase des österreichischen Barock zu beantworten. Die Tatsache, daß Graz einst Residenz war, hat der Stadt in der traditionsbewußten Monarchie auch weiterhin eine gewisse Bedeutung gesichert, die vor allem als wirtschafts- und handelspolitischer Umschlagplatz für den Südosten und Süden des Reichs ihren Ausdruck fand. Daß das Land nicht gleich im Anschluß an die siegreich bestandenen Türkenkriege den baukünstlerischen Rang Wiens oder auch Nieder- und Oberösterreichs erreicht hat, ist aus seiner geographisch bedingten Abgeschiedenheit von der kaiserlichen Metropole zu erklären; von diesem Aspekt her gesehen, wird seine provinziell anmutende Spätentwicklung im Baugeschehen besser verständlich. Sie erreichte ihren Höhepunkt erst zu einer Zeit, da man in Wien unter MARIA THERESIA, die um den Bestand ihrer Monarchie zu kämpfen hatte, im Licht der aufkeimenden Ideen der Aufklärung die Staatsräson in den Vordergrund stellte und nur noch wenig Interesse am baulichen Repräsentationsbedürfnis der Kirche zeigte. Solche Überlegungen hatten in der »Provinz« weniger Gewicht. Die Jahre von etwa 1735–1760 können im wahrsten Sinn des Wortes als »hohe Zeit« der steirischen Architektur bezeichnet werden.[240] Kirchenfassaden wurden geschaffen, denen andere Gebiete Österreichs wenig Vergleichbares zur Seite zu stellen hatten. »Besonders auffällig bleibt es, daß die spätbarocke Blüte (in der Steiermark) noch zu einem Zeitpunkt schöpferisch war, wo dieser Stil bereits in dem gesamten österreichischen Kulturraum seine Schöpfungskraft weitgehend eingebüßt hatte.«[241] In so verallgemeinernder Form ist diese Wertung gewiß unzutreffend – gültig ist sie lediglich für die Fassadenkunst.

Keineswegs soll jedoch mit dem Hinweis auf diese hochrangige spätbarocke Entwicklung der Eindruck entstehen, als hätte die Steiermark im ersten Drittel des 18. Jahrhunderts keine qualitätsvolle Architektur hervorgebracht. Es wurde schon darauf hingewiesen, daß die Steiermark besonders nachhaltig der Türkengefahr ausgesetzt war. So ist es nur zu verständlich, daß die Profan- und Sakralarchitektur in diesem Land erst nach dem Frieden von Karlowitz (1699), als das drückende Nachbarschaftsverhältnis zur Türkei beseitigt war, sich allmählich wieder entfalten konnte.

Gleich nach der Jahrhundertwende errichtete der Grazer JOACHIM CARLONE, unter Beteiligung des für die Sakralarchitektur der Oststeiermark wichtigen REMIGIUS HORNER, die *Pöllauer Stiftskirche* (1701/12; heute Pfarrkirche). Obwohl er aus einer Baumeisterfamilie stammte, die schon seit Beginn des 17. Jahrhunderts in Graz ansässig war,[242] konnte er in Pöllau mit dem Bau einer Kuppelkirche römischer Prägung nicht seine italienische Herkunft leugnen; diese stilistische Einschätzung scheint ein Vergleich mit der beinahe gleichzeitig entstandenen Melker Stiftskirche, die ein hohes Maß österreichischer Eigenständigkeit zeigt, in vollem Umfang zu rechtfertigen. Drei Konchen umschließen, nach dem Muster des Salzburger Doms, die 47 m hohe Tambourkuppel, die den Dachfirst weit überragt. Von der Idee der Vereinigung von Zentral- und Longitudinalbau ausgehend, fügte Carlone an den Konchenbau ein Langhaus, das mit seinem durchlaufenden Abschlußgesims, trotz der Seitenkapellen und Emporen, eine strengere Raumwirkung erzielt als die für die Steiermark typischeren Wandpfeilerkirchen (Abb. 143).[243] Den Rang als bedeutendstes Bauwerk des endenden Hochbarock in der Steiermark verdankt die Kirche nicht zuletzt dem 1672 geborenen Maler MATTHIAS VON GÖRZ, der, in formaler Analogie zum Deckenfresko J. M. ROTTMAYRS in der Breslauer Jesuitenkirche (1704/06), erstmalig in Österreich ein riesiges Tonnengewölbe (1712/18) im Verzicht auf trennende Stuckelemente oder gemalte Rahmenformen einheitlich freskierte.[244]

Auch die *Wallfahrtskirche von Mariatrost* (1714 begonnen) in *Graz* zeigt in verschiedenen Details noch deutlich retardierende Eigenschaften. An ein von Seitenkapellen begleitetes Langhaus, das dem Typus der Wandpfeilerkirche zuzuordnen ist und in rückständiger Form Kreuzgratgewölbe zeigt, schließt ein Querhaus mit Vierungskuppel. Es gibt nur wenige Kirchen in Österreich, die in landschaftsbeherrschender Position mit der auf einem Hügel sich erhebenden Kirche von Mariatrost zu vergleichen sind (Farbt. 26). Dieser exponierten Lage wurde insofern Rechnung getragen, als die auf Fernwirkung konzipierte Fassade in ungleich anspruchsvollerer Weise als die Pöllauer Kirchenfassade den Eindruck einer Schauwand vermittelt. In besonders ausgeprägter Form gilt dies für die Westfassade mit ihrer Doppelturmanlage und den beiderseits anschließenden Klostertrakten, die in das Gesamtkonzept der Fassade einbezogen sind. Die von monumentalen Zwiebelhauben bekrönten Türme stehen mit ihren vier Geschossen ebenfalls noch zum Teil in der Tradition

143 JOACHIM CARLONE: *Ehemalige Stiftskirche in Pöllau (heute Pfarrkirche), Blick ins Innere, 1701–1712*

des 17. Jahrhunderts; im Unterschied zu den achtkantigen Turmabschlüssen des vergangenen Jahrhunderts sind jedoch die vierten Geschosse in Mariatrost, in Übereinstimmung mit den unteren, vierkantig ausgebildet. Der Entwurf stammt vom Grazer Hofbaumeiser ANDREAS STENGG (1660–1741), jedoch dürfte auch sein Sohn JOHANN GEORG maßgebend am Bau beteiligt gewesen sein, wofür die borromineske Form der in Pilasterschäfte versenkten ellipsoiden Halbsäulen spricht; sie beherrschen den gesamten Außenbau. Da lediglich für J. G. Stengg (1689–1753) eine Reise nach Italien (1707/15) überliefert ist, dürfte die Initiative zur Verwendung dieses Motivs auf ihn zurückzuführen sein. Jener Halbsäulentypus konnte nur auf dem Wege des Lokalaugenscheins erfaßt werden, da das für eine indirekte Kenntnisnahme in Frage kommende Stichwerk ›Opus architectonicum Fr. Borromini‹ erst 1725 publiziert wurde. Ein zweites Mal fand dieses Motiv in Graz am *Palais Wildenstein* (ca. 1715/20) Verwendung (Farbt. 27), wobei auch hier mit einer Zusammenarbeit von Vater und Sohn STENGG zu rechnen ist. Stellt man grundsätzlich die Innenraumstruktur der Fassadenkonzeption in wertender Absicht gegenüber, so ist festzustellen, daß die beiden steirischen Baumeister dem Problem der Fassadengestaltung ungleich größere

Aufmerksamkeit gewidmet haben. Daß die Fassade von Mariatrost als Schauwand unter dem Aspekt landschaftlicher Fernwirkung konzipiert war, wurde bereits erwähnt. Als Konsequenz ergab sich, daß bei der vom Innenraum größtenteils unabhängigen Gliederung der Fassade ästhetische über funktionelle Intentionen dominierten.

Das gleiche gilt für die von J. G. STENGG errichtete *Barmherzigenkirche* (1735/1740) in Graz, wo der Innenraum als Wandpfeilerkirche mit begleitenden Seitenkapellen und Emporen der carlonesken Tradition des 17. Jahrhunderts folgt, also von stark retardierendem Charakter gekennzeichnet ist. Wieder verdient die Fassade größere Aufmerksamkeit als der Innenraum. Mit ihren drei konkav einschwingenden Achsen ist ihr im österreichischen Raum geradezu eine Sonderstellung zuzubilligen (Farbt. 30). Im Unterschied zu Melk biegen sich nicht nur die Pilaster, sondern alle Wandpartien konkav durch, wobei ein vertikaler Tenor unter Einbeziehung des Dachreiters – ähnlich einer Turmanlage – nicht zu übersehen ist; die Fassade wäre allerdings auch als turmloser Bau optisch bestandsfähig und ließe sich in dieser Form am ehesten noch mit M. PRUNNERS Fassade der Kapelle (1717) von Schloß Lamberg in Steyr vergleichen. Ein solches Maß an gekurvt aufgelöster Wandstruktur wurde nur im böhmischen Raum, wie Hinweise auf Bauwerke CHRISTOPH DIENTZENHOFERS bereits gezeigt haben, erreicht. In diesem Zusammenhang ist durchaus anzunehmen, daß J. G. Stengg auf seiner Reise nach »Deutsch- und Wellischland« auch die Architektur der böhmischen Kunstlandschaft studiert hat. Auffallende Parallelen ergeben sich mit den Fassadenkonzeptionen OTTAVIO BROGGIOS an der Kirche von Osseg (vor 1720) und mit dem Mittelrisalit von Schloß Ploschkowitz (ca. 1720).

Mit dem Problem der konkav-konvex-konkaven Kurvatur setzte sich J. G. STENGG an der Fassade der *Zisterzienser-Stiftskirche in Rein* (1738/47) auseinander (Farbt. 32). Der am romanischen Vorgängerbau ursprünglich im Osten gelegene Chor wurde nach Westen verlegt, während die Fassade des Neubaus nach Osten weist und den Besucher beim Betreten des Stiftshofes mit ihrem monumentalen Ausmaß als schönstes Beispiel des steirischen Spätbarock überrascht. Schon fünfundvierzig Jahre zuvor hatte MATTHIAS STEINL nach borromineskem Vorbild diese Form der Fassadenkurvatur verwendet. Mit der Wahl einer turmlosen Fassade, aus der Tradition der Zisterzienser erklärbar, beschritt J. G. Stengg allerdings völlig neue Wege: Während die Zwettler Turmfassade Steinls (vgl. Abb. 120), ebenfalls nach dem gleichen Schema der Wandbiegung errichtet und gleichsam aus dem Mauerkern herausmodelliert, von der bildhauerischen Auffassung des Baumeisters Zeugnis gibt, lagerte J. G. Stengg die monumentalen Dreiviertelsäulen und Gebälkslagen gerüstartig vor die geschwungene Wand. Dieser nur zögernd vorgenommene Zusammenschluß der einzelnen Architekturelemente mit der Wandsubstanz steht im Zeichen eines untektonischen Kunstwollens und kann als spezifische Form spätbarocker Auffassung verstanden werden. Dieses atektonische Verhalten kommt besonders an den erwähnten Dreiviertelsäulen zum Ausdruck, die konvergierend auf die Seitenachsen ausgerichtet sind und in dieser

144 JOHANN GEORG STENGG: *Stiftskirche in Rein, Blick ins Innere, 1738–1747* ▷

FRANZ HERZL

Position deren konkave Ausbuchtung noch wirksamer akzentuieren. Dieser Eindruck verstärkt sich noch insofern, als daß die Säulen lediglich die Gebälksblöcke zu stützen haben, während die Gebälkszone in den Seitenachsen zwischen den Säulen auf schmale Gesimsstreifen reduziert bleibt und in der Mittelachse überhaupt aussetzt, bzw. als gewellte Verdachungsform des Chorfensters in das Aufsatzgeschoß erhoben scheint; trotz breiter Lagerung der Gesamtfassade wird an dieser Stelle das Streben des Architekten nach vertikaler Streckung des Zentrums spürbar. Vorstufen für diesen turmlosen und im geschilderten Rhythmus gebogenen Fassadentypus gibt es in Österreich nicht. Lediglich die nur um wenige Jahre ältere Fassade Johann Michael Fischers in *Diessen* (1732/39) ließe sich noch am ehesten mit Rein vergleichen; eine verwandte Gestaltung zeigt auch die allerdings erst ab 1750 vom selben Baumeister errichtete Fassade von *Zwiefalten.*

Mit der konvex in den Stiftshof vortretenden Mittelachse der Fassade von *Rein* sind im Inneren der dem Wandpfeilertypus zuzuordnenden Kirche die ebenfalls konvex ausschwingenden Emporenbrüstungen vergleichbar (Abb. 144). Im übrigen wird die Pracht des Langhauses von den an Andrea del Pozzo und Cosmas Damian Asam orientierten Deckenfresken (1766) Josef Adam Mölks bestimmt. Mit Scheinarchitekturmalerei geschmückt, wirken die Platzelgewölbe illusionistisch vertieft und erwecken den Eindruck einer über die gesamte »real« gebaute Architektur dominierenden Kuppelfolge.

Als gleichbedeutend mit J. G. Stengg ist der aus Wien stammende Joseph Hueber (1715–87) zu bezeichnen, dem eine noch reichere Palette spätbarocker Ausdrucksmittel zur Verfügung stand.[245] Zusammen mit J. G. Stengg bewies er, wie vielfältig die Bauformen des Spätbarock angewandt und abgewandelt werden konnten. Kein anderes Land in Österreich vermochte mit dieser späten Entwicklung in der Steiermark Schritt zu halten. 1739 kam Hueber nach Graz und wurde bald einer der meistgefragten Baumeister des Landes. Seine Erfolge wurden auch von den lokalen Behörden gewürdigt, als er 1753, nach dem Tod J. G. Stenggs, dessen Position als Hofbaumeister übernahm. Schon wenige Jahre nach seiner Ankunft in Graz erhielt er vom Minoritenkonvent den Auftrag zum »Neubau zweier Glockentürme und einer Vorhalle« der *Mariahilfkirche,* d. h., es galt die schon über ein Jahrhundert alte, an Palladios S. Giorgio Maggiore in Venedig orientierte Fassade Pietro de Pomis' durch einen Neubau zu ersetzen und die Türme wegen des erforderlichen Baus einer Vorhalle aus der ursprünglichen Wandflucht nach vorne zu ziehen. Gleichzeitig sah sich Hueber mit dem Problem konfrontiert, auf einem vorgegebenen, für eine Doppelturmfassade sehr schmalen Areal den Bau zu errichten. Dieser Mangel an Entfaltungsmöglichkeit wurde von Hueber mittels eines wohlüberlegten Systems von harmonisierten Vertikalen und Horizontalen in vorbildlicher Weise überwunden (Abb. 145). Zwischen den Türmen erhebt sich eine portikusähnliche, leicht risalitartig vortretende und von monumentalen Halbsäulen gegliederte Giebelfront, die in abgewandelter Form an das Palladiomotiv der

◁ *145* Joseph Hueber: *Mariahilfkirche in Graz, Fassade, 1742–1744*

Vorgängerfassade erinnert. Die in diesem Zusammenhang vertretene Auffassung, es handele sich dabei lediglich um eine Übernahme des alten Palladiomotivs[246], muß zurückgewiesen werden, da sich hier vielmehr die Herkunft Huebers aus dem Wiener Raum und damit dessen Interesse am späteren Schaffen FISCHERS VON ERLACH manifestiert, wie ein Vergleich mit dem Risalit des Armenhauses in der Alser Vorstadt (c. 1718) beweist. Auch die Wiener Doppelturmfassaden ANTON OSPELS aus den zwanziger Jahren sind hier als mögliche Vorstufen zu nennen. Bemerkenswert an der Mariahilf-Fassade ist weiter deren ungemein reiche Plastizität, die von den qualitätsvollen Statuen PHILIPP JAKOB STRAUBS noch unterstrichen wird; in Wien wäre ein ähnliches Gestaltungsprinzip zu diesem Zeitpunkt nicht mehr möglich gewesen. Auch in der Steiermark gibt es kein Parallelbeispiel, das einen derartigen plastischen Reichtum bietet, ein Indiz dafür, wie bedenklich es wäre, diesen »Fassadenkörper« ohne weitere Erklärung als spätbarock zu definieren; zahlreiche retardierende Merkmale charakterisieren den Bau als stilistisch vielschichtigen Komplex, der vom normierten Gebrauch von Stilbezeichnungen abrät.

Der nächste große Auftrag auf dem Sektor der Sakralarchitektur führte HUEBER in die Südsteiermark, nach *St. Veit am Vogau* (1748/68), wo eine romanische Kirche einem barocken Neubau weichen sollte. Rückblickend auf die Mariahilfkirche kommt hier Huebers zur Ambivalenz neigender Gestaltungswille deutlich zum Ausdruck, da für die Fassadengliederung von St. Veit gerade der Verzicht auf jedes plastische Detail signifikant ist; die zarte Flächigkeit entspricht hier durchwegs den Regeln der spätbarocken Stilstufe. Im Gegensatz zur Mariahilfkirche, deren enge und dichte Fassadengestaltung vom eingeschränkt verfügbaren Baugrund präjudiziert war, waren Hueber in St. Veit im »Breitformat« keine Grenzen gesetzt. Die Doppelturmfassade läßt sich (mit Ausnahme der Turmhelme) genau in ein Quadrat einfügen (Abb. 146). Die an der Mariahilfkirche bereits im Keim vorhandene Fünfachsigkeit konnte sich in St. Veit in voller Breite entfalten, so daß der dreiachsige, leicht risalitförmig vortretende Mittelabschnitt aus fiktiver Sicht als beinahe unabhängig von den Türmen betrachtet werden kann. Seine mittlere Achse ist leicht konkav durchgebogen und erinnert ein wenig an die Gestaltungsweise J. G. STENGGS. Verblüffende Parallelen mit J. PRANDTAUERS Pfarrkirche in *Wullersdorf* (1716/30; Niederösterreich) entdeckt man bei Betrachtung der Türme, wo sogar in den spitzzulaufenden Turmhauben Übereinstimmung zwischen den beiden Bauten herrscht. In der Grundrißgestaltung ging Hueber weit über die konventionellen Schemata der beiden Stengg hinaus: Ein quertonnengewölbtes mittleres Joch, dessen Wandpfeilerbegrenzungen Halbsäulen vorgelagert sind, wird von zwei platzelgewölbten Jochen in zentralisierender Absicht flankiert.

146 JOSEPH HUEBER: *Pfarrkirche von St. Veit am Vogau, Fassade, 1748–1768* ▷

Die eindrucksvollste Raumgestaltung gelang HUEBER in der *Weizbergkirche* (1757/76), die sich landschaftbeherrschend auf einem Hügel erhebt; sie ist der letzte große Sakralbau des Barock in der Steiermark und nimmt einen führenden Rang in der österreichischen Architektur des Spätbarock ein. Zwei flachgewölbte Joche flankieren ein mittleres, von einer Flachkuppel bekröntes und in Konchen seitlich ausladendes Joch (Abb. 147). Eine Verschmelzung von Langhaus- und Zentralbauideen wurde erzielt, die an Grundrißkonzeptionen J. M. FISCHERS erinnern; zu verweisen ist etwa auf Ottobeuren (1748 ff.). Das schmale Terrain zwang den Baumeister hier abermals, wie bei der Mariahilfkirche, zu einer stark verengten Konzeption der Doppelturmfassade.

Zuletzt sei noch der aus Schlesien gebürtige JOHANN FUCHS (gestorben nach 1803) genannt, der vom heute slowenischen Marburg aus das Baugeschehen in der Südsteiermark beherrschte. Anläßlich des Neubaus der *Pfarrkirche in St. Johann im Saggautal* (1750/58) wurde seiner Planung gegenüber einem Entwurf HUEBERS der Vorzug gegeben. Besonders hervorzuheben ist die Fassade der *Pfarrkirche in Ehrenhausen* (1752/53), die Fuchs auf stilkritischer Basis zugeschrieben wird (Abb. 148). Es handelt sich um einen für die Steiermark neuen Fassadentypus, der in den Seitenachsen halbkonkav zurückschwingt, während die risalitartige Mittelachse, von Kolossalpilastern flankiert und von einem Dreieckgiebel abgeschlossen, plan ausgebildet ist. An die Seitenachsen schließen im rechten Winkel zur Frontfassade seitlich zwei weitere Achsen an, so daß der Turm gleichsam von einem Fassadenmantel umhüllt erscheint. Diesen Fassadentypus hatte bereits HILDEBRANDT an der Pfarrkirche von *Pottendorf* (1714/17) in Niederösterreich zur Anwendung gebracht, und es ist durchaus denkbar, daß Fuchs anläßlich seiner Reise von Schlesien über Niederösterreich in die Steiermark hier diese Turmlösung kennengelernt hat.

Bis über die Mitte des Jahrhunderts, als sich besonders in den nördlichen Gebieten Österreichs bereits ein »Importklassizismus« durchzusetzen begann, gestalteten die in der Steiermark tätigen Baumeister ihre Kirchenfassaden noch in den bewegten Formen des Barock. Im Schaffen des »Südsteirers« FUCHS, der anfangs noch durchaus zu eigenständigen Bauergebnissen gelangt war, vollzog sich dieser Wechsel zur klassizistisch starren Form schließlich auch in der Steiermark, wie das Beispiel der *Pfarrkirche von Wies* (1800/02) beweist. Man kann WAGNER-RIEGER durchaus zustimmen, »daß Architekten wie Hueber oder Fuchs an anderen Orten, etwa in den Residenzstädten mit ihrem seit 1740 immer stärker nach dem Westen orientierten Bauschaffen, wenig Anklang gefunden (hätten). Ihre Aufnahme und ihr Erfolg im steirischen Bereich hat hier einen großartigen Abschluß barocker Architektur entstehen lassen, der spätbarock ist und nicht Rokokocharakter besitzt und von dem aus ein feiner Übergang zum Klassizismus möglich war.«[247]

◁ *147* JOSEPH HUEBER: *Wallfahrtskirche auf dem Weizberg in Weiz, Blick ins Innere, 1757–1776*

148 JOHANN FUCHS: *Pfarrkirche in Ehrenhausen, Turmfassade, 1752–1753*

Überblickt man das Baugeschehen des 18. Jahrhunderts in der Steiermark, so wird man feststellen, daß die interessantesten Ergebnisse auf dem Gebiet der Sakralarchitektur erzielt wurden, der Kirchenbau somit weiterhin seine führende Rolle behielt. Mit der Bautätigkeit der kirchlichen Stellen vermochte der Adel quantitativ nicht Schritt zu halten, obwohl auf dem Sektor des Stadt- und Gartenpalais und Schloßbaus im einzelnen recht beachtliche Leistungen erbracht werden konnten. Mit dem Adel wetteiferte das Bürgertum, das die Fassaden seiner Wohnhäuser, sofern sie nicht schon im 17. Jahrhundert verändert worden waren, in spätbarocken Formen umgestalten ließ; das bemerkenswerte Altstadtbild von Graz wurde damals ganz entscheidend geprägt.

Mit dem *Palais Attems* (1702/05) wurde am Beginn des 18. Jahrhunderts das bedeutendste Barock-Palais in *Graz* geschaffen, das einzige Grazer Palais, das seine ursprüngliche Innenraumstruktur unverfälscht beibehalten hat. Der viergeschossige Baukörper schließt sich U-förmig um einen rechteckigen Hof, wobei er mit seinem dreigiebeligen Walmdach deutlich der heimischen Tradition verpflichtet ist. Auch die Fassade scheint mit ihrer gleichförmigen Achsenreihung und im Verzicht auf jegliche Risalitwirkung noch der Stilstufe des 17. Jahrhunderts anzugehören (Farbt. 28). Lediglich das in Ansätzen geschwungene Portal und die tiefere Modellierung des Fassadenreliefs entsprechen dem beginnenden 18. Jahrhundert. Die beiden unteren Halbgeschosse sind zu einer Sockelzone zusammengefaßt, die von Rustika-Lisenen gegliedert ist und insgesamt deutliche Parallelen mit der Wiener Palastarchitektur des 17. Jahrhunderts (vgl. Palais Starhemberg) erkennen läßt. Dem Wiener Palasttypus widersprechen allerdings die beiden Obergeschosse, deren Pilaster, im Gegensatz zu der in Wien gebräuchlichen Kolossalordnung, nach dem Prinzip der kleinen Ordnung in jedem Geschoß neu ansetzen. Die Frage nach der stilistischen Provenienz der Fassade wird von der lokalen Forschung zu allgemein mit einem Hinweis auf oberitalienische Einflüsse beantwortet.[248] Exakter müßte auf eine genuesische Komponente hingewiesen werden, wie sie – bereits am Wiener Palastbau des 17. Jahrhunderts aufgezeigt – besonders in der Sockelzone augenfällig wird.[249] Vermutet werden als Baumeister J. Carlone, der Architekt der ehemaligen Stiftskirche in *Pöllau,* und A. Stengg. Für J. Carlone spricht lediglich die kleine Pilasterordnung, die er schon am *Palais Welsersheimb* in Graz (1689/94) zur Anwendung gebracht hatte. Überzeugender jedoch erscheint die Zuschreibung an A. Stengg, dessen Sohn J. G. Stengg die spezifische Form der Fenstergewände und -verdachungsformen (stuckierte Vasen von Brauenbogen eingefaßt) etwa am *Palais Wildenstein* oder am *Schloß Schielleiten,* vielleicht von der Absicht getragen, das architektonische Formengut seines Vaters zu tradieren, neuerlich verwendet hat. Besonders hervorzuheben ist die dreiachsige Portalanlage, deren durchgehende Rustizierung fortifikatorische Anklänge verrät. Mit den übereck gestellten Seitenpfeilern, den das Portal flankierenden Polygonalpfeilern und der im Pfeilerbereich verkröpften, ornamental durchbrochenen Balustrade stellt sie in geänderter Funktion das hochbarocke Pendant zum früheren Paulustor dar (1606–1614 von Hans Bertoletti errichtet).

Dem Palais Attems gegenüber befindet sich das am Ende des 17. Jahrhunderts umgebaute *Palais Khuenburg* mit seinem noch vor 1728 vorgelagerten Portal (Abb. 149). Der an der

149 Johann Georg Stengg *(?): Portal des ehem. Palais Khuenburg in Graz (jetzt Stadtmuseum), vor 1728*

Schwelle zum steirischen Spätbarock stehende Portalbau wird, ausgehend von einem Stilvergleich mit dem Einfahrtsportal des Stiftes Rein (um 1737–47), Johann Georg Stengg zugeschrieben.[250] Mit seiner künstlerisch hochrangigen Gestaltung steht er an der Spitze der Grazer Palastportale und übertrifft an Qualität auch das Reiner Stiftsportal. Die Gültigkeit der Zuschreibung vorausgesetzt, hätte J. G. Stengg das Portal somit in der ersten Phase seiner Schaffenszeit gebaut. Für die Stengg-Tradition (vgl. Palais Attems) spricht vor allem die Plastizität der wulstartig vorkragenden Frieszone, auf der eine vegetabil durchbrochene, geschwungene Balustrade ruht. Nur ist u. E. die spezifisch ausgeformte Säulen-Pilaster-Begrenzung der von einem Diadembogen abgeschlossenen Toröffnung ohne den entscheidenden Einfluß Matthias Steinls kaum denkbar. Die in Mulden eingestellten toskanischen Säulen werden von schräggestellten, konkav durchbrochenen Pilastern begrenzt, ein Gestaltungsmodus, der im Œuvre des Künstlers (s. Altäre von Leubus) häufig auftritt. Der Hinweis auf dieses stilistische Nahverhältnis gewinnt an Aktualität, wenn man an Steinls Tätigkeit in *Vorau* zu Beginn des 18. Jahrhunderts erinnert. Die Ausstattung der Stiftskirche hatte damals mit der Errichtung von Kanzel und Hochaltar (s. S. 240) ihre künstlerische Bekrönung gefunden, die ihren bestimmenden Eindruck auf die Grazer Bauszenerie und somit auch auf J. G. Stengg nicht verfehlt haben dürfte.

150 ANDREAS *und* JOHANN GEORG STENGG: *Palais Wildenstein in Graz, um 1715–1720*

Auf die Zusammenarbeit von Vater und Sohn STENGG am *Palais Wildenstein* (ca. 1715/20) und auf die daraus resultierende Datierungsproblematik wurde bereits hingewiesen. Mit seinen gleichförmig gegliederten fünfzehn Achsen entspricht auch dieser Palast noch dem konservativen Typus des 17. Jahrhunderts (Abb. 150). Im Gegensatz zur kleinen Pilasterordnung am Palais Attems fassen die in Lisenen eingebetteten ellipsoiden Halbsäulen die Beletage und das Mezzaningeschoß in kolossaler Ordnung zusammen.[251]

Das *Meerscheinschlößl* in Graz ist dem Typus des barocken, in einer Parklandschaft errichteten »Lustgebäudes« zuzuordnen. Ein Vorgängerbau dürfte bereits seit 1590 existiert haben. In den Jahren 1689–1694 erfolgte ein Umbau, der J. CARLONE zugeschrieben wird. Der Baumeister schuf eine H-förmige Anlage, die mit ihrem Ehrenhof und ihrer Gartenfront an französische Vorbilder denken läßt (Abb. 151). Als das Gebäude 1706 jedoch seinen Besitzer wechselte, wurde die Gartenfront unter Beibehaltung des Mittelrisalits entscheidend umgestaltet (Farbt. 29). Die einschneidendste Veränderung vollzog sich im Bereich der konkav geschwungenen Flanken, die vom Mittelrisalit zu den zweiachsigen »Seitenrisaliten« überleiten. Mit diesen gekurvten Fassadenelementen treten in der Grazer Bauszenerie zu einem verhältnismäßig frühen Zeitpunkt Architekturideen erstmalig in Erscheinung, die an

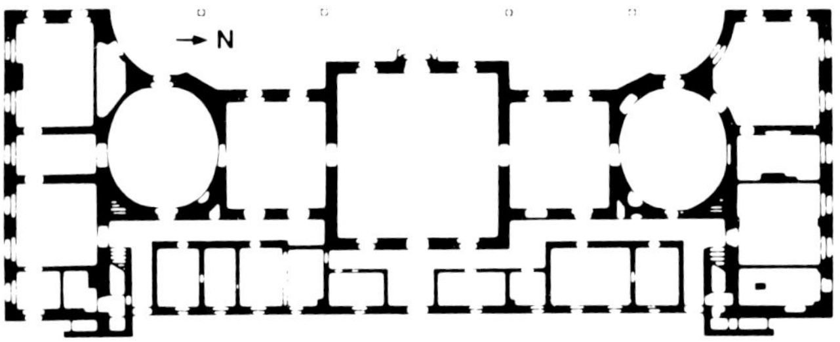

151 Meerscheinschlößl in Graz, Grundriß (Umgestaltung der Gartenfront 1706)

die wegweisenden Impulse J. B. FISCHERS VON ERLACH auf dem Gebiet der Gartenhausarchitektur erinnern, ohne jedoch unmittelbar Nachfolge zu finden. Es wird mit Recht angenommen, daß man sich »als Architekten kaum einen rückständigen Provinzbaumeister vorstellen kann«. Vielmehr ist mit einem Baukünstler zu rechnen, »der einen Überblick über die architektonischen Ideen seiner Zeit besaß«.[252] WAGNER-RIEGER vermutet in A. STENGG diesen begabten Architekten, ohne zu bedenken, daß von ihm lediglich zwei Kirchenbauten urkundlich überliefert sind und Profanbauten ihm nur auf stilkritischer Basis, und das mit äußerster Zurückhaltung, zuzuweisen sind. Zieht man den zeitlich nächstliegenden Bau, das *Palais Attems,* als Vergleichsgrundlage für eine mögliche Zuschreibung an Stengg heran, so wird evident, wie weit entfernt von diesem Stadtpalais das Meerscheinschlößl mit seiner »leichten Beweglichkeit der Linienführung« und seiner »zartgliedrigen vegetabilen Ornamentik« stilistisch einzuschätzen ist. Es ist erstaunlich, daß sich die neuere Forschung nicht zur Hypothese durchringen konnte, wenigstens eine Ideenskizze FISCHERS als Grundlage für die Neukonzeption der Gartenfront anzunehmen. Erinnert sei in diesem Zusammenhang nur an die Tatsache, daß Fischer geborener Grazer ist und vom Kaiserhof mit wichtigen Aufträgen für die Ausstattung des Grazer *Mausoleums* bedacht wurde. So gesehen sind weitere künstlerische Kontakte des bedeutendsten österreichischen Architekten mit seiner Heimatstadt durchaus denkbar. Welcher ortsansässige Baumeister dann dieses architektonische Konzept verwirklicht hat, scheint u. E. eine untergeordnete Frage. Die Bauarbeiten könnten durchaus von J. CARLONE, der bereits einmal mit dem Umbau des Gebäudes beauftragt worden war, geleitet worden sein. Für diese These spricht der Wechsel von Dreieck- und Segmentgiebelverdachungen über den Fenstern des Hauptgeschosses, ein alternierender Rhythmus, wie er auch an anderen Bauten des Architekten zu finden ist.

Läßt einerseits die Gartenfront des Meerscheinschlößls schon eindeutig Stiltendenzen des 18. Jahrhunderts erkennen, so erscheint am später errichteten *Gartenschloß Gösting* (1724/28) der GRAFEN ATTEMS in *Graz* das 17. Jahrhundert noch nicht völlig überwunden (Abb. 152). Der Bau dürfte mit seiner U-förmigen Hofanlage und seinen konkav ausschwingenden Arkaden mit abschließenden Pavillons von J. G. STENGG stammen und erinnert, wenngleich in bescheidenerem Ausmaß, an HILDEBRANDTS Ehrenhofkonzept für das *Gartenpalais Mansfeld-Fondi* in Wien.

Mit *Schloß Schielleiten* sei der wichtigste steirische Schloßbau des Spätbarock genannt (Abb. 153). »Bei ihm findet der durch den Wiener Hochbarock geprägte Schloßtyp mit ovalem Mittelsaal und Flügelbauten (verspäteten) Eingang in der Steiermark ... So sehr in allem Wiener Einflüsse wirksam werden, sind doch im bewußten Abgehen von dem kühleren monumentaleren Reichsstil Wiens landschaftsgebundene Komponenten ausgebildet.«[253] Bei Betrachtung des konkav-konvex-konkav geschwungenen Mittelrisalits kann nach einem stilkritischen Vergleich mit den ebenfalls gekurvten Fassaden der *Barmherzigenkirche in Graz* und der *Reiner Stiftskirche* kein Zweifel an der Autorschaft J. G. STENGGS mehr bestehen. Da der Schielleitener Risalit Elemente von beiden Kirchenfassaden aufweist, ist der Schloßbau in die vierziger Jahre zu datieren; für diese späte Datierung sprechen auch die streng rechteckig ausgerichteten Fenstergewände.

In der spätesten Phase des steirischen Barock wurde die *Bibliothek des Benediktinerstifts Admont* 1776 fertiggestellt (Farbt. 33). Sie steht zeitlich am Ende der Reihe der großen österreichischen Stiftsbibliotheken, die sie an Größe alle übertrifft. Baupläne hatte der aus Oberösterreich gebürtige GOTTHARD HAYBERGER (1699–1764) bereits in den dreißiger Jahren ausgearbeitet, jedoch wurde die Innenraumkonzeption erst nach dem Tod Haybergers von J. HUEBER entscheidend geprägt. So dürfte die Unterteilung des 72 m langen Raums in drei Hauptkompartimente auf ihn zurückzuführen sein: Auf das Tiefoval der von einer Flachkuppel bekrönten und von gekuppelten Säulen eingeschnürten »Mittelrotunde« schließen beidseitig je drei Joche, die von quergestellten ovalen Platzelgewölben abgeschlossen sind; durch die Einschnürung und den Verzicht auf Emporen erscheint die »Rotunde« gegenüber den Flügeltrakten illusionistisch wesentlich verbreitert. An den Wänden verläuft

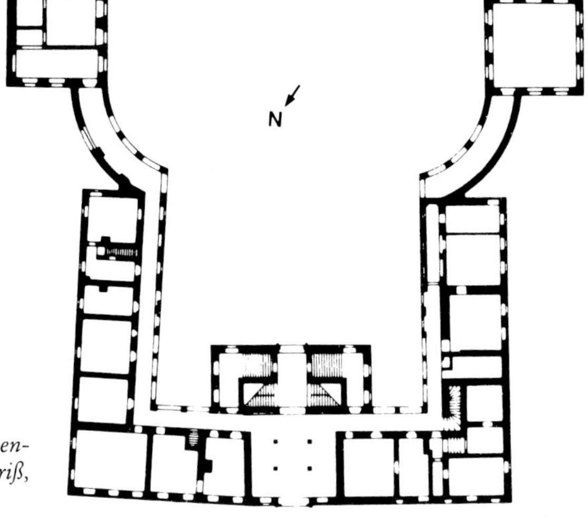

152 JOHANN GEORG STENGG: *Gartenschloß Gösting in Graz, Grundriß, 1724–1728*

153 JOHANN GEORG STENGG: *Schloß Schielleiten, Fassade, zweites Viertel des 18. Jahrhunderts*

eine Empore, die das Breitenausmaß dieser Flügelsäle optisch ein wenig einschränkt und die Anordnung von Bücherkästen in zwei Etagen gewährleistet. Sehr aufschlußreich ist ein Vergleich der Admonter Bibliothek mit der Stiftsbibliothek von Altenburg, für die, wie erwähnt, ein geradezu unüberbietbarer Farbenreichtum charakteristisch ist (vgl. Farbt. 20). Im Vergleich zu Altenburg bleibt in Admont die Farbigkeit auf die Deckenfresken BARTOLOMEO ALTOMONTES (1774/76) beschränkt, während an den Bücherschränken in vornehmer Zurückhaltung der Akkord Weiß-Gold vorherrscht, worin sich der veränderte Zeitgeschmack des fortgeschrittenen Jahrhunderts äußert. In Admont treffen und vereinigen sich die verschiedensten Raumtypen, »so daß das späte Entstehungsdatum ... vom

Räumlichen her sehr deutlich spürbar ist. Vom Korridortypus stammt die Proportion, vom Saaltypus mit Konsolen-Emporen haben die Flügelsäle ihre Gestalt, und die Dreiteiligkeit des Ganzen leitet sich unverkennbar von Wien (Hofbibliothek) her, wobei aber zu bedenken ist, daß sich die Idee der Verschmelzung von Zentral- und Longitudinalbau vermählt mit der Idee der Kuppelfolge«.[254]

Zur Baukunst des 18. Jahrhunderts in Tirol

Die barocke Sakralarchitektur des 17. Jahrhunderts in Tirol ist vor allem durch italienische Komponenten gekennzeichnet, wobei die Architektenfamilie der Gumpp trotz jener Einflüsse stets eine einheimische Note bewahren konnte. Von größter Bedeutung waren die individuellen Leistungen GEORG ANTON GUMPPS, der, offensichtlich für den bodenständigen Geschmack noch immer zu stark an Italien orientiert, in Tirol keinen schulbildenden Effekt nach sich zog. Mit dem *Landhaus in Innsbruck* (1724/28) schuf er sein architektonisches Meisterwerk und das bedeutendste Gebäude des Hochbarock in Tirol. Die tirolischen Stände, Geistlichkeit, Adel, Bürger und Bauern, verfügten schon seit 1613 über ein eigenes Landhaus. Im Jahre 1666 erwarben sie dann vom Hofkapellmeister ANTONIO CESTI ein größeres Gebäude, das in der Folge jedoch ständig Reparaturkosten verursachte, so daß an einen Neubau gedacht werden mußte. »Daß sich die Tiroler Stände zu einer Zeit, in der ihre politische Macht angesichts des unaufhaltsam wachsenden kaiserlichen Absolutismus schon im Sinken war, dennoch zu einem so aufwendigen Bauunternehmen entschlossen, ist ein beredtes Zeugnis des künstlerischen Schwunges, der allgemeinen Baulust jener Tage, die nicht allzu ängstlich nach dem Bedürfnis fragte: die Tiroler Stände haben sich hierdurch jedenfalls ein dauerndes Denkmal geschaffen.«[255] Das Gebäude erhebt sich, analog zum Palais Fugger, über U-förmigem Grundriß, der sich um eine Kapelle schließt. M. KRAPF, der sich auch eingehend mit der Symbolsprache des Landhauses auseinandersetzt, verweist auf die »Bürgernähe« des Gebäudes, »das im Gegensatz zum höfischen Profanbau des Absolutismus, vor allem natürlich dem Schloßbau, straßenverpflichtet errichtet wurde... Die cour d'honneur wurde gleichsam ›nach hinten‹ geworfen und in einen Innenhof abgewandelt, wobei die Längsachse in der Kapelle des Hofes ähnlich wie etwa in S. Ivo in Rom Ziel und Abschluß finden konnte«.[256]

Wie ein Stich von 1726 zeigt, hatte G. A. GUMPP ursprünglich für den Risalit ein vom ausgeführten Bauwerk abweichendes Fassadenkonzept ins Auge gefaßt (Abb. 154). Im Verlauf des Baugeschehens forderten die Auftraggeber den Bau eines weiteren Geschosses, weshalb der Baumeister sich veranlaßt sah, die zwei Fensteretagen des Landtagsaals um ein Geschoß zu erweitern. In dieser Endfassung dominiert der Höhenzug des Risalits noch stärker über die beiden vierachsigen Flügeltrakte (Abb. 155). Um diesen Vertikalismus in Grenzen zu halten, wurde dem Risalit anstelle des ursprünglich geplanten Giebels mit seinem reichen Figuren- und Emblemensemble in vereinfachender Absicht ein Dreieckgiebel aufgesetzt. Die eigenständige Auffassung des Baukünstlers kommt in besonderer Weise

154 *Landhaus in Innsbruck, Stich nach dem ersten Entwurf von* Georg Anton Gumpp *(Dissertationsblatt des Hieronymus Bacchettoni), 1726*

im Erdgeschoß des Risalits zum Ausdruck, wo vier wuchtige Pfeiler geböscht vortreten und einen fortifikatorischen Eindruck hervorrufen. Über einem Balkon erheben sich vier Pilaster, die in Kolossalordnung die drei Fensteretagen zusammenfassen. Die Mittelachse wölbt sich leicht konvex nach vorn und verrät das Interesse G. A. Gumpps an der Formensprache Borrominis. Besonders eindrucksvoll ist das Fenster des Landtagsaals mit seinen jonischen Säulen, der phantasievoll dekorierten und geschwungenen Verdachung und der hufeisenförmig gerahmten Oberlichte, von der das Wappen Tirols in den gesprengten Giebel reicht. Der Eindruck der Gesamtfassade wird durch den extrem ausgebildeten Kontrast zwischen den horizontal dominierten Seitenflügeln und dem übersteigerten Vertikalismus am Risalit bestimmt. Dieser enorme Höhendrang, die auffallende Plastizität und die spezifische Art der Dekorationsformen sichern dem Bauwerk sein »durchaus deutsches Gepräge« (Hammer). Auch Fischer von Erlach war an den Palästen seiner späten Schaffensperiode bestrebt, den Mittelrisalit deutlich von den Seitenflügeln abzuheben. Jedoch kann gerade anhand eines Vergleichs mit Palastbauten Fischers deutlich gemacht werden, daß der Tiroler auch in der kontrastvollen Gegenüberstellung von

155 Georg Anton Gumpp: *Landhaus in Innsbruck, Fassade, 1725–1728*

Gebäudeblöcken zu einer eigenständigen Auffassung befähigt war. Im Gegensatz zu Fischer trachtete er danach, die Seitenflügel mit durchlaufenden Kordon- und Kranzgesimsen straff in das Gesamtgefüge einzubinden.

Am Tiroler Landhaus läßt sich der häufiger Fluktuation ausgesetzte Erkenntnisstand der Barockarchitekturforschung, die anfänglich die italienische Komponente im Sinne eines Süd-Nord-Gefälles überbewertet hat, deutlich nachvollziehen. Erst in der jüngsten Forschung konnten der Einflußbereich und die stilistische Genese des Bauwerks über die zunächst viel zu allgemein gefaßte Charakterisierung (Betonung deutscher Stilmerkmale!) hinaus präzisiert werden. Krapf sieht das Landhaus gewissermaßen im Brennpunkt italienischer und bayerischer Ausstrahlungsbereiche. »Aus diesen beiden Polen: aus der Übernahme der Simplifizierung italienisch-genuesischer Muster, vorgeprägt durch den Vater Johann Martin, und aus den Münchener Parallel-Aktivitäten, in diesem Sinn der Neuformulierung eines bodenständig-bayerischen Typus des Stadtpalastes mußte das Landhaus destilliert werden.«[257] Klarer jedoch als etwa in München zeigt sich am Landhaus der »Schritt zur propagandistisch auswertbaren ›Gesichtsarchitektur‹«[258], die vor allem an

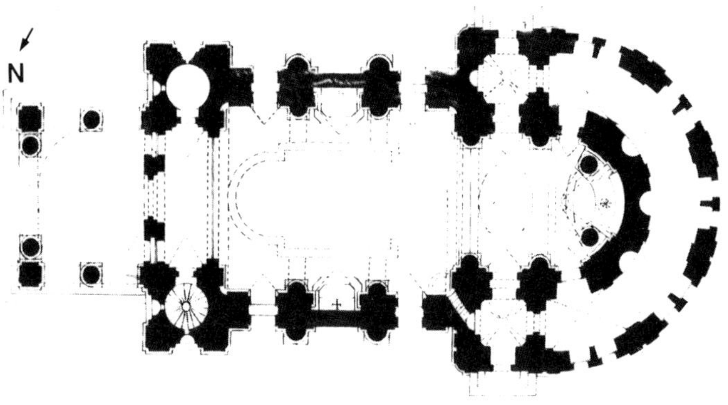

156 Johanneskirche am Innrain in Innsbruck, Grundriß

der Fassade mit den emblematischen Reliefdarstellungen der vier Tiroler Stände ihren geradezu signalartigen Niederschlag gefunden hat.

Auch auf dem Sektor des Kirchenbaus bereicherte G. A. Gumpp mit der *Johanneskirche am Innrain* (1729/35) die Innsbrucker Barockarchitektur (Abb. 156). An ein kurzes oblonges Schiff schließt sich ein etwas eingezogener Chor, der von einer halbrunden Sakristei umschlossen ist; diese Idee des Umgangs scheint vom Grazer Mausoleum zu stammen, dessen Sakristei sich in ähnlicher Form an das Chorhaupt fügt.[259] Besonderes Interesse verdient die Doppelturmfassade, der erst im Jahre 1750 die störende Portikus-Vorhalle hinzugefügt wurde. Glücklicherweise ist eine Entwurfszeichnung des Architekten erhalten geblieben, die den ursprünglichen Zustand der Fassade zeigt (Abb. 157): Im Mittelabschnitt des unteren Geschosses stützen vier toskanische Halbsäulen einen Dreieckgiebel, während die Turmachsen von Pilastern begrenzt sind; ein Triglyphengebälk schließt alle Achsen zusammen. Diese Form der Fassadengestaltung erinnert an die Meister des römischen Hochbarock, wobei etwa Maderna, Bernini und Rainaldi zu nennen sind. Im Attikageschoß und in den phantasievoll ausgebildeten Turmabschlußgeschossen scheinen jedoch borromineske Elemente zu dominieren. Die barocke Plastizität und die Bewegtheit dieser Zone kontrastiert heftig mit der klassischen Kühle des Hauptgeschosses.

Nachdem das *Zisterzienserstift Stams* schon in der ersten Hälfte des 17. Jahrhunderts mehrfach umgebaut worden war, wurde Johann Martin Gumpp mit der Neuplanung (1692–1699) der Abtei beauftragt.[260] Seine Formensprache tritt besonders deutlich am Bau der beiden achtgeschossig oktogonal ausgebildeten Nordtürme zutage, deren bossierte Sockelzone und rustizierten Kantenlisenen eine auffallende Tendenz zu fortifikatorischer Gestaltung verraten. Zum Teil auf den Entwürfen seines Vaters basierend, setzte Georg Anton Gumpp ab 1719 die Bauarbeiten fort und vollendete 1724 die Westfront des Stifts mit dem Bau des als Mittelrisalit vorspringenden Bernardisaals (Abb. 158).[261] An der Fassadengestaltung des Risalits dokumentiert sich die Eigenständigkeit seiner Stilauffassung am

157 GEORG ANTON GUMPP: *Johanneskirche am Innrain in Innsbruck, Fassade (Entwurfszeichnung, 1729)*

deutlichsten; hier entfernte er sich am weitesten vom ursprünglichen Plankonzept: Im Gegensatz zu den rechteckig geplanten Portalen durchbrach er die rustizierte Sockelzone mit sieben Pfeilerarkaden. Darüber hinaus ersetzte er die über zwei Obergeschosse verlaufenden, aus dem Entwurf seines Vaters stammenden Rustikalisenen – ganz im Sinne der italienischen Gravità – durch jonische Kolossalpilaster. Auf dem nur äußerst zurückhaltend verkröpften Hauptgebälk, das mit dem Dachansatz der begleitenden Klostertrakte übereinstimmt, erhebt sich ein von einem Dreieckgiebel abgeschlossenes Aufsatzgeschoß. Zieht man die strenge Erscheinungsform des Risalits, für den der Verzicht auf jede unnötige Dekoration charakteristisch ist, in Betracht, so kann man sich kaum des Eindrucks erwehren, daß sich in diesem Werk G. A. Gumpps bereits zu einem sehr frühen Zeitpunkt die »klassizistisch« geprägte Phase des österreichischen Spätbarock ankündigt. Diese Einschätzung bekommt noch mehr Gewicht, wenn man beispielsweise auf die Parallelen

158 Stift Stams, Westfront ▷

zum etwa fünfzehn Jahre später errichteten Risalit im Prälatenhof von *Kremsmünster* verweist (vgl. Farbt. 25). Eine auffallende Übereinstimmung mit Stams zeigt sich hier sowohl in der Gesamtproportion der von einem ähnlichen Dreieckgiebel bekrönten Fassade als auch in den Arkadenöffnungen der genuteten Sockelzone; eine weitere Analogie offenbart sich schließlich im Bereich der uniform ausgebildeten Fenster, die nach dem Prinzip der gleichbleibenden Achsenreihung ebenso von Kolossalpilastern zusammengeschlossen sind. – Wie sehr der Künstler bestrebt war, seine Formensprache zu variieren, beweist ein Vergleich des Risalits mit der ebenfalls in die Westfront des Stifts eingebundenen Kirchenfassade, an der sich barocke Elemente in einem kaum noch überbietbaren Ornamentreichtum ausbreiten. Offenbar wurde er auch mit dem Umbau (1729–1732) der mittelalterlichen Stiftskirche beauftragt: Die Mauern des Mittelschiffes wurden beibehalten, Teile der ehemaligen Seitenschiffwände stehengelassen und in äußerst origineller Weise zu je drei querschiffartigen Kapellenräumen in Übereinstimmung mit der Höhe des Langhauses umgebaut.

Gleichzeitig mit dem Schaffen G. A. Gumpps begann man noch im ersten Viertel des 18. Jahrhunderts am Baugeschehen des benachbarten Bayern Interesse zu zeigen, ohne allerdings auf eine eigenständige architektonische Auffassung zu verzichten. Stärker ausgeprägt war das Lernverhältnis zum süddeutschen Nachbarn auf dem Gebiet der Stuck- und Freskokunst, Disziplinen, in denen sich einheimische Kräfte um die Mitte des 18. Jahrhunderts als selbständige Meister profilierten. »Diese ebenso gewandten wie volkstümlichen Dekorateure haben in stärkerem Maße noch als die Architekten den Typus der ›Tiroler Barockkirche‹ geschaffen: Jene prächtigen Räume von farbenfroher Heiterkeit, erstaunlich in der Dichte, mit der sie über das Land gestreut sind . . .«[262]

Nicht zuletzt aus der Tatsache, daß in der Tiroler Sakralarchitektur des 18. Jahrhunderts die Ausstattungskunst die ›reine‹ Architektur an Bedeutung übertrifft, ist die Kürze dieses Kapitels zu begründen. Im Vergleich zu Tirol war der steirischen Sakralarchitektur weit mehr Aufmerksamkeit zuzuwenden, wobei nur an die interessanten Lösungen auf dem

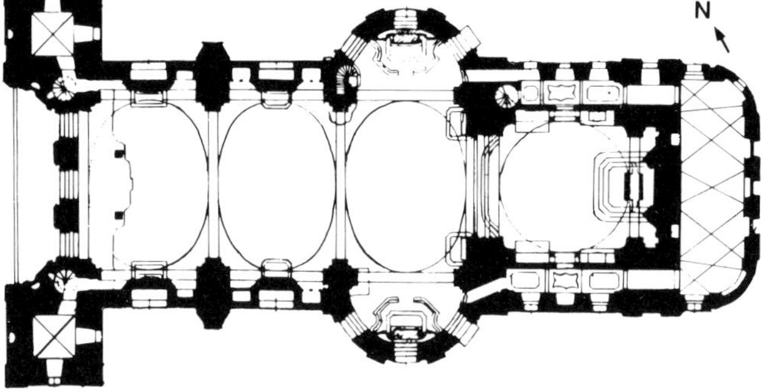

159 Domkirche St. Jakob in Innsbruck, Grundriß

160 Johann Jakob Herkomer: *Dom in Innsbruck (ehemals Stadtpfarrkirche St. Jakob), Blick ins Innere, 1717–1722* ▷

Gebiet der Kirchenfassade erinnert sei, denen Tirol nichts Gleichwertiges entgegenstellen kann. Andererseits war man in der Steiermark nicht annähernd in der Lage, mit dem Reichtum der künstlerischen Qualität der tirolischen Kirchenausstattungen Schritt zu halten. Auch darin ist eine Ursache zu sehen, weshalb der Rokoko-Stil in der Steiermark, im Gegensatz zu Tirol, keine Bedeutung erlangte. Ein weiterer Unterschied zur spätbarocken Sakralarchitektur der Steiermark kennzeichnet das Tiroler Baugeschehen: Ungleich zurückhaltender manifestierte sich hier der Spätbarock im städtischen und klösterlichen Bereich, vielmehr war dieser Stil eine Angelegenheit der Pfarrkirchen auf dem Lande, wo besonders seit der Mitte des 18. Jahrhunderts zahlreiche Kirchenbauten entstanden. Kein anderes österreichisches Land, die Steiermark inbegriffen, konnte im letzten Drittel des Jahrhunderts mit dieser Fülle von Bauten konkurrieren. Bis zum letztmöglichen Zeitpunkt baute man in Tirol nach den Stilprinzipien des Barock, ein Kennzeichen einerseits für die ausgesprochen konservative Haltung des Landes und eine Erklärung andererseits für die Tatsache, daß nirgends sonst in Österreich sich die Grenzen zwischen Spätbarock, Klassizismus und Rokoko so fließend und einander überlagernd gestalteten.

Von der *Domkirche St. Jakob in Innsbruck* (1717/22) aus gingen die Impulse zur weiteren Entwicklung des tirolischen Spätbarock. Bezeichnenderweise wurde G. A. Gumpps Entwurf für die Kirche als zu »präziös« von den kirchlichen Behörden abgelehnt und dem Projekt des aus Füssen in Bayern stammenden Johann Jakob Herkomer (gestorben 1717) der Vorzug eingeräumt; sein Neffe Johann Georg Fischer hatte die Bauarbeiten zu leiten. Offenbar empfand man den Entwurf Herkomers im Vergleich zum Modell G. A. Gumpps als bodenständiger. Das Langhaus setzt sich aus zwei mit querovalen Flachkuppeln gewölbten und von Wandpfeilern getrennten Jochen zusammen (Abb. 159). Über dem in Konchen ausgreifenden Querhaus ruht eine weitere Flachkuppel, ehe sich über dem Chor eine Tambourkuppel erhebt, von der ein breiter Lichtstrom auf den Altar fällt. Es ist gewiß eine lokale Besonderheit, daß dieser Hauptakzent nicht der Vierung, sondern dem in eine barock-theatralische Lichtfülle eingetauchten Chor vorbehalten blieb (Abb. 160). Mit der rhythmischen Folge von Flachkuppeln, dem »labilen Gleichgewicht des Raumes zwischen Zentralbau und Längsraum«[263] und der Qualität der Ausstattung (Stuck: Egid Quirin Asam, Fresken: Cosmas Damian Asam) treten hier Wesenszüge der zukünftigen Eigenentwicklung des tirolischen Spätbarock auf.

Die Kunstlandschaft des Oberinntals wurde vom geistlichen Baudirektor Franz de Paula Penz (gestorben 1717), von dem über ein Dutzend kirchlicher Neu- und Umbauten stammt, entscheidend geprägt (z. B. *Gossensaß* 1750/51 und *Telfes* 1754/55). Er schuf einen Kirchentypus, der über Jahrzehnte hinweg in Tirol immer wieder aufgenommen und abgewandelt wurde. Sein bedeutendstes Werk ist die *Pfarrkirche in Wilten* (1751/55), deren

161 Franz de Paula Penz: *Pfarrkirche in Wilten, Blick ins Innere, 1751–1755* ▷

Fassade an St. Jakob erinnert, jedoch im Sinne des fortgeschrittenen Spätbarock über ein flächigeres und kleinteiligeres Relief verfügt. Der Innenraum wird von drei massigen Wandpfeilerpaaren gegliedert (Abb. 161), wobei dem zweijochigen Langhaus Flachkuppeln aufgesetzt sind. Mit der additiv anmutenden Jochfolge bleibt in Wilten die stilistische Ausgangsposition von St. Jakob weiterhin bedeutsam. »Hier entfernt sich Tirol weit von Bayern und Schwaben, die das Komplexe und Spannungsreiche des Raumeindrucks bis zum Ersterben des Barock in der Verschränkung bewegter Raumformen suchen, die in Wilten völlig vermieden sind.«[264] Dieser Härte und Askese der Einzelform und jener Abkehr von bewegter Grundrißform widersprechen die Fresken MATTHÄUS GÜNTHERS, aber vor allem die Rokoko-Stukkatur von ANTON GIGL. Diese dialektische Kontrastierung zwischen klar abgezirkelter Architektur und malerisch überschäumendem Dekor ist für die Tiroler Sakralarchitektur des 18. Jahrhunderts ein allgemein gültiges Kennzeichen.

Gehört die Pfarrkirche von Wilten noch der mittleren Phase des Tiroler Spätbarock an, so ist im Oberinntal die *Pfarrkirche von Götzens* (1772/75) als wichtigster Bau der letzten Stufe des Spätbarock hervorzuheben. Ihn errichtete der aus Götzens (damals ein Zentrum des Maurer- und Stukkatorengewerbes) stammende FRANZ SINGER (gestorben 1789). Die Fassade entspricht dem Vorbild der Wiltener Kirche, und auch im Inneren (Farbt. 31) entfernt sich der Architekt mit dem aus zwei Flachkuppeln und einer Vorhalle bestehenden Langhaus nicht allzu weit vom Bau des FRANZ DE PAULA PENZ. Nur sind die Jochgrenzen in ihren Übergängen durch konkave Verschleifungen im Verzicht auf einschneidende Zäsuren weicher ausgebildet. Diese Verunklärung der Übergänge ist deshalb noch nicht als bayerisch im Sinne der Verschmelzung zu einem Einheitsraum zu bezeichnen, sie zeugt lediglich von der spätesten Phase des Barock. Die überaus qualitätvollen Rokoko-Stukkaturen und die Fresken GÜNTHERS verraten den Willen des Bauherrn, Architektur, Stuck und Malerei auf ein gleichhohes Niveau zu bringen. – In der *Pfarrkirche von Ranggen* (1775/78) mündet die für Götzens so signifikant barocke Erscheinungsform schließlich in einen kühlen Klassizismus.

Für die Landschaft des Unterinntals ist ein vielleicht noch dichterer Baudenkmälerbestand als im Oberinntal kennzeichnend. In der *Stiftskirche der Benediktiner in Fiecht* (1741/43) bei Schwaz schufen JAKOB SINGER (gestorben 1760; der Onkel des erwähnten Franz Singer) und KASSIAN SINGER (gestorben 1759) eine eigenartige, für das Unterinntal untypische Raumlösung: Im letzten Joch weitet sich das Langhaus nach den Seiten und zieht sich gleichzeitig gegen die Mitte ein. In der Vierung fand die in St. Jakob am frühesten auftretende Flachkuppel erstmals Nachfolge. Selbst der kleeblattförmige Grundriß des Chors läßt sich letzten Endes von St. Jakob ableiten, wobei auch der Salzburger Dom und Weingarten als mögliche Vorbilder zu erwähnen sind. Die Flachkuppel im Chor wurde dann ein entscheidendes Merkmal der folgenden Bauten Kassian Singers (z. B.: *Jochberg* 1748/50), dessen Ruf weit über Tirol hinaus nach Salzburg, Oberösterreich und in die Steiermark drang. In *Fiecht* entstand »jene Mehrdeutigkeit und Unbestimmtheit des Raumgefüges, die auch Penz in seinen Bauten angestrebt hatte. Ist die Lösung auch hier auf eine andere Weise erreicht, so kennzeichnen die Architekturformen doch eben dieselbe klare Nüchternheit und der Mangel eigentlich barocken Lebens wie dort«.[265] In der Weite und ernsten Ruhe dieses Raumes, für den die Wessobrunner Meister FRANZ XAVER und JOHANN MICHAEL FEUCHTMAYR die Stukkaturen und MATTHÄUS GÜNTHER die Fresken schufen, läßt sich erneut das Wesentliche der tirolischen Barockauffassung ermessen, die von der Bewegtheit der bayerischen Räume kaum Kenntnis nahm.

Nüchternheit und Armut in den architektonischen Ideen sind in diesen Jahren der Baumeisterfamilie SINGER und darüber hinaus dem Baugeschehen des gesamten Unterinntals anzulasten. Diese Mangelerscheinung führte zu einem befruchtenden Einströmen von Kräften aus dem angrenzenden Bayern. Regenerierende Impulse kamen von ABRAHAM MILLAUER (gestorben 1758), dem Polier WOLFGANG DIENTZENHOFERS. Die Innengestaltung seiner *Pfarrkirche von Ebbs* (1748–1754) zeichnet sich durch weitgreifende Bewegungen aus (Abb. 162) und zeigt, wie das den gesamten Raum umziehende Kranzgesims beweist, einen auffallenden Trend zur Vereinheitlichung – für die Barockarchitektur Tirols mit ihrer »auf labiler Ruhe eingestellten Raumauffassung« eine durchaus ungebräuchliche Lösung.[266] Mit der zum Altar hinleitenden Bewegung und Rhythmik des Raums fügt sich

162 ABRAHAM MILLAUER: *Pfarrkirche in Ebbs, Blick ins Innere, 1748–1754*

die Pfarrkirche in die Tradition bayerischer Rokokobauten. Lediglich für die *Kirche von Söll* (1766–1769) galten ähnliche Gestaltungskriterien.

Anregungen von Ebbs machen sich auch in der *Pfarrkirche von Lermoos* (1751/53) bemerkbar. Die Kirche ist der einzige Bau, den der in Tirol geborene FRANZ KLEINHANS (1699–1776) in seiner Heimat errichtet hat. Er war hauptsächlich in Schwaben tätig, weshalb er nur eingeschränkt als tirolischer Baukünstler angesprochen werden kann. Die Ecken des rechteckigen, von einer längsovalen Flachkuppel abgeschlossenen Raums sind abgeschrägt, so daß der Longitudinalbau zum Zentralraum umgedeutet erscheint. Wenngleich Kleinhans in Lermoos auch nicht die fließende Weichheit schwäbischer Innenräume erreicht, ist der Bau mit seiner typisch süddeutschen Rokokotendenz zum Zentralraum im rhythmischen Wechsel von Öffnungen und Nischen im tirolischen Spätbarock dennoch als Fremdkörper zu betrachten.[267]

Aus der großen Anzahl von in Tirol tätigen Baumeistern sei noch der aus Kitzbühel stammende ANDRE HUBER (gestorben 1808) genannt. Schon anläßlich seiner Tätigkeit unter ABRAHAM MILLAUER hatte er die bayerische Baukunst des Rokoko mit ihrer Tendenz zum

163 ANDRE HUBER: *Pfarrkirche in Zell am Ziller, Blick ins Innere, 1772–1778*

164 Triumphpforte in Innsbruck (Maria-Theresien-Straße), 1765

Zentralbau kennengelernt, der in Tirol bei kleineren Bauaufgaben häufig Verwendung fand. Allein Huber bot sich die Gelegenheit, ihn in seiner monumentalen Form mit dem Bau der *Pfarrkirche von Zell am Ziller* (1772/78) zu verwirklichen (Abb. 163): Eine mächtige Kuppel leitet vom achteckigen Hauptraum in die Kreisform über. Während hier unter dem Einfluß des klassizistisch gesinnten Salzburger Hofbauverwalters WOLFGANG HAGENAUER bereits das flache Relief des Klassizismus vorherrscht, dominiert in der Ausstattung hingegen noch der Spätbarock. Vor allem beeindruckt die weit über die architektonischen Gegebenheiten hinausreichende Qualität der Fresken FRANZ ANTON ZEILLERS.

Zusammenfassend kann festgestellt werden, daß Tirol länger als alle anderen österreichischen Regionen am Barock festhielt. Dem Barockklassizismus wurde äußerst selten und dann nur im höfischen Auftragsbereich entsprochen, wie etwa die 1765 zur Erinnerung an die Hochzeit des Erzherzogs LEOPOLD VON TOSKANA (des späteren Kaisers LEOPOLD II.) mit der Infantin MARIA LUDOVICA VON SPANIEN errichtete *Triumphpforte* beweist (Abb. 164). Selbst der unter MARIA THERESIA in zwei Etappen vollzogene Umbau der *Innsbrucker Hofburg* (1. Bauphase: 1754 Hofgassentrakt durch JOHANN MARTIN GUMPP D. J.) stellte keinen ausreichenden Anlaß dar, die Formensprache des Spätbarock durch frühklassizistische Elemente zu modifizieren. In der zweiten Bauphase errichtete KONSTANTIN JOHANN WALTER von 1766–1770, wahrscheinlich nach Plänen des Hofarchitekten NICOLÀ PACASSI, den Haupttrakt am Rennweg. Der langgestreckte Bau ist, trotz sparsamer Verwendung von Dekorationsformen, mit seinen Risaliten, den beiden überkuppelten Eckrondellen, den geschwungenen Giebelaufsätzen und der durch Kolossalpilaster skandierten Achsenreihe noch überwiegend in der Barocktradition beheimatet. Vor allem auf dem Gebiet der Sakralarchitektur lebte im Volk eine spezifisch barocke Bauhaltung weiter, die an den »modernen« Formen des Klassizismus achtlos vorüberging und selbst noch im 19. Jahrhundert recht qualitätvolle Bauten hervorbrachte.

Anmerkungen

1 J. Burckhardt, *Gesamtausgabe,* 14 Bde., Stuttgart–Berlin–Leipzig 1929ff.

2 C. Gurlitt, *Geschichte des Barock-Stiles, des Rokoko und des Klassizismus,* 3 Bde., Stuttgart 1887/89

3 H. Wölfflin, *Renaissance und Barock,* München 1888. – Ders., *Kunstgeschichtliche Grundbegriffe,* München 1915

4 A. Schmarsow, *Barock und Rokoko,* Leipzig 1897. – A. Riegl, *Die Entstehung der Barockkunst in Rom,* Wien 1908

5 W. Weisbach, *Der Barock als Kunst der Gegenreformation,* Berlin 1921

6 N. Pevsner, ›The Architecture of Mannerism‹, in: Spencer, *Readings in Art History,* II, 1969

7 K.M. Swoboda, *Barock und Gegenreformation,* Brünn 1943. – Einen knappen, wenn auch sehr informativen Überblick zum Werdegang der Barockarchitektur-Forschung gibt W. Hansmann, *Baukunst des Barock, Form, Funktion, Sinngehalt,* Köln (DuMont) 1978, S. 6ff.

8 Über die Problematik der Epochenbezeichnungen und -unterteilungen, wie Früh-, Hoch- und Spätbarock, ist sich der Verfasser durchaus im klaren. Geht zum Beispiel der römische Hochbarock schon etwa im 3. Viertel des 17. Jahrhunderts zu Ende, so beginnt diese Stilphase nördlich der Alpen erst nach diesem Zeitraum. Wie schon oben angemerkt, legte erst K.M. Swoboda in diesem Fragenkomplex ein kritischeres Verhalten an den Tag, wonach die scheinbar altbewährten Epochenbezeichnungen in jeder Kunstlandschaft erneut auf ihre Gültigkeit hin überprüft werden müssen. Letzten Endes bleibt nur noch zu empfehlen, die gängigen Epochenabgrenzungen stets als provisorische, ständiger Hinterfragung bedürftige Terminologie und nie mehr als eine Art konventionelle Hilfsbezeichnung anzuerkennen. Mit diesem flexiblen Verständnis des Lesers rechnet auch der Autor vorliegender Studie.

9 F.M. Mayer u. R. Kaindl, *Geschichte und Kulturleben Österreichs von 1493 bis 1792,* 5. Aufl. bearb. von Hans Pirchegger, Wien–Stuttgart 1960

10 B. Grimschitz, R. Feuchtmüller und W. Mrazek, *Barock in Österreich,* 3. Auflage, Wien–Hannover–Bern 1962, S. 5

10a Das Herrschaftsgebiet der Erzbischöfe von Salzburg kam 1802 an den bisherigen Großherzog von Toskana, 1805 an Österreich, 1809 an Bayern und 1816 wieder an Österreich.

11 E.M. Mayer und R. Kaindl, a.a.O., S. 87

12 W. Steinitz, *Salzburg. Ein Kunst- u. Reiseführer für die Stadt und ihre Umgebung,* 3. Aufl., Salzburg 1978, S. 145

13 F. Fuhrmann, ›Der barocke Dom – Form und Herkunft‹, in: *1200 Jahre Dom zu Salzburg* (Festschrift), Salzburg 1974, S. 115

14 R.K. Donin, *Vincenzo Scamozzi und der Einfluß Venedigs auf die Salzburger Architektur,* Innsbruck 1948

15 Die Kuppelanlage Scamozzis wurde aus venezianischen Wurzeln abgeleitet. Eine Kuppelbautradition bestand dort schon seit der Errichtung von San Marco im 11. Jahrhundert und wurde dann in durchaus verwandter Form auch in der Renaissancearchitektur der Stadt gepflegt. Selbst Scamozzis Lehrer, Palladio, hatte sich in seinen venezianischen Kirchen mit dem Problem des Kuppelbaus auseinandergesetzt. – Nähere Erläuterungen zu diesem Fragenkomplex lieferte Buchowietzki, als er im Bereich der Grundrißstruktur sowie der Kuppel- und Konchenlösung des Scamozzi-Projekts auf Parallelen mit der Kirche von S. Giustina in Padua (ab 1521, Riccio und Leopardi) verwies. – W. Buchowietzki, ›Die Herkunft der Raumgestaltung des Salzburger Domes‹, in: *Alte und moderne Kunst,* Wien 1961, Heft 52

16 Tommaso Temanza, *Vita di Vincenzo Scamozzi ...,* Venedig 1770. – Von Tommaso Temanza, dem Verfasser der ›Vita di Scamozzi‹ aus dem 18. Jahrhundert, sind eine ganze Reihe von interessanten Angaben zum ursprünglichen Entwurf überliefert, unter anderem auch eine Würdigung des Baukünstlers, dessen »Plan für den Salzburger Dom genauer und korrekter (sei) als der der Peterskirche« (in Rom).

17 R. Feuchtmüller, *Kunst in Österreich,* 2. Bd., Wien 1973, S. 14

18 Der Umstand, daß Temanza die Pläne Scamozzis in seiner Privatsammlung aufbewahrte (sie kamen erst 1913 in den Besitz Salzburgs), veranlaßte Schallhammer sogar, die Kenntnisnahme dieser Pläne durch Solari in Zweifel zu stellen, eine sicher zu weit gehende Hypothese. Bis zu einem gewissen Grad erhärtet wird jene Annahme jedoch durch einen Hinweis Buchowietzkis, der die von Scamozzi deutlich abweichende Idee des kleeblattförmigen Trikonchos direkt aus dem Comaskischen, der Heimat Solaris, ableitet, wo im Chorbereich des Domes (ab 1513; T. Rodari) eine ganz ähnliche Trikonchoslösung mit begleitenden Raumkompartimenten in den Zwickeln des »Kleeblatts« vorweggenommen scheint. Es ist gewiß nicht zu bezweifeln, daß Solari Kenntnis vom Domprojekt seiner Heimatdiözese hatte. W. Buchowietzki (s. Anm. 15). – Ungleich wichtiger erscheint mir allerdings ein Hinweis auf die Kathedrale von Padua, die mit ihrer Chor- und Querhauslösung weit engere Parallelen mit dem Dom Solaris erkennen läßt. Die Kathedrale wurde ab 1551, vielleicht sogar nach Plänen von Michelangelo, vom Istrianer Andrea da Valle ausgeführt. Es ist erstaunlich, daß die Forschung bisher im Hinblick auf Solari von diesem Bau keine Notiz genommen hat, zumal bei der Diskussion um das Scamozzi-Projekt schon einmal ein Hinweis auf eine Padovaner Kirche, nämlich S. Giustina, erfolgt war. Trikonchos, Konchenvorjoche, in die Zwickel der Konchen eingesetzte Sakristeitrakte und die Kuppel der Kathedrale von Padua sind für Solaris Konzept durchaus als protobarocke Vorboten anzusprechen. Im Vergleich dazu ist der von Buchowietzki genannte Chorteil des Doms von Como ohne Zweifel noch ganz vom spannungslosen Ebenmaß der Renaissance gekennzeichnet; er kann nur ganz allgemein als baugenetisches Präjudiz für Solaris Dombau in Anspruch genommen werden.

19 Siehe Seite 296

20 Die Fassade der Mariahilfkirche wurde in den Jahren 1742/44 von Joseph Hueber durch eine Doppelturmfassade ersetzt.

21 Die Grundrißform der Sakristei sowie der hochaufstrebende Turm mit glockenförmiger Haube und steilem Laternenabschluß haben die lokale Forschung vor unüberwindbare Schwierigkeiten gestellt, als es galt, die stilistische Herkunft dieser Bauelemente zu bestimmen. Bei Betrachtung des Chorturmes ist jedenfalls keine wie immer

geartete Parallele zur italienischen oder deutschen Baukunst festzustellen. Der vielgeschossige Turm erinnert am ehesten noch, wenn auch entfernt, an die Glockentürme der russischen Architektur.

22 »Die venezianischen Einflüsse sind am Hauptwerk der Grazer Hofkunst eher gefühlsmäßig als tatsächlich zu erfassen. Der Begriff ›venezianisch‹ ist gerade hier in seiner Unbestimmtheit zu akzeptieren.« – Der innerösterreichische Hofkünstler Giovanni de Pomis, *Joannea,* Bd. IV, Graz 1974. Daraus der Artikel von G. Frodl, ›Der Architekt‹, S. 117

23 Der bisher als Inventor angesprochene (archivalisch überlieferte) Hanns Walter dürfte nur der ausführende Baumeister gewesen sein. R. Wagner-Rieger, ›Die Baukunst des 16. und 17. Jahrhunderts in Österreich‹, in: *Wiener Jb. f. Kunstgeschichte,* XX, S. 202

24 Nach H. Sedlmayr dürfte J. B. Fischer von Erlach für das Konzept der Innen-Ausstattung verantwortlich gezeichnet haben. H. Sedlmayr, *Fischer v. Erlach,* Wien 1956, S. 78

25 G. P. de Pomis, a. a. O., daraus der Artikel von G. Marauschek, ›Leben und Zeit‹

26 H. Hammer, *Kunstgeschichte der Stadt Innsbruck,* Innsbruck 1952, S. 181

27 R. Wagner-Rieger, a. a. O., S. 210

28 H. Hammer, ›Unbekannte Entwürfe zum Bau der Innsbrucker Jesuitenkirche‹, in: *Tiroler Heimatblätter 1932,* S. 295

29 Michael Krapf, *Die Baumeister Gumpp,* Wien–München 1979, S. 67

30 Für den Bau der Innsbrucker Jesuitenkirche scheint M. Krapf die bodenständigen Elemente doch ein wenig zu überschätzen. – M. Krapf, a. a. O., S. 69

31 *Lexikon der Kunst,* Bd. II, Leipzig 1971, unter Stichwort ›Jesuitenbauten‹, S. 468

32 Wilhelm Weindorfer, *Die Universitätskirche und die verwandten Kirchenbauten des 17. Jahrhunderts in Wien,* ungedr. Diss., TH Wien, 1939/40. – R. K. Donin, ›Zur baulichen Entwicklung der Universitätskirche in Wien‹, in: *Lebendige Stadt, Literarischer Almanach,* Wien 1955, S. 281

33 R. Wagner-Rieger, ›Die Bedeutung und die Wandlungen der Fassade im österr. Kirchenbau des Barock‹, in: *Christl. Kunstblätter,* 102. Jg., 1964, S. 113

34 K. Öttinger hat zutreffend angeregt, den unbekannten Schöpfer dieser majestätischen Schaufront im römischen Umkreis des Carlo Fontana zu suchen. – *Reclams Kunstführer Österreich,* Bd. I., Stuttgart 1961; für den Abschnitt ›Wien‹ K. Öttinger, S. 532

35 Die erforderliche Straffung vorliegender Studie erlaubt leider keine Schilderung der relativ großen Gruppe der barockisierten Kirchen.

36 Wolfgang Braunfels, *Abendländische Klosterbaukunst,* 2. Aufl., Köln 1976. – W. Herrmann, *Der hochbarocke Klostertypus,* ungedr. phil. Diss., Leipzig 1924. – Irmgard Kräusel, *Die deutschen Klosteranlagen des 17. Jahrhunderts,* ungedr. phil. Diss., Frankfurt a. M. 1953

37 Auf Zusammenhänge zwischen dem Madrider Escorial und dem Plan für den Salomonischen Tempel im Ezechiel-Kommentar des Villalpando (1596–1606) hat Schickola hingewiesen. Gertraud Schickola, *Beiträge zu einer Prandtauer-Monographie,* ungedr. phil. Diss., Wien 1959

38 Kaum haltbar scheint die in der Forschung geäußerte Auffassung, P. F. Carlone, dessen Tätigkeit erst seit 1658 im Stift nachweisbar ist, sei der für den Westtrakt verantwortliche Baumeister gewesen. P. F. Carlone wurde 1607 geboren und war seit 1633 an der Ausgestaltung des Gurker Probsthofes in Kärnten tätig. Es fällt schwer, daran zu glauben, daß er bereits als 18jähriger in Seckau mit der Bauleitung betraut wurde. Er war in den Jahren von 1658/61 an den Süd- und Osttrakten des Stiftes mit Erweiterungsbauten beschäftigt

und veränderte 1671 die Doppelturmfassade der romanischen Basilika in barocken Formen (nach 1886 reromanisiert). Auch die sicher noch vor der Jahrhundertmitte errichteten Arkadenstellungen des rechtekkigen Stiftshofes werden ihm nur mit aller gebotenen Vorsicht zuzuschreiben sein. – R. Feuchtmüller, *Kunst in Österreich,* 2. Bd., Wien 1973, S. 20

39 Bereits O. Wonisch hat vermutet, daß Sciassia schon vom Anbeginn des barocken Umbaus in Lilienfeld als leitender Baumeister tätig war. Othmar Wonisch, ›Ein Beitrag zur Baugeschichte des Stiftes Lilienfeld‹, in: *Festschrift zum 800-Jahrgedächtnis Bernhards von Clairvaux,* Wien 1953, S. 320. N. Friess präzisiert mit 1632 den Beginn der Tätigkeit Sciassias. Mit stilkritischen Hinweisen auf die für ihn typische Putzfelddekoration an den Fassaden erläutert die Autorin die künstlerische Formensprache des Baumeisters. Natalie Friess, *Domenico Sciassia,* Dissertation, Graz 1980, S. 19ff.

40 N. Friess, a.a.O., S. 41ff.

41 Dem Motiv der ›coretti‹, relativ kleinen Emporenöffnungen vorgelagerter Balkone, begegnet man neben der Dominikanerkirche auch in anderen Wiener Kirchen, wie etwa in der der Schotten (1643–1648) oder der Barmherzigen Brüder (1622–1652); auch für diese Kirchen war diesbezüglich der Salzburger Dom beispielhaft. Vgl. R. Wagner-Rieger, a.a.O., S. 215

42 Josef Dernjač, *Die Wiener Kirchen des XVII. und XVIII. Jahrh.,* Wien 1906

43 Harry Kühnel, ›Die Baumeister Cipriano Biasino und Johann Baptist Spazio d. Ä.‹, in: *Mitteilungen des Kremser Stadtarchivs,* II, 1962

44 Paul von Kutscha-Lissberg, *Die Wiener Servitenkirche und ihr Meister,* ungedr. Diss., TH Wien, 1936

45 R. Wagner-Rieger, *Die Baukunst des 16. und 17. Jahrhunderts,* a.a.O., Die gesamte Spezialliteratur zu diesem umfassenden Themenkreis ist diesem Artikel zu entnehmen.

46 M. Riesenhuber, *Die kirchliche Barockkunst in Österreich,* Linz 1924

47 E. Guldan, ›Die barocke Gewölbedekoration des Passauer Dom‹, in: *Ostbairische Grenzmarken* 5 (1961)

48 C.A. Carlone hatte zunächst in einem ersten Entwurf für St. Florian noch einen größeren, nicht basilikalen Bau mit ausladendem Querschiff und Tambourkuppel geplant.

49 Quadraturmalerei = Bezeichnung für perspektivische Architekturmalerei.

50 N. Friess, a.a.O., S. 92ff., S. 143ff., und S. 164ff.

51 R. Kohlbach, *Steirische Baumeister,* Graz 1961, S. 327

52 Schon die ältere Literatur (R. Kohlbach, *Steirische Baumeister,* Graz 1961, S. 272) hat beim Bau der ehemaligen Stiftskirche von Stainz in D. Sciassia den entwerfenden Baumeister vermutet. Diese Hypothese erhärtet N. Friess, ohne allerdings auf die Stiftskirche näher einzugehen, zusätzlich mit dem Hinweis auf die Hofarkaden und die Außenfassade des Stifts. In beiden Bereichen lassen sich erstaunliche Parallelen zum St. Lambrechter Stiftshof in Graz erkennen, wo Sciassia nachweislich ab 1665 tätig war (vgl. S. 53). N. Friess, a.a.O., S. 157, 158

53 R. Feuchtmüller, a.a.O., S. 24

54 K. Woisetschläger und P. Krenn, *Alte steirische Herrlichkeiten,* Graz, 1968, S. 69

55 Albuin Klingler, *Die Karlskirche in Volders,* Innsbruck 1955.

56 E. Egg, *Kunst in Tirol,* Innsbruck 1970, S. 152

57 H. Hammer, a.a.O., S. 187

58 M. Krapf, a.a.O., S. 79

59 E. Frodl-Kraft, *Tiroler Barockkirchen,* Innsbruck 1955, S. 12

60 O. v. Lutterotti, ›Die Kunstdenkmäler See-

felds‹, in: *Große Kunstwerke Tirols,* Innsbruck 1951, S. 179

61 M. Krapf, a.a.O., S. 81

62 Ders., a.a.O., S. 86ff. u. 290, 291

63 H. Hammer, a.a.O., S. 190

64 R. K. Donin, a.a.O., S. 144

65 R. Wagner-Rieger, a.a.O., S. 207

66 R. Feuchtmüller, a.a.O., S. 31

67 Norbert Lieb und Franz Dieth, *Die Vorarlberger Barockbaumeister,* München 1960

68 D. Frey, ›J. B. Fischer von Erlach. Eine Studie über seine Stellung in der Entwicklung der Wiener Palastfassade‹, in: *Jahrbuch für Kunstgeschichte,* Bd. I (XV), 1921/22, S. 98

69 H. Kühnel, *Die Hofburg. Wiener Geschichtsbücher,* Bd. 5, Wien 1971

70 Der Name »Amalienburg« entstand in der ersten Hälfte des 18. Jahrhunderts, als die Witwe Josephs I., Wilhelmine Amalie, dieses Gebäude zum ständigen Wohnsitz wählte.

71 D. Frey, a.a.O., S. 107

72 V. Fleischer, *Fürst Karl Eusebius von Liechtenstein als Bauherr und Kunstsammler,* Wien 1910, S. 180

73 B. Grimschitz, *Wiener Barockpaläste,* Wien 1944, S. 3

74 Hans Tietze, ›Wolfgang Wilhelm Prämers Architekturwerk und der Wiener Palastbau des 17. Jahrhunderts‹, in: *Jahrbuch der Kunsthist. Sammlungen des Allerhöchsten Kaiserhauses,* 32, 1915, S. 343ff.

75 Gertraud Wirth, *Die Schloß- und Palastfassade des deutschen Raumes zwischen 1620 und 1680. Struktur, geschichtliche Stellung, Entwicklung,* Erlangen 1953

76 G. Passavant, *Studien über Domenico Egidio Rossi...,* Karlsruhe 1967

77 Hellmut Lorenz und Wilhelm Georg Rizzi, ›D. E. Rossis Originalpläne für das Wiener Gartenpalais Liechtenstein‹, in: *Wiener Jahrbuch für Kunstgeschichte,* XXXIII, 1980, S. 177ff.

78 Erich Hubala, ›Schloß Austerlitz in Südmähren‹, in: *Stifter-Jahrbuch,* V, 1957, Exkurs, S. 197–200

79 Hellmut Lorenz, ›Enrico Zuccallis Projekt für den Wiener Stadtpalast Kaunitz-Liechtenstein‹, in: *Österr. Zeitschr. für Kunst und Denkmalpflege,* XXXIV/1980, Heft 1/2, S. 16ff.

80 Ders. a.a.O., S 21/22

81 H. Sedlmayr, *Österreichische Barockarchitektur 1690–1740,* Wien 1930, S. 32

82 H. Sedlmayr, *J. B. Fischer von Erlach,* Wien 1976, S. 23

83 Ders., a.a.O, S. 23

84 Die in vorliegender Abhandlung gebotene Kürze der Darstellung erlaubt lediglich eine Auswahl aus dem umfangreichen Œuvre Fischers

85 H. Sedlmayr, *J. B. Fischer von Erlach,* a.a.O., S. 46

86 E. Hubala, *Die Kunst des 17. Jhs., Propyläen Kunstgeschichte,* Bd. 9 (1970), S. 104–108

87 Norbert Knopp, *Das Garten-Belvedere. Das Belvedere Liechtenstein und die Bedeutung von Ausblick und Prospektbau für die Gartenkunst,* München – Berlin 1966

88 H. Sedlmayr, *Österr. Barockarchitektur,* a.a.O., S. 37

88a Oskar Raschauer, *Schönbrunn. Der Schloßbau Kaiser Josephs I., 2. Band der Studien zur österreichischen Kunstgeschichte,* Wien 1980

89 H. Sedlmayr, a.a.O., S. 33

90 Ders., *J. B. Fischer von Erlach,* a.a.O., S. 82. Es ist schwer zu entscheiden, ob diese kritische Auffassung zu Recht geäußert wurde. Gerade im synthetischen Charakter des Gebäudes, in dem sich französische mit italienischen Stilelementen verbinden und ein auf das Kontrastreiche bezogenes Kunstwollen evident ist, könnten positive Qualitätskriterien entdeckt werden. Jedenfalls muß es als glücklicher Umstand gewertet werden, daß das 1782 abgebrochene »Lustgebäude« in mehreren Stichen als Ar-

chitekturform, die viel Nachfolge gefunden hat, überliefert ist.

91 Zu stilgeschichtlichen Problemen des 'Lustgebäudes' vgl.: H. Lorenz, ›Das ›Lustgartengebäude‹ Fischers von Erlach – Variationen eines architektonischen Themas‹, in: *Wiener Jahrbuch für Kunstgeschichte,* XXXII, 1979, S. 59ff.

92 H. Sedlmayr, a.a.O., S. 86

93 Ders., *Österr. Barockarchitektur,* a.a.O., S. 35

94 Ders., *J.B. Fischer von Erlach,* a.a.O., S. 80

95 Martin Stankowski, ›Die Kollegienkirche in Salzburg und ihre Voraussetzungen‹, in: *Wiener Jahrbuch für Kunstgeschichte,* XXIX, 1976, S. 173

96 Ders., a.a.O., S 176/177

97 Alois Riegl, ›Salzburgs Stellung in der Kunstgeschichte‹ (1904 erstmalig erschienen), in: *Gesammelte Aufsätze,* Augsburg/Wien 1929, S. 130

98 H. Sedlmayr, a.a.O., S. 106

99 Wolfgang Steinitz, *Salzburg. Ein Kunst- und Reiseführer für die Stadt und ihre Umgebung,* 3. Aufl., Salzburg 1978, S. 85

100 H. Sedlmayr, a.a.O., S. 130

101 Ders., a.a.O., S. 126

102 Ders., a.a.O., S. 125

103 Ders., a.a.O., S. 126

104 Ders., *Österr. Barockarchitektur,* a.a.O., S. 43

105 Bei einer Wertung der Fassade wurde von der Forschung häufig auf deren barockklassizistische Erscheinungsform verwiesen, eine Auffassung, die Sedlmayr mit aller Entschiedenheit zurückweist, ohne selbst mit seiner Argumentation restlos überzeugen zu können. Sieht er doch allein in der Tatsache – und darauf beschränkt er sich in seinen Überlegungen –, wie Fischer das Gebälk des Risalits unvermittelt, also »unklassizistisch« in die Balustradenzone der Seitenflügel gleiten läßt, ein ausreichendes Indiz für den ausschließlich barocken Stellenwert der Fassade. Verweist man dagegen etwa auf die äußerst spartanische Konzeption im Erdgeschoß der Seitenflügel, wo eine gleichsam mit dem Lineal gezogene Nutung vorherrscht, oder auf die unrhythmische Handhabung der gleichförmig verlaufenden Fensterdimensionen und -verdachungen, so mag spürbar werden, wie knapp der Abstand zu einer klassizistischen Gangart geworden ist. Diese vornehm kühle Tonart scheint auch das Erscheinungsbild des Vestibüls mit dem anschließenden Stiegenhaus zu bestimmen.

106 Atlanten haben schon den Tenor des Treppenhauses im Stadtpalais des Prinzen Eugen gebildet. Es ist zu bedauern, daß in Anbetracht gebotener Kürze der Darstellung allzu wenig auf den Fragenkomplex der Fischerschen Treppenhäuser eingegangen werden kann.

107 D. Frey, a.a.O., S. 128/129

108 H. Sedlmayr, *J.B. Fischer von Erlach,* a.a.O., S. 110. Sedlmayr hat den Grazer Altar Fischer zugeschrieben und dessen Vorbild im Hochaltarentwurf für Sta. Trinità dei Monti (1675) in Rom, ein Werk des Bernini-Schülers Jean Champaigne, entdeckt.

109 Ders., a.a.O., S. 174ff.

110 P. Marconi – A. Cipriani – E. Valeriani, *I disegni di architettura dell'Archivo storico dell'Accademia di San Luca,* Rom 1974, Bd. 1

111 Hellmut Lorenz (zit. Anm. 56a), S. 75, 76

112 Ders., S. 76

113 H. Sedlmayr, *J. B. Fischer von Erlach,* S. 178

114 Ders., *Österr. Barockarchitektur,* a.a.O., S. 45

115 Thomas Zacharias, *Joseph Emanuel Fischer von Erlach,* Wien 1960

116 H. Sedlmayr, ›Johann Bernhard Fischer von Erlach‹, in: *Epochen und Werke. Gesammelte Schriften zur Kunstgeschichte,* Bd. 2, Wien 1960, S. 173

117 Zitate dieser Art stammen aus der Monographie von Grimschitz. Bruno Grimschitz, *Johann Lucas von Hildebrandt,* Wien 1959

118 Ders., a. a. O., S. 21

119 H. Sedlmayr, *Österr. Barockarchitektur,* a. a. O., S. 40

120 R. Wagner-Rieger, ›Die Piaristenkirche in Wien‹, in: *Wiener Jahrbuch für Kunstgeschichte,* XVII, 1956, S. 49 ff.

121 W. G. Rizzi, ›Die Kuppelkirchenbauten Johann Lucas von Hildebrandts‹, in: *Wiener Jahrbuch für Kunstgeschichte,* XXIX, 1976, S. 129 u. 131

122 Ders., a. a. O., S. 132

123 Rizzi zieht eine mögliche Teilnahme Dientzenhofers am Fassadenkonzept nicht in Erwägung. Für ihn ist die von S. Kleiner stammende Fassadenzeichnung der Piaristenkirche »als Formulierung des ursprünglichen Projekts« von Hildebrandt zu akzeptieren. Seine Beobachtung hingegen, in der Zeichnung S. Kleiners handle es sich um freistehende Kolossalsäulen, ist u. E. nicht nachzuvollziehen; unbestritten sind sie in der Grundrißzeichnung Dientzenhofers eingetragen. Dem architektonischen Empfinden Hildebrandts hätten sie jedoch, wie dessen gesamtes Œuvre beweist, grundsätzlich widersprochen. U. E. zeigt auch die Zeichnung S. Kleiners eindeutig eine Halbsäulenordnung. – Rizzi, a. a. O., S. 128

124 H. Sedlmayr, *Österr. Barockarchitektur,* a. a. O., S. 41

124a Friedrich Mielke, Die *Geschichte der deutschen Treppen,* Berlin 1966, S. 266, 268, 271; Harald Keller, *Das Treppenhaus im deutschen Schloß- und Klosterbau des Barock,* München 1936, S. 50

125 Vgl. Wilfried Hansmann, *Baukunst des Barock,* Köln 1978, S. 292/293

126 B. Grimschitz, a. a. O., S. 203

127 Wilhelm Georg Rizzi, ›Der Tiroler Barockbaumeister Christian Alexander Oedtl‹, in: *Das Fenster. Tiroler Kunstzeitschrift,* Heft 28, Innsbruck 1981, S. 2821 ff.

128 M. Leithe-Jasper, ›Das Palais Corbelli-Schoeller. Versuch einer Darstellung seiner Stellung innerhalb der Palastarchitektur des Wiener Hochbarock und seiner Zuschreibung an Johann Lucas von Hildebrandt‹, in: *Burgen und Schlösser in Österreich,* 3, 1967 S. 15 ff.

129 W. G. Rizzi, a. a. O., S. 2834

130 Ders., a. a. O., S. 2847

131 Ders., a. a. O., S. 2849

132 Heinrich Lützeler, *Vom Sinn der Bauformen,* Freiburg 1953; zitiert nach H. Lützeler, *Europäische Baukunst im Überblick,* Freiburg 1969, S. 215

133 Gertrude und Hans Aurenhammer, *Das Belvedere in Wien. Bauwerk, Menschen, Geschichte,* Wien/München 1971, S. 8

134 B. Grimschitz, a. a. O., S. 812

135 H. Lützeler, a. a. O., S. 215

136 W. Hansmann, a. a. O., S. 188

137 Hans Rose, *Spätbarock. Studien zur Geschichte des Profanbaues in den Jahren von 1660–1740,* Wien 1930

138 B. Grimschitz, a. a. O., S. 185

139 H. Lützeler, a. a. O., S. 214

140 Ders., a. a. O., S. 212

140a Christine Ressmann, *Das Benediktinerstift Göttweig und seine Voraussetzungen in der Klosterbaukunst des 17. und 18. Jahrhunderts,* phil. Diss., Wien 1976

140b Friedrich Mielke, a. a. O., S. 242–245: Harald Keller, a. a. O., S. 95

141 Harald Keller, *Salzburg,* München/Berlin 1956

142 H. Lützeler, a. a. O., S. 216

143 Hugo Hantsch, *Jakob Prandtauer,* Wien 1926

144 L. Pühringer-Zwanowetz, ›Die Baugeschichte des Augustiner-Chorherrenstiftes Dürnstein‹, in: *Wiener Jahrbuch für Kunstgeschichte,* XXVI, 1973, S. 167 ff.

145 W. G. Rizzi, a. a. O., S. 2836

146 Ders., a.a.O., S. 2836

146a Schon in römischer Zeit war der Felsen von Melk Standort eines Wachtpostens, und nach 976 ließ sich der Babenberger Markgraf Leopold I. hier eine Burg erbauen. 1089 wurden Benediktiner-Mönche berufen und im 14. Jahrhundert verwandelte man die Stiftsgebäude in eine Klosterfestung.

147 Zit. nach Franz Windisch-Grätz, ›Die Kaiserzimmer. Ihre Verwendung, Ausstattung und das Hofzeremoniell‹, in: *Katalog der Ausstellung in Melk ›Jakob Prandtauer und sein Kunstkreis‹*, Wien 1960, S. 134

148 Wilhelm Mrazek, ›Ikonologie des Stiftes Melk‹, in: *Katalog ›Prandtauer‹*, S. 103ff.

149 H. Hantsch, a.a.O., S. 33.

150 Friderike Klauner, *Die Kirche von Stift Melk*, Wien 1946, S. 29. Nach F. Klauner könnte man die Melker Fassade entwicklungsmäßig als Vorstufe von St. Niklas (Fassade 1711) auf der Kleinseite in Prag ansehen, wo Chr. Dientzenhofer die von Prandtauer erst angedeutete Wellung in nicht mehr überbietbarer Form steigerte.

151 *Österr. Kunsttopogr.*, Bd. III: ›Die Denkmale des polit. Bez. Melk in Niederösterr.‹, Wien 1909, bearb. von H. Tietze, S. 186

152 Erstmalig veröffentlicht in: *ibf spektrum*, Nr. 332, Wien 1979, S. 19

153 Auf die vermittelnde Stellung Prandtauers zwischen Fischer und Hildebrandt hat Sedlmayr verwiesen. – H. Sedlmayr, *Österr. Barockarch.*, a.a.O., S. 42

153a Thomas Korth, *Stift St. Florian. Die Entstehungsgeschichte der barocken Klosteranlage*, Nürnberg 1975 (Erlanger Beiträge zur Sprach- und Kunstwissenschaft, Bd. 49), S. 102ff. – E. Kirchner-Doberer (*St. Florian*, S. 17) legt ihrer Argumentation einen Stich der Stiftsanlage zugrunde, den sie, basierend auf älterer Fachliteratur, irrtümlich in das Jahr 1707, also ein Jahr vor dem Tod C.A. Carlones, datiert. Th. Korth folgt hier der Auffassung G. Schikolas und korrigiert dieses Datum unter Hinweis auf die Tatsache, daß das auf dem Stich wiedergegebene Kirchenportal (Planung: 1716) bereits auf Prandtauer zurückzuführen ist, auf ca. 1718, womit das ursprünglich angenommene Datum als gegenstandslos anzusehen ist und der auf dem Stich wiedergegebene, von der heutigen Achsenanzahl abweichende Westtrakt lediglich mit einer äußerst ungenauen Darstellung der Baumassen begründet werden kann. Von der Tatsache dieser unkorrekten Abbildung der Stiftsanlage und der erwähnten Fehldatierung des Stichs ausgehend, ist auch die Einschätzung Kirchner-Doberers, für die über drei Geschosse laufende Pilasterkolossalordnung die Autorschaft Prandtauers anzunehmen, nicht mehr aktuell. Nach einer kritischen Durchsicht des Œuvres C. A. Carlones gelangt Korth auch hier zu einer gegenteiligen Auffassung und nimmt, nach Aufzählung überzeugender Fakten, diese Pilasterinstrumentation für den Vorgänger Prandtauers in Anspruch. Daß jedoch zum Zeitpunkt des Ablebens C. A. Carlones der Westtrakt des Stiftes tatsächlich bereits zur Gänze vollendet war, vermag auch Korth nicht nachzuweisen.

154 Siehe Seite 242 f.

155 H. Hantsch, a.a.O., S. 69

156 Ders., a.a.O., S. 103

156a F. Mielke, a.a.O., S. 146–149

157 Erika Kirchner-Doberer, *Stift St. Florian*, Wien 1948, S. 22

158 Dies., a.a.O., S. 22

159 C. Gurlitt, *Geschichte des Barockstiles und des Roccoco in Deutschland*, Bd. III der *Gesch. d. Barockstiles, d. Roccoco und d. Klassicismen*, Stuttgart 1889, S. 252

160 E. Kirchner-Doberer, a.a.O., S. 24

161 H. Sedlmayr, *J. B. Fischer von Erlach*, S. 289/290. Die geplante Treppe zum Kaisersaal mußte Fischer 1718 in die Nordecke des Osttraktes verlegen und reduzieren.

162 H. Hantsch, a.a.O., S. 84

163 Ders., a.a.O., S. 16

164 H. Sedlmayr, *Österr. Barockarchitektur,* Wien 1930, S. 58
165 R. Feuchtmüller, *Kunst in Österreich,* 2. Band, Wien 1973, S. 71
166 H. Hantsch, a.a.O., S. 17
167 Leonore Pühringer-Zwanowetz, *Matthias Steinl,* Wien 1966
168 Den Grundriß der Laxenburger Pfarrkirche vergleicht Pühringer-Zwanowetz mit G. Guarinis St. Anne-la-Royale (1662) in Paris. Die Autorin nimmt einen Aufenthalt Steinls in Paris an, wo Guarinis Entwurf auf ihn einen entsprechenden Eindruck hinterlassen haben dürfte.
169 Der Entwurf für die Dorotheerkirche im Würzburger Martin-v.Wagner-Museum, von Grimschitz entdeckt.
170 L. Pühringer-Zwanowetz, a.a.O., S. 131ff. R. Feuchtmüller hat von diesem veränderten Forschungsstand keine Notiz genommen. In seiner *Kunst in Österreich* bezeichnet er die Karmelitinnenkirche in St. Pölten immer noch als Werk Prandtauers. – R. Feuchtmüller, a.a.O., S. 69.
171 Gertraut Schikola, *Beiträge zu einer Prandtauer-Monographie,* phil. Diss., Wien 1969, S. 88ff. – Heinrich Gerhard Franz, ›Die Fassade der Klosterkirche in Kremsmünster‹, in: *Wiener Jahrbuch für Kunstgeschichte,* XVI. (XX.), 1954, S. 204.
172 W. G. Rizzi (zit. Anm. 74b), S. 2841
173 Ders., a.a.O., S. 2841
174 L. Pühringer-Zwanowetz, a.a.O., S. 225
175 W. G. Rizzi, a.a.O., S. 2841
176 L. Pühringer-Zwanowetz, a.a.O., S. 183
177 Dies., a.a.O., S. 185
178 Dies., a.a.O., S. 185
179 H. Sedlmayr, a.a.O., S. 47ff.
180 H. Hantsch, a.a.O., S. 88ff.
181 L. Pühringer-Zwanowetz, a.a.O., S. 92
182 Das Thema »Altarbau« in Verbindung mit einem Fassadenkonzept hat Steinl schon um die Jahrhundertwende beim Bau der Wiener Dorotheerkirche beschäftigt. In einem ersten Fassadenentwurf entschied er sich hier zunächst zugunsten einer turmlosen Fassade, die konkav einschwingend, sowohl mit seiner »reinen« Altarbaukunst als auch mit der »Portalfassade« von Dürnstein Zusammenhänge zeigt. – Der Steinlschen Handschrift begegnen wir am Dürnsteiner Portal auch am Motiv des eine Skulptur begrenzenden und hinterfangenden Fensters, das der Künstler in ähnlicher Form auch am Turm der Stiftskirche mehrfach zur Anwendung brachte.
183 L. Pühringer-Zwanowetz, a.a.O., S. 92
184 Sedlmayr spricht von einer »neuen Aufladung mit plastischen Werten«, die eine »Verklammerung plastischer und optischer Details« erkennen lassen – Motive, »wie sie Fischer schon 30 Jahre früher, diesen Stil geradezu vorwegnehmend, am Portal der Salzburger Hofstallkaserne angewendet hatte«.
185 H. Sedlmayr, *Die Architektur Borrominis,* 2. verm. Aufl., München 1939, S. 85ff.
186 Gerhard Wagner, *Joseph Munggenast,* phil. Diss., Wien 1940; R. Feuchtmüller, ›Joseph Munggenast – Das barocke Gesamtkunstwerk zur Zeit Paul Trogers‹, in: *Ausstellungskatalog Paul Troger und die österr. Barockkunst,* Altenburg 1963, S. 25
187 Feuchtmüller hat den Stil Munggenasts zutreffend charakterisiert: »Bei (ihm) ändert die Wand ihre künstlerische Bedeutung, sie ist nicht Schauseite einer räumlichen Architektur, sondern Fläche, die geziert wird.« Ders., a.a.O., S. 15
188 H. Sedlmayr, a.a.O., S. 55
189 W. G. Rizzi, ›Zur Sakralarchitektur Johann Michael Prunners‹, in: *Wiener Jahrbuch für Kunstgeschichte,* XXXII, 1979, S. 100
190 Ders., a.a.O., S. 101, 102
191 B. Grimschitz, *Johann Michael Prunner,* Wien–München 1960, S. 65ff.
192 P. Voit, ›Martin Wittwer. A györi Karmelita templom épitésze‹, in: *Magyar Müemlékvédelem,* IV, 1969, S. 198ff.
193 Siehe oben Seite 80ff.

194 Für P. Voit besteht keine Notwendigkeit, zwischen Grundriß- und Fassadenproblematik zu unterscheiden.

195 B. Grimschitz, *Johann Michael Prunner,* Wien 1958, S. 86

196 Ders., a.a.O., S. 86

197 Ders., a.a.O., S. 86

198 Ders., a.a.O., S. 88

199 Thomas Korth, ›Zur Profanarchitektur Johann Michael Prunners‹, in: *Wiener Jahrbuch für Kunstgeschichte,* XXXII, 1979, S. 93

200 Thomas Zacharias, *Joseph Emanuel Fischer von Erlach,* Wien 1960, S. 26

201 Ders., a.a.O., S. 32

202 Ders., a.a.O., S. 169

203 Justus Schmidt, ›Die Architekturbücher der Fischer von Erlach‹, in: *Wiener Jahrbuch für Kunstgeschichte,* 1934, S. 105

204 Thomas Zacharias, a.a.O., S. 45

205 Ders., a.a.O., S. 47

206 Hans Sedlmayr, *Österreichische Barockarchitektur,* Wien 1930, S. 47

207 Wolfgang Pauker, *Beiträge zur Baugeschichte von Klosterneuburg,* Wien 1907, Anhang S. 17

208 Elisabeth Mahl, ›Donato Felice d'Allio und die Planungsgeschichte des Stiftes Klosterneuburg‹, in: *Jahrbuch des Stiftes Klosterneuburg,* N.F.Bd. 5, 1965, S. 162ff.

209 Wilfried Hansmann, *Baukunst des Barock,* Köln 1978, S. 86

210 R. Wagner-Rieger, ›Klosterneuburg‹, in: *Reclams Kunstführer Österreich,* S. 181

211 Der Eingriff Joseph Emanuel Fischers von Erlach in das Plankonzept Allios stellte die Kunstgeschichte vor schwierige Probleme. Bei der Identifizierung der Handschrift Fischers gelangten E. Mahl und Th. Zacharias zu teilweise unterschiedlichen Ergebnissen. Festzustehen scheint, daß die gekurvten Fassaden und der Wandel von der rechteckigen zur ovalen Raumform (Kaisersaal und Vestibül) auf Fischers Initiative zurückzuführen sind. Weiter ist die Tatsache zu berücksichtigen, daß die Kuppelform eine enge Verwandtschaft mit De Cottes Entwurf für die Würzburger Residenz zeigt. Daraus ist abzuleiten, daß Fischer, auf dessen Kontakte mit der französischen Architektur schon mehrfach hingewiesen wurde, auch für diesen Bereich überwiegend verantwortlich gezeichnet hat.

212 E. Mahl, *Donato Felice d'Allio. Beiträge zu einer Monographie,* phil. Diss., Wien 1961, S. 23

213 H. Sedlmayr, a.a.O., S. 47

214 E. Mahl, a.a.O., S. 24

215 Unverständlich erscheint die Beobachtung E. Mahls, die an der Fassade der Salesianerinnenkirche im Vergleich mit der Wiener Dominikanerkirche »wesentlich gedrücktere Proportionen« zu entdecken vermeint (S. 25).

216 E. Mahl, a.a.O., S. 25

217 *Österr. Kunsttopographie. Die Kunstdenkmäler Wiens, Die Kirchen des III. Bezirks, Kloster und Kirche der Salesianerinnen* (Géza Hajós), Wien 1974, S. 211

218 Anton Wilhelm, *Der Vorarlberger Architekt Anton Johann Ospel,* phil. Diss., Innsbruck 1966

219 Justus Schmidt, ›Der Architekt Anton Ospel‹, in: *Wiener Jahrbuch für Kunstgeschichte,* X, 1935, S. 53, 54

220 In der Kirche S. Maria de Mercede gelang Ospel im Rahmen des österreichischen Barock eine durchaus eigenständige Lösung. Besonderes Interesse verdienen der Grundriß und die Deckengestaltung. Das Langhaus mit seinen abgerundeten Eckbereichen öffnet sich an den Längswänden in jeweils zwei mit Altären ausgestatteten Nischen. Diese sind von Pilastern getrennt, welche die von Ospel bevorzugte Kombination von Rundbogen und Dreieckgiebel tragen. Während sich im Aufriß – ausgehend von den Altarpositionen – der Eindruck einer zweijochigen Anlage ergibt, zeigt die Decke eine Tendenz zur dreijochigen Gestaltung:

Über dem Bereich der Seitenaltäre kreuzen sich in der Wölbung Gurtbänder, die eine in die Mitte gelagerte flache Scheinkuppel flankieren. Daraus resultiert ein deutlicher Trend zur Zentralisierung der Anlage, die im Deckenbereich deutlicher als im Aufriß zur Geltung kommt. Für diese im Verhältnis zum Wandaufriß kontrapunktisch gestaltete Wölbungsform ist im österreichischen Barock kein Vergleichsbeispiel ausfindig zu machen. Es hat den Anschein, daß sich hier Ospel an Christoph Dientzenhofers Klosterkirche von Obořiště (1702) in Böhmen orientiert hat.

221 A. Wilhelm, a. a. O., S. 117, 118

222 Dagobert Frey, ›Zur Wesensbestimmung des Österreichischen Barock‹, in: *Festschrift für H. Jantzen,* München 1951

223 J. Schmidt, a. a. O., S. 53

224 H. Sedlmayr, a. a. O., S. 58

225 R. Wagner-Rieger, ›Architektur im theresianischen Zeitalter‹, in: *Maria Theresia und ihre Zeit* (hrsg. von Walter Koschatzky), Salzburg und Wien 1980, S. 259. – Dies., ›Die Kunst zur Zeit Maria Theresias und Josephs II.‹, in: *Wiener Jahrbuch für Kunstgeschichte,* XXXIV, 1981, S. 7ff.

226 Brigitte Pohl, *Das Hofbauamt – Seine Tätigkeit zur Zeit Karls VI. und Maria Theresias,* phil. Diss., Wien 1968, S. 60

227 Karl M. Swoboda, *Barock in Böhmen* (Kapitel 'Architektur' von Erich Bachmann), München 1964, S. 60

228 Rupert Feuchtmüller, *Kunst in Österreich,* 2. Bd., Wien 1973, S. 106

229 R. Wagner-Rieger, *Das Haus der Österreichischen Akademie der Wissenschaften. Festgabe zur 125-Jahrfeier der Akademie,* Wien 1972, S. 43

229a Die spezifische Form der in Dreiergruppen zusammengefaßten Säulen erinnert an das Konzept Johann Bernhard Fischers von Erlach für das Palais Trautson, wo viermal vierfach gebündelte Säulen (ebenfalls toskanischer Ordnung) das Vestibül des Stiegenhauses in ähnlich rhythmisierender Absicht gliedern.

230 Kelényi György, *Franz Anton Hillebrandt,* Budapest 1976 (Cahiers d'Histoire de l'art 10)

231 R. Wagner-Rieger, *Das Wiener Bürgerhaus des Barock und Klassizismus,* Wien 1957

232 Bruno Grimschitz, ›Joseph und Franz Munggenasts Pläne für die Stiftskirche von Herzogenburg‹, in: *Alte und moderne Kunst,* 9, 1964, S. 20ff.

233 Benno Hubensteiner, ›Die Donauklöster Wilhering und Engelszell‹, in: *Ostbairische Grenzmarken,* X, 1968, S. 5

234 Leonore Pühringer-Zwanowetz, ›Bemerkungen zur Sternwarte des Stiftes Kremsmünster‹, in: *Wiener Jahrbuch für Kunstgeschichte,* XXXII, 1979, S. 149

235 *Österreichische Kunsttopographie,* Bd. XLIII, ›Die Kunstdenkmäler des Benediktinerstiftes Kremsmünster‹, I. Teil, Wien 1977, S. 342ff.

236 *1200 Jahre Kremsmünster. Stiftsführer* (Beitrag von Otto Wutzel), Linz 1977, S. 62

237 Friderike Klauner, ›Der 'Mathematische Turm' des Stiftes Kremsmünster und die Gemäldegalerie‹, in: *Österr. Zeitschrift für Kunst u. Denkmalpflege,* XXI. Jg., 1967, S. 1

238 Erlefried Krobath, ›Die Bürgermeister der Stadt Steyr und ihre Zeit: Johann Gotthard Hayberger (1759–1764)‹, in: *Veröffentlichungen des Kulturamtes der Stadt Steyr,* Heft 28, 1967, S. 3

239 Adolf Hahnl, *Studien zu Wolfgang Hagenauer,* phil. Diss., Salzburg 1970

240 Günter Brucher, ›Die Entwicklung barocker Kirchenfassaden in der Steiermark‹, in: *Jahrbuch des kunsthist. Instituts der Universität Graz,* Bd. 5 (1970), S. 33ff., und Bd. 6 (1971) S. 59ff.

241 Hans Reuther, *Des steirischen Baumeisters J. Huebers Weizbergkirche und die verwandten theatralisch-dekorativen Raumwirkungen im Sakralbau des süddeutschen Spätbarocks,* Diss., Erlangen 1947, S. 25

242 R. Kohlbach, *Steirische Baumeister,* Graz 1962, S. 187ff.

243 Kurt Woisetschläger/Peter Krenn, *Alte steirische Herrlichkeiten,* Graz 1968, S. 74

244 G. Brucher, *Die barocke Deckenmalerei in der Steiermark,* Graz 1973, S. 69

245 Walter Koschatzky, *Joseph Hueber,* Diss., Graz 1951

246 G. Frodl, zit. Anm. 19, S. 123 u. 136

247 R. Wagner-Rieger, ›Architektur des Barock in der Steiermark‹, in: *Tagungsbericht. Dreiländer-Fachtagung der Kunsthistoriker in Graz,* Graz 1972, S. 22, 23

248 K. Woisetschläger/P. Krenn, a. a. O., S. 71

249 Besonders auffallende Parallelen ergeben sich bei einem Vergleich des Palais Attems mit dem genuesischen Palazzo del Municipio (Doria-Tursi; 1564/66 von Rocco Lurago errichtet) in der überbetonten Höhenerstreckung der Sockelzone, die je Achse drei Fensteröffnungen aufweist. Übereinstimmend gestaltet sind auch die rustizierten Pilaster kolossaler Ordnung. Vom genuesischen Palast abweichend gegliedert sind die beiden Obergeschosse mit ihrer kleinen Pilasterordnung, wie sie im gesamten oberitalienischen Bereich häufig aufscheint. – Die kolossale Pilasterordnung, die am Palazzo del Municipio das Piano Nobile und das Mezzaningeschoß umfaßt, ist in dieser Form hingegen für den Wiener Palasttypus des 17. Jhs. (s. Stiche von W. Prämer) wegweisend geworden.

250 Horst Schweigert, *Dehio-Graz,* Wien 1979 = *Dehio-Handbuch. Die Kunstdenkmäler Österreichs,* S. 99

251 Wagner-Rieger datiert dieses Bauwerk irrtümlich mit 1698 und umreißt dessen stilistische Parallelen mit dem Grazer Meerscheinschlößl u. E. in allzu gewichtiger Form. Stilistische Übereinstimmungen lassen sich lediglich an eher nebensächlichen Details feststellen. Eine Zuschreibung des Meerscheinschlößls an A. Stengg erscheint äußerst problematisch, da hier, im Gegensatz zur reich plastisch durchgegliederten Fassade des Wildenstein-Palais, ein vergleichsweise flach ausgebildetes Fassadenrelief vorherrscht. Die Autorin nimmt für das Palais Wildenstein als Datierungsgrundlage ein auf einem Prellstein eingemeißeltes Datum zu Hilfe. Dabei entzifferte sie das Datum 1607 irrtümlich mit 1698, ohne zu bemerken, daß der Prellstein noch vom Vorgängerbau stammt. Auf diesem Irrtum basiert z. T. wahrscheinlich die problematische These, das Meerscheinschlößl A. Stengg zuzuschreiben. – R. Wagner-Rieger, ›Die Architektur des Meerscheinschlosses zu Graz‹, in: *Österr. Zeitschr. f. Kunst und Denkmalpflege,* XXIX Jg., 1975, S. 48, 49

252 Dies., a. a. O., S. 47

253 K. Woisetschläger u. P. Krenn, a. a. O., S. 77

254 Gert Adriani, *Die Klosterbibliotheken des Spätbarock in Österreich und Süddeutschland,* Graz 1935, S. 37

255 H. Hammer, a. a. O., S. 257

256 M. Krapf, a. a. O., S. 184

257 Ders., a. a. O., S. 185

258 Ders., a. a. O., S. 192

259 M. Krapf (S. 201 ff.) sieht die Johanneskirche im »Nachvollzug römischer Inszenierungstechnik«. Unverständlich erscheint jedoch, daß der Autor auf die Grundrißproblematik, etwa im Vergleich zur Katharinenkirche am Mausoleum Graz, kaum eingeht.

260 H. Hammer, ›Zur Baugeschichte des Zisterzienserstiftes Stams‹, in: *Wiener Jahrbuch für Kunstgeschichte,* X, 1935, S. 24ff.

261 M. Krapf, a. a. O., S. 133ff. und 206ff.

262 Eva Frodl-Kraft, *Tiroler Barockkirchen,* Innsbruck 1955, S. 26

263 E. Egg, a. a. O., S. 172

264 E. Frodl-Kraft, a. a. O., S. 21

265 Dies., a. a. O., S. 22

266 E. Egg, a. a. O., S. 180

267 Ders., a. a. O., S. 174

Verzeichnis der Abbildungen

Farbtafeln

Schwarzweiß-Abbildungen

Abbildungsnachweis

Gunda Amberg, Gröbenzell: Farbt. 25
Bavaria-Verlag, Gauting/Peter Keetman, Breitbrunn: Abb. 1
Prof. Dr. Günter Brucher, Graz: Abb. 77
Bundesdenkmalamt, Wien: Abb. 9,14, 17, 19, 23, 24, 28, 37, 39, 44, 47, 48, 50, 54, 58, 59, 75, 76, 81, 83, 86, 87, 91, 92, 95, 99, 102, 104, 106, 109, 111, 113, 116–118, 130, 134, 148, 155, 162, 164
Bundesdenkmalamt, Wien/Dr. Eva Frodl-Kraft: Abb. 42, 49, 53, 57, 63, 80, 89, 108, 147, 163
Bundesdenkmalamt, Wien/Michael Oberer: Farbt. 12; Abb. 120, 158
Archiv Dr. Wilfried Hansmann (aus: Baukunst des Barock): Abb. 65, 98, 131
Fotoarchiv des Instituts für Kunstgeschichte der Universität Graz: Farbt. 13, 27, 32; Abb. 3, 4, 7, 11, 13, 15, 16, 21, 22, 26, 27, 34, 40, 41, 43, 51, 52, 61, 62, 64, 66–74, 76, 78, 79, 82, 84, 88, 90, 96, 97, 100, 107, 110, 112, 114, 115, 121, 122, 123, 126–128, 132, 133, 135, 137, 139, 140, 146, 149, 154, 156, 157, 161
Fotoarchiv des Instituts für Kunstgeschichte der Universität Graz/Gerhard Weinberger: Farbt. 30; Abb. 60
Peter Keetman, Breitbrunn: Abb. 2
Landesstelle für Bild- und Tondokumentation, Graz: Farbt. 28, Abb. 150
Foto Löbl-Schreyer, Bad Tölz: Farbt. 2, 5–8, 11, 14–18, 21, 23, 24, 26, 31, 33; Abb. 105, 126a
Dr. Hellmut Lorenz, Wien: Abb. 55, 56
Dr. Paul von Naredi-Rainer, Königswinter: Farbt. 29
Werner Neumeister, München: Farbt. 9, 22; Abb. 119, 136, 142, 160
Bildarchiv der Österreichischen Nationalbibliothek, Wien: Abb. 10, 12, 18, 30, 35, 145
Ursula Pfistermeister, Fürnried: Umschlagvorderseite, vordere Umschlagklappe, Umschlagrückseite; Farbt. 1, 3, 20; Abb. 20
Heinz Josef Schmitz, Köln: 94
Toni Schneiders, Lindau: Farbt. 10, 19
Dr. Horst Schweigert, Graz: Abb. 153
Spanische Hofreitschule, Wien: Abb. 129
Wilkin Spitta, Zeitlarn: Farbt. 4
Prof. Dr. Kurt Woisetschläger, Graz: Abb. 5, 6, 31, 33, 36, 143, 144

Wichtige Begriffe zur Barockarchitektur

Aedikula (lat.: kleines Haus): Von Stützgliedern flankierte und von einem Dreieckgiebel überdeckte Nische
Altan (ital.: Söller): Unterbaute Plattform im Gegensatz zum freiauskragenden Balkon
Apsis: Halbrunde Nische mit Halbkuppelschluß
Architrav: Gerader Balken über Säulenstellungen. Bestandteil des Gebälks
Arkatur: Sammelbegriff für mehrere aufeinanderfolgende Arkaden
Atlant: Gebälktragende männliche Skulptur
Attika: Aufbau über dem Kranzgesims eines Gebäudes

Balustrade: Folge einzelner Baluster als Abschlußbrüstung an Treppen, Terrassen, Balkonen und dgl.
Basilika (griech.: Königshalle): Mehrschiffiges Raumgebilde mit höherem, durch eigene Fenster belichtetem Mittelschiff
Basilikal: Im Raumquerschnitt einer Basilika gebaut
Beletage (franz.: schönes Stockwerk): Das Hauptgeschoß eines Gebäudes
Blendarkade: Dem Blendbogen vergleichbare Definition: Ein Bogen, der keine Maueröffnung überbrückt, sondern der geschlossenen Wand nur vorgeblendet, d. h. aufgelegt ist
Boskett: Geometrisch beschnittenes Heckenwerk des Barockgartens
Bukranion (griech.: Rindsschädel): Dem Schädelskelett des Rindes nachgebildetes Schmuckmotiv; sog. Bukranienfries

Chor: Raum zwischen Apsis und Quer- bzw. Langhaus

Dreikonchenanlage: Halbrunder oder polygonaler Abschluß an drei Seiten des Chors oder an Chor und Querhausarmen

Eckrisalit: Vorspringender, in der Dachzone meist betonter Eckbaukörper
Eierstab: Ornamentform; plastisch-ovale Gebilde; im Griech.: jonisches Kymation
Emporen: Über Seitenschiffen oder Kapellen angeordnete Räume
Enfilade (von frz. enfiler: aufreihen): Aufreihung von Zimmern an einer durchlaufenden Achse (Türanordnung!)

Faszien: Horizontale Unterteilungen des Architravs
Feston: Ornament aus Blumen-, Blatt- und Fruchtkränzen
Flachkuppel: Oberer Kappenabschnitt einer Kuppelfläche (Gestutzte K.)
Fries: Streifenförmiger, meist waagrechter Schmuck einer Wand oder eines Gebälks. Hier auch: Bestandteil des Gebälks, d. h. zwischen Architrav und Kranzgesims gelegen

Gebälk: Am griechischen Tempel orientierte Definition: Gesamtheit von Architrav, Fries und Kranzgesims
Gekuppelt (auch: gekoppelt): Unmittelbar nebeneinanderliegende und einander betont zugeordnete Bauelemente, wie Säulen etc.
Gesprengter Giebel: Giebel, dessen Mitte nicht geschlossen ist oder zurücktritt
Gewände: Die schräg geführte Mauerfläche seitlich eines Fensters oder Portals; Begrenzungselement

Gurtbogen: Quer zwischen zwei einander gegenüberliegenden Gewölbeträgern eingespannter Bogen

Halbsäule: Einem geschlossenen Baukörper oder Pfeiler vorgelagerte Säule mit halbkreisförmigem Querschnitt
Herme: Männlicher Gebälkträger (nur aus Oberkörper bestehend)
Hermenpilaster: Hermen, die auf einem sich nach unten verjüngenden Pilaster aufruhen; die Bezeichnung auch dann zutreffend, wenn keine figurale Bekrönung vorhanden

Interkolumnium: Säulenabstand

Joch: Bei einschiffigen Räumen ein Gewölbefeld. Bei mehrschiffigen Räumen versteht man unter einem Joch ein Mittelschiffeld nebst den seitlich anschließenden Seitenschiffelementen
Jonisches Kapitell: An den beiden Voluten kenntliche Ausbildung eines Kapitells

Kämpfer: Widerlager eines Bogens oder Gewölbes; Zone, an der die Krümmung eines Bogens oder eines Gewölbes beginnt
Kanneluren: Senkrechte konkave Rillen am Schaft eines Stützgliedes der klass. Ordnungen
Kapitell (lat.: Köpfchen): Säulen- bzw. Pfeilerkopf, der vom Schaft zum Bogen oder Gebälk überleitet
Kartusche: Zierrahmen, oft um Wappen, Inschriften und dgl.
Karyatiden: s. Koren
Kolonnade: Säulenreihung mit geradem Gebälk als Abschluß
Kolossalordnung: Ordnung mit großen Stützgliedern, die über mehrere Geschosse hinweggeführt sind
Kolossalpilaster: Pilaster in Kolossalordnung
Kompositkapitell: Verbindung von jonischer und korinthischer Ordnung; Voluten und Akanthuslaub
Konche: Halbrunde und halbkuppelig gewölbte Abschlußnische eines Raumes
Konsole: Tragstütze für ein Gebälk oder Gewölbe
Korbbogen: Gedrückter aus mehreren Kreismittelpunkten konstruierter Bogen
Kordongesims: Geschoßteilendes Gesims
Koren (griech.: Mädchen): Gebälktragende weibliche Figuren (Karyatiden)
Korinthisches Kapitell: Von versetzt angeordneten Akanthusblattkränzen umgebenes Kapitell
Kranzgesims: Auskragendes Abschlußgesims oberhalb des Gebälks
Kreuzgratgewölbe: Gratförmiger Verschnitt zweier gleich hoher Tonnengewölbe; bei Grundrißprojektion zeigen die Grate die Diagonalen des Gewölbefeldes an

Langhaus: Raumteil einer Kirche vor Querhaus bzw. Chor
Laterne: Kleine Tambourkuppel, die zur Belichtung des Scheitels einer unteren größeren Kuppel dient
Laternenkuppel: Kuppel mit aufgesetzter Laterne
Leibung: Innere Mauerfläche einer Wandöffnung
Lichte Maße: Die freien Abstände zweier einander entsprechender Bauteile (z. B.: lichte Weite und lichte Höhe)
Lichtgaden (oder auch Obergaden): Oberer, durch Fenster belichteter Teil (Gaden) des Mittelschiffs einer Basilika
Lisene (frz. lisière = Rand): Schmale Wandvorlagen zur Gliederung; ohne Kapitell und Basis
Loggia (ital.: Laube): Offene Säulenhalle
Lünette (franz.: kleiner Mond): Wandbogenfeld über Maueröffnungen

Mansarddach: Nach dem frz. Baumeister Mansart genannte Dachform mit steilerer Ausbildung des unteren Teils
Medaillon: Kreisförmiges dekoratives Element
Metope (griech.: Zwischenfeld): Das meist mit Bauplastik geschmückte Feld zwischen den Triglyphen
Mezzanin (ital.: Halbgeschoß): Niedriges Zwischengeschoß an Profanbauten
Mittelrisalit: Vorspringender, meist in der Dachzone betonter Mittelbau

Narthex: Vorhalle einer frühchristlichen Basilika; Terminus hier frei verwendet
Nut: Rillenartige Vertiefung; hier sinngemäß als Nutung bezeichnet

Obelisk: Nadelschlanker, nur wenig nach oben

verjüngter Steinpfeiler, der von einer kleinen Pyramide abgeschlossen wird
Oberlichte: Hier: Fenster, die sich unmittelbar oberhalb eines Portals öffnen

Parapet: Allgemeine Bezeichnung für Brüstung; hier: Putzfeld unter der Fenstersohlbank
Pendentifs: Sphärisch geblähte Dreiecke als Überleitung von einem Vieleckgrundriß zum kreisrunden Kuppelgrundriß
Pfeiler: Stützglied von quadratischem oder rechteckigem Grundriß
Piano Nobile (ital.): Hauptgeschoß eines größeren Gebäudes; der Beletage vergleichbar
Pilaster: Der Wand vorgelagerter Pfeiler mit Kapitell und Basis. Geringe Tiefenerstreckung; Wandpfeiler: größere Tiefenerstreckung
Portikus: Von Säulen oder Pfeilern getragener Portalvorbau
Presbyterium (griech.: Priesterraum): Raum vor der Apsis (Chor)
Putzfeld: Sinngemäß zu einer genaueren Definition: Mörtelüberzug als Außenputz in Form von geometrisch-ornamentalen Mauerplatten für Fassadendekor
Pylon: Pfeilerähnlicher Turm bzw. wuchtiger Pfosten zu beiden Seiten eines Tores

Querhaus: Quer zur Hauptachse verlaufender Raumteil zwischen Langhaus und Chor
Queroval: Oval, dessen längere Achse senkrecht zur Hauptachse verläuft
Querschiff: Vgl. Querhaus

Risalit: Vorspringender, meist in der Dachzone betonter Bauteil
Rotunde: Zentralbau auf kreisförmigem Grundriß
Rustika (lat.: bäurisch): Mauerwerk mit rauher Oberfläche
Rustiziert: Die Oberfläche besteht aus Rustikamauerwerk

Satteldach: Zweiseitig abgeschrägte Dachform
Schichtpilaster: Von einem ›Voll‹-pilaster überlappter und deshalb nur teilweise sichtbarer Pilaster; in der Vertikalen zumeist halbiert, aber auch Drittel- und Viertelausmaß möglich
Schildbogen: Der Bogen an der Wand- bzw. an der Fensterseite eines Gewölbes
Segmentgiebel: Durch einen Segmentbogen abgeschlossener Giebel
Sohlbank: Fensterbank, unterer Abschluß eines Fensters
Stichkappe: In eine Wölbung einschneidende Kappe
Sturz: Gerader oberer Abschluß einer Tür- oder Fensteröffnung

Tambour: Trommelförmiger Unterbau einer Kuppel
Tambourkuppel: Kuppel auf dem Unterbau eines Tambours
Tholos: Von einem Säulenkranz umgebener Rundbau
Tonnengewölbe: Gewölbe von halbkreisförmigem Querschnitt
Toskanische Ordnung: Der römisch-dorischen nächstverwandte Sonderform
Travée (franz.): Gewölbefeld; dem ›Joch‹ vergleichbar
Triglyphen: Dreischlitzplatten der dorischen Ordnung
Trophäe: Antike Dekoration mit Waffen, Fahnen, Schilden und dgl. (hauptsächlich an Triumphbogen)

Verdachung: Vorspringendes Bauglied über einer Maueröffnung (Fenster, Portal etc.).
Verkröpfung: Vor- bzw. Zurückspringen eines Bauteils (meist Gesimse) um ein vorstehendes (bzw. zurückliegendes) Bauelement aufzunehmen
Verkröpftes Gebälk: Vorspringende Gebälkstücke über Vorbauten oder Wandsäulen
Vestibül: Vorhalle im Inneren eines Gebäudes (Eingangselement)
Vierung: Raumquadrat, das durch Überkreuzung von Lang- und Querhaus entsteht
Voluten: Schneckenförmig eingerollte Gebilde

Walmdach: Dach, das an sämtlichen Seiten geneigte Flächen aufweist
Wandpfeiler: Der Wand in größerer Tiefendimension vorgelagerter Pfeiler
Zahnschnitt: Aus Balkenköpfen abstrahierter Fries der kleinasiat. jonischen Ordnung
Zentralbau: Baukörper, dessen Hauptachsen gleich lang sind

Register

Personenregister

Ortsregister